Haifa חיפה حيفا
aifa Merkaz
ahnhof
Hafen
Ha'azma'ut Road
affa Road
Shirat Zion St.
Hameginim Ave.
Hassan Shukri St.
Ibn Sina St.
Hehalutz St.
Al Afghani St.
Herzl St.
WADI SALIB
Haifa Ostbahnhof
Hativat Golani Road
Egron St.
Sirkin St.
Miller St.
Nordau St.
Jerusalem St.
Yehiel St.
Imber St.
Shukri Strs.
Kibuz Galuyot St.
Hiram St.
Hehalutz St.
Sokolov St.
Herzl St.
HADAR HACARMEL

Yfaat Weiss

Verdrängte Nachbarn

Wadi Salib – Haifas enteignete Erinnerung

Aus dem Hebräischen von Barbara Linner

Hamburger Edition

Hamburger Edition HIS Verlagsges. mbH
Mittelweg 36
20148 Hamburg
www.Hamburger-Edition.de

Titel der Originalausgabe: »Wadi-Salib – hanochach ve hanifkad«

Umschlaggestaltung: Wilfried Gandras
Typografie und Herstellung: Jan und Elke Enns
Karte: Peter Palm (nach Zvi Friedländer, Haifa 1962)
Satz aus der Stempel Garamond
von Dörlemann Satz, Lemförde
Druck und Bindung: CPI – Clausen & Bosse, Leck
Printed in Germany
ISBN 978-3-86854-243-1
1. Auflage März 2012

Zur Erinnerung an meine Mutter Esther
Haifa 1937–2005

Inhalt

Einleitung

Auf den ersten Blick erzählt dieses Buch die Geschichte eines Stadtviertels in Haifa. Wadi Salib, am östlichen Rand von Haifa gelegen, erwarb sich seinen Status als Ikone im Sommer 1959, als sich der Protest von jüdischen Immigranten aus arabischen Ländern – überwiegend aus Marokko – in einer Welle von Unruhen entlud, die sich gegen die Behörden und das städtische, aschkenasische, sozialdemokratische Establishment vor Ort richtete. Diese gewalttätige Konfrontation zwischen der Polizei und den Einwohnern Wadi Salibs rückte die Existenz einer innerjüdischen Spannung zwischen Immigranten und Alteingesessenen, zwischen Juden aus islamischen und aus europäischen Ländern in Israel ins Bewusstsein der Öffentlichkeit. Später sollte diese Spannung mit dem Begriff »das ethnische Problem« bezeichnet werden. Die Ereignisse von Wadi Salib ließen zum ersten Mal ein politisches Bewusstsein für die ethnische Diskriminierung sowie für die Frustration und die Vorbehalte unter den Juden in Israel erwachen. Auch wenn heute kein Konsens über die Entwicklung des ethnischen Protests ab diesem Zeitpunkt besteht, bestreitet niemand, dass die Ereignisse von Wadi Salib der Katalysator waren.

Zu jener Zeit des mizrachischen Protests war die Tatsache, dass Wadi Salib nur elf Jahre zuvor ein arabisches Viertel gewesen war, vollkommen in Vergessenheit geraten. Das Viertel wurde zur britischen Mandatszeit als eine Bedrohung der Kontinuität der jüdischen Besiedlung der Stadt begriffen. Wie die übrigen arabischen Stadtviertel wurde Wadi Salib im Laufe eines Kampftages im April 1948 von der Hagana erobert. Während der Kämpfe und im Gefolge der Niederlage flüchteten die muslimischen Bewohner Wadi Salibs sowie die überwiegende Mehrheit der arabischen Bevölkerung Haifas. Von den circa 65.000 arabischen Einwohnern, die etwa die Hälfte der Stadtbevölkerung ausmachten, waren im Sommer 1948 nur noch an die 3500 zurückgeblieben. Als es dann in Wadi Salib 1959 zu den innerjüdischen Auseinandersetzungen kam, war keine Spur mehr von ihnen vorhanden, nur der arabische Name des Viertels blieb erhalten. Wadi Salib war nun ein jüdisches Armenviertel in einer israelischen Stadt, in der Gegenwart verankert, scheinbar ohne jede Vergangenheit. Wie kam es, dass die Zerstörung der arabischen Existenz in der Stadt in solch einer kurzen Zeitspanne im Gedächtnis ausgelöscht und vergessen wurde? Dieses Buch versucht, eine Antwort auf die Transformierung der Erinnerung zu geben, der Erinnerung des arabischen Haifas im jüdischen Haifa.

Diese Erinnerungsarbeit strebt vor allem danach, die Geschichte der Stadt Haifa auf eine andere Art zu erzählen. Als solche kann sie als repräsentativ für eine Grundsatzdiskussion über »gemischte Städte« [*mixed cities*] in Israel betrachtet werden. Dieser Begriff, den die Briten zur Mandatszeit für Städte prägten, deren Bevölkerung sowohl aus Juden als auch aus Arabern bestand, wandelte sich im Laufe der Jahre zu einem Euphemismus, der mehr verhüllt, als er aussagt, da er die Deklaration einer gemeinsamen Existenz beinhaltet, dabei aber die Bruchstelle des Jahres 1948 ignoriert. Das trifft ganz besonders auf Haifa zu, wo die Führungsschicht und die Institutionen immer eine jüdisch-arabische »Koexistenz« proklamieren, die sie sogar als touristisches Konsumprodukt das ganze Jahr über sowie als kommerziell folkloristische Initiative während der Festperiode der drei Religionen gegen Ende des Kalenderjahres vermarkten. Die relative Ruhe, die das Leben von Juden und Arabern in Haifa nach 1948 kennzeichnete, und der graduelle Anstieg der arabischen Bevölkerung in der Stadt im Laufe der Jahre auf beständige über zehn Prozent der Einwohnerschaft nähren in vielerlei Hinsicht bei der Majorität der Gesellschaft die Neigung, die Katastrophe der arabischen Minderheit von 1948 der Vergessenheit anheim fallen zu lassen. Dieses Buch möchte dieser Amnesie etwas entgegensetzen.

Anders als sonst in der Geschichtsschreibung üblich, hält sich das Buch nicht an eine chronologische Reihenfolge, sondern folgt eher dem Verlauf einer Kreisspirale. Ausgehend von dem begrenzten Zeitfenster zwischen 1948 bis 1959 zieht das Buch seine Kreise zur ursprünglichen Besiedlung Wadi Salibs im Rahmen des osmanischen Projekts der Hedschasbahn bis zu den misslungenen Versuchen einer urbanen Gentrifizierung in den letzten beiden Jahrzehnten. Die kreisförmige Bewegung durch die Chronologie ermöglicht es, die hundertjährige Geschichte vom Aufstieg und Fall Wadi Salibs und seiner Verwandlung in ein Ruinenfeld im Herzen Haifas so zu erzählen, dass eine teleologische Schlussfolgerung von vornherein vermieden wird. Würde man der schlichten Chronologie folgen, nämlich den Annalen von Wadi Salib von ihrem verheißungsvollen Anfang bis zum bitteren Ende, hätte dies die Erwartung einer direkten Beziehung von Ursache und Wirkung nach sich gezogen und eine automatische Parallelisierung zwischen Chronologie und Kausalität entstehen lassen. Das Buch postuliert jedoch keine zwingende Kausalität, die zur Zerstörung Wadi Salibs führte. Wadi Salib hatte, wie auch die Stadt Haifa, eine glänzende Zukunft mit zahlreichen Visionen vor sich, die eine nach der anderen ad acta gelegt wurden, was jedoch nicht unvermeidbar hätte sein müssen.

Die spiralförmige Erzählweise hat zusätzliche Vorzüge. Sie ermöglicht es, einen gewissen Wiederholungsprozess in der städtischen Entwicklung zu veranschaulichen, vor allem den reproduktiven Aspekt der Segregation in der urbanen Planung vor und nach 1948. Haifa war in allen seinen verschiedenen Stadien von segregativen Wohnmustern charakterisiert, die in den Annalen Wadi Salibs klar erkennbar sind. Zur Zeit der Osmanen war Wadi Salib von Muslimen bevölkert. In der britischen Mandatsperiode vertiefte sich die ethnisch-religiöse Segregation zu einer nationalen Trennung, während im Staat Israel, im erklärten Gegensatz zu seiner integrativen Ideologie der »Verschmelzung der Diaspora«, wieder neue, innerjüdische Teilungen entstanden, die zum Resultat hatten, dass Wadi Salib vorherrschend ein marokkanisch-jüdisches Viertel wurde. Obgleich sich die Basis der Separation mit dem Übergang von einer Periode zur anderen veränderte, sich von religiöser zu nationaler und ethnischer Zugehörigkeit verschob, blieb dennoch ihr segregativer Charakter, Ausschluss und Benachteiligung, erhalten. Unter Zuhilfenahme soziologischer Begriffsbildung werden hier die sich verändernden Linien der Abgrenzung und Absonderung und ihr Gewicht in der Debatte der zivilen Teilhabe diskutiert. Die Verknüpfung von Konzepten aus der Diskussion um Staatsbürgerschaft mit der räumlichen Perspektive, die hier vorgeschlagen wird, widerspricht der herkömmlichen Unterscheidung zwischen »internen« Themen, nämlich die Frage der interethnischen jüdischen Beziehungen in der israelischen Gesellschaft und vor allem der Diskriminierung der mizrachischen Juden durch die führende aschkenasische Gesellschaftsschicht einerseits, und »externen« Themen, das heißt die Frage des israelisch-palästinensischen Konflikts und seine Auswirkungen auf den Status der palästinensischen Bürger Israels andererseits.

Durch die Entschlüsselung des urbanen Raums von Wadi Salib in Haifa zeigt sich, dass die Kategorien »intern« und »extern« untrennbar miteinander verbunden sind.

Auch wenn hier vermieden werden soll, simple und eindimensionale ursächliche Erklärungen zu liefern, muss dennoch eine Antwort auf das augenfällige und unbegreifliche Phänomen gegeben werden: die Existenz eines Trümmerareals im Herzen der Stadt über viele Jahrzehnte hinweg. Diese Narbe, die sich durch die gesamte Stadtmitte Haifas, die untere Stadt vom Hafen bis zum Geschäftszentrum, zieht und entgegen allen Proklamationen die Ruinen von 1948 konserviert, lässt sich teilweise entschlüsseln, wenn man den rechtlichen Status des ehemaligen arabischen Besitzes in Haifa näher betrachtet. Die Archäologie des Eigentums bildet einen weiteren zentralen Aspekt des Buches. Der ungesicherte rechtliche Status von arabischem Besitz in Haifa generell und Wadi Salib insbesondere, bekannt unter dem juristischen Begriff des »Absentees' Property«, soll hier ausführlich behandelt werden, wobei eine Relation zwischen den Einschränkungen in der urbanen Entwicklung einerseits und der schweren Erinnerungslast andererseits hergestellt wird. Die Beziehung zwischen Besitzverlust und Entschädigung auf der einen und Erinnerung und Identität auf der anderen Seite durchläuft Wadi Salib kreuz und quer und verbindet alle seine Bewohner: die palästinensischen Flüchtlinge und die evakuierten marokkanischen Juden. Selbstverständlich gilt all dies hier für viele Orte in Israel, und in dieser Hinsicht schließt sich das Buch der »archäologischen Wendung« an, die in den letzten zwei Jahrzehnten in der israelischen Forschung eingetreten ist und zum Gegenstand hat, die arabische Vergangenheit israelischer Städte aufzudecken, zu rekonstruieren und ins Bewusstsein zurückzuholen.

Das Buch ist als Gewebe aus fünfundzwanzig Miniaturen oder Fragmenten konzipiert, aus denen sich die Handlung zusammensetzt. Sie sind jeweils unterschiedlich und pendeln zwischen den relevanten Disziplinen: Geschichte, Architektur, Literatur, Recht, Geographie, Soziologie und Anthropologie. Der fragmentarische Aufbau spiegelt gleichzeitig die heutige materielle Realität Wadi Salibs wider, noch immer eine Ödnis zwischen Schutthaufen und Baggern.

Die Geschichte beginnt mit der Reihe gewalttätiger Ereignisse im Sommer 1959, in deren Verlauf Wadi Salib seinen Ikonenstatus im israelischen Bewusstsein erlangte. In der Wahrnehmung der Bedeutung Haifas, Bastion der israelischen Arbeiterpartei (*Mapai*), der Partei des ansässigen aschkenasischen Establishments, entwirft der Prolog eine akribische Schilderung der Straßenschlachten in den Gassen Wadi Salibs. Die Topographie, die sich herausschält und in Wadi Salibs Vergangenheit als muslimisches Viertel liegt, markiert den Hauptstrang des Buches, der die Ereignisse von Wadi Salib aus der abstrakten israelischen soziokulturell-ethnischen Sphäre in den konkreten geographisch-physikalischen Raum der britischen Mandatszeit verschiebt, oder wahlweise vom jüdischen zum arabischen Raum.

Das erste Kapitel – Krieg – gibt einen Überblick über den Wandel, den die Stadt 1948 durchlief. Das arabische Haifa kollabierte im Laufe eines einzigen Tages von Kampfhandlungen – zwischen dem 21. und 22. April 1948 – etwa drei Wochen vor der Unabhängigkeitserklärung des Staates Israel. Vorausgegangen war eine Kette gewalttätiger Zusammenstöße, die in der Stadt erfolgten, als der Teilungsplan, die Resolution Nr. 181, auf der Generalversammlung der Vereinten Nationen am 29. November 1947 angenommen wurde. Das Kapitel beginnt mit dem Akt der Kapitulation der lokalen arabischen Delegation in Haifa. Damit war das Ende der arabischen Elite in der »gemischten Stadt« eingeläutet. Parallel dazu wird in dem Kapitel versucht, die Verwirrung der Sieger einzufangen und das momentane Zögern, sich den entleerten Raum anzueignen, ein Zögern, das rasch politischen Plänen und Ideen wich, die militärischen Erfolge auf Dauer zu konsolidieren. In Bezug auf Haifa demonstriert das Kapitel, wie sich die ethnische Vereinheitlichung als offizielle israelische Staatspolitik im Sommer und Herbst 1948 etablierte, gestützt auf europäische und anderweitige Präzedenzfälle, die als Ideenspeicher einerseits und Legitimierungsbasis andererseits für die Vertreibung der Palästinenser und die Aneignung ihres Besitzes dienten. Abhängig wie auch unabhängig davon begannen sich zur gleichen Zeit die ersten Risse im Status der jüdischen Gemeinden in den islamischen Ländern aufzutun. Dort war man im Rahmen des aufstrebenden arabischen Nationalismus, der den Prozess der Entkolonialisierung begleitete, hin- und hergerissen zwischen Versuchen, die Juden miteinzubeziehen, und Initiativen, sie auszuschließen. Am Ende dieser Entwicklung sollten sich die marokkanischen Juden, wie auch viele andere aus den islamischen Ländern, als Bewohner des verwaisten Besitzes der Palästinenser wiederfinden, ganz speziell in Wadi Salib.

Das zweite Kapitel – Aufruhr – betrachtet die Ereignisse von Wadi Salib noch einmal durch die institutionelle Linse. Die Befassung des Rechtssystems mit den Anführern des marokkanischen Protests und die Verhandlungen der staatlichen Untersuchungskommission zur Aufklärung der Ereignisse enthüllen das innerjüdische Beziehungsgeflecht Ende der Fünfzigerjahre. Hinter den Debatten der Untersuchungskommission kommt auch die städtische Topographie zum Vorschein, die eine Kongruenz zwischen der geographischen Lage, der ethnischen und der schichtspezifischen Zugehörigkeit an den Hängen des Karmels erzeugt. Die Ursprünge dieser Topographie wurzeln in den Tagen des britischen Mandats, in denen sich die Segregation verstärkte, die sich bereits um die Jahrhundertwende mit Haifas rapider Entwicklung zum Ende der Osmanenzeit abgezeichnet hatte. Die Neigung der Briten, ihre Investitionen zu beschränken, vertiefte die Kluft zwischen den arabischen Vierteln, die kein Kapital von außen für ihre Entwicklung zu mobilisieren vermochten, und den jüdischen Vierteln, die gemäß ordentlicher städtischer Planung erbaut und mit Geldern finanziert waren, die die zionistische Bewegung organisiert hatte. Der Antagonismus zwischen dem jüdischen Gartenviertel Hadar hakarmel und dem muslimischen Wadi Salib prägte sich ins urbane Gefüge ein und verschärfte sich mit dem wachsenden nationalen Konflikt. Dieser Antagonismus, wie das Kapitel zeigt, wurde danach in der israelischen Stadt zwischen den orientalischen Bewohnern Wadi Salibs und den aschkenasischen von Hadar hakarmel reproduziert und entlud sich in den gewalttätigen Auseinandersetzungen des Jahres 1959.

Getreu der institutionellen Perspektive verweilt das Kapitel bei der Bevölkerung Haifas nach 1948 und der Reproduzierung der städtischen Segregation. Die Besiedlung Wadi Salibs mit jüdischen Immigranten parallel zur Zwangsumsiedlung der arabischen Restbevölkerung Haifas in das Viertel Wadi Nisnas bildet das konstituierende Moment des israelischen Haifas. Das Kapitel demonstriert zugleich, wie die Schaffung einer legalen Grundlage zur Besitzaneignung in Form des »Absentees'-Property-Gesetzes« und der »Entwicklungsbehörde« und die stark willkürliche Anwendung das Vertrauen in Recht und Gerechtigkeit in jüdischen wie arabischen Kreisen gleichermaßen erschütterten. Aufgrund ihres Status als Nutzer des verlassenen palästinensischen Besitzes fanden sich die jüdischen Bewohner Wadi Salibs in ständigen Auseinandersetzungen mit den Instanzen begriffen, die mit der Verwaltung des zurückgelassenen Eigentums betraut worden waren. Das Gefühl von Kränkung und Diskriminierung im Kreis der marokkanischen Einwanderer steigerte sich, während ein Teil der europäischen Immigranten infolge der Wiedergutmachungsabkommen ihre wirtschaftliche Lage verbessern, den palästinensischen Besitz verlassen und ihren Wohnstandard heben konnten.

Thema des dritten Kapitels – Evakuierung – ist räumliche Ähnlichkeit oder alternativ die Abwesenheit davon. Das Kapitel zeichnet die marokkanischen Juden vor ihrer Immigration nach, speziell die Armen unter ihnen, die Bewohner der Mellah – der jüdischen Viertel in den großen Städten. Obgleich Israel es vorzog, die dörflichen Juden ins Land zu holen, war man gezwungen, auch die Stadtbewohner aufzunehmen. Gemäß dem Diktat der traditionellen antiurbanen Ausrichtung, die den sozialdemokratischen Zionismus dominierte, ergriff Israel Anfang der Fünfzigerjahre Maßnahmen, die Immigranten im ländlichen Grenzgebiet anzusiedeln. Der Landarbeit ungewohnt, begann ein Teil von ihnen, die Böden an der Grenze zu verlassen und sich in den verwaisten arabischen Vierteln der großen Städte niederzulassen. Wadi Salib, das die jüdischen Planer von seinen arabischen Bewohnern gemäß Schubladenplänen, die schon 1937 erstellt worden waren, zu entleeren gehofft hatten, um einen modernen Stadtteil, eine City, daraus zu machen, füllte sich entgegen diesen Absichten nach der Austreibung seiner ursprünglichen Einwohner wieder mit armen jüdischen Bewohnern. Statt der Modernisierung, die Israel ununterbrochen verkündete, wurden die mageren Ressourcen hauptsächlich in die symbolische Tilgung der arabischen Vergangenheit investiert, die Hebräisierung der Straßennamen im Viertel sowie in der ganzen Stadt.

Die spontane Besiedlung durch jüdische Bewohner fand im Gefolge der Ereignisse von Wadi Salib 1959 ihr Ende. Die Schlussfolgerungen der Untersuchungskommission, dass es notwendig sei, das Wadi zu evakuieren, leiteten den Eliminierungsprozess des Viertels ein. Auch hier tritt die institutionelle Blindheit für räumliche Zusammenhänge zutage. Statt den Bewohnern die Möglichkeit von Alternativwohnraum in der Nähe des Wadis zu bieten, eine Lösung, zu der sie tendierten, zog es die Stadtverwaltung vor, die Bewohner in neue Wohnsiedlungsprojekte umzusetzen. Dadurch leerte sich das Stadtzentrum, blieb verödet zurück, während den Bewohnern die Isoliertheit der Außenbezirke aufgezwungen wurde. Zudem ignorierte man ihre kulturellen Bedürfnisse im Namen einer integrativen Ideologie und zerstörte ihr religiöses Gemeindeleben. Das Kapitel endet mit einer Grundsatzdiskussion gesellschaftlicher Integration, urbaner Segregation und bürgerlicher Gleichheit, wobei die jüdischen und arabischen Stadtviertel vor und nach 1948 einer umfassenden Betrachtung unterzogen werden. Trotz der äußerlichen Ähnlichkeit betont die Diskussion wiederholt die Differenz zwischen orientalischen Juden und Arabern hinsichtlich der Korrelation zwischen urbanen Wohnmustern, Identität und bürgerlicher Gleichheit, wobei der grundsätzliche Unterschied zwischen Diskriminierung und historischer Ungerechtigkeit verdeutlicht wird.

Das letzte Kapitel – Chirbe, Ruine – verbindet die beiden Enden Wadi Salibs, den Anfang mit dem Untergang. Der Bau der Hedschasbahn Anfang des zwanzigsten Jahrhunderts und die Errichtung der Bahnstation im östlichen Vorstadtbereich Haifas stellten einen ersten Akt der Erkenntnis des wirtschaftlichen Potenzials der Stadt dar, das von ihrer Topographie und einmaligen Lage herrührt. Mit dem Übergang zur britischen Mandatsherrschaft war ihre Zeit der imperialen Bedeutung und kolonialen Planung gekommen. Großbritannien verzeichnete die Kontrolle über die Bucht von Haifa als Teil der Konsolidierung seines Zugriffsbereichs im Nahen Osten. Die Stadt konnte als Station auf dem Weg nach Indien und Mosul von Bedeutung sein. Diese Überlegung war der Quell der großen britischen Initiativen in der Stadt: der Hafen, die Raffinerie und die Pipeline. Diese Attribute, die Haifa als eine Stadt mit glänzender Zukunft auswiesen, gingen mit dem Übergang zur Souveränität verloren. Die hier getroffene Wahl, die chronologische Ordnung zu vernachlässigen und mit dem Anfang der historischen Entwicklungskette zu enden, bietet den Leserinnen und Lesern die Möglichkeit, die Historie der Stadt Haifa generell und speziell Wadi Salibs als kontrafaktische Geschichte zu lesen, das heißt als eine Zukunft, die mit dem Übergang vom Imperium zum Nationalstaat zu den Akten gelegt wurde. In Anbetracht der anerkannten teleologischen Interpretation der Annalen des Staates Israel, die die Souveränität als Akt der Erfüllung und Verwirklichung betrachtet, präsentiert das Kapitel, wie im Grunde das gesamte Buch, die umgekehrte Lesart. So wie Haifa 1948 seine Bedeutung und sein internationales Prestige einbüßte, so verlor es auch die multinationale Existenz, die es charakterisierte, solange es eine »gemischte Stadt« war. Als »hebräische Stadt« konnte Haifa nicht mit Tel Aviv konkurrieren, das dies von Anfang an gewesen war und sich anderweitiger Vorzüge erfreute.

Der Epilog schließt mit dem Verweis auf die Novelle »Rückkehr nach Haifa«, die der palästinensische Schriftsteller Ghassan Kanafani im Exil in Beirut veröffentlichte. Kanafani erzählt von einer Begegnung zwischen den diachronischen Nachbarn, zwischen Said und Safija, ehemalige Bewohner des Haifaer Stadtviertels Hallisa, und der Holocaustüberlebenden Mirjam Goschen aus Europa, die im einstigen Zuhause Ersterer einquartiert wurde.

Die ersten Bewohner Wadi Salibs waren wohlhabende Leute, die in den Achtzigerjahren des 19. Jahrhunderts prachtvolle levantinische Häuser am Hang des Wadis erbauten. Danach, Anfang des zwanzigsten Jahrhunderts, wurde das Wadi in raschem Tempo und in großer Dichte von den arabischen Arbeitern der Hedschasbahn besiedelt. In den ersten Monaten nach der palästinensischen Katastrophe, al-Nakba, okkupierten jüdische Flüchtlinge, hauptsächlich aus Europa, die Häuser der muslimischen Bewohner. Nach ihnen kamen Immigranten aus Marokko, die im Gefolge der Unruhen von Wadi Salib schließlich in die Wohnsiedlungsprojekte am Stadtrand evakuiert wurden. Die Reste des Viertels, die nach dem Evakuierungsprozess und der Zerstörung übrig blieben, versuchten diverse einschlägige Gruppierungen im Laufe der Jahre zu retten und zu erhalten, scheiterten dabei jedoch eine nach der anderen. Ein partieller Erfolg war dem Bahnhofskomplex selbst beschieden, der allerdings, das sei hier nur beiläufig erwähnt, während des zweiten Libanonkriegs im Sommer 2006 von einer Rakete getroffen wurde. An den Rändern der Ruinen- und Schuttfelder, die auch heute noch einen Großteil der Fläche Wadi Salibs überziehen, auf dem Gebiet der 1948 zerstörten Altstadt, steht nun ein Komplex von Gerichtsgebäuden für Haifa und den Norden des Landes. Ironie der Geschichte, könnte manch einer sagen.

Prolog: »Die Nachbarn, die auf unsere Kosten reich werden«

Am Sommerabend des 9. Juli 1959 war Polizeifeldwebel Jisrael Walk von der Einheit für Verbrechensbekämpfung auf einer Routinepatrouille im Stadtgebiet Haifa unterwegs, begleitet von Said Abu Sa'ada aus dem Dorf Usfia, dem Fahrer des Polizeiwagens.[1] Ihre Tour begann am Schemenstrand, und auf dem Rückweg, gegen zehn Uhr abends, statteten sie dem Café von Ja'akov und Schalom Schitrit in der Schivat-Zion-Straße 85, bekannt als das Café Aviv, einen Routinebesuch ab. Während einer Debatte mit Schalom Schitrit über die Führung des Betriebs und vor allem bezüglich des Gesuchs der Brüder, eine Lizenz für den Verkauf von Spirituosen zu erhalten, kamen Passanten in das Café und riefen Feldwebel Walk auf die Straße hinaus. Mitten auf der Fahrbahn lag ein Mann, der gegen eine Gruppe von Leuten ankämpfte, die sich erfolglos bemühten, ihn dort wegzubringen. Walk drängte die Menschenansammlung zurück und ergriff die Arme des ausgestreckten Mannes im Versuch, ihn vom Straßenpflaster zu ziehen, wogegen sich dieser jedoch wehrte. »In marokkanischem Dialekt«, so bezeugte Walk später vor der öffentlichen Untersuchungskommission zur Aufklärung der Ereignisse von Wadi Salib, habe der Mann, Ja'akov Akiva (Elkarif), zu ihm gesagt, »Ich habe mehr Geld als Ben Gurion. Lass mich in Ruhe, ich habe hier keinen Menschen, und ich will nicht mehr leben.« Walk schaffte es nicht, Akiva dazu zu überreden, ihn zu begleiten. Nachdem die Anwesenden versprochen hatten, den Mann nach Hause zu bringen, beschloss er, es auf sich beruhen zu lassen.

Als Walk seine Patrouillentour in Richtung Hadar hakarmel und Har hakarmel fortsetzte, betrat Akiva das Café und verlangte ein Glas Bier. Der Inhaber Schalom Schitrit weigerte sich, ihm eines zu verkaufen. Als Reaktion darauf griff Akiva nach einer leeren Flasche, zerbrach sie und warf sie auf ein Regal mit vollen Flaschen. Der

1 Dieses Kapitel stützt sich vollständig auf die Protokolle der staatlichen Untersuchungskommission zur Aufklärung der Ereignisse von Wadi Salib (hebräisch), Staatsarchiv, Dok. 7253/4 (im Folgenden: Untersuchungskommission in Sachen Wadi Salib).

Schaden, der dem Caféinhaber in diesem Stadium entstand, belief sich auf acht Flaschen Spirituosen und einige Gläser. Akivas Freund, Avner Maman, gelang es, sich Akivas zu bemächtigen, und er begann, ihn aus dem Café zu zerren. Am Ausgang schnappte sich Akiva eine Pfanne mit heißem Öl, schüttete sie über Avner Deri, einen der Gäste, und schaffte es auch noch, dabei den Grill umzuwerfen – »den Herd mit den glühenden Kohlen«, wie es im Polizeibericht festgehalten ist. Maman und Akiva traten auf die Straße hinaus und gingen weiter in Richtung der Wadi-Salib-Straße. Auf dem Weg versuchte Akiva, zwei andere Cafés zu betreten, um etwas zu trinken, doch Maman, wie er behauptete, zog ihn gewaltsam weg und sagte zu ihm: »Warum willst du ins Gefängnis kommen, komm lieber nach Hause.«

Laut dem Bericht der öffentlichen Untersuchungskommission in Sachen Wadi Salib bemerkte Chaim First, der Wirt des Cafés in der Wadi-Salib-Straße 7, einen »marokkanischen Typ«, und wenige Augenblicke später hörte er von einer Passantin: »Der Mann zerbricht Flaschen im Café, weil man ihm nichts zu trinken gegeben hat.« Und sie schlug vor: »Es ist besser, das Café zuzumachen, damit der Mann nicht reinkommt.« Schneller als er war Eizik Weissler, Inhaber des Cafés in der Wadi-Salib-Straße 10, der seinen Laden sofort schloss, nachdem er gehört hatte, »da ist ein Betrunkener, und es gibt Schlägereien.« Auch Chaim First zögerte nicht lange. Er ließ einen Rollladen herunter und holte drei der vier Tische herein, die draußen standen. Akiva hatte jedoch gar nicht die Absicht, sein Café zu betreten. Er passierte es nur. »Er hat nicht mit mir geredet«, sagte First aus, »er ging mit einem anderen Mann. Ich habe nicht gesehen, ob dieser Mann ihn festgehalten hat, und sie sind in Richtung Irakstraße weitergegangen.« In diesem Moment kam ein Polizeistreifenwagen dort vorbei, gefahren von Ja'akov Chajek und dem Kommando von Ascher Goldenberg unterstellt. Er war auf dem Weg, die Streifenpolizisten Jitzchak Getenju, Nathan Edelstein, Nechemia Hochmann, Schlomo Chinga und Karol Segal auf ihre Posten zu bringen. First signalisierte dem Streifenwagen anzuhalten. »Müssen wir unsere Läden zumachen wegen eines einzigen Mannes?«, beklagte sich First, ein Neueinwanderer aus Transsilvanien, in Jiddisch bei Hauptfeldwebel Goldenberg, der im Wagen saß, »wir zahlen schließlich Steuern.« Goldenberg beruhigte ihn und sagte: »Sie sind unterwegs, den Mann mitzunehmen.« First wies ihm die Richtung, in die Maman und Akiva gegangen waren.

Unterdessen betraten Maman und Akiva das Café von Schlomo Rozilio in der Wadi-Salib-Straße 24. Als sich der Streifenwagen dem Café näherte, erkannte Karol Segal Ja'akov Akiva, den er aus seiner Dienstzeit bei der Kriminalpolizei vor drei oder vier Jahren kannte. Damals, so erinnerte sich Segal, war Akiva Zuhälter gewesen. Akiva saß mit dem Rücken zum Eingang und zu dem Streifenwagen, der nun an der Frontseite parkte. Hauptfeldwebel Goldenberg deutete mit dem Finger in Akivas Richtung. Maman, der Akiva gegenübersaß, schoss in die Höhe, auf die Polizisten zu. Goldenberg sagte zu ihm: »Nicht Sie, sondern der andere.« Maman trat näher an Goldenberg heran und erwiderte: »Ich verspreche, dass ich Akiva sicher heimbringe, ich werde ihn beruhigen.« Goldenberg gab sich damit nicht zufrieden, sondern verlangte mit Nachdruck, dass Akiva ihn begleite, »nach allem, was passiert ist«. Akiva stand auf, kam dazu und lehnte sich an das Polizeiauto, wobei er Hauptfeldwebel Goldenberg fragte: »Was wollt ihr?« Maman, so erinnerte sich Chajek, der Fahrer des Streifenwagens, versuchte, Akiva auf Marokkanisch zuzureden: »Geh zurück nach Hause, und sie nehmen dich nicht mit.« Akiva erwiderte: »Ich hab keine Angst, 20 Polizisten können mich nicht mitnehmen. Ich will sterben, aber nicht allein.« Inzwischen, so bezeugte Chajek, »kamen noch andere Leute, Marokkaner, von Akivas Bekannten dazu und versuchten, ihm zuzureden und ihn vom Streifenwagen wegzubringen.«

Nun überstürzten sich die Ereignisse: Akiva machte einen Satz zur Theke des Cafés, packte eine volle Flasche und zerschmetterte sie, die Polizisten stürzten aus dem Wagen, Akiva begann, sie mit einer Flasche nach der anderen zu bewerfen, wobei er unter anderem die Windschutzscheibe des Polizeiautos traf. Die Polizisten gingen hinter dem Streifenwagen in Deckung, und es wurden durch ein Loch in der Scheibe in Richtung des Cafés einige Schüsse aus Hauptfeldwebel Goldenbergs Pistole abgefeuert, in dem in diesem Augenblick Akiva etwa eineinhalb bis zwei Meter von der Tür entfernt neben der Theke stand. Weitere Schüsse fielen aus einer anderen Pistole. Akiva gelang es noch zu sagen: »Ihr schießt auf mich, schießt nur«, während er weiter Flaschen warf, und dann brach er zusammen. Die Schüsse hörten auf. Akiva lag über die Bartheke hingestreckt, eine blutende Wunde in der linken Hüfte. »Wir hoben ihn auf«, sagte Chajek aus, »legten ihn in den Wagen und rasten sofort los ins Krankenhaus. Wir erreichten das Rothschild-Krankenhaus, und die Polizisten brachten ihn hinein. Ich sah ihn noch atmen.«

»Hätten Sie und der Polizist Getenju Akiva verhaften können, als er aus dem Café kam?«, wurde Karol Segal, der zweite Schütze, bei seinem Verhör gefragt, worauf er antwortete: »Ich bin der Meinung, wir hätten es nicht geschafft, ihn mit Gewalt abzuführen, denn er ist ein sehr kräftiger, starker und großer Mann, und ich und Getenju sind klein. Im Vergleich zu ihm sind wir Fliegengewichte.«

Um halb elf Uhr am gleichen Abend gelangte ein Wagen der Kriminalabteilung mit zivilem Kennzeichen, gesteuert von dem Polizisten Elijahu Aschraf mit Hauptfeldwebel Chaim Melech an seiner Seite, an die Ecke der Schivat-Zion- und Wadi-Salib-Straße. Sie stießen auf eine Zusammenrottung von ungefähr 150 bis 200 Personen, die den Wagen umringten und schrieen: »Unser Bruder ist von der Polizei getötet worden!« Aschraf sagte aus, dass einer aus der Menge auf ihn zurannte, ihn am Hemd packte, es zerriss und brüllte: »Ihr habt unseren Bruder getötet!« Er erinnerte sich, dass man ihn stieß und an ihm zerrte und dass die Leute auch anfingen, Steine auf den Wagen in die Richtung zu werfen, wo Hauptfeldwebel Melech saß. Melech erinnerte sich: »Der Fahrer Aschraf begann auf Marokkanisch mit ihnen zu reden, und am Anfang haben sie ihn zwar noch angerührt, aber anscheinend hatte die Sprache Wirkung auf sie, und sie fingen an, Steine nach der Seite zu werfen, auf der ich saß.« Nachdem sie die Windschutzscheibe des Wagens zerschmettert hatten, packten sie Hauptfeldwebel Melech mit Händen, zogen ihn gewaltsam aus dem Auto und warfen ihn zu Boden. Währenddessen machten sich einige von ihnen daran, den Polizeiwagen umzustürzen. Mittendrin wurden Schüsse laut, und in dem entstehenden Tumult gelang Melech die Flucht. Aschraf war inzwischen aus dem Wagen ausgestiegen, suchte Schutz vor den Objekten, die gerade in seine Richtung geworfen wurden.

Am gleichen Abend gerieten der Polizist Kalman Chaimovitz und seine Frau an den Schauplatz der Ereignisse. Chaimovitz erinnert sich, dass er anfänglich die Prostituierte Faricha registrierte, die Rozilios Café betrat, und den zuständigen Streifenpolizisten suchen wollte, um das zu dessen Kenntnis zu bringen. Unterdessen hörte er die Schüsse, die auf Akiva abgegeben wurden und schickte rasch seine Frau in ihre Wohnung in der Wadi-Salib-Straße 10 zurück, während er selbst auf der Straße blieb. Er beobachtete den Menschenauflauf, der um den Wagen von Melech und Aschraf entstand. »Der Fahrer«, bezeugte er, »stieg nicht aus dem Wagen. Die Leute fingen an, auf Marokkanisch mit ihm zu reden, was ich nicht verstehe, der Fahrer stieg aus dem Auto, und sie begannen, es mit Steinen zu bewerfen.« Im selben Moment war ein Schuss zu hören, der aus dem dritten Stockwerk des Gebäudes abgefeuert wurde, in dem sich das Café Aviv befand. Drei weitere Schüsse fielen in den darauf folgenden Minuten, alle aus der Pistole eines Zivilisten, der als Wächter bei der Nationalbank angestellt war, mit dem Ziel, »die wilde Menge« zu vertreiben. Einer der Zeugen erinnert sich, dass jemand aus der Menge, als die Schüsse aus dem dritten Stockwerk abgegeben wurden, »Nazi!« in Richtung des Schützen brüllte. »Er war ungefähr einen Meter fünfundsechzig groß, und er sah aus wie um die sechsundzwanzig.« Chaimovitz eilte zu seiner Wohnung, um eine Pistole zu holen, kehrte an den Schauplatz der Ereignisse zurück, stellte sich drei bis fünf Meter entfernt von der Menge mitten auf die Straße und feuerte einen Schuss in die Luft ab. Die Leute identifizierten Chaimovitz, den Schützen, als »der mit dem Nylonhemd«, ließen von dem Streifenwagen und Hauptfeldwebel Melech, der inzwischen entkommen war, ab, und ein Teil von ihnen fiel nun sofort über Chaimovitz her. Durch die Schläge brach einer von Chaimovitz Zähnen ab, doch es gelang ihm zu fliehen, und er rannte in Richtung der Kibbuz-Galujot-Straße. Dort stieß er auf Hauptfeldwebel Melech, und die beiden setzten ihre Flucht fort, bis sie einen Arzt auf der Straße fanden, der ihnen behilflich war, die Polizeizentrale zu alarmieren und Verstärkung anzufordern. Es trafen rasch Streifenwagen ein, die über die Ma'aleh-Haschichrur anrückten. »Die Polizisten räumten die Menge um den Wagen, Aschraf brachte das Auto weg, die Schivat-Zion hinunter in Richtung Faisalplatz.« Um elf Uhr nachts erschien Jissachar Schefi, der Polizeikommandant Haifas, an Ort und Stelle und wurde von einer erregten Menge empfangen, die schrie: »Ihr habt einen Menschen ermordet! Ihr habt einen Menschen verletzt! Sie verkaufen Waffen an die Deutschen!« Laut Bericht der öffentlichen Untersuchungskommission wurde Kommandant Schefi »mit einem Wirrwarr an Beschwerden über Diskriminierung und Unrecht« überschüttet, »die zuweilen von hysterischen Schreien von Frauen begleitet waren«.

Das erste Kapitel der Unruhen von Wadi Salib begann am nächsten Tag. In der vorhergegangenen Nacht hatte sich der Aufruhr um Mitternacht gelegt, die Leute waren wieder nach Hause gegangen, und es war Ruhe im Wadi eingekehrt. In den frühen Morgenstunden wurden im Viertel Instruktionen ausgegeben, per Mundpropaganda und per »Zettel«, die Geschäfte zu schließen und nicht zur Arbeit zu gehen. Um sieben Uhr morgens versammelten sich in der Rambam-Synagoge etwa 150 bis 200 Menschen, die dem Aufruf des »Verbandes der Nordafrika-Immigranten« gefolgt waren. Zu Anfang sprach David Ben-Harusch zu den Versammelten, und anschließend brachen sie zu einer Demonstration auf, verließen die Straßen des Viertels auf dem Marsch zum Polizeihauptquartier. Die Demonstranten schwangen schwarze Flaggen und Transparente mit den Aufschriften: »Wo ist die Gerechtigkeit?«, »Die Polizei hat einen unschuldigen Menschen getötet!«, »Es gibt kein Gesetz im Staat!«. Sie trugen auch eine Nationalfahne, deren Ränder mit Blut befleckt waren – Hühnerblut, wie im Bericht der Untersuchungskommission vermerkt steht. Polizeikommandant Schefi und Polizeikommandant Bendel traten den Demonstranten entgegen und unternahmen den Versuch, sie zu beruhigen. Die Kommandanten erklärten einer Abordnung der Demonstranten, dass Akiva nicht getötet, sondern nur verletzt worden sei, und schlugen der Delegation vor, sie ins Krankenhaus zu begleiten, um sich mit eigenen Augen davon zu überzeugen. Sie erklärten, dass die Polizei die Umstände des Vorfalls untersuche und ihn zutiefst bedaure. Ab diesem Zeitpunkt bis in die Nachmittagsstunden ereigneten sich nur relativ begrenzte Zwischenfälle. Gegen Mittag versammelten sich dann ca. 80 bis 100 Personen am Rande des Viertels auf dem Faisalplatz und bewarfen Polizeiautos, die dort in den Straßen Streife fuhren, mit Steinen. Die Menge, vermerkte der Bericht der Untersuchungskommission, setzte sich überwiegend aus Kindern, Jugendlichen und Frauen, darunter Schwangere, zusammen. Nachdem diese sich zerstreut hatten, wurde der Wagen des Filialdirektors der Nationalbank in der Kibbuz-Galujot-Straße in Brand gesteckt und anschließend die Cafés von Schitrit und First beschädigt. Danach zerstörten die Randalierer den Klub der Allgemeinen Arbeitergewerkschaft in Erez-Israel (*Histadrut*) und wandten sich dann dem Klub der Arbeiterpartei (*Mapai*) zu, wo sie große Schäden anrichteten.

Von diesem Stadium ausgehend verschärfte sich die Situation. Um drei Uhr nachmittags stieß eine Menge von etwa 200 Demonstranten auf Polizeikräfte und fing an, Steine auf die Polizisten zu werfen. Die Polizei begann, Demonstranten festzunehmen und schrittweise vorzurücken, während diese ihrerseits fortfuhren, von den Dächern aus Steine auf Polizisten zu schleudern, die sich in den Straßen des Viertels, teils enge Treppengassen, verteilten. An diesem Punkt beschloss Polizeikommandant Schefi, einen Versuch zur Beruhigung der Menge zu unternehmen, und appellierte an das Gewissen der Leute. Um fünf Uhr nachmittags schien es, als sei allgemeine Ruhe eingetreten, die Menge hatte sich zerstreut, und die Läden waren wieder geöffnet worden, doch vierzig Minuten später gingen bei der Polizei Meldungen über Demonstrationen mit Hunderten von Menschen ein, die sich auf dem Weg nach Hadar hakarmel befand. Während die Polizei Verstärkung in den unteren Stadtbereich schickte, tauchten aus Wadi Salib zwei Gruppen mit Kurs auf Hadar hakarmel auf, von denen eine die Sokolovstraße entlang bis zur Herzlstraße und zurück die Jechielstraße rannte und die zweite entlang der Jechiel- zur Sirkinstraße, von dort zur Schapirastraße und wieder zurück. Jede Gruppe zählte etwa 25 bis 30 Personen, die Schaufenster einwarfen, Eigentum beschädigten und anschließend sofort verschwanden. Um acht Uhr abends versuchten circa 50 Personen, wieder zur Herzlstraße zu gelangen, doch die Polizei fing sie rechtzeitig ab, und sie zogen sich nach Wadi Salib zurück, während sie Steine warfen. Um halb neun Uhr abends endeten die Zwischenfälle. Der körperliche Schaden belief sich auf dreizehn verletzte Polizisten, darunter zwei schwer, während der Sachschaden auf ungefähr 25000 Liras geschätzt wurde. Die Polizei verhaftete 34 Verdächtige, darunter zehn mit krimineller Vergangenheit. Die meisten wurden am nächsten Tag gegen Kaution freigelassen, mit dem Ziel, die Gemüter zu besänftigen.[2] In einer Erklärung, unterzeichnet von David Ben-Harusch, die am gleichen Abend verbreitet wurde, wurde Bedauern über die Vorfälle ausgedrückt und zu Ruhe aufgerufen. In einem anderen Flugblatt, das an jenem Tag verteilt wurde, stand »Juden Nordafrikas, lasst uns den gestrigen Tag in unser Gedächtnis eingravieren – dafür, was uns in der Zukunft von diesen Nachbarn erwartet, die auf unsere Kosten reich werden und danach in prächtige Häuser in Hadar hakarmel und bequeme Wohnsiedlungsprojekte ziehen.«[3] Bei dem Versuch der Polizeikommandanten Schefi

2 *Ha'arez* vom 17.8.1959.

3 Ein völlig anderer Aufruf wurde in dem Wochenblatt *Ha'olam haze* veröffentlicht: »Unser Blut soll nicht ungestraft vergossen werden. Lasst uns zu unseren Ausbeuter-Nachbarn in Hadar hakarmel hinaufgehen. Wir sehen sie nachts, in den erleuchteten Fenstern, während wir einen Platz zum Schlafen in Treppenhäusern und dunklen Kellern suchen und am Tag unter Schmerzen hungrig umherwandern, um einen Tag Arbeitsbeschaffungsmaßnahme zu erhalten – lasst uns gegen sie aufstehen!« S. Cohen, »Schwarzer Donnerstag« (hebräisch), in: *Ha'olam haze* 1137, 15.7.1959, S. 4–5.

und Bendel, die Demonstrantendelegation zu besänftigen und ihrem Bedauern über Akivas Verletzung Ausdruck zu verleihen, verpflichteten sie sich zu einer polizeilichen Untersuchung des Vorfalls. Tatsächlich wurde in den nächsten Tagen eine interne polizeiliche Untersuchung durchgeführt. Diese sprach Hauptfeldwebel Goldenberg von jeder Schuld frei. Seine Kugeln, so zeigten die Ergebnisse der Kommission, hatten die hintere Wand im Innern des Cafés getroffen und den Kühlschrank in einer Höhe von 90 Zentimetern, das heißt in verschiedenen Richtungen, weshalb er also nicht versucht hatte, Akiva zu treffen, und mit seiner Waffe nicht auf ihn gezielt hatte. »Hauptfeldwebel Goldenberg«, so konstatierte der Bericht, »war unter den gegebenen Umständen [...] befugt, Warnschüsse abzugeben als ein Mittel, Ja'akov Akiva davon abzuhalten, weitere Flaschen zu werfen, wobei es allerdings vorzuziehen gewesen wäre, sie wirklich in die Luft, in den Himmel abzufeuern und nicht in das Café hinein, da er dort Ja'akov oder den Caféinhaber hätte treffen können.« Der Polizist Karol Segal war es, stellte die Kommission fest, der zwei Schüsse abgab, von denen der eine Ja'akov Akiva getroffen hatte. Diese Schüsse wurden für ungerechtfertigt befunden, »sowohl unter rechtlichem als auch professionellem Aspekt«. Segal hatte ohne Anweisung zur Feuereröffnung gehandelt, stellte die Kommission fest, und es gab keine Rechtfertigung für den Versuch, Akivas Beine zu treffen, nachdem dieser »allein und nicht mit einer Schusswaffe ausgerüstet« gewesen war. Die Kommission empfahl daher, Goldenberg einem Disziplinarverfahren zu unterziehen und Karol Segal vor ein Zivilgericht zu stellen.

Laut Meinung der Ärzte war Akivas Zustand zu jener Zeit zu ernst, als dass er eine Aussage hätte machen können. Er lag im Rothschild-Krankenhaus mit einem Riss im Bereich des linken Hüftbereichs, einer Verletzung des Dickdarms und des Rückgrats und mit einem Fremdkörper im Wirbelsäulenkanal. Was den weiteren Zwischenfall anging, so kam die polizeiliche Untersuchungskommission zu dem Schluss, dass keine gerichtlichen Maßnahmen gegen den Polizisten Chaimovitz zu ergreifen seien, da er »Initiative und Wachsamkeit zeigte, obwohl er nicht im Dienst war«, und zur Rettung von Hauptfeldwebel Melech beitrug. Auch die Schüsse des Zivilisten aus dem dritten Stockwerk wurden für gerechtfertigt befunden. »Wer anfängt, auf Muhammad zu schießen, schießt am Ende auf Rachamim«, schrieb Uri Avnery in seiner Zeitung *Ha'olam haze*. »Wer Suleiman verhaftet und ohne Gericht und Richter ausweist, wird am Ende auch Nissim verhaften und ausweisen. Wer heute Fatma ins Gesicht spuckt, wird morgen in Mazals Gesicht spucken. Was gestern in Wadi Nisnas geschehen ist, muss heute in Wadi Salib geschehen«, schrieb Avnery weiter, eine einsame Stimme in jenen Tagen.[4] »Schüsse auf einen Betrunkenen«, stichelte der Knessetabgeordnete Arie Ben-Eliezer von der revisionistischen Cherut-Partei gegen das Establishment, »wir müssen geradezu dankbar sein, dass wir nicht voller Betrunkener sind, auch nicht voller Randalierer. Wenn es denn wirklich notwendig wäre, auf einen wild gewordenen Betrunkenen zu schießen, dann stelle ich mir vor, wie viele Opfer es Tag für Tag und Nacht für Nacht bei Völkern geben würde, bei denen Trunkenheit ein untrennbarer Bestandteil des gesellschaftlichen Lebens ist.«[5]

4 Uri Avnery, »Die Rebellion der Marokkaner« (hebräisch), in: *Ha'olam haze* 1137, 15.7.1959, S. 3.

5 Knessetsitzung 669, 13.7.1959, Debatte über die Regierungsstellungnahme in Sachen Haifa, S. 31.

Krieg

Diachronische Nachbarn

»einen traktat könnte ich schreiben
über die jähe verwandlung
des lebens in altertumsforschung«[1]

Als Uri Avnery Ende der Fünfzigerjahre eine Korrelation zwischen Wadi Nisnas, dem Palästinenserviertel in Haifa, und Wadi Salib, dem ehemals muslimischen Stadtviertel und nun Wohngegend armer jüdischer Immigranten, herstellte, bezog er sich auf das gesamte politische Klima in Israel. Haifa diente ihm als Beispiel für die Verknüpfung und wechselseitigen Verbindungen zwischen der innerjüdischen ethnischen Spannung und dem jüdisch-palästinensischen Nationalkonflikt. In einem Staat, in dem verschiedene normative Systeme nebeneinander bestehen, so warnte er, gebe es keinerlei Garantie für Bürgerrechte. Israel, in dem ein Teil der Bürger, genauer gesagt, die arabischen, unter einem Militärregime leben, agiert innerhalb einer dualen Konstellation, die am Ende zusammenbrechen muss, da man unter solchen Bedingungen die Demarkationslinien nicht zu verteidigen vermag. Die Normen, die in dem einen Kontext – dem jüdisch-palästinensischen – geschaffen werden, konstatierte er, werden am Ende auf den anderen, den aschkenasisch-orientalischen, ausstrahlen und ihn durchdringen. Es sollten noch Jahrzehnte vergehen, bis Avnerys Beobachtung von anderen dahingehend erweitert wurde, dass sie eine strukturelle Analyse des multinationalen Rahmens israelischer Staatsbürgerschaft mit einschloss, »die ihre Bürger eher in Schichten teilt, statt sie zu integrieren«.[2] Aber jenseits dieser treffenden Einsicht, die die israelische Staatsbürgerschaftsdebatte vorwegnahm, erweckte die explizite namentliche Erwähnung des jüdischen Armenviertels Wadi Salib und des arabischen Wadi Nisnas im gleichen Atemzug die verdrängte Erinnerung wieder zum Leben. Für einen kurzen Augenblick flackerte in Avnerys Worten die »gemischte Stadt« auf, die in so tiefer Versen-

---

1 Herbert, »Der Verlassene«, S. 310
2 Peled/Shafir, Being Israeli, S. 28.

kung verschwunden war, dass sie trotz des arabischen Namens von Wadi Salib vollkommen der Vergessenheit anheimgefallen zu sein schien.

Einer der Letzten, der das Verschwinden des arabischen Wadi Salibs und die Entstehung des jüdischen Viertels dokumentierte, war Benjamin Chalfon, Leiter der Abteilung für jüdische Angelegenheiten im Mittleren Osten der Jewish Agency, als ihm gegen Ende 1948 aufgetragen wurde, die Wohnviertel der Immigranten aus Nordafrika im Osten der Unterstadt Haifas aufzusuchen. Chalfons Visite wurde als Reaktion auf Presseberichte und Protestversammlungen veranlasst, die die sanitäre Lage im Viertel und den Zustand der Wohnungen anprangerten und verurteilten. Der Krieg war zu Ende, seine Verheerungen jedoch waren in der Stadt noch deutlich sichtbar. Folgendes schrieb Chalfon in seinen »Besuchseindrücken und Beobachtungen«[3]:

> »Ich verließ Haifa einige Wochen zuvor, und zu diesem Zeitpunkt war die Altstadt ein abgeschlossenes Areal, das einer gärenden Müllhalde glich, auf der in den Abwasserkloaken Abfallklumpen, Tierkadaver und Überreste von Hab und Gut – höchst unschön – verrotteten [...]. Es war schwer vorstellbar, dass in diesen Straßen – zwischen Trümmerhaufen, von denen kein Mensch wusste, wann oder wie sie weggeräumt werden sollten, in Häusern mit herausgerissenen Fenstern und Böden, in Gebäuden, die zur Hälfte planmäßig abgerissen worden waren und deren Rest wie durch ein Wunder noch stand – Menschen wohnten. Aber Tatsache ist, dass man Immigranten hierher geschickt hat und dass sie diese Häuser okkupieren, ohne dazu aufgefordert worden zu sein.«

Gegen Ende 1948 stellte Chalfon bestürzt und erstaunt zugleich fest, dass die Ödnis der Zerstörung, die er wenige Wochen zuvor gesehen hatte, pulsierend zu leben begann. Nach dem »großen Aufschrei« fing die Stadtverwaltung Haifas an, die »Abfall- und Fäulnishaufen« zu beseitigen, wobei die Ruinen der Altstadt stehen gelassen wurden. »Jetzt gehen wir durch Gassen, die von den Abfallhaufen freigeräumt wurden, doch der Gestank von Moder und Verwesung

3 Benjamin Chalfon, Die Jewish Agency für Palästina, Abteilung für jüdische Angelegenheiten im Mittleren Osten, Besuch der Wohnquartiere der nordafrikanischen Immigranten (Haifa, Ende Dezember), Besuchseindrücke und Beobachtungen, Zionistisches Zentralarchiv (im Folgenden: ZZA), S20/10/41.

dringt noch immer aus den umliegenden Höfen«, schrieb Chalfon. »Manchmal sind wir gezwungen, uns durch die Trümmerreste zu winden, und manchmal müssen wir uns mit Wegen durch Höfe und zerstörte Häuser behelfen, um einen riesig aufragenden Klotz zu umgehen: die Ruine dessen, was einst ein großes Haus war.«

Chalfons besuchte Haifa infolge der Schwierigkeiten, die sich im Umfeld des Eingliederungsprozesses der nordafrikanischen Immigranten in der Stadt aufgetan hatten. In Haifa, schrieb Chalfon, finde sich die größte Konzentration von Juden nordafrikanischer Abstammung in Israel, und an den unteren Rändern der Stantonstraße und in der Altstadt Haifas seien sie in Massen anzutreffen. Jedoch nicht diese Konzentration an sich, sondern das erste Aufflackern von Protesten brachte ihn in die Stadt:

> »Menschen mit wohlmeinenden Absichten und andere haben sich in die Sache eingemischt, und es fanden sich auch welche, die versuchten, die Marokkaner gegen das bestehende Gemeinwesen aufzuhetzen mit Behauptungen von der Art: ›Der Platz und die Qualität der Häuser ist für die Aufnahme von Einwanderern aus Europa (»Jiddischsprechern«, wie sie bezeichnet wurden) als nicht würdig befunden worden und daher euch zugewiesen worden‹; oder: ›Schließlich denken **sie** ja, dass ihr an so was gewöhnt seid von der Mellah (Ghetto) in Marokko‹; oder: ›Anscheinend denken die Wohnungsbehörden, dass ihr nicht mehr wert seid‹. ›Weitsichtige‹ fügten den Analogieschluss hinzu: ›So wie man euch bei der Wohnungsunterbringung übel benachteiligt hat, so werdet ihr in allem benachteiligt werden‹.«[4]

Als Chalfon Ende 1948 den neuen Bewohnern begegnete, schien es, als sei von den früheren Bewohnern nichts mehr übrig geblieben als »Abfallklumpen, Tierkadaver und Überreste von Hab und Gut – höchst unschön«. Im Laufe der folgenden Jahre gerieten sie vollkommen in Vergessenheit. Obwohl nur elf Jahre zwischen dem muslimischen Wadi Salib und den innerjüdischen Unruhen von Wadi Salib lagen, wurde die jüngste arabische Vergangenheit des Viertels 1959 überhaupt nicht erwähnt. Dies gilt auch für die Sekundärliteratur, die sich mit den Unruhen befasste. Als Avnery die Namen Wadi Salib und Wadi Nisnas in einem Atemzug nannte, offenbarte er nicht nur die parallele Existenz des jüdischen Armenviertels und des arabischen Viertels, sondern ebenso den ehemals arabischen

4 Ebenda.

Charakter des nunmehr jüdischen Viertels. Damit kritisierte er die Tendenz, den jüdisch-arabischen Konflikt nach außen zu verlegen und ihn, so wie die Palästinenser selbst, als separaten Bereich abzustecken und nicht als Bestandteil der israelischen Gesellschaft zu betrachten, die sich als rein jüdisch begreift.[5] Diese anerkannten Demarkationslinien, an denen eisern festgehalten wird, erschweren nicht nur unser Verständnis des Konflikts, sondern vor allem die Wahrnehmung des Ortes mit seinen diversen ethnischen und nationalen Komponenten.[6] Man kann die Geschichte Wadi Salibs nicht verstehen, ohne die konventionellen Einteilungen zu durchbrechen.

Das arabische Haifa verblich im Nu, innerhalb eines Augenblicks, innerhalb weniger Tage im April. Von dem rapiden, überstürzten Ablauf der Dinge rührt vielleicht das verstörende Auseinanderklaffen her, das zwischen Haifa als einem palästinensischen Symbol der Nakba (Katastrophe) einerseits und dem anerkannten Image der Stadt als Musterbeispiel jüdisch-arabischer Koexistenz andererseits besteht. Jahre bevor Haifas arabische Vergangenheit bewusst ausradiert wurde, war ihre Eliminierung in den Ereignissen, in dem Tempo, in der Totalität angelegt, die jede Vorstellung überstieg. Die Aufarbeitung der Erinnerung erfordert es also, den historischen Ablauf auszusetzen und ihn langsam zurückzuspulen, um einen momentanen Blick auf die früheren Bewohner zu werfen, die mit einem Schlag verschwanden, jedoch weiterhin einen Schatten über jene Stadt werfen, die im Handumdrehen zur jüdischen Stadt wurde.

Das Schicksal der »gemischten Stadt« wurde an mehreren Fronten besiegelt. Eine davon, eine eher abseitige, aber durchaus bewegende, spielte sich in der Nacht vom 21. auf den 22. April 1948 im Haus des Haifaer Bankiers Farid Sa'ad ab. Dort hatten sich vor dem Hintergrund der heftigen Kämpfe draußen und angesichts der sicheren arabischen Niederlage einige arabische Würdenträger zu einer ausgedehnten Beratung versammelt. Sie waren sicher nicht die entscheidenden Akteure, doch das historische Drama jener Tage hatte ihnen eine Nebenrolle im Rahmen der undankbaren Aufgabe zugedacht, die sie als »Notstandskomitee der Araber Haifas« auf sich genommen hatten. Am nächsten Morgen wandten sie sich an General-

5 Peled/Shafir, Being Israeli, S. 25.

6 Ehrlich, Eine Gesellschaft im Krieg, S. 259–263; Shenhav, The Arab Jews, S. 9–10.

major Stockwell, Befehlshaber der britischen Streitkräfte in Haifa und dem Norden des Landes. Man weiß nicht, ob sie ein Gespräch mit der jüdischen Seite initiierten, und falls ja – zu welchem Zweck. Möglicherweise sahen sie sich zu diesem Schritt gedrängt, da sie verstanden hatten, dass der Kampf um Haifa entschieden war und ihnen keine arabische Verstärkung zur Verfügung stehen würde, um an der Lage der Dinge noch etwas zu ändern. Als sie begriffen hatten, dass auch keinerlei militärisches Eingreifen zu ihren Gunsten seitens der Briten zu erwarten war, benötigten sie Unterstützung anderer Art. Stockwell übermittelte die Botschaft an Mosche Karmel, Kommandant der Hagana-Truppen im Raum Haifa, und dieser formulierte als Antwort darauf einige Kapitulationsbedingungen. Im Anschluss an diese einleitenden Vorgänge trafen sich am Nachmittag des gleichen Tages zwei Delegationen, eine jüdische und eine arabische. Das Treffen fand im Haifaer Rathaus statt, Sitz der gemischten Stadtverwaltung, die sich – auch heute noch – zwischen dem Viertel Hadar hakarmel und der Unterstadt befindet.[7] Seinerzeit war dies die Demarkationslinie zwischen den jüdischen und arabischen Vierteln. Das Treffen wurde unter der Obhut britischer Repräsentanten und ohne Journalisten abgehalten, es sollten die Kapitulationsbedingungen und die Nachbesserungen, die Mosche Karmel als Bedingung für eine Feuereinstellung in der Stadt formuliert hatte, verhandelt werden.[8]

---

7 Die Aktion der Haifaer Stadtverwaltung vor dem Hintergrund des wachsenden nationalen Konflikts ist Gegenstand verschiedener Interpretationen. Während Tamir Goren und Josef Vaschitz auf das positive Prinzip der Kooperation und die konstruktive Tendenz verweisen, deutet die Wissenschaftlerin May Seikaly darauf hin, dass den arabischen Repräsentanten in der Stadtverwaltung die Legitimation seitens ihrer nationalen Gemeinschaft fehlte und sie als Kollaborateure mit der jüdischen Seite angesehen wurden. Siehe Goren, Kooperation im Schatten der Konfrontation; Vaschitz, Sozialer Wandel in der arabischen Gesellschaft Haifas; Seikaly, Haifa.

8 Die Kapitulationsbedingungen enthielten die Forderung, alle arabischen Truppen in der Stadt zu entwaffnen und die Waffen an die Briten abzuliefern, die sie mit der Evakuierung der Hagana übergeben würden; die Ausweisung aller ausländischen männlichen Araber im militärfähigen Alter; die Beseitigung sämtlicher arabischer Straßensperren; die Festnahme aller Nationalsozialisten aus Europa, die sich in die Reihen der arabischen Kampftruppen eingeschlichen hatten; und eine Ausgangssperre von 24 Stunden, um die Entwaffnung der Araber vollständig sicherzustellen. Im Gegenzug würde man allen verbliebenen arabischen Einwohnern Haifas erlauben, ihr reguläres Leben weiterzuführen und als freie und gleichberechtigte Bürger in der Stadt zu leben.

Wehe den Besiegten. Den Weg zum Rathaus legte die arabische Delegation in britischen Panzerfahrzeugen zurück. Eine große Menge Juden drängte sich vor dem Rathaus und begann beim Anblick der arabischen Delegationsmitglieder zu jubeln und zu applaudieren.[9] Die jüdische Abordnung traf selbstständig ein. Haifa war im Laufe des Tages von der Hagana tatsächlich bereits erobert worden. Dies war natürlich die hauptsächliche, entscheidende Front, an der das Schicksal der Stadt besiegelt wurde. Zur arabischen Delegation, deren Mitglieder in der Mehrheit Christen waren, zählten auch der bereits erwähnte Farid Sa'ad, der Bankier und dazu Mitglied des arabischen Nationalkomitees war; der Geschäftsmann und spanische Honorarkonsul in der Stadt, Viktor Chajat; der Rechtsanwalt Elias Chousa; der Bezirksrichter Anis Nasser; der Geschäftsmann Ahmad Abu Ziad, auch er Rechtsanwalt und Mitglied des arabischen Nationalkomitees; der Rechtsanwalt George Mu'amer und Scheich Abd al-Rahman Murad, Oberhaupt der »Muslimbruderschaft« in der Stadt. Die zwei Parteien diskutierten die Bedingungen, über die man sich in etlichen Punkten uneins war. In ihren Memoiren verzeichneten die britischen Beobachter, dass die Position der jüdischen Seite versöhnlich und grundsätzlich flexibel gewesen sei. Das Treffen im Rathaus dauerte etwa eineinhalb Stunden, und am Schluss baten die arabischen Vertreter um eine Bedenkzeit von 24 Stunden. Ihre Bitte wurde abgelehnt, und sie wurden aufgefordert, innerhalb einer Stunde zu einer Entscheidung zu kommen.

Jener schicksalhafte Abend im April besiegelte faktisch die drastischen Veränderungen, die sich in der Zusammensetzung der Stadtbevölkerung im Laufe der vier vorausgegangenen Monate ergeben hatten. Als der Teilungsplan in der Generalversammlung der Vereinten Nationen Ende November 1947 verabschiedet worden war, war die Anzahl von Juden und Arabern in der Stadt nahezu identisch. Nun, in der Stunde der Kapitulation, nach dreieinhalb Monaten Kampf, war die Zahl der arabischen Bevölkerung in der Stadt fast um die Hälfte gesunken.[10] Dieser Prozess verlief in Wellen. Von der

---

9 Eschel, Die Fronten der Hagana in Haifa, S. 371.

10 Es gibt unterschiedliche Angaben über die Anzahl der Juden und Araber in Haifa in den Jahren 1947–1948. Laut Karsh hatte Haifa Ende 1947 ca. 140000 Einwohner, darunter 75500 Juden und 62500 bis 66000 Araber. Im April 1948 bewegte sich die Anzahl der Araber in der Stadt zwischen 35000 bis 40000. Benny Morris gibt 65000 Araber vor dem Krieg an und eine Zahl von 20000 bis 30000, die die Stadt bis Anfang April 1948 verließen. Bei Tamir Goren sind die

Teilungsresolution bis Februar 1948 verließen Haifa hauptsächlich Angehörige aus den Nachbarländern – Landbewohner der Randgebiete, aber auch wohlhabende Christen aus dem Kreis der Lokalbevölkerung, die auf dem Landweg in die benachbarten Länder oder auch ins Landesinnere Palästinas reisten –, alles in allem etwa 20000 Personen. In den Monaten Februar bis März schlossen sich ihnen zahlreiche muslimische Einwohner an, ein Teil davon im Zuge einer gemeinsamen muslimisch-christlichen Initiative, Frauen und Kinder aus der Stadt zu evakuieren, diesmal auf dem Seeweg. Dazu kam eine interne Verschiebung der Bevölkerung innerhalb der Stadt, wie zum Beispiel der Einwohner von Wadi Ruschmia, Wadi Salib und dem Hallisaviertel, die aus Angst vor Angriffen der Hagana an evakuierte Orte in der Gegend des Karmel-Busbahnhofes flüchteten, die von christlichen Einwohnern verlassen worden waren, nachdem die Hagana einige Autobusse in der Gegend in die Luft gesprengt hatte. Die Anzahl der Araber, die die Stadt verließen, stieg auch im April kontinuierlich weiter.

Es gab manche, die aus wirtschaftlichen Gründen die Initiative zum Weggang ergriffen. Unter ihnen befanden sich Familien der lokalen Bourgeoisie, die in den Libanon und nach Syrien flohen, neben einfachen Arbeitern, denen die Kriegshandlungen ihr tägliches Brot geraubt hatte. Zahlreiche Arbeiter verloren ihren Arbeitsplatz in den britischen Militärcamps und den diversen Einrichtungen, die langsam abgebaut und liquidiert wurden. Dazu trat eine gravierende Verschlechterung in der persönlichen Sicherheit der Stadtbevölkerung ein, und Vergeltungsmaßnahmen, die stets auch Unschuldige trafen, wurden zum Regelfall.[11] Das Massaker an den jüdischen Arbeitern in der Raffinerie, das die Folge einer Provokation der Ezel (Irgun zva'i le'umi – nationale militärische Untergrundorganisation, vor der Staatsgründung Israels in Palästina aktiv) war, und der Vergeltungsakt der Hagana in den umliegenden Dörfern Haifas setzte einer Reihe von Bemühungen zur Entschärfung der Situation von Seiten des arabischen Nationalkomitees sowie vom Lageausschuss

---

Angaben teilweise höher. Er benennt die Anzahl der Juden 1946 mit 74230, die Zahl der Araber im gleichen Jahr mit 70910.
Siehe Karsh, Nakbat Haifa, S. 25, 40; Morris, The Birth of the Palestinian Refugee Problem Revisited, S. 186–187; Goren, Warum die arabische Bevölkerung Haifa verließ, S. 176.

11 Goren, Der Fall des arabischen Haifas, S. 59–86.

des Haifaer Gemeinderats ein Ende.[12] Als man trotz allem eine zeitweilige Ruhe erreicht hatte, wurde sie im Laufe des Januars 1948 erneut mit einer Serie von Anschlägen und Konteraktionen gebrochen. »Generell«, so steht es im Geschichtsbuch der Hagana, »wurde der Vergeltungsschlag in Haifa zur konsequenten Methode, und nach jedem Anschlag auf einen Juden in der Stadt bemühte sich die Hagana, Araber in der Gegend zu attackieren, in der sich der Vorfall ereignet hatte.«[13]

Die lokale jüdische Führung hatte klare Organisationsvorteile gegenüber den Arabern in der Stadt, auch wenn ihre Kontrolle nicht umfassend war, wie die Sprengung des Gebäudes des muslimischen Komitees bewies, das den separatistischen Gruppierungen für öffentliche Zwecke wie Wohlfahrt, Gesundheit und Wohltätigkeit diente.[14] Eine weitere Welle der Gewalt – die Detonation eines arabischen Sprengstoffautos beim Solel-Boneh-Haus in der Hanamalstraße und eines jüdischen Sprengstofflastwagens als Vergeltungsakt in der Burdschstraße – ließ die Lage eskalieren.[15] Der Zusammenbruch der persönlichen Sicherheit im Gefolge der Kämpfe entlang der jüdisch-arabischen Nahtlinie in der Stadt, die Knappheit an Grundnahrungsmitteln wie Mehl und Brot und die Abgeschnittenheit von den anderen Teilen des Landes verschärften ebenfalls das Gefühl der Isoliertheit und begünstigten den Exodus. Ab Ende 1947, vermerkt das Geschichtsbuch der Hagana[16], befand sich die arabische Bevölkerung praktisch unter Belagerung. Der Vorteil der jüdischen Seite bei der Verteidigung der Stellungen entlang der Nahtlinie war klar, da diese Strategie detailliert über Jahre hinweg geplant worden war und auf Lehren basierte, die man aus den Konfrontationen in der Phase des arabischen Aufstands von 1936 bis 1939 gezogen hatte.[17] Auch in der Mobilisierung der Kräfte vor Ort lagen die Vorteile auf jüdischer Seite:

> »Leute, die sich von ihrer Arbeit freistellen lassen konnten, und speziell Studenten des Technions, die mit ihrem Studium aufhörten, wurden zu Einheiten der Feldtruppe eingezogen. Nachdem diese Truppe an den Stadtbereich gebunden war und die Leute

12 Eschel, Die Fronten der Hagana in Haifa, S. 318.
13 Slutsky, Die Geschichte der Hagana, S. 1382.
14 Eschel, Die Fronten der Hagana in Haifa, S. 327.
15 Ebenda, S. 340–342.
16 Slutsky, Die Geschichte der Hagana, S. 1383.
17 Eschel, Die Fronten der Hagana in Haifa, S. 303.

nicht weit weg von Zuhause waren, sah man keine besondere Notwendigkeit, sie mit Essen, Decken und Kleidern zu versorgen oder ihnen Löhne zu zahlen.«[18]

Die Bemühungen des arabischen Nationalkomitees und des arabischen Hochkomitees, die Abwanderung aus der Stadt mittels Order und Verlautbarungen zu bremsen, halfen nichts. Als Haifa schließlich von der Hagana erobert worden war, war die Anzahl der Araber auf die Hälfte dessen gesunken, was sie zur Zeit der UN-Resolution betragen hatte. Die Kooperation zwischen diesen beiden Gremien bei dem Versuch, den Exodus aufzuhalten, war besonders diffizil, da sie sich in einem Interessenkonflikt befanden. Das arabische Nationalkomitee war bemüht, die Lage zu beruhigen und die Feuereinstellung in Haifa aufrechtzuerhalten, während der Mufti al-Hadsch Muhammad Amin al-Husseini die Situation anheizen wollte. »Es gab Fälle von Abwanderung vor der Befreiung der Stadt«, vermerkte Mosche Karmel, Kommandant der Nordfront und der Verantwortliche für die Eroberung Haifas dreißig Jahre später. »Die Juden sind nicht weggegangen. Sie konnten nirgendwohin gehen. Wohin hätten sie gehen sollen?«[19] Ein Massenexodus aus dem jüdischen Teil Haifas erfolgte tatsächlich nicht. Karmels Argumentation, ähnlich wie die entschiedene Äußerung, dass »die Masse der Juden nirgendwohin fliehen konnte«[20], fällt natürlich aus dem Rahmen einer sachlichen historischen Schilderung und führt sich auf den israelischen Legitimitätsdiskurs zurück, dass die Juden keinen anderen Ort haben, auf den sie ausweichen könnten. Sie präsentiert jedenfalls eine Version, die in ihrer Eindeutigkeit der Wirklichkeit nicht immer entspricht. Am Rande des Geschehens tauchten vereinzelt Fälle von »Deserteuren« auf. So wurden zum Beispiel auf dem Schiff »Russia«, das gelegentlich in Haifa anlegte, einige junge »wehrpflichtige« Männer entdeckt, die der Gefahr entrinnen wollten. Sie waren von der Rekrutierungsstelle verfolgt worden, hatten zum Teil bei den britischen Behörden Unterstützung gesucht, und ein paar von ihnen war es gelungen, sich in den Bauch des Schiffes zu schmuggeln.[21] Als

---

18 Slutsky, Die Geschichte der Hagana, S. 1382.
19 Jad Tabenkin (Zentrum für die Geschichte der Verteidigungsstreitkraft – die Hagana), Die Eroberung der arabischen und der gemischten Städte, S. 32.
20 Ebenda.
21 Eschel, Die Fronten der Hagana in Haifa, S. 342.

Ausnahme erhärtet dieses jedoch nur die Regel. Die Majorität der jüdischen Bevölkerung Haifas blieb tatsächlich in der Stadt, wobei die jüdischen Institutionen große Anstrengungen unternahmen, den Leuten Mut zu machen, stark gefährdete Viertel nicht zu verlassen, sowohl mit Schutzmaßnahmen als auch durch Ausübung moralischen Drucks. So richtete beispielsweise die Hagana öffentliche Komitees zur Fluchtverhinderung ein, nachdem man bemerkt hatte, dass jüdische Geschäfts- und Büroinhaber im Zentrum in der Unterstadt die Neigung zeigten, ihre Betriebe an Tagen, an denen es zu Spannungen kam, zu schließen und sich nach Hadar hakarmel hinaufzuflüchten.[22] Parallel zur Fortifikation der kritischen Viertel an der Nahtstelle übte die Hagana normativen Druck auf die Stadtbewohner aus. »Um zivile Tugenden zu demonstrieren und damit andere zu ermutigen«, wird in den Erinnerungen berichtet, »machte es sich der Rechtanwalt Ja'akov Salomon zur Regel, tagtäglich von seiner Wohnung in Hadar hakarmel zu seinem Büro in der Stadt hinunterzugehen. Seine Assistenten und Angestellten begleiteten ihn. So wie er verhielten sich viele, die loyal zur Hagana standen.«[23]

Mit einer weitaus schlechteren Ausgangsbasis bemühte sich die arabische Seite verzweifelt, die Abwanderung zu verhindern, während die Anlässe im Laufe der ersten Monate des Jahres 1948 immer stärker wurden: In Wadi Salib bezog die Hagana Stellung in einem verlassenen arabischen Haus, von dem aus in Richtung Hadar geschossen worden war, befestigte das Gebäude und begann, auf Wadi Salib selbst Schüsse abfeuern. Gelegentlicher Feueraustausch zwischen den »fremden« arabischen Truppen – Kämpfern der Befreiungsarmee der Arabischen Liga und Freiwilligen des Muftis – und der Hagana, wie zum Beispiel im Laufe des Februars in Wadi Salib, und die Beschlagnahme arabischer Häuser seitens der Hagana in diesen Vierteln bestärkten sicher einen Teil der noch Unschlüssigen in ihrer Entscheidung, die Stadt zu verlassen.[24] Zusätzlich zur ohnehin existierenden Spannung zwischen der lokalen palästinensischen und der nationalen arabischen Führungsriege kam noch die Kluft zwischen den Mitgliedern des muslimischen Komitees, die den An-

22 Ebenda, S. 315.
23 Ebenda, S. 314.
24 Tätigkeitsbericht von April 1947 bis März 1948 (hrsg. vom jüdischen Gemeinderat in Haifa).

weisungen des arabischen Hochkomitees folgten, und der christlichen Führung – einer Minderheit unter den Komiteemitgliedern –, die in diesen Fragen eine unabhängige Politik betrieben. Ebenso führten unterschiedliche Auffassungen zu Spannungen zwischen der Position des arabischen Hochkomitees und der des Muftis. Von dem Zeitpunkt an, ab dem das arabische Nationalkomitee begann, Frauen und Kinder nachdrücklich zu ermutigen wegzugehen, tat man sich schwer damit, anderen Einhalt zu gebieten. Es gelang dem Komitee zwar schließlich, bei den meisten Mitgliedern in dieser Sache seine Linie durchzusetzen, doch es war schwierig, dies zum Beispiel bei den arabischen Stadtratsabgeordneten zu erreichen.

Das arabische Haifa brach zu früh in sich zusammen, zumindest nach dem allgemeinen Plan der Hagana, in dem angenommen worden war, dass die Stadt erst am Schluss an die Reihe käme. Gemäß der fundierten Einschätzung, dass ein Ende der britischen Präsenz nicht vor Sommer 1948 zu erwarten war, zog es die Hagana vor, keine potenzielle Reibung mit diesen Kräften zu riskieren und zu warten. Und tatsächlich planten die Briten, die »Enklave Haifa« – das Areal, das sich von Atlit im Süden bis zum Militärlager Kurdani im Norden erstreckt – abgesehen von einigen wenigen Ausnahmen zu räumen. Die Evakuierung des Stella-Maris-Viertels in Haifa wurde beispielsweise auf Ende Juli 1948 verschoben, damit es von den britischen Soldaten während des Abzugs noch genutzt werden konnte. Die Briten hatten ohnehin die Hoffnung, den Hafen Haifas nach Beendigung des Mandats weiterhin zu kontrollieren, wenn er planmäßig zum Freihafen geworden wäre. Auch aus Sorge um die Zukunft der Raffinerie hatten sie explizites Interesse daran, ihre Herrschaft in der Stadt an Schlüsselpositionen wie dem Hauptquartier neben der zentralen Bahnstation am Plumerplatz sowie an Schwachstellen entlang der Nahtlinie zu erhalten. Mitte April jedoch trat eine Veränderung in der Lage ein und dementsprechend in der britischen Aufstellung. Die beständigen Versuche irregulärer arabischer Truppen, Hadar hakarmel aus Richtung Wadi Nisnas und Wadi Salib unter ihre Kontrolle zu bringen, ließen Haifa auf der Prioritätenliste der Hagana nach oben rücken. Parallel dazu begann sich auch die britische Bewertung der Lage unter dem Eindruck der Unruhen, Sachschäden und Menschenverluste zu verändern. Stockwell gelangte zu der Einschätzung, dass er sich in der gegebenen Situation mit der Verteidigung »allein der Enklave Haifa« begnügen müsste. Er nahm an, dass er darüber hinaus nichts tun könnte, um die Kampfparteien zu trennen und schon gar nicht schwache Bevölkerungsgruppen zu schützen. Im Licht dieser neuen Umstände traf er die Wahl, der geordneten und sicheren Evakuierung seiner Truppen absoluten Vorrang einzuräumen.

Diese Entwicklungen in Haifa spielten sich natürlich nicht im leeren Raum ab. Am 14. April wurde die arabische Befreiungsarmee unter dem Befehl von Fausi al-Kaukdschi bei Mischmar ha'emek geschlagen. Am 16. April zogen die Briten aus Safed ab und ließen die jüdische Minderheit in der Stadt zurück, am 18. April räumten sie Tiberias, das umgehend von der Hagana eingenommen wurde. Diese Vorgänge signalisierten beiden beteiligten Seiten, dass die Briten mehr an der Evakuierung als an einer Aufrechterhaltung der Ordnung interessiert waren und dass ihre Absicht, Palästina zu verlassen, unwiderruflich feststand. Unter diesen Bedingungen konnte die Hagana am helllichten Tag operieren, ohne Furcht vor britischer Intervention, und das tat sie auch mit Angriffen in weiten Teilen des Landes, einschließlich im Osten und Westen Obergaliläas. Ohne britische Deckung war es klar, dass die arabische Seite nicht imstande sein würde, der Hagana standzuhalten. Die Niederlage von Kaukdschis Armee bei Mischmar ha'emek bewies, dass auch die externen arabischen Hilfstruppen nichts mehr retten konnten, die Niederlage war in Sicht. Vor diesem Hintergrund wurde am 19. April eine neue Einsatzorder beschlossen, bestätigt von Brigadegeneral Gordon MacMillan, Kommandant der britischen Armee in Palästina. Diese trat am nächsten Tag in Kraft und beinhaltete einen britischen Rückzug aus den Randzonen und eine Konzentration auf die Sicherung der Verkehrsachsen, die für die Evakuierung vorgesehen waren. Im Rahmen dieser hastigen Umorientierung beeilten sich die Briten, die Hagana darüber zu informieren, wodurch sie deren Vorteil gegenüber der arabischen Seite noch verbesserten. Es war ohnehin klar, dass Haifa laut Teilungsplan der UNO im Gebiet des jüdischen Staates enthalten war, und in dieser Hinsicht war die Zukunft der Stadt im Voraus entschieden worden.

Tatsächlich fanden bereits Mitte Februar und später, Mitte April, einige Treffen zwischen Stockwell und Harry Beilin, dem Vertreter der politischen Abteilung der Jewish Agency in der Stadt, und Abba Khoushi, dem Sekretär des Haifaer Arbeiterrats, statt, bei denen Khoushis Forderung verhandelt wurde, nach Abzug der britischen Streitkräfte die Kontrolle über die Stadt zu erhalten. Die Entscheidung der Neuordnung der Truppen in der Stadt, die Stockwell einleuchtend erschien, fiel, nachdem man die Absichtserklärung der jüdischen Seite vernommen hatte und davon ausging, dass diese Partei der vielversprechendere Partner für die Aufrechterhaltung der Ruhe sein dürfte, die für einen geordneten Abzug der Briten dringend vonnöten war. Diese neue Order überraschte Feldmarschall Bernard Montgomery, Generalstabschef des britischen Empires, ebenso wie das britische Kabinett und speziell Außenminister Ernest Bevin. Sie hegten Befürchtungen, dass dieser hastige Schritt die strategischen Gesamtinteressen Großbritanniens im Nahen Osten gefährden könnte.[25]

Der Kampf um die Kontrolle der evakuierten Gebiete zwischen Juden und Arabern begann sofort mit dem Abzug der britischen Truppen. Es ist zu bezweifeln, ob die Beschreibung der Haifaer Araber von Walid Khalidi, dem offiziellen Historiker der palästinensischen Nationalbewegung in den 1950er und 1960er Jahren, als die »unkriegerischste Stadtbevölkerung im östlichen Mittelmeer«[26] wirklich so zutrifft, doch keinerlei Zweifel besteht darüber, dass die jüdische Seite die Oberhand hatte. Zu dem Informationsvorsprung addierten sich andere taktische Vorteile: Die jüdischen Viertel lagen am Hügel über den arabischen, und die Konzentration und Koordination der jüdischen Kampftruppen war weitaus günstiger. Zusätzlich besaßen die Juden in Haifa die Vorzüge einer Gemeinde mit einer entwickelten politischen Organisationskultur, die Teil eines autonomen Rahmens mit einer Zentralverwaltung darstellte, die ihre Autorität vom Zentrum in Tel Aviv bis zur Peripherie hin in vielen Feldern, einschließlich Kriegführung, ausübte.

Am Mittag des 21. Aprils begann die Hagana, Haifa unter ihre Kontrolle zu bringen, bei vorausgehendem Feuer, das sich sporadisch bis zum nächsten Tag hinzog. Die Operation »Bi'ur Chamez« (Verbrennung alles gesäuerten Brots und Sauerteigs, Pessachbrauch), wie es in der Codierung der Hagana hieß, war als eine »Scherenaktion« angelegt, womit die Hagana die arabische Seite in Angst und Schrecken versetzen sollte, und dies nicht unbedingt in der Absicht, die arabischen Viertel tatsächlich zu erobern. Während man das Feuer aus den arabischen Stellungen an den diversen strategisch entscheidenden Punkten in der Stadt erwiderte, beabsich-

---

25 Golani, Wendepunkt Haifa, S. 13–59.
26 Khalidi, The Fall of Haifa, S. 22–32; Morris, The Birth of the Palestinian Refugee Problem Revisited, S. 27; 186–211.

tigte die Hagana, zentrale Schneisen in Richtung der unteren Stadt wie zum Hafen zu schlagen, Wadi Ruschmia zu erobern und den Zugang von Norden her sicherzustellen. Die Kämpfe um die Brücke von Ruschmia und Wadi Hallisa, begleitet von systematischen Aufrufen der Hagana an die Einwohner, sich jeder Unterstützung der von außen ins Land gelangten arabischen Freiwilligenverbände zu enthalten, führten dazu, dass in der Nacht vom 21. auf den 22. April eine panische Flucht der arabischen Einwohner in Richtung der Unterstadt und Wadi Salibs einsetzte. Auf ihrem Weg durch die Viertel steckten die Flüchtlinge die lokalen Bewohner mit ihrer Panik an, und viele schlossen sich dem Strom an. Gleichzeitig nahmen andere Einheiten der Hagana diverse lebenswichtige Punkte in der Unterstadt ein, gegenüber dem Bahnhof, in Wadi Nisnas und im arabischen Markt. Hin und wieder wurden die Kämpfe mit Schusssalven in Richtung des unteren Stadtkerns ergänzt – »ein Lärmbombardement, das dazu bestimmt war, das arabische Haifa aufzuweichen«, wie es die jüdischen Quellen formulierten.[27] Ob der Zweck rein militärisch gewesen war, bleibt indes zweifelhaft – vor allem, als es sich um Kämpfe in bewohntem Gebiet handelte, und dies in einer Auseinandersetzung zwischen bewaffneten Bevölkerungsgruppen. Panik wurde durch ständige öffentliche Aufrufe und Radiosendungen auf Arabisch verbreitet. Die Einwohner wurden dabei aufgefordert, die sich unter sie mischenden und von außerhalb des Landes hinzugekommenen arabischen Freiwilligenverbände zu denunzieren, gleichzeitig jedoch auch Frauen, Kinder und Alte in Sicherheit zu bringen. Die Demoralisierung erzielte ihre Wirkung.

»Es ist gut ohne Araber, es ist leichter ...«

»Und mein Onkel fügte hinzu: ›Was wird jetzt passieren?‹

Der Brite begann nach passenden Worten zu suchen, die diesem Bauern, bewaffnet mit einem Gewehr, das Ausmaß seines Unglücks beschreiben könnten. Er war heimatlos geworden, und er musste emigrieren. Durch den Kopf des Briten begann der Gedanke an den Beschluss der Vereinten Nationen zu wandern, die Resolution zur Errichtung des Staates Israel, von dem mein

27 Eschel, Die Fronten der Hagana in Haifa, S. 357.

Onkel nichts gehört hatte und von dessen Existenz er überhaupt nichts wusste.

Der Brite murmelte vor sich hin, versuchte, die Lage im gleichen Moment zu umfassen und zu vereinfachen: ›Dieses Problem ist größer als du […], ein Problem von Staaten, sie haben ja alles schon unter sich ausgemacht, und dir bleibt nichts anderes übrig, als auszuwandern.‹«[28]

Am gleichen Tag begannen Tausende arabische Einwohner zum Haifaer Hafen zu strömen; sie stauten sich an den Eingängen und suchten verzweifelt nach jeder Art schwimmendem Gefährt, das sie zum Hafen von Akko oder an die Küsten des Libanons bringen könnte. Die Spannung wurde von Gerüchten genährt, die Briten seien bereit, die Seepassage nach Akko zu unterstützen. Im Tumult der Flucht verloren manche der Flüchtlinge Familienangehörige. Bisweilen wurden Frauen, alte Menschen und Kinder in der schrecklichen Panik niedergetrampelt. Großbritannien war tatsächlich gewillt, den Flüchtenden Boote zur Verfügung zu stellen, während andere eine Beförderung auf dem Landweg wählten und die Straßensperren passierten, die die Hagana an den Eingängen zur Stadt errichtet hatte, auf ihrem Weg nach Nazareth, Dschenin und Nablus. Etwa 15000 arabische Einwohner flohen während der beiden Kampftage aus der Stadt.[29]

Vor dem Hintergrund dieser dramatischen Entwicklung, in Gegenwart der jüdischen Repräsentanten – Schabtai Levy, der jüdische Bürgermeister, Ja'akov Salomon, Rechtsanwalt und Verbindungs-

---

28 El-Assad, Kinder des Taus, S. 30.

29 Es gibt differierende Schätzungen, was die Anzahl der Araber in der Stadt in den entscheidenden Tagen im April angeht. Goren vermerkt, dass ihre Zahl den britischen Angaben zufolge zum Ende der Kämpfe am 24. April ca. 37000 betrug, während ihre Anzahl am 14. Mai, vor der Invasion der arabischen Armeen, nur 6000 erreichte. Morris konstatiert, dass in der Nacht vom 21. auf den 22. April noch zwischen 30000 und 40000 Araber in der Stadt lebten, von denen ca. 15000 diese im Laufe der Kämpfe verließen, und dass sich ihre Anzahl am 10. Mai 1948 nur noch auf 4000 belief. Karsh verzeichnet, dass es bei Ausbruch der Feindseligkeiten 30000 Araber in der Stadt gab, dass im Zuge der Auseinandersetzungen 5000 bis 15000 flohen und dass Anfang Mai 1948 nur ca. 3000 übrig waren. Khalidi berichtet von der Flucht von 50000 Palästinensern im Laufe der beiden Kampftage.
Siehe Goren, Warum die arabische Bevölkerung Haifa verließ, S. 203; Morris, The Birth of the Palestinian Refugee Problem Revisited, S. 200 u. 206; Karsh, Nakbat Haifa, S. 51, 59–60; Khalidi, The Fall of Haifa, S. 22.

mann der Briten im Namen der Hagana, Mordechai Maklef, stellvertretender Kommandant der Karmeli-Brigade, sowie einige Offiziere – und unter der Schirmherrschaft der britischen Befehlshaber wurden die Mitglieder des arabischen Notstandkomitees genötigt, den Kapitulationsbedingungen zuzustimmen.

Den ganzen Tag über und in den Stunden, die dem Treffen vorausgingen, hatten die Komiteemitglieder versucht, über den syrischen Konsul in Haifa, Tabet al-Aris, Kontakt mit der externen arabischen Führung aufzunehmen, um klare Instruktionen zu erhalten, wie sie sich dem ihnen unterbreiteten Vorschlag gegenüber verhalten sollten. Sie wandten sich an den syrischen Präsidenten, Schukri al-Kuwatli, an die für Palästina Zuständigen in der Arabischen Liga und am Ende anscheinend auch über Beirut an den Mufti, doch sie erhielten keine Antwort. Etwa dreißig ortsansässige Bürger aus der Oberschicht der Stadt versammelten sich wieder im Hause Chajats und versuchten, in niedergeschlagener Atmosphäre eine politische Linie in Hinsicht auf die neu entstandene Situation zu formulieren. Sie waren es, die die Entscheidung trafen, die siebenköpfige Delegation ins Rathaus zu schicken in der Hoffnung, die von der Hagana gestellten Bedingungen abzumildern. Walid Khalidi berichtet in seiner Version, dass Stockwell die arabischen Delegierten warnte, er würde, falls sie das Dokument nicht unterzeichneten, nicht die Verantwortung für den möglichen Tod von weiteren 300 bis 400 Arabern am morgigen Tag übernehmen. Laut Khalidi erwiderte ihm Chajat: »Was versuchen Sie hier zu tun? Wir kennen Schabtai Levy, Ja'akov Salomon und alle diese Menschen. Wir sind alte Freunde.«[30] Stockwell verstand dies als Einladung, den Raum zu verlassen und die beteiligten Parteien sich selbst zu überlassen. Als es ihnen nicht gelang, eine Einigung zu erzielen, erhielten die arabischen Delegierten die knappe Bedenkzeit von einer Stunde.

Sie kehrten in Chajats Haus zurück, wo während der ganzen Zeit die restlichen Versammelten gewartet hatten. Das war aller Wahrscheinlichkeit nach der Augenblick, in dem die Anwesenden die Position formulierten, dass sie nicht befugt seien, die Kapitulationsbedingungen zu unterschreiben. Es ist interessant, dass gerade in diesem Punkt die Interpretationen zweier Historiker, deren Anschauungen ansonsten extrem voneinander abweichen, nämlich des in Jerusalem gebürtigen Walid Khalidi und des in Haifa gebürtigen

---

30 Khalidi, The Fall of Haifa, S. 32.

Efraim Karsh aus Haifa, der eher mit der israelischen Rechten identifiziert wird, durchaus gleichlautend sind. Khalidi argumentiert, dass eine Akzeptanz der von der Hagana formulierten Bedingungen bedeutet hätte, die Briten ihrer Verantwortung für die arabischen Stadtbewohner zu entbinden. Hätten die lokalen palästinensischen Vertreter dies getan, hätten sie in der Praxis ihre Hoffnung auf die Zionisten gesetzt. Karsh bemerkt dazu, angesichts der Tatsache, dass Haifa dem Teilungsplan nach im Territorium des zukünftigen Staates Israel eingeschlossen war, hätte eine Einwilligung in die Bedingungen gerade in dieser Stadt im Prinzip eine schweigende Akzeptanz der Grundsätze des Teilungsplans bedeutet, was heißt, eine Anerkennung der jüdischen Herrschaft.[31] Auch wenn von den Delegationsmitgliedern verlangt wurde, eine Antwort zu geben, die sich auf den Rahmen der lokalen Umstände beschränkte, war ihnen klar, dass diese Angelegenheit weit über die Grenzen der Stadt hinaus wirken würde.

Auf sich selbst gestellt – und nachdem die muslimischen Delegierten Anweisung erhalten hatten, die Kapitulationsbedingungen abzulehnen – kehrten die christlichen Delegationsmitglieder allein ins Rathaus zurück. Sie teilten mit, dass sie, sogar wenn sie unterschrieben, die Vertragsbedingungen nicht erfüllen könnten, da sie keine Kontrolle über die bewaffneten arabischen Truppen in der Stadt hätten. Bei diesem Stand der Dinge, so erklärten sie, sei die arabische Bevölkerung – Männer, Frauen und Kinder – aufgefordert, die Stadt zu verlassen. Die jüdischen und britischen Offiziere waren wie vom Donner gerührt. Ein Teil von ihnen, laut jüdischen und britischen Quellen, versuchte, die Delegation zu überzeugen, keinen solch schrecklichen Fehler zu begehen, doch die Entscheidung war unwiderruflich gefallen. Falls Ja'akov Salomons Zeugnis den Tatsachen entspricht, dann baten ihn die arabischen Delegierten, sie in seinem Wagen nach Hause mitzunehmen, statt wieder die britischen Panzerfahrzeuge, in denen sie eingetroffen waren, zu benutzen.[32] Im Licht dieser späteren Rückschau Salomons erscheint dies wie das letzte Überbleibsel einer zivilbürgerlichen Gesellschaft in der gemischten Stadt.

Der britische Begriff »gemischte Stadt«, dieser gängige, euphemistisch verpackte Anachronismus, vertuscht und kaschiert die kla-

---

31 Ebenda; Karsh, Nakbat Haifa, S. 58.
32 Goren, Warum die arabische Bevölkerung Haifa verließ, S. 190.

ren Grenzen, die unter dem Mandat in Haifa herrschten. Es gab in der Stadt keine gemischte Gesellschaft, sondern eine »duale Gesellschaft«. Die Begegnung, wie Josef Vaschitz in seiner Studie[33] vermerkt, war hauptsächlich wirtschaftlicher Natur. Die politische Ordnung war durch das britische Empire diktiert, die politischen Institutionen standen in andauerndem Konflikt miteinander, und auf dem Gebiet der Erziehung und Gesellschaft herrschte strikte Trennung. Vaschitz, Mitglied der *Mapam* (Vereinigte Arbeiterpartei) und des Komitees für arabische Angelegenheiten, das sofort mit Einstellung der Kämpfe in der Stadt eingerichtet wurde, analysiert die Kluft zwischen den verschiedenen Ebenen mittels einer begrifflichen Trennung zwischen dem Staatsapparat, dem politischen System und der Zivilgesellschaft. Allerdings besitzen diese Kategorien in Abwesenheit eines souveränen Staates nur teilweise Gültigkeit. Noch schwieriger gestaltet es sich, diese Unterscheidungen angesichts der nichtexistenten Trennung zwischen Religion und Staat in der Region in ihrer klassischen Bedeutung zu benutzen. Vaschitz jedoch trifft die Wahl, sie als »Idealtypen« zu verwenden, das heißt als soziale Phänomene, die nie in Reinform auftauchen, sondern gehandhabt werden, als existierten sie in dieser Form nur zur Begriffsabklärung und methodischen Analyse.[34]

Die Stärke der jüdischen Bürgergesellschaft und ihre engen und effektiven Verbindungen mit der jüdischen politischen Führung betonen noch die relative Schwäche der arabischen Zivilgesellschaft, die im Schatten der arabischen politischen Führerschaft stand. Die Langsamkeit von Modernisierungsprozessen in der lokalen arabischen Gesellschaft ermutigte kaum dazu, Institutionen aufzubauen, was beim Aufbau der Nation innerhalb der jüdischen Gesellschaft eine zentrale Funktion hatte. Auch interne Integrationsprozesse fanden so gut wie nicht statt. Die Muster von Heirat und sozialen Organisationsformen zeugen von einer Distanz, um nicht zu sagen Trennwand zwischen Eingesessenen und Neueinwanderern sowie zwischen der Stadt- und der Landbevölkerung.[35] Politisch war die arabische Gesellschaft stärker konsolidiert, als sie es auf ziviler Grundlage war. Der kosmopolitische Charakter der Stadt setzte die arabischen Bewohner anderen Bewohnern und Arabern aus ver-

---

33 Vaschitz, Sozialer Wandel in der arabischen Gesellschaft Haifas, S. 9.

34 Ebenda, S. 12.

35 Yazbak, Die arabische Migration nach Haifa 1933–1948, S. 77–78, 84, 86.

schiedenen Gegenden und von unterschiedlicher Religionszugehörigkeiten aus und schärfte dadurch paradoxerweise das arabische Nationalbewusstsein.[36] Diese politische Gesellschaft jedoch zeigte nur geringes Interesse an den laufenden wirtschaftlichen und sozialen Problemen und ignorierte bis in die 1940er Jahre sowohl die Armen und Arbeiter als auch die dualistische Realität jüdisch-arabischer Kooperation.[37]

Die »dualistische Realität«, die Vaschitz beschreibt, konzentrierte sich voll und ganz auf den Bereich der Zivilgesellschaft. Sie erschöpfte sich bei Weitem nicht in bloßer wechselseitiger Zusammenarbeit, sondern war in der Praxis durch Konflikt und Konkurrenz charakterisiert.[38] Die Zugehörigkeit der Stadtbewohner zu einer antagonistischen politischen Gesellschaft einerseits und einer dualistisch zivilbürgerlichen andererseits führte bisweilen zu »absonderlichen Phänomenen«, wie der Beteiligung eines arabischen Politikers am Kampf gegen den Verkauf von Land, das er gleichzeitig aber selbst verkaufte. Vaschitz schreibt dazu:

> »Haifa war von einer weitgehenden Trennung zwischen der privatwirtschaftlichen Aktivität der Mitglieder der arabischen Gemeinde und ihrer politischen Aktivität gekennzeichnet [...]. Als Privatperson unterstützte man die Juden, das Schiff zu verlassen, eine Wohnung zu finden, man versorgte sie mit Nahrungsmitteln, baute Häuser für sie, verkaufte ihnen Land und profitierte davon. Als Teil der politischen arabischen Gesellschaft war man gegen Zionismus und wurde hin und wieder von einer existentiellen Angst gepackt, dass die Juden sich des Landes bemächtigen und einen daraus vertreiben könnten. Die existentielle Angst hielt den Einzelnen jedoch nicht von wirtschaftlicher Kooperation in diverser Form mit den Juden ab.«[39]

Auf der jüdischen Seite waren ähnliche Phänomene erkennbar, wie zum Beispiel im Leben der jüdischen Arbeiter an gemischten Arbeitsplätzen:

---

36 Vaschitz, Sozialer Wandel in der arabischen Gesellschaft Haifas, S. 24–25.

37 Ebenda, S. 16.

38 Ebenda, S. 17.

39 Vaschitz, Jüdisch-arabische Beziehungen in Haifa, S. 21. Zu diesem Paradox in völlig anderen Zusammenhängen, siehe Berger, Dionysos im Center, S. 13–86.

»Am Tag arbeiteten sie Schulter an Schulter mit den arabischen Arbeitern, und wenn sie nach Hause zurückkehrten, zogen sie Khakikleidung an, nahmen eine Decke mit und brachen zu der Basis auf, zu der sie einberufen worden waren, um in Randbezirken Wache zu stehen und das Wohlergehen der Stadtbewohner zu gewährleisten. Mit dem Morgengrauen kehrten sie nach Hause zurück, zogen die Arbeitskleider an und brachen zur Busstation auf, wo die Busse sie zu ihren Arbeitsplätzen transportierten.«[40]

Auch im Kreis der Juden fanden sich augenscheinliche Widersprüche: Der Kampf der Histadrut (allgemeine Arbeitergewerkschaft in Erez-Israel) für »jüdische Arbeit« wurde parallel zur Kooperation mit einem arabischen Kapitalisten bei der Etablierung eines gemeinsamen Wirtschaftsunternehmens geführt.[41]

Ein Blickwinkel, der sich auf die ökonomische Realität konzentriert, kann zu einer etwas anderen Interpretation als der Vaschitzs führen und die innere Logik dessen offenbaren, was momentan als Widerspruch erscheint. Die Ökonomie im Allgemeinen und der Arbeitsmarkt im Besonderen brachte Juden und Arabern einander nicht näher, schuf und stärkte jedoch die wechselseitigen Beziehungen zwischen ihnen. Die wirtschaftliche Entwicklung war beständig mit dem nationalen Kampf verknüpft und aufgrund ihrer absoluten Mobilisierung kontinuierlich in Spannungen und Konflikten befangen. Wie komplex die Dinge lagen, veranschaulicht Deborah

---

40 Eschel, Die Fronten der Hagana in Haifa, S. 305

41 Das Konzept der »jüdischen Arbeit« oder »Eroberung der Arbeit« entstand bei den jüdischen Siedlern der zweiten Immigrationswelle (1904–1914) als Teil ihres Konkurrenzkampfes mit den arabischen Arbeitern. Es bestärkte die Bevorzugung jüdischer vor arabischer Arbeit. Dieses Prinzip wurde zur offiziellen Politik, als es von der Histadrut – der allgemeinen Arbeitergewerkschaft in Erez-Israel – nach der Gründung in Haifa im Dezember 1920 bestätigt wurde. Die Histadrut glaubte fest daran, dass die Kontrolle über das Land nur erlangt würde, wenn die Juden das Land selbst kultivierten. Zur gleichen Zeit jedoch begann Ben Gurion zu fordern, dass das Prinzip der jüdischen Arbeit auf die gesamte Wirtschaft angewandt würde, und damit begann der Zionismus der Arbeiterbewegung die Segregation zwischen den jüdischen und den arabischen Nationalgemeinschaften zu befördern. 1933 startete die Histadrut ihre erste Kampagne, um arabische Arbeiter aus den größeren Städten zu verdrängen. Die gewaltsame Verdrängung arabischer Arbeiter beschleunigte letztendlich den Ausbruch des arabischen Aufstands 1936.

Bernstein[42] anhand von Landverkäufen an zionistische Institutionen. Die palästinensische Wirtschaftselite wurde deswegen diffamiert und angegriffen, während diese Verkäufe zur gleichen Zeit Kapital in den städtischen arabischen Wirtschaftssektor fließen ließen und seine Expansion beschleunigten. Unter diesen Bedingungen überrascht es nicht, dass sich die lokalarabische ökonomische Elite zwar mit dem palästinensischen Nationalkampf identifizierte, daneben aber weigerte, sich den nationalen Diktaten eines wirtschaftlichen Boykotts gegen die Juden zu beugen. Auch unter den Juden konnte man ein Auseinanderklaffen in der Auffassung verfolgen, das durch schichtspezifischen Hintergrund bedingt war. Das städtische jüdische Bürgertum war nicht gegen die Idee der »jüdischen Arbeit«, doch es weigerte sich, sich entgegen jedem wirtschaftlichen Kalkül zu ihrer ausschließlichen Umsetzung rekrutieren zu lassen, wie es die Histadrut forderte.[43]

So oder so, trotz der Widersprüche innerhalb der zwei Lager waren die Kräfteverhältnisse der beiden Gemeinschaften nicht symmetrisch. Obwohl sie unter der gleichen Herrschaft lebten, unterstanden die Juden dem Mandat, während für die Araber ein »quasi-koloniales« Regime galt.[44] Die Historikerin May Seikaly schreibt:

> »Beide, die Stadt und ihre Gemeinde, durchliefen einen drastischen Veränderungsprozess in der Mandatsperiode. Haifa wandelte sich von einer Provinzkleinstadt mit einem vielversprechenden kommerziellen Zentrum zu einer modernen, überfüllten Hafenstadt mit wichtigen Industrieprojekten und ausgefeilten Geschäftsaktionen. Diese Transformation reflektiert zahlreiche Entwicklungszüge europäischer Industrie- und Handelsstädte. In Haifa jedenfalls war dieser Prozess keine Folge der natürlichen Entwicklung der ökonomischen Struktur des Landes oder Ergebnis des sozialen Bewusstseins der Menschen; er war ein »transplantiertes« Phänomen, dessen finanzielle und humane Grundlagen den Einwohnern fremd waren.«[45]

---

42 Bernstein, Constructing Boundaries.
43 Ebenda, S. 56, 67, 206–215.
44 Vaschitz, Sozialer Wandel in der arabischen Gesellschaft Haifas, S. 20, 66.
45 Seikaly, Haifa, S. 2.

Dieses Element der Fremdheit dient Seikaly dazu, die Legitimität des historischen Verlaufs zu hinterfragen, der schlussendlich die Zukunft Haifas durch die Unterwerfung seiner arabischen Gemeinde entscheiden sollte. Vaschitz, der eine ähnliche historische Darstellung wie Seikaly präsentiert, teilt den Standpunkt nicht, den sie in der Legitimitätsdebatte vertritt. Auch er ist sich der unterschiedlichen Behandlungspraxis des britischen Mandats bewusst und weist auf den Vorteil hin, den die Juden durch das Ineinandergreifen des Aufbaus einer Zivilgesellschaft in den verschiedenen Aspekten – wirtschaftlich, kulturell und sozial – mit dem politischen Prozess des »Nationsaufbaus« auf ihrer Seite hatten. Darüber hinaus war die Idee einer Trennung der wirtschaftlichen Sektoren wesentlich jüdisch und nicht arabisch und rührte von dem Bestreben her, eine jüdische, unabhängige Gesellschaft zu etablieren.[46] Möglicherweise wäre die arabische Seite, wie Vaschitz argumentiert, in der Lage gewesen, mit dem Juden als Individuum zurechtzukommen, doch Letzterer wurde von einem sozialen System gestützt. Unabhängig von seiner sozioökonomischen Anbindung standen dem Juden Vorteile zur Verfügung, die sein arabischer Nachbar nicht besaß. »Wenn der jüdische Geschäftsmann einen Vorteil über sein arabisches Gegenüber durch seine Fähigkeit hatte, unter den Bedingungen einer kapitalistischen Wirtschaft zu agieren, so bestand der Vorteil des Gros der jüdischen Arbeiter gerade darin, dass sie nach sozialistischen Prinzipien von Kollektivunternehmen und gegenseitiger Hilfe organisiert waren.«[47] Und über all das hinaus genossen die Juden, als sie kamen, um »zu bauen und erbaut zu werden«, den Vorteil einer nationalen Ideologie als mobilisierende Kraft gegenüber denen, deren ideologische Waffe sich in dem Glauben an das unerschütterliche Besitzrecht auf das Land und der Angst, es zu verlieren, erschöpfte.[48] Die konstante Spannung zwischen Kooperation und Interessenkonflikt kam in jenen dramatischen Stunden im April 1948 zu einem tragischen Ende.

Doch zurück zu den Mitgliedern des arabischen Notstandskomitees. Die Frage, weshalb sie die Kapitulationsbedingungen ablehn-

---

46 Vaschitz, Sozialer Wandel in der arabischen Gesellschaft Haifas, S. 79; Peled/Shafir, Being Israeli, S. 80–90; Diner, Israel in Palästina, S. 42–52.
47 Vaschitz, Sozialer Wandel in der arabischen Gesellschaft Haifas, S. 78.
48 Ebenda., S. 80.

ten, lässt sich nur mit Mutmaßungen beantworten. Es ist beispielsweise möglich, dass sie fürchteten, eine Zustimmung würde sie der Anschuldigung des Verrats aussetzen. Man kann sich die extreme Notlage, in der sich die Komiteemitglieder befanden, gut vorstellen. Geschockt von der katastrophalen militärischen Niederlage, im Stich gelassen von ihrer politischen Führung, verlangte man von ihnen, als Repräsentanten einer um ihr Leben flüchtenden Bevölkerung eine Entscheidung zu treffen, ohne dazu autorisiert worden zu sein. Unter diesen Umständen war es paradoxerweise vielleicht einfacher nein als ja zu sagen. Ihr Beschluss, so viel ist klar, wurde unabhängig gefasst und wurde erst im Nachhinein vom arabischen Hochkomitee unterstützt. In den folgenden Wochen, bis zur Invasion der arabischen Armeen am 15. Mai, befasste sich das arabische Notstandskomitee mit der Koordination des Massenexodus der arabischen Stadtbewohner und organisierte die Konvois, wobei sie in den ersten Tagen von der britischen Armee durch Lastwagen und Geleitpersonal Hilfestellung erhielten. Von den etwa 37000 Arabern, die sich laut britischer Schätzung nach der Eroberung in der Stadt befanden, waren Mitte Mai nur noch rund 6000 übrig geblieben.

Die Unterschiede in der israelischen und palästinensischen Geschichtsschreibung, was jene entscheidenden Tage betrifft, in denen das arabische Haifa fiel, sind unwesentlich. Zwar betont die palästinensische Historiographie, ungleich der israelischen, die Dringlichkeit, um nicht zu sagen panische Hast, mit der sich die jüdische Seite auf klare militärische Errungenschaften warf, aus Furcht, dass die USA, Großbritannien und in ihrem Gefolge die Vereinten Nationen von der Teilungsresolution Abstand nehmen würden. Über Haifas höchste strategische Bedeutung für den jüdischen Staat besteht keinerlei Dissens zwischen der palästinensischen und israelischen Geschichtsschreibung. Ein Teil der israelischen Historiker unterstreicht jedoch die zentrale Funktion, die die Unruhe in der Stadt als Beschleunigungsfaktor für die militärischen Aktionen hatte, während Walid Khalidi der externen strategischen Betrachtung, die Haifa als Verbindungspunkt zwischen der Nord-Süd- und der Ostachse sah, weitaus mehr Bedeutung zuschreibt. Und während die israelische Historiographie auf die sozialen Spannungen zwischen den von außen kommenden arabischen Freiwilligen, die mit den verschiedenen Truppen in die Stadt kamen, und der lokalen arabischen Bevölkerung hinweist, tendiert die palästinensische dazu, die arabische Einheit herauszustreichen und die Spannungen zu kaschieren; die israelische Geschichtsschreibung betont häufig die Flucht der lokalen – politischen wie militärischen – Führungsschicht am Vorabend der militärischen Auseinandersetzung, die palästinensische dagegen minimalisiert die Bedeutung dieser Angelegenheit.

Generelle Einigkeit herrscht hinsichtlich der Gesamtheit der Faktoren, die zur arabischen Niederlage in der Stadt führten, nur die Gewichtung im Einzelnen ist unterschiedlich. Ein auffallendes Beispiel dafür liefert das Fehlen von Autorität und zivilen Institutionen auf der palästinensischen Seite, das von israelischen Historikern ebenso wie von Khalidi erwähnt wird, doch Letzterer misst diesem Faktor nur sekundäre Bedeutung bei. Die palästinensische Geschichtsschreibung verweilt bei der Tatsache, dass das arabische Notstandskomitee am Morgen des 22. Aprils 1948 Stockwell ein Grundsatzpapier vorlegte, das eine Zusammenfassung ihres nächtlichen Treffens am Abend davor darstellte. Das Dokument enthielt klare Forderungen an die Mandatsregierung, ihrer Verantwortung gegenüber den Arabern Haifas nachzukommen, den jüdischen Angriff zu stoppen und ihre Interessen zu schützen. Stockwell lehnte es ab, das Papier zu akzeptieren, und erklärte sogar schriftlich, in ihrer Gegenwart, seine Weigerung, aktiv in den Kampf einzugreifen. Die israelische Geschichtsschreibung reduziert die Bedeutung des Ereignisses, sieht darin eine Art Rückversicherung, derer die arabische Delegation bedurfte, um sich nicht dem Verdacht des Verrats auszusetzen. Einig sind sich die Historiker, dass Stockwell die arabische Delegation mit einem Grundsatzdokument versah, das die Hagana formuliert hatte. Viele Unterschiede sind mit den Jahren geschrumpft. So zeichnet sich zum Beispiel die allgemeine Übereinstimmung ab, dass die Briten die jüdische Partei im Kampf um Haifa klar begünstigten, und auf der anderen Seite, dass die Araber Haifas die Stadt nicht aus dem Grund verließen, weil sie von externen arabischen und palästinensischen Gruppierungen in Vorbereitung auf die große Schlacht dazu aufgerufen worden waren. Sogar in der Frage, wer die Eskalation der Lage in der Stadt im März verursachte, nimmt die israelische Geschichtsschreibung allmählich Abstand von der Tendenz, dies der arabischen Seite zuzuschreiben. Es wird eine Übereinstimmung mit der palästinensischen Fassung erkennbar, die schon im frühen Stadium den Standpunkt vertrat, dass die Hagana eine aktive Rolle in dieser Sache gespielt hatte.

Der Massenexodus brachte die lokale jüdische Führung in große Verlegenheit. Ja'akov Lublini, Kommandant der Stadt Haifa, schrieb Folgendes dazu:

> »[Haifa] ist der Prüfstein des gesamten Volkes Israel. Das ist das erste Mal, dass das Volk Israel ein Gebiet erobert hat, in dem es Herr über das Schicksal eines anderen Volkes sein muss, das sich in der Minderheit befindet. In dieser Sache sind die Augen der ganzen Welt auf uns gerichtet. Es ist uns nicht angenehm, wenn alle Araber Haifas weggehen [...], aber denen, die bleiben wollen, müssen wir helfen, sich bei uns zu akkulturalisieren.«[49]

Bereits im Rathaus bei der Kapitulation wandte sich Schabtai Levy in einer aufgewühlten Ansprache an das arabische Notstandskomitee mit der Bitte zu bleiben, der sich die Mitglieder der jüdischen Delegation anschlossen. In den kommenden Tagen gingen Ja'akov Salomon und der Rechtanwalt George Mu'amer von Haus zu Haus und appellierten an alle Bewohner über vierzig in der Abbasstraße, nach Hause zurückzukehren, sie versuchten so, der Position des arabischen Nationalkomitees etwas entgegenzusetzen. Salomon lief auch durch die Straßen von Wadi Nisnas, höchstwahrscheinlich in Begleitung von Ja'akov Lischansky, einem der Führer der alteingesessenen jüdischen Haifaer Gesellschaft, der sich an die peinliche Verwirrung des Augenblicks erinnert. »Was wird man in der großen weiten Welt sagen?«, hatte er sich gedacht. »Sie werden sicher behaupten, so sind die Juden, die Araber können unter ihrer Herrschaft nicht existieren.«[50] Auch der jüdische Gemeinderat Haifas beeilte sich, an die Bewohner Haifas zu appellieren zurückzukehren.[51] Die Histadrut startete ihre eigene Initiative und rief ihre Mitglieder unter den palästinensischen Arbeitern zur Rückkehr in die Stadt auf. Sir Alan Cunningham, der letzte britische Hochkommissar, und der amerikanische Vizekonsul Aubrey Lippincott vermuteten, dass der Rückkehrappell an die Araber wirtschaftlichen Erwägungen entsprang, nämlich der Sorge der Juden, was aus der Ökonomie der Stadt würde, wenn die arabischen Arbeiter fort wären. Die Fabriken und essentiellen Wirtschaftszweige mit jüdischen Arbeitern zu betreiben, so argumentierten Beobachter,

---

49 Geschrieben am 27.4.1948. Zitiert in Goren, Von Abhängigkeit zu Integration, S. 33.

50 Morris, The Birth of the Palestinian Refugee Problem Revisited, S. 201.

51 Goren, Von Abhängigkeit zu Integration, S. 140–142.

sei teurer als billige arabische Arbeitskräfte zu behalten. Lippincott war der Ansicht, dass die Juden an einer Rückkehr der Araber interessiert seien, um eine demokratische Fassade zu wahren.[52] Die Beobachterposition, die die Briten unter den entstandenen Gegebenheiten einnahmen, erstaunt, vor allem in Anbetracht der zentralen Rolle, die sie beim Zusammenbruch der arabischen Gesellschaft in Haifa innehatten. Sie waren es schließlich, die die Kontrolle der Stadt an die Hagana übergaben und bei der Evakuierung der arabischen Bevölkerung während der Kämpfe assistierten. Nur stellte sich heraus, dass die beiden verbliebenen Darsteller, die Hauptbesetzung in Gestalt der Hagana und die arabische Nebenbesetzung ihre Rollen besser als gefordert spielten. Es hatte nicht in der Absicht der Briten gelegen, Haifa seiner arabischen Einwohner zu entvölkern. »Es hat etwas Entsetzliches, die tote Stadt zu sehen [...]«, so fasste Golda Meir, Vorsitzende der politischen Abteilung der Jewish Agency, die Eindrücke ihres Besuchs in Haifa wenige Tage nach dem Fall der arabischen Stadt zusammen:

> »Am Hafen fand ich Kinder, Frauen und alte Leute, die auf eine Möglichkeit warteten fortzukommen. Ich betrat die Häuser, es gab Häuser, wo der Kaffee und die Brotfladen auf dem Tisch zurückgeblieben waren, und ich konnte nicht anders, als mir vor Augen zu führen, dass das sicher das Bild in vielen jüdischen Städtchen gewesen war.«[53]

Lublini beschreibt, wie er Golda Meir bei ihrem Besuch in der Stadt begleitete. Sie bat darum, nicht die Ruinen und die Verwüstung sehen zu müssen, sondern nur die Gegend, in der sich noch Araber befanden. Lublini nahm sie mit zur Muchallisstraße in Wadi Nisnas. Hier ist seine Beschreibung:

> »Wir stiegen die Treppe hinauf, die Wohnungen in den ersten beiden Stockwerken waren verlassen. Als wir ins dritte Stockwerk gelangten, kam uns eine alte Araberin entgegen, die Bündel in ihren Händen trug. Als sie Golda sah, blieb sie vor ihr stehen und brach in Tränen aus. Golda verharrte, blickte sie an, und Tränen strömten über ihr Gesicht. Die beiden Frauen standen da und weinten.«[54]

---

52 Morris, The Birth of the Palestinian Refugee Problem Revisited, S. 201–202.

53 Golda Meir, 6.5.1948. Zitiert in Morris, The Birth of the Palestinian Refugee Problem Revisited, S. 310.

54 Eschel, Die Fronten der Hagana in Haifa, S. 377.

Es war die Erschütterung des Augenblicks. Im Laufe der folgenden Wochen, und noch bevor die Briten das Land verlassen hatten, zog die jüdische Führung ihren Appell an die Araber zurück. Morris zitiert in seinem Werk einen jüdischen Beobachter, der einen Monat nach dem Ereignis sagte: »Am Anfang war auch Abba Khoushi interessiert daran, die Araber zu behalten [...]. Danach drehte sich der Wind: Es ist gut ohne Araber, es ist leichter. Alles änderte sich im Laufe einer guten Woche.«[55]

Lokale Initiativen seitens der Vertreter der verbliebenen palästinensischen Bevölkerung, sich für die Rückkehr der anderen einzusetzen, wurden mit diplomatischer Obstruktion auf der Stelle abgelehnt. Dieses Schicksal war beispielsweise dem Versuch beschieden, den der griechisch-katholische Erzbischof von Haifa, George Hakim, unternahm, um eine Rückkehr der christlichen Flüchtlinge nach Haifa zu erwirken, nachdem er von einem Besuch bei Flüchtlingen im Libanon zurückgekommen war.[56] Im Laufe des Mai begann sich diesbezüglich eine einheitliche Meinung zwischen Ben Gurion, dem Stadtkommandanten von Haifa und den Mitgliedern des Lageausschusses herauszukristallisieren. Allmählich wich die allgemeine jüdische Betroffenheit angesichts der Flucht der Araber. Aus der militärischen Sicht der Hagana hatte die Massenflucht klare Vorzüge. Die geringe Anzahl der verbliebenen Araber ermöglichte es der Hagana, die militärische Stärke, die für die Aufrechterhaltung der Ruhe in der Stadt nötig war, zu reduzieren und sie zu evakuieren, sollte die Notwendigkeit erwachsen, die Stadt vor einem Angriff von außen zu verteidigen. Lublini war schneller als Golda Meir: »Ich blickte die weinende Golda an, und ich war ärgerlich auf sie. Ich wagte es zwar nicht, sie zu quälen, doch im Inneren dachte ich: ›Wir sind begeistert und glücklich, dass wir die Stärkeren waren. Wir haben die Araber geschlagen und können nun durch die Stadt gehen, ohne uns vor Schüssen und Angriffen zu fürchten, und sie steht da und weint.‹«[57] Die Kluft zwischen der lokalen, hauptsächlich zivilbürgerlichen Betroffenheit und dem militärischen Blickwinkel findet bei Morris Erwähnung:

> »Es stimmt in der Tat, dass die jüdische bürgerliche Führungsschicht in Haifa zu Anfang ernsthaft am Bleiben der Araber inte-

55 Morris, The Birth of the Palestinian Refugee Problem Revisited, S. 203.
56 Ebenda, S. 321.
57 Eschel, Die Fronten der Hagana in Haifa, S. 377.

ressiert war (und natürlich auch dafür sorgte, dass die Briten davon wussten). Doch die Offensive der Hagana vom 21. – 22. April hatte die arabischen Viertel in die Hände und unter das Kommando der Hagana gebracht und die zivile Führungsriege in die Ecke gedrängt. Fast zwei Wochen lang fanden sie keinen Ansatz zur Behandlung der arabischen Bevölkerung. Gleichzeitig trat ein krasser Wandel in der Haltung eines Teils dieser Führungsschicht ein: Sie wollten die historische Gelegenheit nicht verpassen, die ihnen der arabische Exodus in den Schoß legte – Haifa für immer in eine hebräische Stadt zu verwandeln.«[58]

»Es stimmt, früher haben sie separat gelebt«

»›Willkommen in Medinat [im Hebräischen: Staat] Jisrael‹, sagte der Soldat.

Ich musste annehmen, dass sie den Namen meiner geliebten Stadt geändert hatten, dass aus Haifa nun Madinat [im Arabischen: Stadt] Jisrael geworden sei. Mir wurde die Brust so eng [...].«[59]

In der synchronen Existenz des jüdischen Wadi Salib neben dem arabischen Wadi Nisnas verbirgt sich allerdings noch eine andere, schwer greifbare, diachronische Dimension. Die arabischen Einwohner Haifas und die jüdischen in Wadi Salib sind nicht nur Nachbarn im herkömmlichen Sinne. Ein Nachbar ist ein Mensch, der im gleichen Gebäude oder im Nebenhaus wohnt. Die jüdischen Bewohner von Wadi Salib lebten aber nicht nur neben den arabischen Nachbarn von Wadi Nisnas, sondern gleichzeitig auch am Platz der ehemaligen Bewohner von Wadi Salib. An und für sich ein völlig normal Zustand, dass Immobilien den Besitzer wechseln. Jedoch anders als bei einem Besitzerwechsel unter regulären Marktbedingungen waren die Bewohner von Wadi Salib nicht das Ergebnis marktwirtschaftlicher Kräfte, sondern historischer Dramen und Ereignisse. Der Verlauf der Geschichte und nicht die des Immobilienmarktes quartierte sie in den Wohnungen der Araber ein. Die letzten Bewohner Wadi Salibs, die sich aufgrund der Krawalle 1959 ins israelische Gedächtnis eingruben,

58 Morris, The Birth of the Palestinian Refugee Problem Revisited, S. 202–203.
59 Habibi, Der Peptimist, S. 70.

lebten nicht in Wohnungen, die sie erworben hatten; sie wohnten in als »verlassen« bezeichnetem Besitz. Damit findet Wadi Salib nicht nur rein beiläufige Erwähnung, um der chronologischen Ordnung der Dinge zu entsprechen, ganz sicher auch nicht um der politischen Korrektheit willen. Die diachronische Dimension zeigt auf, dass die Spuren der früheren Bewohner, dem Blick entzogen, als Abwesende eingeschrieben bleiben. Der juristische Begriff »Absentees' Property« versteinerte sie und verhinderte ihr Verschwinden. Das Eigentum der früheren Bewohner blieb »verlassen«, auch nachdem es von neuen Bewohnern eingenommen worden war.

Wadi Salib war nie dazu bestimmt gewesen, mit Juden bevölkert zu werden. Dem politischen und militärischen Plan nach sollten dort die Araber, die in der Stadt bleiben würden, wohnen.[60] Bereits Anfang Mai 1948, während Ben Gurions Besuch in Haifa, äußerte man die Absicht, die christlichen Einwohner der Stadt in Wadi Nisnas zu konzentrieren und die muslimischen in Wadi Salib, in Übereinstimmung mit dem Charakter dieser Viertel vor Kriegsausbruch.[61] Das Komitee für arabische Angelegenheiten, das mit Beendigung der Kämpfe ernannt worden war, um sich mit den in der Stadt verbliebenen Arabern und ihrem Besitz zu befassen, bestimmte Ende Mai die Viertel Wadi Nisnas und Wadi Salib zu Gebieten, in denen die Araber Haifas die Genehmigung haben sollten, Schulen einzurichten.[62] In der Absicht, die Interessen der arabischen Bevölkerung zu wahren, wurde das Komitee aus lokalen Schlüsselfiguren zusammengesetzt, die besondere Beziehungen mit den Arabern in der Stadt hatten und Kenner der Materie waren.[63] Das Komitee fungierte zumeist als beratendes Gremium und hin und wieder als Arm der Exekutive unter dem Kommando der Hagana. Die Annahme während der Kämpfe war gewesen, dass ein Teil der arabischen Einwohner Haifas nach Ende der Kampfhandlungen zurückkehren würde. Es war eine plausible Annahme in jenen Tagen, in denen Israel noch keine offizielle Politik gegen eine Rückkehr der

60 Goren, Von Abhängigkeit zu Integration, S. 32
61 Morris, Haifa's Arabs (1988), S. 242.
62 Protokoll der 5. Sitzung des Komitees für arabische Angelegenheiten in Haifa, 27.5.1948, Staatsarchiv 49/309/41.
63 Ebenda.

Flüchtlinge eingeschlagen hatte, so wie es wenige Monate später geschehen sollte.

Solange es noch nicht möglich war, die zukünftige Zahl der arabischen Einwohner abzuschätzen, hatte es keinen Sinn, die Grenzen ihrer Wohnquartiere in Wadi Nisnas und Wadi Salib endgültig festzulegen.[64] Bei der Volkszählung der arabischen Bevölkerung, die Anfang Juni 1948 in der Stadt durchgeführt wurde, wird Wadi Salib überhaupt nicht erwähnt.[65] Die Ergebnisse der Volkszählung deuteten auf eine Konzentration der Araber in den westlichen Vierteln Haifas hin, das heißt hauptsächlich in der Deutschen Kolonie, Stella Maris, im Abbasviertel und in der Jaffastraße. Auch Muslime, die in der Vergangenheit nicht dort zu wohnen pflegten, waren mit einem Mal im Westen der Stadt anzutreffen. Dieser Trend zu den westlichen Vierteln entsprang der Annahme, dass die Briten nicht beabsichtigten, sich aus ihnen zurückzuziehen.[66] Anfang Juli 1948, bei einem Treffen zwischen arabischen Vertretern der Stadt – Viktor Chajat, Schihadeh Salah und Taufik Tubi – und dem Stadtkommandanten Rechavam Amir kam Wadi Salib wieder als Ort für eine Konzentration der verbliebenen arabischen Bevölkerung ins Gespräch.[67] Die Zahl der Muslime in der Stadt wurde bei jener Sitzung auf etwa 174 Familien geschätzt. Auch bei der Sitzung des Komitees für arabische Angelegenheiten am gleichen Tag tauchte der Name Wadi Salibs als potentielles Wohngebiet für Haifas Araber auf, »soweit Nachfrage dafür besteht«.[68] Da bezüglich der israelischen Schritte Unsicherheit bestand, tauchten zu dieser Zeit verschiedene Interpretationen hinsichtlich der Wiederansiedlung der Araber Haifas auf: Der britische Generalkonsul Cyril Marriott nahm an, dass die Entscheidung, die arabischen Einwohner in Wadi Salib und Wadi Nisnas zu konzentrieren, darauf abzielte, sie im Falle eines arabischen Luftbombardements nach Ende des Waffenstillstands in ein lebendes Schutzschild zu verwandeln.[69] So versuchte der Konsul, das bri-

---

64 Ebenda.
65 Protokoll der 6. Sitzung des Komitees für arabische Angelegenheiten in Haifa (gemeinsam mit dem Komitee zur Wiederherstellung des Alltagslebens), 10.6.1948, im Rathaus, ebenda.
66 Goren, Von Abhängigkeit zu Integration, S. 36, 136–137.
67 Morris, Haifa's Arabs (1990), S. 154.
68 Protokoll der 7. Sitzung des Komitees für arabische Angelegenheiten in Haifa, im Rathaus, 1.7.1948, Staatsarchiv 49/309/41.
69 Morris, Haifa's Arabs (1990), S. 156.

tische Schiff »Ocean Vigour« für die Evakuierung von etwa 1000 Arabern aus Haifa zu organisieren, die, wie er glaubte, unter diesen Bedingungen versuchen würden, aus der Stadt zu entkommen. Weniger als ein Jahr zuvor hatte übrigens das gleiche Schiff der britischen Regierung dazu gedient, rund 1500 Flüchtlinge der »Exodus« in den Hamburger Hafen zu verschicken.[70] Auf alle Fälle wurde Marriotts Plan zurückgestellt, nachdem das britische Verkehrsministerium mitgeteilt hatte, dass das Schiff im Augenblick »illegale jüdische Auswanderer« an Israels Küsten brachte.[71]

Die Intention, zwei arabische Viertel in Haifa zu erhalten, wurde am Ende nicht realisiert, und in der Praxis wurden alle arabischen Einwohner im Gebiet von Wadi Nisnas und einigen zusätzlichen Straßen konzentriert, aus unerfindlichen Gründen. Allem Anschein nach rechtfertigte die geringe Anzahl der Muslime, die in der Stadt verblieben waren, kein eigenes Wohnviertel.[72] Die Lage Wadi Salibs am östlichen Stadteingang war sicher keine Ermutigung für eine Wiederbesiedlung mit Arabern. Es stellte eine Bedrohung dar, solange die Kämpfe noch nicht beendet waren, und dies führte zur Aufgabe des ursprünglichen Plans.[73] »Es hat sich herausgestellt, dass es nicht viele Muslime gibt und dass diejenigen, die geblieben sind, bereit sind, nach Wadi Nisnas zu gehen«, schrieb das Komitee für arabische Angelegenheiten.[74] »Es stimmt, früher haben sie separat gelebt«, schlossen die Komiteemitglieder, »aber wir hatten kein Interesse daran, sie zu zwingen, separat zu bleiben, und insoweit sie selbst gemeinschaftlich wohnen wollten – halfen wir ihnen dabei.«[75]

Das Komitee hatte die Absicht, nach der Direktive zu handeln, die den verbliebenen arabischen Stadtbewohnern die »vollen Haifaer Bürgerrechte« gewährte.[76] Doch die Lage der Dinge, wie sie sich

70 Mein Dank gilt Motti Golani, der mich darauf aufmerksam machte.

71 Morris, Haifa's Arabs (1990), S. 157

72 Zu verschiedenen Schätzungen der in Haifa verbliebenen Muslime siehe Goren, Von Abhängigkeit zu Integration, S. 135–136. Zur Argumentation, dass die geringe Anzahl der Muslime der Grund dafür war, dass Wadi Salib aufhörte, ein arabisches Viertel zu sein, siehe Morris, The Birth of the Palestinian Refugee Problem Revisited, S. 210.

73 Goren, Von Abhängigkeit zu Integration, S. 204.

74 Protokoll der 8. Sitzung des Komitees für arabische Angelegenheiten, 8.7.1948, Staatsarchiv 49/309/41.

75 Ebenda.

76 Ebenda, S. 34, 65.

in den ersten Wochen der Tätigkeit des Komitees entwickelte, deutete auf die Begrenzungen der bürgerlichen Gleichheit und die Entstehung einer »differentialen Bürgerschaft« hin.[77] Aufgrund der Kriegssituation wurde der militärischen Autorität Vorrang vor den Entscheidungen ziviler Instanzen eingeräumt.[78] Darüber hinaus agierte das Komitee mit einem inneren Widerspruch. Man bemühte sich einerseits um eine rasche Wiederherstellung der öffentlichen Ordnung, vorgeblich im allgemeinen Interesse der Öffentlichkeit – was im Jargon des Komitees »Wiederherstellung des Alltagslebens« genannt wurde –, doch Tatsache war, dass ein beträchtlicher Teil des Aktionsfelds der Beförderung jüdischer Angelegenheiten auf Kosten der verbliebenen arabischen Bewohner gewidmet war. Die Aktivität des Komitees im Bereich der Wohnraumversorgung offenbarte ganz eindeutig den eklatanten Interessenkonflikt zwischen den beiden Bevölkerungsteilen.

Man bediente sich verschiedener Taktiken, um die Errungenschaften des Krieges unumstößlich zu machen – evakuieren und besiedeln, zerlegen und zusammensetzen, zerstören und bauen. Sie umfassten das Besiedeln der verlassenen arabischen Viertel mit Immigranten, wie in Wadi Salib, die Konzentration der restlichen arabischen Stadtbewohner in Wadi Nisnas und die Zerstörung der Haifaer Altstadt.[79] Die Zerstörung palästinensischer Häuser und Dörfer war in den meisten Fällen nicht direkt auf das Kampfgeschehen zurückzuführen. Bereits im Laufe der ersten Kriegsmonate Anfang 1948 und spätestens nach der Schlacht um das Kastel auf dem Weg nach Jerusalem im April tendierte die Hagana dazu, Häuser zur Abschreckung und als Mittel psychologischer Kriegführung zu zerstören. »Die Juden wissen nicht, wie man kämpft, [stattdessen] zerstören sie Häuser«, war die Interpretation, die der israelischen Führung aus Kreisen zugetragen wurde, die dem Mufti nahestanden.[80] Ein allgemeiner Konsens, dass man das »Wunder« der Flucht der Araber durch eine Zerstörung der arabischen Dörfer in eine dauerhafte Errungenschaft verwandeln konnte, begann sich in einem Teil der Führungsriege herauszuformen, vor allem unter denen, die sich während

77 Ein Terminus, den Will Kymlicka prägte, um auf die Spannung zwischen dem Wesen von Bürgerschaft und kollektiven Rechten hinzuweisen. Weitere Literatur siehe Kymlicka, Multicultural Citizenship, S. 167–188.
78 Protokoll der 8. Sitzung des Komitees für arabische Angelegenheiten, S. 35–36.
79 Ebenda, S. 142.
80 Morris, The Birth of the Palestinian Refugee Revisited, S. 344.

des Aprils, als Haifa fiel, zum »Transferkomitee« zählten – Josef Weitz, Ezra Danin und Elijahu Sasson.[81] Die Zerstörung der arabischen Dörfer wurde in den kommenden Monaten fortgesetzt, zwar ohne offizielle Billigung, jedoch mit der schweigenden Zustimmung der politischen Führung, ganz besonders Ben Gurions.[82] Diese Vorgehensweise fand während der Herbstmonate ihr Ende. Es war schwierig während des Waffenstillstands, eine Zerstörung größeren Ausmaßes aus militärischen Gründen zu rechtfertigen. In einem bestimmten Stadium zeichnete sich auch ein neuer, unvorhergesehener Bedarf an Wohngebäuden ab, um die Neueinwanderer unterzubringen, die in wachsender Zahl nach Israel hineinzuströmen begannen. Gleichzeitig hielt die Zerstörung von arabischem Besitz in den gemischten Städten Tiberias, Jaffa und Haifa an. Paradoxerweise diente die Zerstörung des arabischen Besitzes anschließend als Argument gegen die Rückkehr. »Diejenigen, die zurückkehren, würden die Zerstörung ihres Besitzes sehen, und das könnte sie in vielerlei Hinsicht negativ beeinflussen«, bemerkte Uriel Friedland, Mitglied des städtischen Lageausschusses.[83] Eine ähnliche Meinung bildete sich auch in der landespolitischen Riege heraus.

Die Zerstörung der Altstadt Haifas, die zwischen Wadi Nisnas und Wadi Salib lag, entsprach dieser allgemeinen Entwicklung. Die Altstadt, die gegen Ende der Osmanenzeit erbaut worden war und den Westen der Stadt mit dem Osten verband, war bis Kriegsausbruch eine arabische Wohngegend.[84] Pläne, die vorsahen, das heruntergekommene Viertel zu sanieren und es dem Standard einer modernen Stadt anzupassen, hatte man bereits zur Zeit der britischen Mandatsregierung in der Schublade liegen. Auch der Planungsausschuss des Stadtviertelbeirats Hadar hakarmel, der während der ersten Hälfte der 1940er Jahre tätig war, richtete seinen Blick im Rahmen der Erweiterungspläne des Hadarviertels auf Wohnalternativen für die Bewohner der arabischen Altstadt.[85] Israels Aktionen im Laufe des Jahres 1948 jedoch waren nicht direkt eine Fortsetzung dieser Pläne. Im Schatten des Kriegsgeschehens führte die israelische Armee ein umfassendes Zerstörungswerk durch. Es wurde unter an-

---

81 Ebenda, S. 348–349; Morris, Yosef Weitz, S. 530ff.; Fischbach, Records of Dispossession, S. 12.
82 Morris, Yosef Weitz, S. 532ff.; Golan, The Transfer to Jewish Control, S. 405.
83 Goren, Von Abhängigkeit zu Integration, S. 141.
84 Goren, Zur Geschichte des Verschwindens.
85 Goren, Kooperation im Schatten der Konfrontation, S. 315–320.

derem mit der instabilen Besitzsituation begründet und war in der Praxis, wie an anderen Orten, dazu bestimmt, die Rückkehr der arabischen Bewohner zu verhindern. Die Zerstörungsaktion in Haifa wurde »Operation Schikmona« betitelt und von Ben Gurion, aller Wahrscheinlichkeit nach ohne genauere Angaben zum geplanten Umfang, sanktioniert.[86] Die Umsetzung begann in der dritten Juliwoche 1948, sofort nach Beginn des zweiten Waffenruhe, und zog sich über einige Wochen hin.[87] Aufgrund des Waffenstillstands war es möglich, die Armee bei der Zerstörung mit heranzuziehen, um die Aktion zu beschleunigen.[88] Proteste gegen das Ausmaß der Zerstörung landeten über den Minister für Minderheiten, Bechor Schitrit, erst auf dem Tisch der Regierung, nachdem erhebliche Teile der unteren Stadt bereits demoliert worden waren.[89] Schitrit, ein mizrachischer Jude, 1895 in der gemischten Stadt Tiberias geboren, sprach Arabisch und Hebräisch mit arabischem Akzent. Er stellte eine Ausnahmeerscheinung in seiner Haltung gegenüber der palästinensischen Minderheit in dem neuen Staat dar. Ben Gurion konnte Schitrits Proteste jedoch ignorieren, da dieser einen relativ schwachen Stand hatte.[90] Im Laufe der Zerstörungsarbeiten traten Missverständnisse zwischen der Stadtverwaltung und den Organen von Staat und Armee auf, was die finanzielle Verantwortung und die Frage der Entschädigungen für die ursprünglichen Hauseigentümer anging.[91] Solange das Kapitel der Entschädigungen nicht geklärt war, erhob Bürgermeister Schabtai Levy entschiedenen Einspruch gegen die Operation. Nachdem Innenminister Jitzchak Greenboim ihm jedoch klarmachte, dass die Demolierungen im Rahmen einer Militäraktion durchgeführt würden und es daher nicht nötig sei, die betroffenen Bewohner zu entschädigen, wie es im Falle von Zerstörungen zu Zwecken urbaner Entwicklung üblich sei, änderte Levy seine Haltung und begann, in dem Unternehmen einen entscheidenden Durchbruch für die zukünftige Entwicklung Haifas zu sehen.[92] Es blieb nur noch ein kleines Problem: die Schuttberge. Im Verlauf

86 Goren, Von Abhängigkeit zu Integration, S. 148.
87 Morris, Haifa's Arabs (1988), S. 254–257.
88 Morris, The Birth of the Palestinian Refugee Problem Revisited, S. 211.
89 Goren, Von Abhängigkeit zu Integration, S. 148.
90 Morris, Haifa's Arabs (1988), S. 256; Rekhess, Initial Israeli Policy Guidelines, S. 110–115.
91 Goren, Von Abhängigkeit zu Integration, S. 148.
92 Morris, Haifa's Arabs (1988), S. 256–257.

weniger Wochen hatte sich die einstige Altstadt in 300000 Quadratmeter Schutt und Trümmer verwandelt. Es blieb eine Streitfrage zwischen den verschiedenen Stellen, wer für die Beseitigung verantwortlich war.[93]

Die Zwangsumsiedlung und die Zerstörungen brachten die gemeinschaftlich-religiösen Merkmale der Araber Haifas in großem Maße durcheinander. Zum ersten Mal betraten Muslime ein Viertel, das früher christlich gewesen war. Der Zugang zu den ehemals arabischen Teilen der Stadt, westlich wie östlich, gestaltete sich nun äußerst kompliziert wegen der Trümmer und des Gebäudeschutts, der sich dazwischen auftürmte.[94] Die muslimische Bevölkerung war von ihrer religiös-kulturellen Infrastruktur, von den Moscheen und dem muslimischen Friedhof abgeschnitten. Im Bereich von Wadi Nisnas gab es keine Moscheen. Zwei der wichtigen Moscheen, die in der Altstadt noch stehen geblieben waren, al-Dscharina und al-Istiklal, wurden einer langsamen Restaurierung unterzogen und Letztere erst 1971 wieder zum Gebet freigegeben. Der alte muslimische Friedhof hatte durch die Zerstörungsaktionen in der Altstadt Schaden erlitten, während sich die Einrichtung eines neuen am südlichen Stadtrand bis 1957 verzögerte. Auch die christlichen Friedhöfe an der Jaffastraße wurden vernachlässigt und gleichfalls durch die Zerstörungskampagne beschädigt. Die griechisch-katholischen und griechisch-orthodoxen Kirchen, ebenfalls in der Altstadt gelegen, wurden für die Gläubigen unzugänglich.

Im Gegensatz zu der Hast, die die Veränderung der Stadtlandschaft kennzeichnete und die von politischen und strategischen Kalkulationen getrieben war, kamen die Prozesse auf der symbolischen Ebene langsam, um nicht zu sagen mit Verzögerung in Gang. Die Tradition des Mandats überlebte die arabischen Stadtbewohner. Die Änderung der arabischen Straßennamen und Stadtviertel wurde nur schleppend in Gang gesetzt. In der Mandatszeit war zum ersten Mal ein regulärer Usus zur Straßenbenennung eingeführt worden. Es war ein gemeinsamer jüdisch-arabischer Ausschuss, den der Haifaer Stadtrat 1934 eingerichtet hatte, der die Entscheidung über verschiedene Initiativen traf und genehmigte, und in diesem Sinne wurde eine gemischte Tradition bei der Vergabe von Straßennamen und Schildern beibehalten. Die Namen der Straßen in den jüdischen

93 Ebenda.
94 Goren, Von Abhängigkeit zu Integration, S. 150.

Vierteln bestimmten die dortigen Gremien, die sie zu einer offiziellen Bestätigung der Stadtverwaltung vorlegten. Die Straßennamen in den arabischen Stadtvierteln wurden vom gemischten Stadtrat festgelegt, in dem bis 1948 eine arabische Mehrheit bestand. Der Stadtrat selbst benannte die Straßen im Geschäftszentrum in der Altstadt nahe dem Hafen, wie auch die Straßen, die er bauen ließ. Parallel dazu pflegte man den Wünschen der Briten bezüglich englischer Benennungen nachzukommen, vor allem bei den Hauptverkehrsadern. Diese Praxis der Namensgebung, die den Stadtviertelgremien beträchtliche Autorität erteilte, betonte die segregative Natur der Stadt, während die Bezeichnungen der Straßen selbst ihren binationalen Charakter ausdrückten. Auf den Straßenschildern erschien die arabische Beschriftung zuoberst, darunter die englische und unter den beiden die hebräische.

Die Straßennamen von Wadi Salib, wie die anderer arabischer Viertel und Quartiere, waren natürlich arabisch und erinnerten an bekannte Figuren und Orte aus der arabischen und muslimischen Welt. Nach Kriegsende entsprachen diese Namen, ebenso wie die englischen und die Gestaltung der Beschilderung, nicht mehr den neuen Bedingungen, und dies begann die Ruhe und den Frieden der Stadtbewohner und der Kommunalpolitiker zu stören. Man fing an sich zu beschweren, schrieb Briefe, reichte Petitionen ein und wartete mit Vorschlägen auf. So beklagte sich zum Beispiel ein örtlicher Rechtsanwalt bei David Hacohen, dem stellvertretenden Bürgermeister:

> »Es sind bereits vierzehn Monate seit dem Tag der Errichtung des Staates Israel vergangen, und in Haifa, seiner Haupthafenstadt, tragen immer noch alle Straßen, außer denen in Hadar hakarmel, Schilder mit den Straßennamen in **Englisch** (oben) und unter den englischen – Arabisch und Hebräisch. Jeder, der in die Stadt kommt und die Kings Street betritt oder eine andere wichtige Straße in der Stadt, erhält den Eindruck, als sei die nationale Zugehörigkeit der Stadt noch keine völlig abgeschlossene Sache, als gebe es noch irgendeine englische oder internationale Abhängigkeit oder Quasi-Abhängigkeit. Wäre dies in Tel Aviv, Rechovot oder Rischon Lezion der Fall, wäre die Sache nicht so gravierend; aber Haifa ist anders: Auf Haifa ist in der einen oder anderen Form **immer noch** der Blick gerichtet, und daher obliegt es den Institutionen der Stadt, für ihren israelischen Charakter zu sorgen, zumindest in so elementaren Dingen wie der Sprache

der Straßennamen, vom ersten Moment an. Es entsteht der Eindruck, als seien wir selbst uns des Status von Haifa noch nicht sicher.«[95]

Die Veränderung trat, wie gesagt, langsam, um nicht zu sagen, verzögert ein. Bis 1951 unternahm die Stadtverwaltung nichts, um die Namen zu ändern, während selbstständige Bürgerinitiativen von vornherein abgewiesen wurden. Der Hadar-hakarmel-Stadtviertelbeirat zum Beispiel ernannte einen Ausschuss zur Festlegung von Straßennamen in seinem Viertel und Umgebung, der konstatierte: »Durch die Veränderungen, die sich im letzten Jahr in unserer Stadt ergeben haben, [ist es nötig], auch die Namen einiger Straßen in der Nähe von Hadar hakarmel und in der Unterstadt zu überprüfen, deren Namen nicht mehr den neuen Gegebenheiten des jüdischen Haifas entsprechen.«[96] Die Wadi-Salib-Straße wollte der Ausschuss in Malachistraße umbenennen.[97] Das Unbehagen, dem der Stadtviertelbeirat Ausdruck verlieh, zielte nicht nur auf die arabischen Namen ab, sondern auch auf die deutschen. Man schlug vor, den Namen »Deutsche Kolonie«, »der düstere Erinnerungen wachrufen kann, vor allem unter den Einwohnern dieses Orts, von denen die meisten Neueinwanderer sind, die die Qualen der Nazihölle durchgemacht haben«, in »Rechavia« zu ändern, was »das Gefühl von Trost für das Volk Israel ausdrückt, dem es vergönnt war, den Sturz der Tyrannenherrschaft der Deutschen mitanzusehen«.[98] Private

95 Ze'ev Schoham an David Hacohen, stellvertretender Bürgermeister Haifas, 26. 6. 1949, Stadtarchiv Haifa, Akte »Straßennamen und -nummern« 32509.

96 Der Stadtviertelbeirat Hadar hakarmel an die Haifaer Stadtverwaltung, 1. 9. 1949, sowie der Vorsitzende des Stadtverwaltungsausschusses an den Stadtviertelbeirat Hadar hakarmel, 27. 9. 1949, ebenda.

97 Der Stadtviertelbeirat Hadar hakarmel an die Haifaer Stadtverwaltung, 1. 9. 1949, Stadtarchiv Haifa, Akte 32579.

98 Der Stadtviertelbeirat Hadar hakarmel an die Haifaer Stadtverwaltung, 1. 9. 1949, Stadtarchiv Haifa, Akte »Straßennamen und -nummern« 32509. Die Deutsche Kolonie in Haifa war die erste von sieben, die in Palästina von den Templern, einem Ableger der protestantischen Kirche, gegründet wurden. Ihre Situation verschlechterte sich während der britischen Mandatszeit. In den 1930er Jahren schlossen sich an die 30 Prozent der Einwohner dieser deutschen Kolonien in Palästina der Nationalsozialistischen Partei an. 1939 internierten die Mandatsbehörden die deutschen Siedler in Lagern und wiesen etwa zwei Jahre darauf einige nach Australien aus. Die in Palästina verbliebenen verließen 1948 das Land. Diese Entwicklungen während der Zeit des Britischen Mandats veränderte die Bewohnerschaft der Kolonie, die ihren deutschen Charakter ver-

Gesuche an die Stadtratsgeschäftsstelle weisen auf ein allgemeines Unbehagen auch hinsichtlich der arabischen Namen hin. So wandten sich zum Beispiel die »Töchter der al-Idrisi-Straße« mit einer Bitte an den Bürgermeister, den Namen der Straße zu ändern, in der sie wohnten:

> »Wir haben drei Vorschläge, wie folgt: Straße des »Sieges«, Straße der »Eroberung« oder Straße der »~~Unabhä~~ Unabhengigkeit«. Sollte es dem Bürgermeister aber nicht möglich sein, den Namen der Straße unseren Vorschlägen nach zu ändern, würden wir uns auch freuen, wenn er sie mit einem anderen Namen benennt. Gerne würden wir den neuen Namen mit Freuden empfangen, am Unabhengigkeitstag [sic].«[99]

Es gab manche, deren Gesuche auf dem Hintergrund einer persönlichen Tragödie erfolgten. So schrieb zum Beispiel ein leidtragender Vater:

> »Ich wende mich an Sie mit der Bitte, mir die Freundlichkeit zu erweisen, eine Straße von arabischen Infiltranten und Mördern auf den Namen meines Sohnes umzubenennen, denn wenn ich die Irakstraße, die Salah ed-Din, Stanton und weitere solche passiere, tut es mir im Herzen weh, dass man ihre Namen bis heute noch nicht geändert hat. In meinem Namen und im Namen meiner unglücklichen Frau, die ihren einzigen Sohn bei der Befreiung Haifas verlor, bitten wir Euer Ehren um diese Gunst, eine Straße auf den Namen unseres Sohnes umzubenennen. Und dank dessen mögen Sie vor der Trauer um Söhne verschont bleiben.«[100]

Die persönlichen Bitten um Namensänderungen lassen einen Blick auf die vielfältigen Gesichter der Bewohner dieser Stadt erhaschen, die mit einem Schlag hebräisch geworden war. Eine Stadträtin, Mitglied der kommunistischen Partei, begehrte, den Namen der Königsstraße, besagter Kings Street, im Unterstadtzentrum in Gromykostraße zu ändern, um so die Dankbarkeit für die entscheidende

---

lor und neue, vor allem wohlhabende Bewohner, wie höhere britische Regierungsangestellte, reiche Palästinenser und jüdische Familien, anzuziehen begann. Infolge der Ereignisse von 1948 zogen jüdische Familien in die Häuser der Deutschen, die von den britischen Mandatsbehörden während des Zweiten Weltkriegs ausgewiesen worden waren, und ebenso in die arabischen Häuser in der Deutschen Kolonie, die verlassen worden waren.

99 Die Töchter der al-Idrisi-Straße an Abba Khoushi, 1.5.1951, Stadtarchiv Haifa, Akte »Straßennamen und -nummern« 32509.

100 J.K. an den Namensausschuss, 1.5.1951, ebenda.

Hilfe der Sowjetunion bei der Staatsgründung zu demonstrieren. »Ich bin sicher«, schrieb sie, »dass ich damit der Meinung einer Majorität der Stadtbewohner Ausdruck verleihe.«[101]

Die Gruppe der Überlebenden der Krakauer Ghettokämpfer bat darum, man möge den Kämpfern die gebotene Ehre in der Stadt erweisen, so wie es bereits »in den meisten europäischen Ländern – und hauptsächlich in Polen« – Usus sei.[102] Die Bitte der Gruppe lautete, »den Namen ›Bergstraße‹ in ›Ghettokämpfer‹ oder ›Allee der Ghettokämpfer‹ umzuwandeln«. Doch in den ersten drei Jahren, während der Amtszeit Bürgermeister Schabtai Levys, hielt die Stadtverwaltung weiterhin an ihrem Standpunkt fest, dass die nötigen Änderungen, »damit die Namen in Inhalt und Klang den politischen Wandel ausdrücken, der unser Land und unsere Stadt betroffen hat«, nur nach der Wahl des nächsten Stadtrats durchgeführt werden könnten.[103] In diesem Stadium nahm man keinerlei Veränderung an den arabischen Namen vor. Die Tradition der Namensgebung der »gemischten Stadt« atmete weiter, als lebten die Araber noch immer in der Stadt.

---

101 Zila Iram, Israelische Kommunistische Partei, Geschäftsstelle Haifa, an den Vorsitzenden des Namensausschusses, 18.4.1951, ebenda. Als der Name kurz darauf zu Unabhängigkeitsstraße geändert wurde, gab es manche, die diesen Schritt als Fehler hinsichtlich der Bewahrung des internationalen Charakters der Stadt kritisierten. »Ich habe mit Interesse gelesen«, schrieb ein Herr Hertz, dass »der Name der Königsstraße zu Derech ha'azma'ut geändert wurde. Ich möchte mit allem Respekt bemerken, dass dies in phonetischer Hinsicht keine Verbesserung ist, und die hebräische Umschrift ist kompliziert. Als Name für die Hauptstraße des einzigen Hafens in Israel ist ihr neuer Name Tausenden Touristen, Besuchern und den ausländischen Handelsfirmen, die ins Land kommen, nicht verständlich. Ändern Sie bitte den Namen, und was die englische Version betrifft, so scheint mir, dass ›Independence Way‹ angebrachter ist und die Änderung verständlich macht. Ich bin sicher, dass Sie die Sache angesichts der großen Bedeutung der Straße bedenken werden.«

102 Schimon Schreiber im Namen der Gruppe Überlebender der Krakauer Ghettokämpfer an Abba Khoushi, 17.4.1951, Stadtarchiv Haifa, Akte »Straßennamen und -nummern« 32509.

103 Der Haifaer Stadtsekretär an Herrn Schalom Silberfarb, 26.6.1949; ders. an Herrn Michael Welkind, 27.7.1950, ebenda. Siehe auch die Protokolle der 93. Sitzung des Stadtverwaltungsausschusses am Dienstag, 19.10.1948, 10.30 a.m., Paragraph 7, ebenda.

»Wo endet Kolonisation und beginnt Zwangstransfer?«

Die Ereignisse, die sich in schwindelerregendem Tempo im israelisch-palästinensischen Raum generell und speziell in Haifa abspielten, waren nicht einzigartig. Sie hatten zahlreiche historische Vorläufer. Viele der Führungspersönlichkeiten des Jischuvs (jüdische Gemeinschaft in Erez-Israel/Palästina vor der Staatsgründung) – der in Bälde ein Staat sein sollte –, deren Welt mit einem reichen historischen Repertoire bevölkert war, nahmen dies sofort wahr. Teils kannten sie die Präzedenzfälle aus erster Hand, teils vom Hörensagen. Während Golda Meir noch Pogrome und Vertreibungen aus der jüngsten und ferneren jüdischen Geschichte vor Augen standen, wurde die Fantasie anderer von der allerjüngsten, aktuellen Weltgeschichte genährt. Es war Mosche Scharett, der häufig historische Vergleiche heranzog, die er wohlkalkuliert einsetzte, um seine entschiedene Opposition gegen eine palästinensische Rückkehr zu untermauern. Auf der Sitzung des provisorischen Kabinetts am 16. Juni 1948, als er den himmelweiten Unterschied zwischen der unverhohlenen Erklärung einer geplanten Initiative zur Vertreibung der Araber – Wahnsinn, wie er einen solchen Akt nannte – und ihrer zufallsbedingten Flucht hervorhob, verweilte Scharett bei zwei Beispielen: dem türkisch-griechischen[104] und der Vertreibung der Sudetendeutschen aus der Tschechoslowakei.[105] In letzterem Fall ging Scharett einen Schritt weiter, indem er hinzufügte:

> »Der aggressive Feind hat es dahin gebracht, das Blut ist auf seinem Haupt, und er ist verpflichtet, dafür einzustehen, und alles Land und die Häuser, die geblieben sind, soweit man Verwendung dafür hat – all das ist unsere Kriegsbeute, all das ist eine Entschädigung, die uns für das vergossene Blut zusteht, für die ungeheuren Aufwendungen nicht nur an Menschenkraft, sondern auch an Besitz, um uns im Kampf zu verteidigen. Was bedeuten schon die Dutzenden Millionen, die wir jetzt ausgeben? Wir geben sie schließlich aus, weil man uns überfallen hat. Dafür steht

---

104 Auch Ben Gurion sah in dem Bevölkerungsaustausch zwischen der Türkei und Griechenland einen Beweis, dass gerade ein solcher Austausch die Garantie für friedliche Beziehungen zwischen den Völkern sein könnte. Siehe Morris, Notizen zur zionistischen Historiographie, S. 51, 52–57; siehe auch ders., The Birth of the Palestinian Refugee Problem Revisited, S. 319.

105 Morris, The Birth of the Palestinian Refugee Problem Revisited, S. 319.

uns eine Entschädigung zu, und das ist die natürliche Entschädigung.«[106]

Scharett skizzierte einen historischen Ablauf, der unzusammenhängende Ereignisse zu einer Art Kette verknüpfte, die im Nachhinein die Vertreibung der Palästinenser rechtfertigte. Der Verlust von Besitz, in diesem Falle von palästinensischem Eigentum, wurde in diesem Rahmen zum letzten Glied in der Kette, die mit der Enteignung der Juden durch die Nazis begann und über die Vertreibung der Sudentendeutschen schließlich in den Mittleren Osten, nach Israel führte. Das israelische Kabinett kooperierte mit dieser Logik, bis auf einige wenige, die Opposition dagegen anmeldeten, die Lage eines vorübergehenden Exodus der Palästinenser in einen regulären Dauerzustand umzuwandeln. Nicht nur in der internen politischen Debatte, sondern auch in Israels externen Reaktionen auf internationale Forderungen nach Rückkehr der Palästinenser wurde von dem (anders gelagerten) Beispiel der sudetendeutschen Vertreibung Gebrauch gemacht. Graf Folke Bernadotte – Mitglied der schwedischen Königsfamilie, ehemals Präsident des Schwedischen Roten Kreuzes, der von der UN für eine Mission ernannt worden war, die Kämpfe in Palästina zu stoppen – unternahm in den Sommermonaten 1948 in der Region Vermittlungsversuche. Er versuchte Scharett zu erklären, dass die internationale öffentliche Meinung Schritte seitens Israel, eine Rückkehr der Flüchtlinge zu verhindern, ablehnen würde. Als Reaktion darauf erwiderte Scharett, »die Welt, die Verständnis für die Entwurzelung der Sudeten [Deutschen] aus der Tschechoslowakei gezeigt hat, wird auch das verstehen«.[107] Bernadotte tendierte dazu, die Fluchtkette mit einer anderen Logik zu begreifen als der, der Scharett auf der Kabinettssitzung Ausdruck verliehen hatte. Für ihn stellte es keinen folgerichtigen Verlauf dar, bei dem der palästinensische Exodus die Juden indirekt für den

106 Sitzungsprotokoll der provisorischen Regierung, 16.6.1948, Staatsarchiv, Sitzungsregister der provisorischen Regierung 10/308–12/2/308, S. 20–21; siehe auch Morris, The Birth of the Palestinian Refugee Problem Revisited, S. 319.

107 Morris, The Birth of the Palestinian Refugee Problem Revisited, S. 324. Eine identische Position wurde von Scharetts politischem Berater, Leo Cohen, eingenommen, der argumentierte: »Jetzt, nachdem die Araber unser Land in Massen verlassen haben, was haben jene, die von ganzem Herzen die Vertreibung der Sudentendeutschen aus der Tschechoslowakei gebilligt haben, für ein moralisches Recht zu verlangen, dass wir diese Araber zurückkehren lassen?« Ebenda, S. 556.

Raub und die Enteignung durch die Nationalsozialisten entschädigte, sondern einen unannehmbaren moralischen Widerspruch zwischen der israelischen Forderung nach Immigration und Rehabilitation der jüdischen Flüchtlinge im Staat Israel und der kompromisslosen Haltung der israelischen Führung gegenüber den palästinensischen Flüchtlingen.[108] Obgleich Scharett und Bernadotte in den Fragen der Legitimität und internationalen Anerkennung geteilter Meinung blieben, verstanden doch beide die historische Entwicklung im Nahen Osten in einem gemeinsamen Kontext als Glied einer historischen Ereigniskette, die in Zentraleuropa zwei bis drei Jahre davor stattgefunden hatte, das heißt als Teil des großen Laufs ethnischer Säuberungen ihres Zeitalters.

»Während die ethnischen Säuberungen in der Praxis Menschen betreffen, ist das Wesentliche dabei jedoch das Territorium«, argumentiert die Wissenschaftlerin Jennifer Preece[109] und unterstützt dies mit der Feststellung, dass die Hauptüberlegung hinter der Verschiebung von Menschen der »Schutz des Territoriums, das in ethnischen Begriffen definiert ist«, sei.[110] Ungleich dem Genozid, wo die eindeutige Absicht besteht, Teile einer ethnischen, religiösen oder nationalen Gruppe zu eliminieren und zu vernichten, zielen ethnische Säuberungen – ohne dabei das Leiden der Opfer zu mindern – auf eine Säuberung des Territoriums ab.[111] Der Wendepunkt, was diese Praxis angeht, argumentiert Preece, sei das Jahr 1948. In den Jahren zuvor wurden die ethnischen Säuberungen als eine legitime Praxis betrachtet, die sich aus der Logik des Rechts auf Selbstbestimmung ableitet, während ab diesem Jahr, und faktisch mit Beginn des Kalten Kriegs, die Entwicklung einer entschiedenen De-Legitimierung derartiger Schritte in Gang kam, was sich in internationalen Konventionen widerspiegelt. Die Ereignisse von 1948 im israelisch-palästinensischen Raum sind chronologisch und phänomenologisch im Bereich der ethnischen Säuberungen angesiedelt, die gegen Ende des Zweiten Weltkriegs ihren Anfang nahmen und mit Beginn des Kalten Krieges endeten.[112] 1948 liegt somit, akzeptieren wir diese Unterscheidungen, im Niemandsland zwi-

---

108 Ebenda, S. 326, 331.
109 Preece, Ethnic Cleansing as an Instrument, S. 817–842, S. 821.
110 Preece, Ethnic Cleansing and the Normative Transformation.
111 Naimark, Fires of Hatred, S. 4.
112 Shulewitz/Israeli, Exchanges of Populations Worldwide.

schen der vormaligen akzeptierten Praxis und ihrer gegenwärtigen Illegitimität.

Einer der Kanäle, durch die die europäische Diskussion über ethnische Säuberungen gegen Ende des Zweiten Weltkriegs in die israelische Debatte einfloss, war das »Transferkomitee«. Dieses Komitee war Ende August 1948 offiziell von der israelischen Regierung ernannt worden. Es trat im Wesentlichen die Nachfolge des inoffiziellen Transferkomitees an, das Josef Weitz zu einem früheren Zeitpunkt in diesem Jahr gegründet hatte, und es bestand aus zwei ehemaligen Mitgliedern des ersten Komitees, Weitz und Danin, sowie Zalman Lifschitz, der neu dazukam. Das Transferkomitee war zwar ein beratendes Organ und kein Entscheidungsträger, doch die Bedeutung seiner Vorschläge darf keinesfalls gering geschätzt werden. Zur Zeit seiner Tätigkeit im Laufe des Jahres 1948 hielten die prä-staatlichen Einrichtungen des Jischuvs – die Jewish Agency, der Jüdische Nationalfonds und der Nationalrat – noch beträchtliche Macht in Händen, um das Gesicht des Landes zu formen. Die Regierungsgewalt sollte erst 1949 endgültig auf die Institutionen des Staates, das heißt auf die Regierung, das Kabinett und die Knesset, übergehen, und bis zu diesem Zeitpunkt stand es in der Macht von Josef Weitz ganz persönlich und des Transferkomitees, weitreichenden Einfluss auf die politische Führungsriege zu nehmen.[113]

Den theoretischen Grundstock für die Arbeit des Komitees lieferte ein weitgehend vergessener Zionist namens Joseph Schechtman.[114] Nachdem es ihm gelungen war, 1939 durch seine Flucht aus Warschau nach Frankreich und von dort in die Vereinigten Staaten den Nationalsozialisten zu entkommen, begann Schechtman in den frühen 1940er Jahren mit seinen Forschungen. Die Ergebnisse veröffentlichte er in seinem Buch »Europäischer Bevölkerungstransfer 1939–1945«[115], das 1946 erschien und bis heute als grundlegendes Werk zum Thema ethnischer Säuberungen dient.[116] Auf Basis der

113 Morris, Yosef Weitz, S. 523.
114 Fischbach, Records of Dispossession, S. 41–43.
115 Schechtman, European Population Transfers.
116 Joseph Schechtman wurde 1891 in Odessa geboren, wo er die höhere Schule abschloss, jedoch wie alle seine jüdischen Altersgefährten gezwungen war, sich nach Berlin aufzumachen, um eine Universitätsbildung zu erhalten. In Berlin schloss er sich der jüdischen Studentenorganisation »Chaver« an und beendete 1914 sein Jurastudium an der Friedrich-Wilhelm-Universität. Ein Jahr später legte er sein juristisches Staatsexamen an der Universität Novorasisk in Russ-

europäischen Erfahrung zwischen den beiden Weltkriegen war Schechtman in seinem Urteil über die Aussichtslosigkeit und Zwecklosigkeit von Minderheitsabkommen absolut kategorisch und resümierte sie als Fehlschläge. Im Bewusstsein dessen, dass kein zukünftiges Friedensabkommen eine Landkarte Europas zeichnen könnte, die ethnisch homogene geopolitische Einheiten abgrenzen würde, machte sich Schechtman die Position zueigen, die rapide im Kommen war, dass die einzig mögliche Lösung in manchen Risiko-

---

land ab und wurde sofort im journalistischen und politischen Bereich tätig. Während der folgenden Jahre widmete er sich intensiv der Sache des russischen Judentums und beteiligte sich an der lokalen zionistischen Aktivität zur Erleichterung seines Leids unter dem Joch der russischen Herrschaft während des Kriegs. Als die Ukraine mit Unterstützung Deutschlands 1917 ihre Unabhängigkeit erklärte, wandte sich Schechtman dem aktuellen Tagesgeschehen zu und wurde als zionistischer Repräsentant in die ukrainische Nationalversammlung gewählt. In diesem Jahr erschien sein erstes Buch über die Juden in der Ukraine. Der Sieg des Kommunismus in der Sowjetunion führte zu Schechtmans erster Flucht. Begleitet von seiner Frau und seiner Tochter überschritt er 1920 den Dnjestr, flüchtete zunächst nach Rumänien, wo er eine Weile blieb, und von dort nach Berlin. Etwa zwei Jahre gab er in Berlin jüdische Zeitungen in Jiddisch und in Russisch heraus und war im Zentralrat der russisch zionistischen Organisation in der Stadt aktiv. 1924 übersiedelte er mit seiner Familie nach Riga und war zwei Jahre als fester Journalist der jüdischen, jiddischen und russischen Presse tätig. 1926 zog er im Rahmen seiner neuen Aufgabe als Generalsekretär der Exekutive der Revisionistenbewegung und Redaktionsmitglied ihres russischsprachigen Organs *Rassviet* nach Paris. 1936 wurde Schechtman zum Präsidenten der revisionistischen Bewegung in Warschau gewählt, wo er sich mit seiner zweiten Frau niederließ, die er, verwitwet mit einer Tochter und einem Baby zurückgeblieben, 1930 geheiratet hatte. In Warschau wurde Schechtman zugunsten der Organisation des osteuropäischen Judentums im politischen Kampf gegen die anti-jüdische Politik aktiv und stand, an Jabotinskys Seite, an der Spitze des Kampfes um den Evakuierungsplan der polnischen Juden. Nach der Auflösung der Präsidentschaft der Revisionistenbewegung in Warschau blieb Schechtman in Polen und engagierte sich weiter für den Evakuierungsplan in den osteuropäischen Staaten. Mit Ausbruch des Krieges 1939 entkam er mit seiner Familie nach Frankreich und rettete sich nach der französischen Kapitulation in die Vereinigten Staaten, zum zweiten Mal in seinem Leben ein Flüchtling. Während dieser Zeit lernte er gezwungenermaßen Englisch. 1941 gründete er in eigener Initiative eine Organisation zur Erforschung von Völkerwanderungen. Seine Kenntnis europäischer Zusammenhänge führte dazu, dass er 1944–1945 Berater im United States Office of Strategic Service in Washington wurde. Diese Zusammenfassung basiert auf: Benari, I., Joseph Schechtman in Memoriam, 1970, Archiv der Revisionistenbewegung, P-1/1/227. Siehe auch Schlögel, Tragödie der Vertreibungen, S. 80; Mazower, No Enchanted Place, S. 115ff.

gebieten die »ethnische Verschiebung der Minderheiten«[117] sei. Schechtman war jedoch keinesfalls der Ansicht, dass die heute so bezeichnete ethnische Säuberung eine patente Universalmethode für die Lösung von Minderheitenproblemen darstelle. In gewissen Fällen würde eine gerechte Behandlung der Minderheit seitens des Staates im Rahmen internationaler Verträge bereits ausreichen. In anderen Fällen könnten bilaterale gegenseitige Abkommen eine Lösung darstellen und in weiteren Fällen ein internationaler Kontrollmechanismus mit Hilfe des Völkerbunds entsprechend verfahren.[118] Auch die sowjetischen Lösungen für die Minderheitenprobleme disqualifizierte Schechtman nicht von vornherein. Jede Lösungsmöglichkeit, die nicht Transfer hieße, müsse seiner Meinung nach vorrangig in Erwägung gezogen werden. Transfer, so stellte er fest, sei die letzte Stufe, »nicht als Ideallösung, sondern als notwendiges Übel«.[119] Er wählte medizinische Metaphern, als er die ethnische Säuberung mit der Entfernung eines Krebsgeschwürs aus einem kranken Körper verglich. »Nur verlogene Sentimentalität oder Blindheit gegenüber dem obersten Interesse des Patienten«, stellte Schechtman fest, »würden es erlauben, Bedauern über einen ärztlichen Urteilsspruch zu stellen.«[120] Eine Synopsis von Schechtmans Buch findet sich als Anhang Nr. 2 in den Arbeitsunterlagen des israelischen Transferkomitees.[121] Diese Synopsis ist eines von zahlreichen Beispielen für die Art und Weise, in der die europäische Realität in die Welt derer einfloss, die den israelischen Standpunkt formten. Der Einfluss Europas auf das zionistische Projekt beschränkte sich nicht auf den Geist des ethnischen Nationalismus der zweiten Hälfte des 19. Jahrhunderts, sondern kopierte direkt und unmittelbar das Prinzip der ethnischen Homogenisierung, wie es in Europa vor allem mit Ende des Zweiten Weltkriegs angewandt

117 Schechtman, European Population Transfers, S. 454.

118 Ebenda, S. 468.

119 Ebenda.

120 Ebenda, S. 467.

121 A. Goren, Material zu Problemen von Bevölkerungstransfer und -austausch zwischen Staaten (hebräisch), ZZA, A457/113.
Es war Ezra Danin, der das Komitee mit Schechtmans Buch bekannt machte. Ihm war die Aufgabe übertragen worden, den Abschnitt über die aktuelle internationale Geschichte des Bevölkerungstransfers zu schreiben, und er erachtete Schechtmans Buch zu dem Thema für »unschätzbar«. Fischbach, Records of Dispossession, S. 41.

wurde, auf Israel zu seiner Gründungsstunde.[122] Europa diente unter anderem als Testlabor für die Chancen und Risiken, die in den bestehenden Flüchtlingsregelungen lagen, was zum Beispiel die irredentistische Drohung angeht, das heißt jene nationalen Minderheiten, die an Länder angrenzen, in denen ihre ethnische Zugehörigkeitsgruppe die Mehrheit stellt. »Die irredentistischen Minoritäten waren schlechte und illoyale Bürger in ihren Ländern«, wird in der Synopsis konstatiert.[123] »Sie wandten sich ständig an ihre Mutterländer um Hilfe und entwickelten sich zu einer fünften Kolonne für diese Länder.« So war es mit den deutschen, ungarischen und bulgarischen Minderheiten in Polen, in der Tschechoslowakei, in Rumänien und Jugoslawien. Manchmal hatte die regierende Mehrheit ver-

---

122 Angesichts der Umstände, unter denen Schechtman sein Buch verfasste, liegt keine geringe Ironie in der Tatsache, dass dieses Buch zum ideologischen Grundstock des israelischen Transferkomitees wurde. Die Missverständnisse, die auf der Sitzung des Institute for Jewish Affairs auftauchten, das Schechtmans Forschungsarbeit finanzierte, legen Zeugnis davon ab, wie bahnbrechend seine Studie zu jener Zeit war. Im Laufe einer Debatte zwischen den Institutmitgliedern darüber, ob sie das Projekt unterstützen sollten oder nicht, brachte jemand die naive Frage vor: »Wo endet Kolonisation und beginnt Zwangstransfer?« Und in der Tat, 1941, als Schechtman seine Arbeit begann, fehlte noch die nötige Perspektive, um den gewaltigen Unterschied zwischen Migration und erzwungener Migration wahrzunehmen. Als man eine finanzielle Beteiligung an Schechtmans Forschungsprojekt im Institute for Jewish Affairs 1941 diskutierte, verlangten einige der Teilnehmer, den »jüdischen Aspekt« dabei zu erläutern, speziell angesichts der Spannung zwischen den begrenzten Finanzmitteln des Instituts und seiner vorrangigen Verpflichtung gegenüber einem jüdischen Forschungsprogramm. Es fand ein Wortwechsel zwischen dem Leiter des Instituts, Dr. Nechemia Robinson, und Dr. Moses Gaster über die Prioritätenordnung statt. »Erachten Sie Juden in Rumänien für wichtiger als Bevölkerungsvertreibung?«, fragte Robinson. »Ja«, erwiderte Gaster, »das tue ich. Der Völkerbund hat andere Experten, an die sie sich in Fragen des Transfers etc. wenden können, nicht an uns; aber für jüdische Probleme haben sie keine andere Autorität, und wir müssen vorbereitet sein, die gesamte nötige Information zu liefern.« Die Geschwindigkeit, mit der sich erwies, dass Schechtmans Forschungen tatsächlich die nötige Information zu brennenden jüdischen Fragen liefern konnte, war zu dieser Zeit sicher nicht voraussehbar. Siehe Minutes of the Meeting of the Institute of Jewish Affairs. Held on Thursday, October 3rd., 1941, American Jewish Archives, Cincinnati, Ohio. Jewish World Congress Collection, series C, box 4, file 8 (AJA, WJC, C4/8). Mit Dank an Omri Kaplan-Feuereisen, der mir dieses Dokument zur Verfügung stellte.

123 A. Goren, Material zu Problemen von Bevölkerungstransfer und -austausch, S. 2.

sucht, zu einer fairen Regelung mit den Minderheiten zu gelangen, doch diese hatten jene Vorschläge abgelehnt. »Die Beziehungen zwischen den Minderheiten und der Mehrheit verschlechterten sich sehr«, schreibt A. Goren, der die Zusammenfassung von Schechtmans Buch erarbeitete, in den Arbeitspapieren des israelischen Transferkomitees und verweist auf die relevanten Buchseiten. Er fügt in Klammern hinzu: »Parallelisierung – Araber in Israel – fünfte Kolonne.«

Die Lektüre von Schechtmans Buch seitens des Transferkomitees war dazu gedacht, die Mitglieder mit praktischen Ideen für eine Lösung des palästinensischen Flüchtlingsproblems auszustatten. Der türkischen Position während des Bevölkerungsaustausches zwischen der Türkei und Griechenland entnahm der Verfasser der Synopsis von Schechtmans Buch, dass es wünschenswert war, eine territoriale Konzentration der Minderheit zu vermeiden, da sonst zukünftige territoriale Ansprüche zu befürchten seien, und merkte in Klammern an, es lauere hier »eine Gefahr, dass eine arabische Minderheit in Israel auf eine Beherrschung Israels durch einen oder mehrere arabische Nachbarstaaten hinarbeiten würde«.[124] Das türkisch-griechische Abkommen vom 30. Januar 1923 und das bulgarisch-türkische vom November 1913 sanktionierten retroaktiv bereits existente Bevölkerungstransfers. Aus diesen Abkommen zog Goren die »Lehre«, dass »die Länder, in die ihre Flüchtlingsbrüder flohen, sich mit den bestehenden Tatsachen abfanden und keine Lösung darin sahen, die Flüchtlinge an die Orte zurückzuschicken, von denen sie geflohen waren«.[125] Außer Schechtmans Buch stand dem Transferkomitee eine Dokumentation historischer Präzedenzfälle zur Beilegung von Entschädigungsproblemen zur Verfügung, die sich im Rahmen von Bevölkerungsaustausch ergaben. Diese hatte Schechtmann direkt Ezra Danin übergeben, einem ehemaligen hohen Nachrichtendienstoffizier der Hagana und nun leitenden Berater für arabische Angelegenheiten im Außenministerium.[126]

---

124 Ebenda, S. 3.

125 Ebenda, S. 4.

126 Die Zusammenstellung beinhaltete den bulgarisch-rumänischen Präzedenzfall, den Transfer Deutscher aus Litauen, den Transfer der Sudetendeutschen, den Bevölkerungsaustausch zwischen der Tschechoslowakei und Ungarn und den Bevölkerungsaustausch zwischen Hindus und Muslimen. Siehe Joseph Schechtman an Ezra Danin, 6. Dezember 1948, Archiv der Revisionistenbewegung, P-2/10/227.

Ausgehend von seiner Kenntnis der historischen Beispiele tendierte Schechtman ganz klar zur offiziellen israelischen Politik, die für eine kollektive Entschädigung votierte, und gab ihr den Vorzug vor den verschiedenen arabischen Positionen, die individuelle Entschädigungen forderten. »Überall, wo ein Land die Absicht hatte, die Eigentümer von hinterlassenem Besitz auf der Basis individueller Schätzung jedes einzelnen Vermögenswerts zu entschädigen, ist der Versuch stets gescheitert«,[127] stellte er abschließend fest. Eine individuelle, separate Überprüfung jedes Anspruchs, so argumentierte er in seinem Schreiben, das direkt an Außenminister Mosche Scharett gerichtet war, sei dazu verurteilt, sich langfristig hinzuziehen und am Ende den Flüchtlingen selbst zum Nachteil zu gereichen, wie 1923 im Fall Türkei-Griechenland. Eine kollektive Entschädigung, wie sie beim Bevölkerungsaustausch zwischen Bulgarien und Rumänien 1940 oder zwischen Rumänien und der Türkei 1946 erfolgte, erziele bessere Ergebnisse.

Welche Bedeutung hatten somit all diese Präzedenzfälle? Goren, der Verfasser der Synopsis, zögerte, was das moralische Gewicht des Vergleichsrahmens anging, das Schechtmans Buch indizierte. »Der Ansatz [des Buches] ist humanistisch«, vermerkte er. »Sucht nach dem Minimum an Unrecht für das leidende Individuum. Ist prinzipiell gegen erzwungenen Transfer, speziell von Bauern, da sie stark mit ihrem Land verbunden sind. Die Araber können das Buch mehr gegen uns ausnützen als wir gegen sie.«[128] Nur wenige Seiten davor hatte er jedoch auch Positives in dem Vergleichsrahmen gesehen:

> »Unvergleichlich weniger Abkommen zu Bevölkerungsaustausch und Transfer finden sich in der Geschichte als Auslöschung und Vertreibung ganzer Völkerschaften ohne auch nur irgendeine Wiedergutmachung. So ist es den Armeniern in der Türkei ergangen, den Assyrern im Bergland von Hakkari, Urmia und Irak. So geschah es den Juden und anderen Völkern im Europa der Nazis. Vergleiche auch – die Massaker und Massenfluchten im Gefolge der Teilung Indiens. Daraus ergibt sich, dass die Bereitschaft eines Staates, ein Flüchtlingsproblem zu regeln, das nicht durch

---

127 Joseph Schechtman an Mosche Scharett, 4. Dezember 1950, ebenda. Siehe auch Schechtman, The Arab Refugee Problem, S. 105.

128 Goren, Material zu Problemen von Bevölkerungstransfer und -austausch, S. 15.

seine Schuld und durch die Aggression der »Beschützer« dieser Flüchtlinge entstanden ist, von gutem Willen und Nachgiebigkeit zeugt.«[129]

Das »Memorandum zur Regulierung arabischer Flüchtlinge«, das das Transferkomitee Ende Oktober 1948 Ben Gurion vorlegte, listete 25 (!) »Völkerwanderungen« auf.[130] Es war den Komiteemitgliedern ein Anliegen darauf hinzuweisen, dass der israelisch-palästinensische Fall von dieser langen Liste abwich.[131] Der essentielle Unterschied lag ihrer Ansicht nach in den Gründen für die Völkerwanderungen. Während es sich in den anderen Fällen um die Verfolgung einer Minderheit durch die Mehrheit aus nationalen, religiösen, rassischen oder wirtschaftlichen Motiven handele, sei es im israelisch-palästinensischen Fall folgendermaßen, »nicht die Juden haben den Arabern den Krieg erklärt und sie als Konsequenz ihres Siegs aus ihrem Land vertrieben. Die Araber, die die Majorität im Land waren, haben die Juden, die Minderheit, provoziert und angegriffen.«[132] Diese Version des historischen Geschehens, die jahr-

---

129 Ebenda, S. 4.

130 Memorandum zur Regulierung arabischer Flüchtlinge, vorgelegt dem provisorischen Regierungsoberhaupt Israels von Josef Weitz, Ezra Danin und Zalman Lifschitz, Tel Aviv, 31.10.1948, ZZA, A246/140. Die Verfasser des Memorandums beginnen mit der Darstellung zahlreicher Fälle von Bevölkerungsvertreibung im 20. Jahrhundert – mit ihren Worten, »Massenvölkerwanderungen von einem Land zu anderen« –, wie sie es Schechtmans Buch entnommen hatten: die Flucht der Assyrer aus der Türkei nach Armenien 1915, von Armenien in den Irak 1918 und vom Irak nach Syrien 1933; die Flucht der Armenier aus der Türkei; die Abwanderung der Griechen aus der Türkei und Bulgarien in den Jahren 1915–1922; die Wanderbewegung zwischen den europäischen Ländern in der Zeit zwischen den beiden Weltkriegen sowie während des Zweiten Weltkriegs und danach; die Migration zwischen Indien und Pakistan; und zum Abschluss der Auszug von 3,5 Millionen Deutschen aus der Tschechoslowakei, Rumänien, Jugoslawien und Ungarn, oder, wie dieses historische Kapitel in dem Bericht genannt wird, die »wissentliche Vertreibung kraft des Sieges im Krieg«. Zum Transferkomitee siehe Morris, Yosef Weitz; für eine Kritik zu Benny Morris' Ansatz siehe Masalha, A Critique on Benny Morris.

131 Morris besteht darauf, dass das Motiv für die lange Liste der »Völkerwanderungen« taktisch und apologetisch war: Man wollte den Nationen, deren Kritik an Israels Politik zu erwarten war, die Liste der Verbrechen präsentieren, die auf diesem Gebiet begangen wurden, und so die Kritik neutralisieren. Siehe Morris, Yosef Weitz, S. 549.

132 Memorandum zur Regulierung arabischer Flüchtlinge, S. 2.

zehntelang in der israelischen Geschichtsschreibung durch nichts zu erschüttern war, hatte sich nicht nur durch die Kette der Ereignisse selbst geformt und stabilisiert, sondern auch durch die vergleichende Perspektive und die relevanten Einsichten, wie beispielsweise in die Beziehung zwischen Vertreibung und Entschädigung. »Wir können keine Verantwortung für die Flucht der Araber Palästinas und die Zerstörung ihres Besitzes als Folge des Kriegs übernehmen«, steht in den allgemeinen Bemerkungen der Synopsis von Schechtmans Buch, die dem Bericht des Transferkomitees beigefügt wurde.[133] Die fehlende Legitimität eines historischen Vorgangs, so schlossen sie aus den historischen Präzedenzfällen von Bevölkerungsaustausch, wird in ökonomische Werte übersetzt und kann sich als teuer erweisen. Die Verfasser des Berichts waren sich im Klaren darüber, dass die Palästinenser zurückkehren wollten:

> »Es ist kein Wunder, dass sich die Flüchtlinge aus ganzer Seele danach sehnen, in ihre Häuser und auf ihr Land zurückzukehren, und bereit sind, den Staat Israel und seine Regierung anzuerkennen [...]. Aber der Zustand ihrer verlassenen Besitztümer ist ihnen nicht bekannt, oder sie wollen es nicht wissen. Und es gibt einen Unterschied zwischen beweglichem und unbeweglichem Besitz. Letzterer ist vollkommen zerstört worden, auf dem Land wie auch in der Stadt [...], die Einrichtung in den Häusern wurde zerstört, viele Häuser sind auch eingestürzt aufgrund von Kriegsschäden, und es gibt komplette Dörfer, die durch das Kriegsgeschehen völlig ausgelöscht wurden. Auch die städtische, industrielle, handwerkliche und kommerzielle Wirtschaft ist ganz und gar zusammengebrochen. Und nicht nur die Ausstattung – die Maschinen, das Werkzeug und die Ware – ist verschwunden, auch die Häuser, viele von ihnen sind beschädigt, viele zerstört, und viele sind bis auf die Grundmauern eingestürzt. Das bedeutet, dass diese Kategorie, die den unbeweglichen Besitz – die Gebäude – beinhaltet, stark in ihrem Wert gesunken ist, und was überlebt hat – Wohnhäuser –, kann nicht als Zuflucht für die arabischen Flüchtlinge dienen, da jüdische Flüchtlinge in ihnen untergebracht sind.«[134]

133 Goren, Material zu Problemen von Bevölkerungstransfer und -austausch, S. 14.
134 Memorandum zur Regulierung arabischer Flüchtlinge, S. 6.

Die negative Haltung in dem Bericht gegenüber einer potenziellen Rückkehr der arabischen Flüchtlinge war entschieden.[135] Auch diesen Schluss hatte man aus Schechtmans Schrift gezogen, der zu der kategorischen Erkenntnis gelangt war, »es gibt keinen Präzedenzfall für Rückkehr« im zwanzigsten Jahrhundert.[136] In den letzten Jahrzehnten, stellte Schechtman fest, waren über 30 Millionen Menschen infolge von Krieg oder Grenzänderungen aus ihrer Heimat entwurzelt worden. »In keinem einzigen dieser Fälle – von denen jeder einen weitaus größeren Umfang hatte als in Palästina – ist ein wirklicher Versuch unternommen worden, den Status quo ante wiederherzustellen: das heißt, die Entwurzelten an ihren ursprünglichen Heimatort zurückzubringen.«[137] Für Schechtman stand, unabhängig von den Details im Einzelfall oder den politischen Absichten dabei, unumstößlich fest: »Die Erfahrung lehrt, dass ein Exodus nicht umkehrbar ist.«[138] Es kann nirgendwohin zurückgekehrt werden, erklärte Schechtman, da der Platz dieser Entwurzelten sofort von neuen Siedlern eingenommen wird. Wenn man darauf beharrt, die Situation wieder zurückdrehen zu wollen, kann das zu einer Endloskette von Entwurzelung mit verheerenden Konsequenzen führen. Man muss diesen Stand der Dinge als Schicksal akzeptieren, und verantwortliche Staatsmänner sollten sich der Lösung der verbliebenen Probleme zuwenden.

Unterdessen identifizierten die Verfasser des Berichts eine internationale Bereitschaft, eine Situation, die der Krieg geschaffen hatte, de facto anzuerkennen, eine Haltung, die sich im Kreise der politischen Führungsriege in den Vereinigten Staaten und Großbritannien bereits Anfang der 1940er Jahre anbahnte. Wer sich damals von einer solchen Lösung distanzierte, tat dies, weil er vor der Proble-

---

135 Reichman, Partition and Transfer, S. 327.

136 Schechtman, The Arab Refugee Problem, S. 31–32.

137 Schechtman zählt die Türken und die Griechen auf; die Griechen und die Bulgaren; die Deutschen aus der Tschechoslowakei, Polen, Ungarn und Jugoslawien; die Polen, die Ukrainer, die Ruthenen, die Russen und die Litauer; die Inder und die Pakistani. Siehe ebenda, S. 32.

138 Nicht-Rückkehr war Schechtmans erste entschiedene Schlussfolgerung, gestützt auf die vielen historischen Beispiele, die er besser als andere kannte. Sein Beharren auf dem Prinzip der Entschädigung war seine zweite Schlussfolgerung. Das Transferkomitee übernahm beide Empfehlungen. Die israelische Regierung, die den Bericht im Oktober 1948 erhielt, verlor innerhalb kurzer Zeit das Interesse an der zweiten Schlussfolgerung. Siehe Morris, Yosef Weitz, S. 552–553.

matik einer »Entwurzelung von einem Ort der Verwurzelung« zurückschreckte.[139] Angesichts der Tatsache jedoch, dass die Entwurzelung so oder so im Laufe des Krieges geschehen war, suchten die Komiteemitglieder nach einer Lösung, die »rationaler und fundierter als eine bloße Rückkehr« war. Dazu kamen Befürchtungen, dass die arabischen Flüchtlinge der Staatskasse zur Last fallen würden und im Fall einer Rückkehr auch ökonomisch zu einem Flüchtlingsdasein verurteilt wären. Die Verfasser wiesen auf das Risiko hin, dass die Rückkehrer Illoyalität gegenüber dem jüdischen Staat entwickeln könnten, und insistierten im Schlusswort darauf: »Die Rückkehr arabischer Flüchtlinge würde die Kapazität für die Rückkehr und Immigration jüdischer Flüchtlinge nicht nur in gleicher, sondern in viel größerer Anzahl begrenzen.« Unter diesen Bedingungen war es für alle Beteiligten klar: »jüdische Flüchtlinge zuerst«.

Bevölkerungsaustausch

> »Dein Onkel hatte nie an moralische Werte geglaubt. Als er dann, wie wir, am Straßenrand stand, hatte er an gar nichts mehr geglaubt. Er war zum Haus einer jüdischen Familie gegangen, hatte die Tür aufgerissen, sein Gepäck hineingeworfen und den Bewohnern mit Worten und Gesten unmissverständlich zu verstehen gegeben, sie sollten verschwinden. ›Geht doch nach Palästina‹, hatte er ihnen zugerufen. Natürlich waren sie nicht nach Palästina gegangen, doch aus Furcht vor seiner Verzweiflung hatten sie sich in ein Zimmer zurückgezogen und ihm das andere überlassen.«[140]

Die politische Entscheidung, den Flüchtlingen keine Rückkehr zu ermöglichen, reifte in den Monaten April bis Juni 1948. Sie wurde im Juli jenes Jahres zur offiziellen israelischen Politik und von der israelischen Regierung im August und September noch einmal abgesegnet. Das Memorandum des Transferkomitees formte also keine Politik, sondern es verlieh ihr nur erneut Bestätigung. Parallel zur Formulierung dieser politischen Linie wurde in eben jenen Ta-

139 Memorandum zur Regulierung arabischer Flüchtlinge, S. 11.
140 Kanafani, Ghassan, Das Land der traurigen Orangen, S. 10–11.

gen mit der sofortigen Belegung eines Teils der von palästinensischen Flüchtlingen verlassenen Häuser begonnen. Als Erstes quartierte man in die arabischen Häuser die jüdischen Bewohner ein, die an der Nahtlinie der Stadt gewohnt hatten und deren Häuser im Laufe der Kämpfe zerstört worden waren.[141] In den Anfangsstadien wurde diese Besiedlung im Zuge von Verhandlungen mit den arabischen Eigentümern und gegen Nutzungsentgelt für den Besitz durchgeführt, doch im weiteren Verlauf, als die Wohnungsnot wuchs, begannen die Juden, sich den verlassenen Besitz einfach anzueignen. In den Frühlingsmonaten 1948, als die Zahl der obdachlosen Juden – Flüchtlinge, im damaligen Sprachgebrauch – weiter anstieg, zeichnete sich diese Praxis allmählich als prinzipielle Lösung für das Problem ab.[142] Inzwischen begannen die Behörden, jüdische Neueinwanderer, die ins Land kamen, in den Häusern der palästinensischen Flüchtlinge einzuquartieren. Dieser Schritt bot eine schnelle Lösung für die Wohnungsnot der Immigranten, war jedoch gleichzeitig eine kalkulierte und beabsichtigte Vorgehensweise, um die Rückkehr der palästinensischen Flüchtlinge zu blockieren.[143] Die verlassenen arabischen Viertel in den gemischten Städten waren die ersten, die von Juden bevölkert wurden.[144] »In Jaffa und Haifa«, schreibt Benny Morris, »befanden sich die größten – und auch modernsten – Konzentrationen an verlassenen arabischen Häusern, und daher war es nur natürlich, dass man die ersten Massen der Neueinwanderer in diese Städte kanalisierte. Dieses Unternehmen wurde durch die Nähe der verlassenen Viertel in diesen Städten zu einer urbanen jüdischen Infrastruktur und Versorgungsnetzen, die im Krieg nicht beschädigt wurden, erleichtert.«[145] In verschiedenen Gebieten wurde die Einquartierung teils Straße für Straße durchgeführt, parallel und zeitnah zum Verlauf der Kämpfe. Es gibt Unterlagen, die dokumentieren, dass dieser Vorgang mit Hilfe von Karten ablief, auf denen die Räume, die an die Immigranten übergeben wurden, markiert waren. Aus den Zeugnis-

---

141 Golan, Jüdische Flüchtlinge; ders., Redistribution and Resistance.

142 Zu diesen Prozessen in Jerusalem siehe Golan, Räumliche Veränderung als Kriegsfolge.

143 Morris, The Birth of the Palestinian Refugee Problem Revisited, S. 383–384. Zur Verhinderung der Flüchtlingsrückkehr in Haifa siehe Goren, Von Abhängigkeit zu Integration, S. 139.

144 Morris, The Birth of the Palestinian Refugee Problem Revisited, S. 383–384.

145 Ebenda; Ben-Arzi/Goren, Die Gestaltung des urbanen Raums.

sen geht hervor, dass die Nähe zum Kampfgebiet die Holocaustüberlebenden in Todesangst versetzte.[146] Die Forschung hat sich nicht weiter über dieses Kapitel ausgelassen, und es finden sich nur vereinzelt Erwähnungen dazu. Vielleicht entspringt das Schweigen der Selbstverständlichkeit der Ereignisse in der gegebenen Situation, doch möglicherweise liegt der Ursprung auch in dem Empfinden, ein moralisches Tabu zu brechen, wenn ein Flüchtling im Eigentum eines anderen Flüchtlings lebt.[147]

Unter den neuen Bewohnern, von denen die meisten aus Europa stammten, gab es auch Immigranten aus Marokko. Das war eine Neuerung in der lokalen Demographie. Die Anzahl der Einwanderer aus Marokko zur Mandatszeit war extrem niedrig und belief sich auf kaum 900 Personen.[148] Die Staatsgründung ließ unter ihnen zwar eine gewisse Sehnsucht nach Zion erwachen, doch ihre Zahl im Rahmen der »Massenalija« (Alija – Terminus für die jüdische Einwanderung nach Israel) blieb relativ gering und überstieg keine 30000, nur etwa 12 Prozent der jüdischen Bevölkerung Marokkos.[149] Auch wenn der Anteil der mizrachischen Juden unter den Immigranten 1948 generell klein war, stellten die nordafrikanischen Juden die Majorität davon. Dies ist höchstwahrscheinlich der Grund für die Vorstellung von einer »marokkanischen Immigration«.[150] Von Beginn

---

146 Yablonka, Survivors of the Holocaust, S. 19–20.

147 Zu einer der seltenen Erwähnungen von Holocaustüberlebenden, die palästinensischen Wohnraum in Haifa und anderswo übernahmen, siehe Fischbach, Records of Dispossession, S. 9.

148 Während der ganzen Jahre des britischen Mandats in Palästina blieb die Zahl der jüdischen Immigranten aus Marokko und Tunesien minimal – circa 1000 Personen –, was 0,002 % aller jüdischen Einwanderer in diesem Zeitabschnitt bedeutet. 1937 betrug der Anteil der Juden aus Nordafrika 2,2 % des gesamten Zahl der Juden in der Welt. Anfang der 1950er Jahre belief sich ihr Anteil auf 4,35 % der Gesamtheit aller Juden. Siehe Feuerstein/Rischel, Die Kinder der Mellah, S. 55; Schechtman, On the Wings of Eagles, S. 288.

149 Zur, Eine zerrissene Gemeinde, S. 253. Etwas andere Angaben erscheinen bei Dominitz, Immigration and Absorption, S. 158. Er stellt fest, dass die Anzahl der Einwanderer aus Marokko in den Jahren 1948 bis 1951 – das heißt in den Jahren der »Massenalija« – sehr niedrig war. Von den 700000 Immigranten waren nur etwa 14000 marokkanischer Abstammung, was einen extrem geringen Anteil auch an der Gesamtzahl von 260000 Immigranten aus arabischen Ländern in diesem Zeitraum darstellt.

150 Die Einwanderung von Juden aus arabischen Ländern ließ eine neue demographische Befürchtung entstehen, die sich nicht mehr auf die delikate Balance zwischen Juden und Arabern richtete, sondern hauseigen war. Sie fokussierte sich auf drei verschiedene, jedoch untereinander zusammenhängende Aspekte: das

an war die Einwanderung aus Marokko der ständigen Spannung des zeitlichen Zusammentreffens ihrer Ankunft mit dem der europäischen Juden ausgesetzt. Das Schicksal der marokkanischen Juden war an das der europäischen Juden geknüpft, auf prinzipieller und praktischer Ebene, was von einer engen Beziehung zu Abhängigkeit und Konkurrenz reichte. Die Prozesse, die zur Etablierung des Staates Israel führten und allem voran die internationale Anerkennung, die Bedingung für die Gründung war, lagen zweifellos im Holocaust der europäischen Juden verankert.[151] Aber nicht nur die externen Prozesse, sondern auch die internen Dynamiken stellten zunehmend Verbindungen und Bindungen zwischen den Juden der Diaspora her, die den zionistischen Vorstellungen entgegenkamen und in sie zusammenliefen. So zum Beispiel, als angesichts des Vichy-Regimes, verbunden mit der anti-jüdischen Gesetzgebung in Nordafrika in der Zeit des Zweiten Weltkrieges, der Stern Frankreichs als Land der Emanzipation in den Augen eines Teils der jüdischen Bevölkerung in Marokko zu sinken begann, während Juden in Frankreich von ihrer betont assimilatorischen, anti-zionistischen Haltung abrückten.[152] Nicht nur auf der ideologischen, sogar auf der praktischen Ebene waren die europäischen und die nordafrikanischen Juden miteinander verbunden. Die größte jüdische weltweite Wohlfahrtsorganisation Joint (American Jewish Joint Distribution Committee) begann beispielsweise, einen Teil ihrer Mittel zur Linderung der Notlage der marokkanischen Juden einzusetzen, nachdem man die Arbeit in den Displaced-Persons-Lagern im besetzten Deutschland abgeschlossen hatte. Die verheerenden Auswirkungen des Zweiten Weltkriegs auf die jüdische Demographie hatten dazu geführt, dass die zionistische Bewegung ihr Augenmerk auf das zahlenmäßige Potenzial richtete, das im Judentum der islamischen Län-

---

nummerische Gleichgewicht zwischen aschkenasischen und mizraschischen Juden, die kulturelle Orientierung des im Aufbau begriffenen Staates und sein zukünftiges politisches Regime. Diese Befürchtung erklärt das Paradox zwischen den numerischen Daten – die von relativ niedrigen Zahlen zeugen – über die marokkanischen Einwanderer und der kollektiven Erinnerung hinsichtlich ihrer Immigration. Jaron Zur bemerkt, dass sich die Marokkaner gut dazu eigneten, »die neue Dreiecksbedrohung zu repräsentieren, sowohl wegen des realen Kerns, der ihr negatives Stereotyp produzierte, als auch aufgrund ihres hohen Anteils an der mizrachischen Immigration insgesamt in jener Periode.« Siehe Zur, Eine zerrissene Gemeinde, S. 271, 326,

151 Ebenda, S. 403–404.

152 Laskier, Die Juden des Maghrebs, S. 74–75.

der generell und speziell im marokkanischen Judentum – der größten Gemeinde im islamischen Bereich – schlummerte. Krieg und Holocaust schufen ein Verbindungsglied zwischen dem Zionismus, der anfangs eine westeuropäische Bewegung zum Wohl des osteuropäischen Judentums war, und der jüdischen Diaspora in den islamischen Ländern. Nicht nur die Anziehungskraft Zions, sondern auch die zentrifugalen Prozesse, die dazu führten, dass die Juden aus der marokkanischen Gesellschaft ausgestoßen wurden, standen indirekt in Zusammenhang mit Europa. Das Aufkommen des jüdischen Nationalismus in Marokko und parallel des arabischen Nationalismus war eine Begleiterscheinung des lokalen Prozesses der Dekolonisation, der mit Ende des Zweiten Weltkriegs einsetzte und eine Fortsetzung seiner Auswirkungen darstellte.

Von Beginn an und durch alle Stadien hindurch stand die marokkanische Immigration in direkter Beziehung zu dem israelisch-palästinensischen Konflikt – es war schließlich ein arabisches Land. Marokko hegte anfänglich ein grundsätzliches Misstrauen gegenüber den zionistischen Bestrebungen, und ihre hauptsächlich muslimische Führungsschicht sah in ihm eine Konkurrenz zu dem erwachenden marokkanischen Nationalismus. Die Loyalität der zionistisch eingestellten Juden gegenüber dem Projekt der marokkanischen Unabhängigkeit wurde in Zweifel gezogen, da jene einem anderen nationalen Projekt verbunden waren.[153] Das zunächst noch zurückhaltende Misstrauen schlug mit der Eskalation des jüdisch-arabischen Konflikts in Palästina und der Annäherung Marokkos an die Arabische Liga in offene Feindseligkeit um.[154] Die Spannung erreichte ihren Höhepunkt im Juni 1948, als sich in zwei marokkanischen Städten, Oudschda und Dscherada, gewalttätige Zwischenfälle ereigneten, die schlimmer als alles waren, was die marokkanischen Juden seit Anfang des französischen Protektorats 1912 erlebt hatten.[155] Begleitet von der aktiven Ermutigung zionis-

---

153 Laskier, North African Jewry, S. 92–94; ders., Israel and the Maghreb, S. 48–50.

154 Zur, Eine zerrissene Gemeinde, S. 83.

155 Oudschda, nahe an Algerien gelegen, diente als Haupttransitstation, wo sich die potenziellen Kandidaten für die zweite Immigrationswelle versammelten, um von dort heimlich über die Grenze geschmuggelt zu werden, auf dem Weg zu den Häfen Algeriens. Die große Anzahl jüdischer Flüchtlinge in Oudschda innerhalb relativ kurzer Zeit und die Mitwirkung arabischer Einwohner an der Fluchthilfe über die Grenze brachten der Bevölkerung am Ort den israelisch-palästinensischen Konflikt zu Bewusstsein. Diese Entwicklungen wurden

tischer Funktionäre führte der Gewaltausbruch zu einer beschleunigten Emigrationswelle, in deren Verlauf 12000 Juden aus Marokko zwischen Juni 1948 und März 1949 nach Israel auswanderten.[156] Unter ihnen befand sich auch David Ben-Harusch, der der Anführer der Unruhen von Wadi Salib werden sollte.

Inzwischen kam die Befürchtung auf, dass das Schicksal der palästinensischen Flüchtlinge unter den neu entstandenen geopolitischen Bedingungen mit dem Schicksal der jüdischen Migranten aus den arabischen Ländern verkoppelt würde.[157] Bereits Anfang Mai 1948 warnte Bechor Schitrit in einem ersten Bericht an die provisorische Regierung, »in unserer Mitte sitzt eine große und beträchtliche arabische Minderheit, und unser Land ist umgeben von arabischen Königreichen und Staaten und fernen muslimischen Ländern, in denen eine zahlenstarke jüdische Bevölkerung lebt.«[158] Seine Worte bargen die unterschwellige Warnung, dass das Schicksal der Juden in den arabischen Ländern an das der Palästinenser gebunden

---

politisch angefacht und zogen feindselige Reaktionen und einen Boykott gegen jüdische Geschäfte nach sich. Der marokkanische Sultan, Muhammad V., hielt am 23. Mai 1948 eine Rede, in der er auf der einen Seite seiner deutlichen Solidarität mit den Palästinensern und der Position der Arabischen Liga Ausdruck verlieh und auf der anderen zwischen dem Zionismus und den lokalen Juden unterschied, die Marokko gegenüber loyal waren. Diese Rede konnte demnach keinen mäßigenden Effekt haben. Sie enthielt innere Widersprüche zwischen Schutz und Drohung, und ihr Inhalt wurde in den darauf folgenden Tagen vorsätzlich entstellt. Die Rede verhinderte nicht, dass der israelisch-palästinensische Konflikt in Marokko überschäumte, und zog zwei Wochen später den Ausbruch gewalttätiger Zwischenfälle nach sich, in deren Verlauf 40 Juden getötet wurden. Diese Gewalteskalation löste verschiedene Interpretationen aus: Aus französischem Blickwinkel bewies sie, dass Marokko immer noch nicht reif für die Unabhängigkeit war und die Sicherheit seiner Bevölkerung nicht adäquat zu schützen vermochte. Aus der Perspektive der marokkanischen Nationalisten besagten die Vorfälle, dass es Frankreich war, das die Sicherheit seiner Bürger nicht gewährleisten konnte. Aus Sicht der Juden symbolisierten diese Vorfälle die Gefahr, die den Juden im Rahmen des marokkanischen Befreiungsprozesses drohte. Siehe Sa'adon, Die palästinensische Komponente, S. 106ff.; Laskier, North African Jewry, S. 91–102; ders., Israel and the Maghreb, S. 52–53.

156 Bezüglich der Anzahl der Immigranten aus Marokko in den Jahren 1948 bis 1949 gibt es verschiedene Schätzungen. Schechtman zum Beispiel nennt nur 8000. Siehe Schechtman, On the Wings of Eagles, S. 288.

157 Morris, 1948, S. 415.

158 Goren, Von Abhängigkeit zu Integration, S. 62

sein könnte.[159] Schitrit war nicht der Einzige, der mit wachem Auge das Schicksal der Juden in den arabischen Ländern verfolgte, auch wenn sich seine Perspektive von der anderer unterschied. Sein Blick reichte gleichzeitig nach Westen wie nach Osten: zu den »Nationen der Welt« und den universalen Werten, die sich aus der internationalen Diskussion über die Minderheiten und ihre Rechte ableiteten, und zu den jüdischen Minderheiten in arabischen Ländern. Auch die offizielle politische Führungsschicht, und Außenminister Mosche Scharett insbesondere, verknüpfte bei zahlreichen Gelegenheiten das Schicksal der palästinensischen Flüchtlinge und ihren Besitz mit dem der Juden in den arabischen Ländern. In einem Memorandum, das Scharett im Juli 1948 Israels diplomatischen Vertretern übermittelte, stellte er fest, »eine Entscheidung in der Frage einer Rückkehr der Araber kann nur als Teil eines Friedensabkommens mit arabischen Staaten fallen und im Kontext seiner Bedingungen, wenn auch die Frage der Besitzkonfiszierung von Juden der Nachbarländer und ihre Zukunft aufgeworfen werden wird.«[160] In Übereinstimmung mit dieser Linie wies Scharett dem Transferkomitee die Aufgabe zu, die Grundlagen für einen Bevölkerungsaustausch, nämlich zwischen Palästinensern und Juden aus arabischen Ländern, niederzulegen.[161]

Die Komiteemitglieder verkoppelten in der Tat das Schicksal des Besitzes der palästinensischen Flüchtlinge direkt mit der Zukunft des Besitzes der Juden, die in arabischen Ländern lebten, in einer Weise, die sich innerhalb nur weniger Jahre als selbsterfüllende Prophezeiung erweisen sollte. Die Mitglieder des Transferkomitees

---

159 Es ist interessant, dass Minister Bechor Schitrit im März 1948 der Erste im Kreis der israelischen Regierung war, der die Notlage der irakischen Juden artikulierte. Aus Sorge um ihre Lage, nachdem die Aktivitäten der zionistischen Bewegung im Irak verboten worden waren, schlug Schitrit vor, sich an den Besitz der israelischen Araber als Garantie für den Besitz der Juden im Irak zu halten. Der Vorschlag wurde vom israelischen Außenministerium zu dem Zeitpunkt und auch später abgelehnt. Im September 1949 brachte Schitrit ein weiteres Mal die Lage der Juden in den arabischen Ländern auf einer Kabinettssitzung zur Sprache, wobei er die Möglichkeit eines Transfers der Juden und ihres Besitzes, überwacht von den Vereinten Nationen, in den Raum stellte. Außenminister Mosche Scharett lehnte diese Vorschläge auf der Stelle ab. In Abwesenheit eines Friedensvertrags mit dem Irak bewertete er jeden Versuch, diese Themen mit der irakischen Regierung zu diskutieren, als naiv.

160 Morris, The Birth of the Palestinian Refugee Problem Revisited, S. 323.

161 Morris, Yosef Weitz, S. 530.

konstatierten in dem abschließenden Memorandum, das sie Ende Oktober des gleichen Jahres vorlegten:

> »Die Absorption der arabischen Flüchtlinge in arabischen Ländern darf nicht vom Transfer der Juden aus den arabischen Ländern im Rahmen eines Bevölkerungsaustausches abhängig gemacht werden. Die Juden, die in arabischen Ländern leben, sind loyale Bürger und erfüllen treu ihre Pflichten. Sie müssen daher alle Rechte der arabischen Bevölkerung dieser Länder genießen. Sollten sie von dort weggehen und in den Staat Israel einwandern wollen, sollen sie freies Emigrationsrecht haben und berechtigt sein, ihren Besitz mitzunehmen. Wenn die arabischen Regierungen den Exodus der Juden in einem Bevölkerungsaustausch fordern sollten – die Regierung Israels würde dem zustimmen, unter der Bedingung, dass sie ihr gesamtes Eigentum mitnehmen können oder ihr Besitz mit gerechtem Wert veranschlagt und vom Wert der Besitztümer der arabischen Flüchtlinge im Staat Israel abgezogen wird, der für ihre Ansiedlung in arabischen Ländern bestimmt ist. Und sollten die arabischen Regierungen mit Strafaktionen gegen ihre jüdischen Untertanen vorgehen – dann wird die Regierung Israels das in ihre Überlegungen in Bezug auf die arabischen Flüchtlinge mit einkalkulieren.«[162]

Diese Worte bezogen sich im Grunde auf die Juden im Irak, die als primäres Ziel eines potenziellen Bevölkerungsaustausches ausersehen worden waren. Sie sollten in Zukunft die Hauptleidtragenden dieser Argumentation sein, die sich im Kreis drehte.[163] Die Situation der marokkanischen Juden zu dieser Zeit unterschied sich von der der irakischen Juden. Marokko hatte seine Unabhängigkeit noch nicht errungen und stand unter der Herrschaft des französischen Protektorats. Obgleich dort die jüdische Emigration nach Israel von der wachsenden Verbindung zwischen dem erwachenden marokkanischen Nationalismus und dem israelisch-palästinensischen Kon-

---

162 Memorandum zur Regulierung arabischer Flüchtlinge, S. 32; siehe auch Masalha, Expulsion of the Palestinians, S. 30. Verknüpfungen dieser Art wurden bereits in den 1930er Jahren vorgeschlagen, ebenda, S. 73–74.

163 Zur Verkoppelung von palästinensischem mit jüdischem Besitz siehe Fischbach, Records of Dispossession, S. 164–187; ders., Jewish Property Claims Against Arab Countries, S. 52–67; Shenhav, The Arab Jews, S. 110–135; ders., The Jews of Iraq; Schechtman, The Case for Arab-Jewish Exchange of Population.

flikt beeinflusst war, schritt sie stufenweise voran und nicht unter Zwang. Die Kooperation zwischen der israelischen Regierung und den französischen Behörden war von dem gemeinsamen Willen getragen, den Prozess hinauszuzögern. Doch auch in Marokko konnte man die ersten Vorboten einer Beziehung zwischen dem Status der Juden und dem Prozess der Dekolonisation erkennen, deren nationale Tendenzen zwischen Miteinbeziehung und Ausschluss der Juden schwankten.

Doch zurück nach Haifa. Zwischen Mai 1948 und März 1949 wurden dort 24000 der insgesamt 190000 Immigranten, die in diesem Jahr in Israel eingetroffen waren, untergebracht.[164] Amiram Gonen schreibt dazu:

> »Die entscheidende Majorität der neuen jüdischen Einwohner in den ehemaligen arabischen Vierteln hatte einen niedrigen sozialökonomischen Standard, vor allem wegen ihrer Entwurzelung unter den Umständen des Kriegs aus Europa oder aus arabischen Ländern. Die meisten kamen ohne jeden Besitz oder Ersparnisse, mit geringen oder überhaupt keinen professionellen Fähigkeiten ausgerüstet, und wurden in eine problembeladene Wirtschaft mit gravierenden Schwierigkeiten hineingeworfen. Sie okkupierten sofort, zumindest vorübergehend, den niedrigsten Status in der sich entwickelnden israelischen Gesellschaft. Durch ihre massenhafte Einquartierung in den ehemals arabischen Vierteln machte man aus jenen Substandardsegmente (low-status segments) der sich neu formenden Ökonomie in der Stadt, die nun hauptsächlich von Juden bewohnt ist.«[165]

Unabhängig vom Status dieser Viertel oder der Bauqualität, die sie in der Vergangenheit charakterisierte, waren sie plötzlich zu Wohnvierteln minderen Standards geworden.[166] Die Immigranten verbreiteten sich in Haifas Unterstadt nach ihren Ursprungsländern: die Ankömmlinge aus Rumänien rund um den Karmelbahnhof und die Irakstraße, die eine Weile im lokalen Volkmund sogar »Bukarest-

164 Ben-Arzi/Goren, Die Gestaltung des urbanen Raums, S. 21; Golan, Von arabischen Kleinstädten zu israelischen Städten, S. 271.
165 Gonen, Between City and Suburb, S. 47.
166 Ebenda, S. 46.

straße« hieß.[167] In ihrer Nähe, in einem Teil Wadi Salibs und seiner Umgebung, wurden die marokkanischen Einwanderer untergebracht. Ben-Harusch kam zu spät, um eine gute Wohnung zu erhalten. Als er im November 1949 aus dem Militärdienst entlassen wurde, gab es keine solche mehr. Deshalb blieb ihm nichts anderes übrig, als einen Raum an der Eglontreppe in Wadi Salib zu besetzen. Es war kein guter Anfang.

---

167 A. Nescher, »Die Leiden von Wadi Salib« (hebräisch), *Ha'arez*, 17.7.1959.

Aufruhr

»Und ich dachte, ich mache etwas Hübsches, wie es am Hadar oben gibt«

> »Was seine Wut und seinen loyalen Hass hervorrief, war der krankhafte Egoismus der Angeklagten, ihr pathologisches Bedürfnis, die eigene *Unschuld* zu beweisen, die eigene kleine *Wahrheit*, war dieses ihr neurotisches Kreisen um sogenannte Tatsachen, die von den Meridianen ihres harten Schädels umgrenzt waren, war ihre Unfähigkeit, die eigne blinde Wahrheit in ein System höherer Geltung, höherer Gerechtigkeit zu integrieren, welch letztere Opfer abverlangte, ohne menschliche Schwächen in Rechnung zu stellen.«[1]

Alles in allem hatte David Ben-Harusch vorgehabt, ein kleines Café zu eröffnen. Er war 35. In den elf Jahren, die er im Land war, nachdem er von Marokko über Algerien und das Transitlager in Zypern immigriert war, war es ihm nicht gelungen, Fuß zu fassen. Das Café sollte seine andauernde finanzielle Misere endlich beheben.[2] Zu diesem Zweck verkaufte er seine kleine Wohnung, erstand für sich und seine Familie ein Einzimmerappartement und investierte das Geld in das neue Café. »Ich wollte ein Imbisscafé in unserer Umgebung in Wadi Salib aufmachen«, sagte er vor der staatlichen Untersuchungskommission, die eingerichtet worden war, um die Ereignisse von Wadi Salib aufzuklären, die sich infolge der Schüsse auf Ja'akov Akiva abgespielt hatten.[3] »Ich dachte mir – in unserer Gegend gibt es kein einziges modernes Café, und ich dachte, ich mache etwas Hübsches, wie es am Hadar oben gibt, mit einer Espressomaschine, und ich habe alles gemacht, aber ich habe die Lage nicht richtig überprüft«, erklärte Ben-Harusch. Bevor es ihm gelang, der Kommission zu erläutern, wie er sich in seiner Einschätzung geirrt hatte,

---

1 Kiš, Ein Grabmal für Boris Dawidowitsch, S. 120.

2 Untersuchungskommission in Sachen Wadi Salib, Aussage David Ben-Harusch, 26. 7. 1959, Staatsarchiv, Dok. 7253/1.

3 Zu der Entscheidung, die Kommission einzurichten, und zu einer Einschätzung ihrer Tätigkeit siehe Dahan-Kalev, »Systeme der Selbstorganisation«, S. 121–122, 128–130.

warf Richter Etzioni, der Vorsitzende der Kommission, rasch ein: »Vielleicht waren Sie kein guter Geschäftsmann?« »Kann sein«, Ben-Harusch widersprach nicht. »Schön und modern«, war das Café seinen Worten nach, »mit moderner Einrichtung, Dekoration, Bildern und auch einer Espressomaschine.« Etwas später stellte er noch einen Schallplattenspieler hinein mit »arabischen Platten«. Es zeigte sich jedoch sehr bald, dass die Kunden, die Ben-Haruschs Café aufsuchten, »nur Landsleute (hier: nordafrikanische Immigranten) waren.« »Keiner von denen mit europäischer Abstammung kam zu mir herein«, berichtete er der Kommission. Sie zogen das Café der Rumänen, das gegenüber lag, vor. »Es ist ganz natürlich, dass ein Mensch in das Geschäft geht, das er gewohnt ist«, erklärte ihm Ja'akov Klebanoff, Mitglied der Kommission und Knessetabgeordneter.

Ob natürlich oder nicht, die finanziellen Mittel, die den Besuchern von Ben-Haruschs Café zur Verfügung standen, waren dürftig. Die meisten machten Hilfsarbeiten oder Jobs, die mit dem Hafen zusammenhingen. Scharfe Getränke, so sagte Ben-Harusch der Kommission, »wollte ich nicht haben, aber nachher musste ich.« »Hat die Kundschaft danach verlangt?«, fragte Klebanoff. Ben-Harusch erwiderte ohne Umschweife: »Ja, wenn der gnädige Herr damit die Betonung gerade darauf legen will, dass unsere Volksgemeinschaft harten Alkohol trinkt.« Klebanoff zog sich zurück, vielleicht erschrocken von der Direktheit der Antwort. »Ich habe von der Kundschaft allgemein gesprochen, nicht speziell Ihrer«, versuchte er hastig, den Eindruck zu korrigieren.[4] »Da saß ein Mensch da, trank ein Glas und erzählte, schüttete sein Herz aus, und ich fing an, ihre Probleme kennenzulernen«, fuhr Ben-Harusch fort. Einen Lebensunterhalt fand er nicht in dem Café. »Wenn sie Geld hatten, haben sie getrunken und bezahlt, und wenn sie kein Geld hatten, musste man ihnen Kredit geben.« Auf alle Fälle begann er, seine Landsleute immer näher kennenzulernen.

So kam es, dass er zu einem politischen Menschen wurde. »Da kamen ein paar junge Leute zu mir und sagten mir – die Mapai will eine Zweigstelle in der Unterstadt aufmachen, und es wird dort ein eigener Parteirat von der Mapai eingerichtet, es sollen auch Kameraden von uns für die Parteiversammlung der Mapai gewählt werden, und

---

4 Zur Entwicklung des Alkoholismus-Stereotyps in Bezug auf die marokkanischen Immigranten siehe Zur, Eine zerrissene Gemeinde, S. 312.

diesmal hat man die Absicht, dass Leute von uns gewählt werden, damit sie die Möglichkeit haben, innerhalb der Gemeinde etwas zu tun und ihren Landsleuten zu helfen.« Laut seinen Worten lehnte Ben-Harusch die Vorschläge ab. Man musste ihm noch öfter zureden, um ihn zu überzeugen. »Ich traute mich nicht«, sagte er. Schließlich gab er doch nach und ging mit seinen Freunden in den Mapai-Klub in der Hamman-al-Pascha Straße. »Wir drängten uns drinnen zusammen, und dann tauchten da Leute aus Europa auf, ungefähr 15 Personen. Ich fing an mich umzuschauen, wollen die Leute hier vielleicht Kandidaten von unseren Landsleuten wählen? Was machen die hier?« Dann stand einer auf, Ja'akov Zorfati von der Abteilung für Juden orientalischer Herkunftsländer in der Mapai, und begann, die Kandidatenliste der Partei für die Zweigstelle in der Unterstadt zu verlesen.[5] »Und da hören wir diese Namen mit den ganzen ›vitch‹ und ›berg‹ und so was ähnliches, eine Menge Namen von Leuten europäischer Abstammung, und mein Name wurde dort gar nicht erwähnt. Da ist das ganze Publikum aufgestanden und hat angefangen zu rufen, ›Ben-Harusch, Ben-Harusch!‹.« Unter dem Druck der Sprechchöre beugte sich Zorfati und setzte Ben-Haruschs Namen dazu, doch Letzterer war schockiert von seiner ersten politischen Erfahrung und verlangte, dass sein Name von der Liste gestrichen werde. Zusammen mit seinen Freunden zog er sich in sein Café zurück. »Ich habe ein bisschen Bier rausgeholt, wir haben getrunken und angefangen nachzudenken, was wir tun sollen«, erzählte Ben-Harusch. »Dann habe ich zu ihnen gesagt – kommt, wir machen unsere eigene Organisation auf, die unpolitisch sein soll, und wir helfen uns gegenseitig, wir geben denen, die nicht schreiben können, Anleitung, wir dirigieren die Verwirrten an die richtigen Orte, die Organisation wird sich überhaupt nicht mit Politik beschäftigen.« In diesem Augenblick, wie er vor der Kommission aussagte, wurde der »Verband der Nordafrika-Immigranten« in Ben-Haruschs Café geboren. An der Eröffnungsversammlung nahmen 130 Menschen teil. Schmuel N. Eisenstadt, eines der fünf Mitglieder der Untersuchungskommission, die vom Regierungsoberhaupt zur

5 Zur Methode der Mapai, eine »künstliche Führung« im Kreis der Immigranten aus dem asiatisch-afrikanischem Raum einzusetzen und so die Entstehung einer internen Führung abzublocken, siehe Bernstein, Immigrant Transit Camps, S. 36–37. Siehe auch die Unterscheidung zwischen »positiven Führern« und »negativen Führern« in dies., Immigrants and Society, S. 252–253.

Klärung der Ereignisse eingesetzt worden war, wollte wissen, warum die Mitglieder nur aus dem Viertel Wadi Salib kamen. »Weil es Schabbat Abend war, darum konnten sie nicht kommen«, antwortete Ben-Harusch.[6]

Die Unruhen in Wadi Salib, die in der kollektiven Erinnerung zu einem einzigen Ereignis verschmolzen, waren in Wirklichkeit eine ganze Kette von Zwischenfällen im Laufe der Monate Juli und August 1959. Es waren die Tage vor den Wahlen, und die Machthaber der Stadt hatten nicht die geringste Absicht, Haifa aus dem starren Griff der Mapai zu entlassen. Unter diesen Umständen war der »Verband der Nordafrika-Immigranten« – dessen Gründung, entgegen Ben-Haruschs Darstellung, vor den Schüssen auf Akiva erfolgte – den herrschenden Vertretern in Haifa ein Dorn im Auge. Seit einigen Wochen schon hatte es Spannungen zwischen den Verbandsmitgliedern und Mapai-Aktivisten in der Stadt gegeben, und wie es scheint, hatten plumpe Versuche, die Führer des Verbands der nordafrikanischen Immigranten »einzukaufen«, nichts bewirkt.[7] In der Mapai glaubte man, dass die Verbandsaktivisten bereits von der Cherutbewegung gekauft worden seien, doch wie auch immer, sie hatten sich ihrem Griff jedenfalls entzogen.[8] Die Affäre der Schüsse auf Akiva entfachte eine Welle von Unruhen in allen Teilen des Landes und deutete auf das landesweite Potenzial des lokalen Ereignisses hin. In Migdal ha'emek und Be'er Scheva wurden Arbeitsämter angezündet. In Jerusalem gelang es der Polizei, die Bewohner von Musrara von Demonstrationen abzubringen.

Die Spannung erreichte ihren Höhepunkt in der Nacht des 31. Julis 1959. Eine Wahlversammlung, die die Mapai im Hadar-Kino, an der Nahtlinie zwischen Wadi Salib und Hadar hakarmel gelegen, organisiert hatte, entwickelte sich zum Tumult. Laut Polizeiversion handelte es sich um die Zerstreuung einer gewalttätigen Demonstration, mehr nicht. Nach Darstellung der Verhafteten und ihrer Rechtsanwälte war es eine behördliche Provokation, unterstützt von den Hapo'el-Trupps, die den Stadtobrigkeiten einen Vorwand lie-

---

6 Untersuchungskommission in Sachen Wadi Salib, Aussage David Ben-Harusch, 26.7.1959, Staatsarchiv, Dok. 7253/1, S. 11.

7 Zum Beispiel die Summe von 730 Liras, die Ben-Harusch für eine Bekanntmachung, die er herausbrachte, gegeben wurde, in der er die Versicherung abgab, dass der Verband der Nordafrika-Immigranten keine politische Partei unterstützte. Siehe *Ha'arez*, 2.9.1959.

8 Dahan-Kalev, Die Unruhen von Wadi Salib.

fern sollten, um diejenigen zu verhaften, die schon längst ihr Missfallen erregten.[9] Die Hapo'el-Trupps waren ein Überbleibsel aus der Mandatszeit. Damals hatten die jüdischen Arbeiter – Immigranten der dritten Alija (dritte jüdische Einwanderungswelle), Mitglieder der sozialistischen Gründergeneration – eine Selbstverteidigung gegen Angriffe seitens der arabischen Bevölkerung in der Stadt aufgebaut. Nun waren sie die Ordnungshüter der Mapai, die, ausgerüstet mit Stangen und Schlagstöcken, mit der Überwachung der öffentlichen Ordnung betraut waren. Im Laufe der Zerstreuung der Demonstration, die von unkontrollierter Gewalt begleitet war, fiel die Polizei von oben, vom Hadar her, mitten in Wadi Salib ein. Laut Zeugenaussagen aus dem Viertel warfen die Polizisten mit Steinen, die sie zuvor schon auf Dächern in der Nachbarschaft aufgehäuft hatten.[10] Auf alle Fälle warfen sie Steine von den Hausdächern in der Umar-ben-al-Chatav Straße[11]. Am Ende umzingelten die Polizisten das Haus von Chaim Maman, einem zentralen Aktivisten im Verband der Nordafrika-Immigranten, der sich zu diesem Zeitpunkt mit seiner Familie und drei weiteren Aktivisten der Organisation, Naftali Sabag, Josef Schem-Tov und David Ben-Harusch, in einer Wohnung in der Tariqstraße 1 aufhielt. Ein Versuch der Polizei, das befestigte Haus zu stürmen, endete mit Schüssen aus einer Beretta, die sich im unerlaubten Besitz Ben-Haruschs befand. Glücklicherweise wurde niemand verletzt. Ben-Harusch und seine Gefährten wurden verhaftet, zusammen mit 59 weiteren Einwohnern Wadi Salibs, die auf die diversen Haftanstalten im ganzen Land verteilt wurden. Die Unterlagen des nordafrikanischen Immigrantenverbands wurden von der Polizei beschlagnahmt.[12]

Miriam Starkman wurde als Richterin bestimmt, um Ben-Harusch und seinen Kameraden den Prozess zu machen. Ben-Harusch war in seinen späten Dreißigern, die anderen waren wenige Jahre jünger. Arie Marinsky, Ben-Haruschs Anwalt, schrieb in seinen Erinnerungen über die Richterin:

---

9 Marinsky/Lichtman, Im Licht und im Verborgenen, S. 41–74; *Ha'arez*, 7.9.1959, 8.9.1959.

10 *Ha'arez*, 9.9.1959, 13.9.1959.

11 *Al Hamischmar*, 25.8.1959. Diese Schreibweise ist eine im Hebräischen weitverbreitete Entstellung des Namens des zweiten islamischen Kalifen Umar ibn al-Chattab.

12 *Al Hamischmar*, 26.8.1959.

»Sie war mit der dritten Alija aus Russland gekommen, eine überzeugte Zionistin, und hatte beim Straßenbau gearbeitet. Sie sprach mit einem schweren, durchdringend russischen Akzent, und es hätte keine prominentere Vertreterin als sie für die gesellschaftsideologische Immigration des alten Jischuvs generell und Haifas insbesondere geben können. Ihr gegenüber stand ein Neueinwanderer, der Schuhmacherlehrling in Marokko gewesen war und sich nun auf einem Lebenskurs wiederfand, der auf furchterregende Weise einem marokkanischen Ghetto zu ähneln drohte. Miriam Starkman und David Ben-Harusch waren exakt die Gegenpole, die in diesem Lande verschmelzen sollten.«[13]

Weitere Klüfte zwischen der Richterriege und den Häftlingen konnte man einer kleinen, marginalen Meldung in der *Ha'arez* entnehmen: »Der Polizeiminister teilte dem Religionsminister mit, dass, entsprechend seiner Eingabe, ein zusätzlicher Tag unter der Woche für den Besuch von Familienangehörigen der Wadi-Salib-Häftlinge in der Haftanstalt Dschalame festgesetzt wurde. Bisher«, hieß es in der Meldung weiter, »wurde ein Besuchstags in der Woche bestimmt, der auf den Schabbat fiel. Die Festlegung eines zusätzlichen Besuchstags unter der Woche wird es auch religiösen Angehörigen ermöglichen, die Häftlinge zu besuchen.«[14]

Starkmans Aufgabe war es, den vier Verdächtigen gemäß der Anklageschrift, die unter anderem die Punkte Konspiration und Anstiftung zum Aufruhr enthielt, den Prozess zu machen. Ben-Harusch wurde auch des illegalen Waffenbesitzes angeklagt. Dazu gesellten sich noch einige Paragraphen: Drohungen und Beleidigungen gegenüber Polizeioffizieren, tätlicher Angriff auf Polizisten und ungenehmigte Versammlung. Das Gerichtsverfahren der weiteren Festgenommenen erregte kein ähnliches Aufsehen und wurde an den Rändern der Schlagzeilen abgehandelt.[15] Der Prozess Ben-Haruschs und seiner Gefährten war sehr bald stark politisch gefärbt. Ein Versuch, den Obersten Gerichtshof anzurufen, um die Verhandlung des Falls von Haifa an ein anderes Gericht zu verlegen, glückte nicht, da Richterin Starkman in einer Art Nacht- und Nebelaktion schleu-

---

13 Marinsky/Lichtman, Im Licht und im Verborgenen, S. 50.
14 *Ha'arez*, 14.8.1959.
15 *Al Hamischmar*, 4.9.1959.

nigst die Anklageschrift verlas und zu Protokoll nahm, dass die Angeklagten auf »nicht schuldig« plädierten.[16] Nach diesen Schritten war eine Verlegung des Prozesses nur vorbehaltlich der ausdrücklichen Zustimmung der Richterin möglich, die das natürlich ablehnte, jedoch einwilligte, die Besetzung auf ein Gremium von drei Richtern aufzustocken.[17] Im Verlauf der Verhandlung lieferte die Richterin zahlreiche Gründe zu ihrer Disqualifizierung. Unter anderem stellte sich heraus, dass sie den Haftbefehl für Ben-Harusch und seine Kameraden tatsächlich bereits vor der Parteiversammlung der Mapai unterzeichnet hatte, also noch vor den Zusammenstößen und Ordnungsstörungen, die der offizielle Vorwand für die Festnahmen gewesen waren.[18] Die Liste der Personen, für die ein Haftbefehl ausgestellt worden war, so bezeugte Polizeikommandant Jissachar Schefi, der die Aktion befehligt hatte, war im Voraus erstellt worden und basierte auf Aktivitäten und Delikten zwischen dem 9. und 31. Juli, das heißt auf Ben-Haruschs Beteiligung an Demonstrationen nach den Schüssen auf Akiva.[19] Rechtsanwalt Marinsky schildert in seinen Erinnerungen, wie die Gewaltenteilung zusammenzubrechen drohte, als zu einer der Verhandlungen kein anderer als der Justizminister, Ja'akov Schimschon Schapira, im Gerichtssaal auftauchte mit der Behauptung, er finde, dies sei »ein wichtiger und interessanter Prozess«.[20] Der Minister, berichtet Marinksy, erhielt einen erhöhten Stuhl auf der Seite des Saals und saß auf gleichem Niveau mit der Richterbank. Marinskys Gedächtnis hatte ihn getrogen, denn Schapira wurde erst zu einem späteren Zeitpunkt Justizminister, doch als Parlamentsmitglied und ehemaliger Generalstaatsanwalt stellte sein Erscheinen im Gerichtssaal das Prinzip der Gewaltenteilung ganz deutlich in Frage.[21]

---

16 *Ha'arez*, 11.8.1959, 14.8.1959, 16.8.1959; *Al Hamischmar*, 11.8.1959, 15.8.1959, 16.8.1959.

17 *Ha'arez*, 17.8.1959; *Al Hamischmar*, 17.8.1959.

18 Marinsky/Lichtman, Im Licht und im Verborgenen, S. 57.

19 *Ha'arez*, 26.8.1959; *Al Hamischmar*, 26.8.1959.

20 Marinsky/Lichtman, Im Licht und im Verborgenen, S. 55.

21 Sami Schalom Schitrit konstatiert, dass der Prozess von vornherein »keinerlei Kriterien einer fairen Verhandlung« standhielt, da »parallel dazu eine Art ›öffentliches Gericht‹ in Form der ›Untersuchungskommission zur Aufklärung der Ereignisse von Wadi Salib‹ unter dem Vorsitz Etzionis, Richter des Obersten Gerichtshofs, abgehalten wurde.« Siehe Schitrit, Der Mizrachi-Kampf in Israel, S. 104.

Während sich die Anklage an die Version der Polizei hielt, laut derer polizeiliche Gewalt erst ausgeübt wurde, nachdem die Polizisten mit Steinen beworfen worden waren, basierte die Verteidigungslinie in Ben-Haruschs Prozess auf dem Versuch, die geplante Provokation der Regierungspartei zur Belastung Ben-Haruschs und seiner Gefährten zu entlarven. Die Lokalisierung der Wahlveranstaltung im Hadar-Kino am Rande Wadi Salibs, während die Eingeladenen in weit entfernten Vierteln wohnten, die gezielte Ausrichtung der Lautsprecher nach Wadi Salib hinein, der vorzeitige Polizeiaufmarsch in nicht plausiblem Umfang und die Ausstellung der namentlich benannten Haftbefehle, noch bevor die Krawalle ausbrachen – das alles zusammen zeugte von einer Falle, um nicht zu sagen von gezielter Provokation. Die Lautsprecher, argumentierte die Verteidigung, hatten die Einwohner von Wadi Salib angezogen, und die Zeitspanne, die zwischen der Warnung der Polizei an die Demonstranten, sich zu zerstreuen, und dem Angriff auf sie verstrich, war viel zu kurz, als dass sie den Anweisungen hätten nachkommen können.[22] Die Durchsuchungsbefehle, die vor den Krawallen ausgestellt worden waren, erklärte Polizeioffizier Singer damit, dass er bei einer Geländepatrouille in der Nacht vor den Verhaftungen die drei Angeklagten und vier weitere Personen aus dem alten muslimischen Friedhof habe herauskommen und in Richtung des Hadar-Kinos gehen sehen und er angenommen habe, dass sie die Wahlversammlung stören wollten. Deswegen, so behauptete er, habe er Durchsuchungsbefehle gegen sie ausgestellt.[23] Die Staatsanwaltschaft tat sich schwer damit, zivile Zeugen beizubringen, und als die Verteidigung darauf hinwies, dass alle Zeugen der Anklage Polizisten waren, mobilisierte man die erschreckte Aussage eines achtjährigen Buben, Mosche Ochanna, der während der Krawalle in Chaim Mamans Wohnung festgesessen hatte.[24] Zwei weitere Kinder wurden ebenfalls in den Zeugenstand gerufen. Die Zeitung *Al Hamischmar* bemerkte, dass Richterin Starkmann auf eines der Kinder bezogen behauptet hatte, »ich bin der Ansicht, dieses Kind lügt!«[25] In *Ha'arez* wurde berichtet, dass sie diesem Kind gedroht habe, es dürfe nicht nach Hause gehen, bevor es nicht die Wahrheit gesagt habe.

22 *Ha'arez*, 26.8.1959.
23 *Ha'arez*, 31.8.1959.
24 *Ha'arez*, 2.9.1959.
25 *Al Hamischmar*, 2.9.1959.

Der Prozess wurde vor dem Hintergrund der bevorstehenden Wahlen und dem Versuch Ben-Haruschs und der Aktivisten des Verbands der Nordafrika-Immigranten abgehalten, sich mit der Jerusalemer Organisation der nordafrikanischen Immigranten zusammenzuschließen und gemeinsam als unabhängige Partei mit Ben-Harusch an der Spitze bei den Wahlen anzutreten. Während die Führung der Mapai diese Initiative in ihrer öffentlichen Rhetorik als vernachlässigbar abtat, hörten die Versuche hinter den Kulissen, Ben-Harusch und seine Gefährten »einzukaufen«, nicht auf.[26] Der damalige Religionsminister, Ja'akov Toledano, besuchte Ben-Harusch im Gefängnis und bot ihm einen realistischen Platz auf der Liste der Mapai für die Knessetwahlen an. Ben-Harusch schlug das Angebot aus.[27] Er bat darum, auf freien Fuß gesetzt zu werden, um eine unabhängige Liste bei den Wahlen zu präsentieren. Als seine Bitte abgelehnt wurde, war er gezwungen, den Wahlkampf vom Gefängnis aus zu führen. Bei den Wahlen zur vierten Knesset, die etwa eine Woche nach der Entscheidung der Berufung beim Bezirksgericht stattfanden, fehlten ihm nur ein paar Hundert Stimmen für einen Sitz im Parlament.

Den Anwälten der Verteidigung, Schmuel Tamir und Arie Marinsky, gelang es, Ben-Harusch und seine Mitstreiter von den schwerwiegenden Beschuldigungen der Konspiration und Verschwörung zur Schädigung von Eigentum zu entlasten.[28] Doch in den restlichen Anklagepunkten urteilte das Gericht mit übermäßiger Strenge. Ben-Harusch wurde des illegalen Besitzes einer Pistole für schuldig erklärt, der vorsätzlichen Behinderung eines Polizisten, des Schussgebrauchs einer geladenen Waffe, der Beleidigung und Drohungen gegenüber Polizeioffizieren. Schem-Tov, Sabag und Maman wurden sogar in einem Punkt beschuldigt, der sich nicht in der ursprünglichen Anklageschrift befunden hatte: Unterstützung von Ben-Harusch. Das Schiedsgericht weigerte sich mit überzogener Härte, bis zur Berufungsverhandlung im Bezirksgericht drei von ihnen gegen Kaution freizulassen. Auch das Strafmaß war hart: Ben-Harusch wurde zu zwei Jahren verurteilt, was eher eine Summierung laufender Strafen als ein deckungsgleiches Urteil war, obwohl die Verstöße

26 *Ha'arez*, 6.9.1959; Herzog, Politische Ethnie, S. 143–144.
27 Marinsky/Lichtman, Im Licht und im Verborgenen, S. 63.
28 *Ha'arez*, 3.9.1959.

eine Handlungskette im Zuge einer einzigen Aktion darstellten.[29] Schem-Tov und Sabag wurden zu sechs Monaten Gefängnis verurteilt und Maman zu neun Monaten. Nur Richter Ja'akov Ziegelman gab ein gesondertes Urteil zu Protokoll, in dem er Ben-Harusch zu elf Monaten Gefängnishaft und die drei anderen zu jeweils zwei Monaten verurteilte. In der Urteilsbegründung erklärte er, er sehe keinen Grund, speziell bei diesen Angeklagten mit der Verhängung besonders harter Strafen anzufangen.[30] Die Verteidigung legte Berufung beim Bezirksgericht ein, teils mit Erfolg: Schem-Tov, Sabag und Maman wurden von jeder Schuld freigesprochen, auch wenn das Bezirksgericht die Möglichkeit zurückwies, dass die drei durch Veränderungen in der Anklageschrift Opfer einer Rechtsbeugung geworden seien. Ben-Harusch wurde von der Anschuldigung, eine geladene Waffe abgefeuert zu haben, gemäß Paragraph 100 freigesprochen, seine Strafe wurde modifiziert und von zwei Jahren auf nur zehn Monate Gefängnis reduziert. »Einige Zeit später«, vermerkt Henriette Dahan-Kalev, die die Ereignisse von Wadi Salib eingehend studiert hat, »wurde bekannt, dass Ben-Harusch eine Konzession bekommen hatte, um einen Kiosk zu eröffnen, und seine Kameraden Unterstützung bei der Wohnungssuche.«[31] Diese Vorgehensweise sollte Methode werden, mit der das Establishment Anführer von Protesten gegen Diskriminierung und Benachteiligung mit Lockangeboten und Vergünstigungen kaufte.

Einen Monat nach den Vorfällen und ein paar Tage vor der Veröffentlichung des Berichts der Untersuchungskommission traf sich Regierungschef und Verteidigungsminister David Ben Gurion mit nordafrikanischen Jugendlichen, die an einem Ausbildungsprogramm teilnahmen. »Ihr wisst, was in der letzten Zeit passiert ist. Ich möchte, dass ihr mir völlig offenherzig alles sagt, was ihr von dem denkt, was passiert ist, nicht nur wie ein Jude zum anderen, sondern so wie jemand zu seinem Bruder spricht«, wandte er sich an die jungen Leute. »Wie denkt ihr über das, was passiert ist? Ist es ein Zufall, ist es Diskriminierung, gibt es böses Blut zwischen einer ethnischen Gemeinschaft und der anderen? Alles, was ihr

---

29 Auch andere Festgenommen wurden zu Gefängnisstrafen verurteilt, doch sie waren kürzer und standen nicht im gleichen öffentlichen Rampenlicht; siehe *Ha'arez*, 4.9.1959.

30 *Ha'arez*, 23.9.1959.

31 Dahan-Kalev, Die Unruhen von Wadi Salib, S. 153.

denkt, aber sagt ehrlich, was ihr auf dem Herzen habt.«[32] Einer der Zuhörer dachte irrtümlich, er sei wirklich nach seiner Meinung gefragt worden, und antwortete: »Ein Mensch zerbricht Fensterscheiben nicht bloß zum Vergnügen und nicht nur für eine Partei, dafür gibt es einen anderen Grund.« Ben Gurion war anderer Meinung in der Sache:

> »Ich bin in Russland geboren. Ich war in Wadi Salib, ich habe einen Ort betreten, über dem ich eine Schrift gesehen habe: Klub der Arbeiterpartei Erez-Israels (Mapai)! Ich habe in Russland etwas gesehen, das man mit einem russischen Wort benennt – aber viele Juden auf der Welt kennen dieses Wort –, Pogrom. Was ich dort gesehen habe – das war ein Pogrom.«[33]

Pogrom? War das ein Synonym für Vandalismus und Rowdytum in Ben Gurions Vokabular? Die Logik der Ereignisse von Wadi Salib bewegte sich aber von den Rändern zum Zentrum. Als die Demonstranten die Klubs der Histadrut und der Mapai in Wadi Salib zerstörten, war das nicht die Frustration einer schwachen, schutzlosen, diskriminierten Minderheit, die ihre feindseligen Gefühle gegen eine bedrohliche Zentralherrschaft abreagierte. Der Prozess verlief umgekehrt. Sie, als das schwache Glied, hatten das Ziel mit absoluter Klarheit markiert. Es waren die Machtsymbole der zentralen Herrschaft. Ben Gurion jedenfalls ignorierte das und verharrte im Widerspruch befangen zwischen der ideologischen Weigerung, die Möglichkeit anzuerkennen, dass es um einen ethnischen Konflikt ging, und dem tiefgreifenden ethnischen Diktat seiner mentalen Welt.[34] Es gab kein Pogrom in Wadi Salib. Auch ein Massaker gab es dort nicht und glücklicherweise ebenso keine Toten. Die Mitglieder der Untersuchungskommission stellten in ihrem Abschlussbericht fest, »obwohl der Hintergrund der Unruhen [...] sozialer und ethnischer Natur war, trugen sie keinen inter-ethnischen Charakter, und es gab

---

32 Treffen des Verteidigungsministers mit jungen nordafrikanischen Studenten, Ben-Gurion-Archiv im Negev, Akte in Sachen Wadi Salib, nordafrikanische Immigranten, 1959–1960, 5–18–5.

33 Siehe Untersuchungskommission in Sachen Wadi Salib, Aussage Avigdor Eschet, Vormittagssitzung, 4.8.1959, Staatsarchiv, Dok. 7253/3, S. 9.

34 Hanna Herzog spricht in diesem Zusammenhang von der »Existenz zweier widersprüchlicher Tendenzen Seite an Seite. Auf der einen die Tendenz, die Bevölkerung zu kategorisieren und sie auf ethnischer Grundlage zu mobilisieren, und auf der anderen Seite die Tendenz, die Legitimation der ethnischen Basis im Namen der Schmelztiegelideologie zu negieren.« Herzog, Politische Ethnie, S. 175.

in der Tat keinerlei Übergriffe von Angehörigen einer ethnischen Gemeinschaft gegen eine andere.«[35] Auch sie zogen es vor, die ethnische Dimension herunterzuspielen.

»Man winkt ihnen mit den Lichtern vom Hadar und Karmel von oben«

> »Auf zweierlei Art kommt man nach Despina: mit dem Schiff oder mit dem Kamel. Die Stadt zeigt sich verschieden, kommt man vom Land oder vom Meer.«[36]

Nicht jeden Tag ist es einer Stadt oder einem Viertel vergönnt, im Mittelpunkt einer staatlichen Untersuchungskommission zu stehen. Die Kommission zählte fünf Mitglieder, und an der Spitze stand, wie erwähnt, Richter Mosche Etzioni.[37] Geboren in Galizien und Mitglied bei der Haschomer haza'ir (zionistische Jugendpionierbewegung Anfang des 20. Jahrhunderts) war er in seinen Dreißigern als Doktor der Rechtswissenschaften von der jagellionischen Universität Krakau nach Palästina eingewandert. Zu der Zeit, als er den Vorsitz der Untersuchungskommission innehatte, war er stellvertretender Präsident des Haifaer Bezirksgerichts. Zehn Jahre später sollte er zum Obersten Richter ernannt werden. Die restlichen vier Mitglieder waren der Rechtsanwalt Ram Salomon, der Knessetabgeordnete und Rechtsanwalt Ja'akov Klebanoff, der Oberrabbiner von Ramle Jitzchak Abu Chazira und der Soziologe Schmuel N. Eisenstadt. Klebanoff, auch er Jurist, wurde 1887 in der Gegend von Minsk in Weißrussland geboren und schloss seine Studien 1912 an der Universität Petersburg ab. Er emigrierte 1921 nach Palästina, war Mitglied des Haifaer Gemeinderats und einer der Gründer von Kiriat Motzkin. Ebenso war er Mitglied der ersten, zweiten und dritten Knesset und in den ersten beiden Regierungsperioden auch des Rechtsausschusses.[38] Jitzchak Abu Chazira, auch »Baba Chaki« genannt, wurde in Tafilalt in Marokko geboren, wanderte Mitte der

35 Bericht der Untersuchungskommission in Sachen der Unruhen vom 9.7.1959 in Wadi Salib, der Regierung am 17.8.1959 vorgelegt, S. 13.
36 Calvino, Die unsichtbaren Städte, S. 22.
37 Rubinstein, Zum Gedenken an Richter Mosche Etzioni, S. 401–407.
38 Knesset Israel, Biographien der Knessetmitglieder Israels.

1940er Jahre in Palästina ein, kehrte jedoch kurze Zeit danach wieder nach Marokko zurück. Von dort ging er 1945 für einige Zeit nach Oran in Algerien, eine Stadt, die als Transitstation auf der Route von Marokko nach Israel diente. 1947 machte er sich mit seinen zwei Frauen und Kindern auf den Weg nach Paris, und von dort immigrierte er 1948 nach Israel. Er wurde innerhalb kurzer Zeit zum Oberrabbiner der beiden Städte Ramle und Lod ernannt.[39] Eisenstadt, geboren 1923 in Warschau, war mit seiner Mutter in den frühen 1930er Jahren eingewandert. Er absolvierte sein Studium an der Hebräischen Universität Jerusalem und stand sehr bald schon, Ende der 1940er Jahre, an der Spitze der neuen Abteilung für Soziologie, die Martin Buber gründete. Als er zum Mitglied der Untersuchungskommission ernannt wurde, war er, nach der Veröffentlichung seines Buchs *The Absorption of Immigrants* 1954, einer der führenden Experten auf dem Gebiet der Migration in Israel. Es ist zu bezweifeln, dass es jemand gibt, der mit seinem Werk die israelische Gesellschaftsforschung im Land stärker geformt hat als Eisenstadt und gleichzeitig seine Prägung auch im internationalen Kreis der Wissenschaft hinterließ.[40]

Die Untersuchungskommission, die nach den Krawallen und infolge der Schüsse auf Akiva eingerichtet wurde, hatte gegen Ende Juli 1959 die meisten Zeugen einvernommen und präsentierte am 17. August 1959 ihren Abschlussbericht, unter dem Eindruck der Vorfälle in Wadi Salib, die zur Verhaftung Ben-Haruschs und seiner Gefährten geführt hatten. 20000 Menschen leben in der Nachbarschaft der Wadi-Salib-Straße, von denen etwa ein Drittel aus Nordafrika stammt, stand in dem Memorandum zu lesen, das der stellvertretende Bürgermeister Haifas, Zvi Barzilay, den Kommissionsmitgliedern an die Hand gab.[41] Das Areal enthält 5089 Wohnungen mit 7599 Räumen. Während der städtische Durchschnitt bei 1.9 Zimmern pro Wohnung liege, betonte Barzilay, betrage der Durchschnitt in Wadi Salib 1.49. Exakte Angaben über die Anzahl der Wohnungen, in denen acht, neun oder zehn Personen wohnten, habe er nicht, »aber wer im Viertel herumstreift und die dunklen

---

39 Elnekaveh, Das Buch unseres Rabbiners, S. 351–367.

40 Shils, S.N. Eisenstadt.

41 Untersuchungskommission in Sachen Wadi Salib (Memorandum), vorgelegt den Mitgliedern der staatlichen Untersuchungskommission zur Aufklärung der Unruhen von Wadi Salib von Zvi Barzilay, stellvertretender Bürgermeister Haifas, 29.7.1959, Staatsarchiv, Dok. 7252/3.

Verschläge sieht, ohne Luft, ohne Wasser und sanitäre Anlagen – der kann sich den Grad der Erbitterung, Enttäuschung und Verzweiflung vorstellen, den eine Familie ohne Auskommen und Existenzgrundlage Tag für Tag zu schlucken hat.« Damit ging Barzilay zu einer Schilderung der sozialen Bedingungen über. Von Haifas insgesamt 170000 Einwohnern, erläuterte er der Kommission, sei die Abteilung für Sozialhilfe in der Stadtverwaltung mit 26000 Personen befasst, darunter 7500 nordafrikanischer Herkunft. 10000 dieser Sozialfälle wohnten in dem Gebiet zwischen Wadi Ruschmia und dem Hamraplatz, mit Wadi Salib im Zentrum davon. Die Hälfte von ihnen stamme, nebenbei erwähnt, aus Nordafrika. Im Weiteren fasste Barzilay die statistischen Daten zusammen: Während nur ein Drittel der Bevölkerung Wadi Salibs nordafrikanischer Herkunft sei, stellten sie 50 Prozent der Klientel der Abteilung für Sozialhilfe, und umgekehrt, zwei Drittel der Sozialfälle aus dem Kreis der nordafrikanischen Immigranten in der Stadt wohnten in Wadi Salib. Zu diesen Fakten addierte Barzilay das Bildungsproblem: Während die allgemeine Quote der Kinder aus der Haifaer Bevölkerung, die eine Sonderschulbildung benötigten, 3 bis 5 Prozent betrage, erreiche der Anteil dieser Kinder in Wadi Salib und Umgebung 13 bis 14 Prozent. Barzilay lenkte die Aufmerksamkeit der Kommission auf die besondere Struktur Haifas, »die aus einer Reihe topographischer Schichten besteht, von denen sich jede exakt mit einem bestimmten Sozialcharakter deckt. Jede Schicht am Hang des Hügels ist höher als die darunterliegende, in topographischer wie auch sozialer Hinsicht.« Im Bemühen, der Kommission das Gefühl der Frustration der Einwohner Wadi Salibs angesichts der wachsenden Kluft zwischen der Entwicklung ringsherum und »der Stagnation der Unterstadt« zu beschreiben, wich er von der trockenen Sprache des Berichts ab und wurde poetisch: »Man winkt ihnen mit den Lichtern vom Hadar und Karmel von oben, und sie sitzen in der Zange der Arbeitslosigkeit im Dunkel der engen, modrigen Gasse und in dem erstickenden Verschlag.«

Barzilays Erläuterungen werfen etwas Licht auf die Frage, weshalb die Demonstranten von Wadi Salib zum Hadar-hakarmel-Viertel hinaufgegangen waren, um dort ihre Wut an Schaufenstern und Geschäften auszulassen, die nichts mit den Ereignissen in Wadi Salib zu tun hatten. Hadar, ein typisch aschkenasisches Viertel, symbolisierte sowohl den Mittelstand als auch das verhasste Establishment der Mapai und gab aufgrund seiner direkten Nachbarschaft zu Wadi

Salib eine bequeme und unmittelbare Zielscheibe ab. Diese Nachbarschaft lieferte den Auslöser für die Krawalle, da sie es den Bewohnern von Wadi Salib ermöglichte, aus nächster Nähe die Kluft mitzuerleben, die sich zwischen ihnen und ihren aschkenasischen Nachbarn immer mehr vertiefte.[42] Diese Erklärungen haben ihre Richtigkeit, ignorieren jedoch völlig den verborgenen Antagonismus, der sich im Laufe von Jahrzehnten urbaner Planung zwischen den zwei Vierteln eingeprägt hat. Seine Wurzeln reichen vor die ethnische Auseinandersetzung zurück, die 1959 in der Stadt stattfand, und sind in der Ära der gemischten Stadt zu finden. Von Anfang bis Ende, in arabischen wie in jüdischen Perioden, waren die Viertel Wadi Salib und Hadar hakarmel einander fremd und gegeneinander abgeschottet. Die gesellschaftliche Entfremdung und die wirtschaftliche Kluft zwischen den beiden benachbarten Stadtteilen imprägnierten die städtische Topographie bereits in den 1920er Jahren, als Hadar hakarmel neben, vor und gegenüber den armen arabischen Vierteln in der Unterstadt hochgezogen wurde.[43] Die Nahtlinie blieb erhalten, doch während sie in den Tagen der Briten zwischen dem jüdischen Mittelstand und armen Arabern verlief, sollte sie in den 1950er Jahren aufsteigende Aschkenasis von völlig mittellosen Orientalen scheiden.

Der Sache lag die Stadtplanung zugrunde oder vielleicht die fehlende Planung, ganz sicher aber der Widerspruch zwischen den beiden. Die Planung Haifas – wie die anderer Städte im Land – lag von 1922 an in den Händen des landesweiten britischen Planungsstabs, der wiederum regionale Planungskommissionen ernannte. Aus ungeklärten Gründen wurde die Haifaer Planungskommission relativ spät etabliert und brachte erst 1930 einen Stadtentwicklungsplan heraus.[44] Etwa ein Jahrzehnt hindurch entwickelte sich die Stadt somit in chaotischer Weise ohne einen allgemeinen Entwicklungsplan. Darüber hinaus strebte die britische Konzeption im Geiste des in-

---

42 Gonen, Between City and Suburb, S. 101.

43 Über die Reflektion dieses Gegensatzes in der Entwicklung der zionistischen Architektur siehe Nitzan-Shiftan, Contested Zionism, S. 27. Siehe auch Kunda/Oxman, The Flight of the Camel, S. 57–58.

44 Home kommentiert dazu: »Der Haifaer Plan, der noch auf die Billigung des Hochkommissars wartete, wurde teilweise bei dem Angriff auf das King David Hotel in Jerusalem 1946 zerstört und nie umgesetzt, obwohl seine Überreste als historisches Dokument erhalten sind.« Siehe Home, Town Planning and Garden Cities, S. 32.

formellen Imperialismus danach, die finanzielle Bürde für den britischen Steuerzahler zu dämpfen und die Interessen der Briten in Palästina mittels der einheimischen Steuerzahler voranzutreiben, während man permanent an Ausgaben sparte. In der Praxis bedeutete diese Politik, dass die Verantwortung für die Erstellung der städtischen Infrastruktur örtlichen Instanzen überlassen wurde.[45] Ein hochrangiger Beamter im britischen Kolonialamt lehnte zum Beispiel den Darlehensantrag der Stadtverwaltung, die damit ein zentrales Kanalisationssystem aufbauen wollte, mit der Feststellung ab, »ich begreife nicht, weshalb Haifa einen Plan haben muss, den es nicht bezahlen kann; Athen hat keine Kanalisation, über ein Drittel von Marseille ist ohne Kanalisation; Haifa soll entweder bezahlen oder ohne zurechtkommen [...], Haifa ist keine so wichtige Stadt.«[46] Die britische Politik trug aktiv dazu bei, die Klüfte zwischen den verschiedenen Sektoren der Stadtbevölkerung in den Jahren, die dem städtischen Entwicklungsplan vorausgingen, zu vertiefen, und diese Abgründe weiteten sich in den 1930er Jahren aus, trotz des Plans.[47]

Die Juden hatten die Stadt vom Meer her erreicht, die Araber waren über Land gekommen. Die Arbeit, allem voran durch die Initiativen der britischen Regierung – die Eisenbahn, der Hafen und die Raffinerie –, brachten die arabischen Arbeiter nach Haifa.[48] Zu diesen summierten sich große Werke – die »Großen Mühlen«, »Schemen« und »Nescher« –, die privaten und öffentlichen Geschäftsbereiche, die Baubranche, die arabische Industrie und diverse Arbeitsfelder, die der jüdische Wirtschaftssektor lieferte. Die Tage der britischen Mandatszeit waren von einer beschleunigten Migration in die Stadt gekennzeichnet. Der arabische Zustrom hatte zahlreiche Beweggründe, darunter der Wunsch, die wirtschaftliche Lage

---

45 Seikaly weist darauf hin, dass man bisweilen von diesem administrativen Prinzip abzuweichen pflegte bei Angelegenheiten, die den Interessen des jüdischen Sektors dienten. Siehe Seikaly, Haifa, S. 59.

46 Vaschitz, Sozialer Wandel in der arabischen Gesellschaft Haifas, S. 50.

47 Seikaly hebt hervor, dass die jüdischen Institutionen viel mehr Interesse und Verständnis für einen städtischen Entwicklungsplan zeigten und Einfluss darauf nahmen, womit sie sicherstellten, dass die jüdisch sektoralen Interessen im Rahmen der Stadtentwicklung verstärkt gewahrt wurden. Siehe Seikaly, Haifa, S. 63. Weitere Literatur zu den Vorteilen, die der jüdische ökonomische Sektor vor dem arabischen im Rahmen des informellen Imperialismus in Palästina hatte, siehe Smith, The Roots of Separatism in Palestine, S. 4–9.

48 Vaschitz, Die Migration der Landbevölkerung nach Haifa, S. 114.

zu verbessern, durch eine Arbeit in der Stadt in den toten Jahreszeiten der Landwirtschaft, der Wille, gesellschaftlich und ökonomisch aufzusteigen, und bisweilen auch das Bestreben, sich aus dem Dorfleben, aus der sozialen Kontrolle, dem Zwang und der Autorität der Familie zu befreien.[49] Die Migranten vom Dorf bevorzugten die gemischten Städte – Haifa, Jerusalem und Jaffa – gegenüber den arabischen, in denen eine Entwicklung wirtschaftlicher Ressourcen fehlte. Diese Tatsache trieb auch einen Teil der Bewohner dieser Städte dazu, in die gemischten Städte zu ziehen.[50] Die Arbeit bildete also, wie gesagt, die Basis der Migration nach Haifa, für Araber wie Juden gleichermaßen.[51] Die Arbeitsplätze, und hauptsächlich die Stellen der britischen Verwaltung, schufen einen gemischten Arbeitsmarkt. Auch wenn Haifa hinsichtlich des Arbeitmarkts als »gemischte Stadt« betrachtet wurde, gab es klar begrenzte Einschränkungen. Die wirtschaftliche Entwicklung der Stadt in ihren drei Sektoren – die arabische Wirtschaft, die jüdische und die gemischte staatliche – spielte sich im Spannungsfeld zwischen dem politischen und zivilen Bereich ab, zwischen Zusammenarbeit und Konkurrenz, auf dem Hintergrund konjunktureller Wirtschaftskrisen und direkt an die widersprüchlichen und konträren nationalen Ziele der beiden Seiten gekoppelt.

Ähnlich war die Lage auch im Bereich des Wohnens. Außer kleinen Inseln der Partnerschaft wurde in der Stadt eine anhaltende Se-

---

49 Es gab zusätzliche Faktoren, die den arabischen Fellachen vom Dorf in die Stadt trieben: die Verschlechterung der Lage des arabischen Fellachen, ein Überschuss an jährlicher Arbeitskraft in einem Wirtschaftsbetrieb, der an schweren Schulden krankte, hohe Besteuerung und hohe Pachtzahlungen für das Land, die Reduzierung der landwirtschaftlichen Fläche, die den Fellachen zur Verfügung stand als Folge von Übernahmen durch Großgrundbesitzer und Landverkäufen an jüdische Gesellschaften und Privatpersonen, das Schrumpfen des lokalen ländlichen Handwerks in Galiläa, da man keine Möglichkeit hatte, mit den Importen zu konkurrieren, Personaleinsparungen aufgrund fortschrittlicher Technologien beim Pflügen und Ernten sowie Dürre. Siehe Gilbar, Trends in der demographischen Entwicklung, S. 52; Vaschitz, Die Migration der Landbevölkerung nach Haifa, S. 115–116.

50 Yazbak, Die arabische Migration nach Haifa 1933–1948, S. 49, 54–55. Yazbak erzählt von einem Mann aus Nazareth, den seine Mutter ermutigte, nach Haifa zu gehen, »zu der Stadt voller Menschen« (*ilai balad an-nas*), um einen Lebensunterhalt zu finden. Ebenda, S. 65.

51 Über die Spannung zwischen wirtschaftlicher Kooperation und nationaler Feindseligkeit unter Bedingungen geographischer Nähe siehe Reichman, Vom Stützpunkt zum Siedlungsland, S. 85.

gregation zwischen Juden und Arabern gewahrt. Während sich das arabische Wadi Salib chaotisch und ohne jede dirigierende Hand entwickelte, wurde das jüdische Hadar hakarmel nach Prinzipien strikter urbaner Planung erbaut. Ab dem Moment der Errichtung des Viertels auf Grundstücken des Jüdischen Nationalfonds Anfang der 1920er Jahre wurde es von einer Kooperative verwaltet, der es gelang, sich weitreichende Befugnisse als munizipales Gremium in jeder Hinsicht zu erwerben. Den Bewohnern wurde eine Steuer auferlegt, mit der gemeinschaftliche Bedürfnisse finanziert wurden, die durch die Stadtverwaltung nicht abgedeckt wurden. 1921 wurden zum Beispiel von diesen Steuergeldern Vorhaben bezahlt wie »Reparatur der Straße entlang des Zauns des Technions [...], wo die Wagen immer im Schlamm versinken; Anlegen eines zwei Meter breiten Bürgersteigs entlang der gleichen Straße, Baumpflanzungen auf dem Gehweg; Installation von fünf Straßenlaternen und Einstellung zweier Wächter mit der Pflicht, auch die Laternen anzuzünden, die Bäume zu beaufsichtigen und zu bewässern und ebenso die zwei Straßen des Viertels sauber zu halten.«[52] Hadar hakarmel wurde inspiriert vom Modell der englischen Gartenstadt errichtet und zur Zeit seiner Erbauung als ein Musterbeispiel urbaner Planung betrachtet.[53] Expliziter Ausdruck dessen fand sich in der ausgedehnten Nutzung öffentlicher Flächen zum Wohl der Allgemeinheit. Ein Klubhaus, eine Bücherei und ein Zentrum des Stadtviertelbeirats

52 Aharonowitz, Hadar hakarmel, S. 35. Der Stadtviertelbeirat von Hadar hakarmel initiierte 1925 einen direkten und eigenen Anschluss an die Stromgesellschaft, nachdem sich die Stadtverwaltung Haifas weigerte, das Viertel an die Rotenberg Elektrizitätsgesellschaft anzuschließen. Als 1925 die Straßen von Hadar hakarmel mit elektrischem Licht erleuchtet waren, begann die Stadtverwaltung, auch in allen anderen Teilen der Stadt eine elektrische Beleuchtung zu installieren. Siehe Goren, Kooperation im Schatten der Konfrontation, S. 70–72.

53 Die meisten Architekten, die an der Planung und Erbauung Hadar hakarmels beteiligt waren, waren in Deutschland ausgebildet worden, und daher war das Viertel sowohl von der englischen Quelle inspiriert als auch von der deutschen Adaption des englischen Gartenstadtmodells. In diesem Zusammenhang ist es schwierig, eine klare Entscheidung zu treffen, ob Hadar als »Gartenstadt« oder als »Gartenvorort« geplant wurde, zwei verschiedene Schulen der damaligen Zeit. Im offiziellen Fortschrittsbericht wird das Viertel in englischer Sprache als »a garden suburb« bezeichnet, während es in der internen Korrespondenz zwischen dem Stadtviertelbeirat und dem Architekten Richard Kaufmann als »Gartenstadt« auf Deutsch betitelt wird. Siehe Herbert/Sosnovsky, The Garden City as Paradigm.

waren ein Teil der öffentlichen Gebäude, deren Errichtung schon zwei Monate nach Gründung des Gremiums beschlossen wurden.[54] »Gan Binjamin«, der Benjaminpark, der auf einer Fläche von acht Dunam angelegt wurde, die von Anfang an dafür gewidmet war, wurde zum Augapfel des Viertels. Man stellte dort zehn Bänke für die Anwohner auf, und er wurde »zu einem Ort, an dem sich junge Mütter versammeln, ihre Kinder in Kinderwagen ausführen, um frische Luft zu schnappen in der Hitze des Tages, ein Ort der Ruhe und Unterhaltung für alte Menschen in den Abendstunden«.[55] Mitte der 1920er Jahre initiierte der Stadtviertelbeirat die Anlage einer steinernen Ummauerung des Parks, und drinnen wurde ein »hübscher Steinkiosk« nach dem Plan des Architekten Alexander Baerwald gebaut.[56] Einheitliche Form und strenge ästhetische Werte charakterisierten das Viertel. Als man zum Beispiel mit dem Pflastern der Straßen fertig war, gab das Stadtviertelgremium einheitliche Schilder bei »Bezalel« (erste Kunst- und Handwerksschule in Palästina, 1905 auf dem 7. Zionistenkongress in Basel gegründet) in Auftrag, um die Hauptstraßen im Viertel damit zu bestücken.[57] In den ersten Jahren Hadar hakarmels, noch bevor der nationale Konflikt seine Spuren dort zu hinterlassen begann, war die Entwicklung des Viertels an die Grundlagen der allgemeinen städtischen Planung gefesselt, die ihm den ausgeprägten Charakter eines Wohnviertels zugewiesen hatte und darauf bestand, dass die Unterstadt, und nur sie allein, weiterhin die kommerzielle und industrielle Infrastruktur der gesamten Stadt stellen sollte. Diese Trennung zielte auf den Geschmack des euro-

---

54 Aharonowitz, Hadar hakarmel, S. 41.

55 Ebenda, S. 59; Herbert/Sosnovsky, The Garden City as Paradigm, S. 22.
In den 1920er und 1930er Jahren wurde der Park als der schönste öffentliche Platz im Land betrachtet. Der britische Architekt und Stadtplaner Patrick Geddes, der zu dieser Zeit mit verschiedenen Projekten in Bombay beschäftigt war und 1919 von den Besiedlungsinstitutionen gebeten wurde, einige der Bauvorhaben in Palästina zu begutachten, war von dem Park und den Schatten spendenden Olivenbäumen, die man gepflanzt hatte, verzaubert, und er beschrieb ihn als »außergewöhnlich attraktiv und verheißungsvoll«.
Home bemerkt, dass Geddes' Plan für Haifa, der in Kooperation mit dem Militärgouverneur Stanton erstellt wurde, von der Mandatsverwaltung als zu großartig angesehen wurde. Home, Of Planting and Planning, S. 157

56 Aharonowitz, Hadar hakarmel, S. 78.

57 Ebenda, S. 58. Manchmal führte das Strikte der einheitlichen Form zu Spannungen, zum Beispiel beim »Fensterstreit«, als sich Hausbesitzer gegen die Fenstergestaltung wehrten, die der Architekt Richard Kaufmann, Bevollmächtigter der Gesellschaft »Hachscharat hajischuv«, festgelegt hatte.

päischen Betrachters ab. »Der jüdische Vorort Hadar hakarmel«, so stand es 1929 in einem britischen Touristenführer, »ist nun eines der hübschesten Wohnviertel in Palästina.«[58] Die Gegensätze zwischen den aneinander angrenzenden Vierteln – die Unterstadt und Hadar – stachen allen ins Augo. Mitte der 1920er Jahre schrieb der New Yorker Geschäftsmann Julius Schwartz:

»Das alte Haifa hat alle Charakteristika einer arabischen Stadt – enge, schmutzige Straßen und Gebäude, die ineinander verschachtelt sind und sich in einem üblen sanitären Erhaltungszustand befinden. Jetzt jedoch entwickelt sich ein neues jüdisches Stadtviertel namens Hadar hakarmel, mitten am Hang des Karmels. Hier sind die Straßen breit und sauber, die Häuser modern und mit Gartenflächen versehen.«[59]

Die Dichotomie der vernachlässigten arabischen Stadt gegenüber der entwickelten jüdischen spiegelt sich auch in der Beschreibung Haifas in einem englischen Touristenführer Mitte der 1930er Jahre wieder: »Etwas höher in Richtung des Hügelkamms ist das (hauptsächlich jüdische) Wohnviertel Hadar hakarmel gelegen, das mit seinen Villen, Gebäuden und Wohnungen, Hotels, Geschäften und Cafés in europäischem Stil einen auffallenden Gegensatz zur Altstadt darunter bildet.«[60]

Die Unterschiede waren nicht nur ästhetischer Natur, und ihre Bedeutung reichte weit über die persönliche Geschmacksfrage des einen oder anderen externen Betrachters hinaus. May Seikaly, die das arabische Haifa zur Mandatszeit erforscht hat, deutet auf die Verbindung zwischen Ökonomie, Wohlstand und nationalem Konflikt hin. Die Topographie enthüllte die Tiefenschicht, die nationale Spannung und die wirtschaftliche Kluft. In der Tat geriet die Lage der ländlichen arabischen Zuwanderer in Haifa in den 1930er Jahren zunehmend ins Wanken.[61] Vielen von ihnen fiel es schwer, der erforderlichen monatlichen Mietzahlung nachzukommen, die in keinem Verhältnis zu ihren mageren Löhnen als Arbeiter stand und bis zur Hälfte ihres Einkommens betragen konnte. In den 1920er Jahren war es noch möglich gewesen, sich anhand von Familienbeziehungen oder mit Hilfe anderer Dorfmitbewohner, gemietete Zimmer zu

58 Luke, Cook's Traveler's Handbook, S. 270.
59 Schwartz, Glimpses of Palestine, S. 64.
60 Lumby, Cook's Traveler's Handbook to Palestine, Syria & Iraq, S. 248.
61 Seikaly, Haifa, S. 128–129.

teilen. Doch schon damals, und speziell Mitte der 1930er Jahre, wandten sich viele der Migranten vom Land improvisierten Lösungen zu: Sie hausten auf der Straße in Säcken oder im überdachten Bereich des Markts, in den großen Höhlen von Wadi Ruschmia, in Zelten und Wellblechverschlägen, die Hausbesitzer auf den Dächern aufstellten. Etwa die Hälfte der arabischen Bevölkerung Haifas wohnte in Armenvierteln, die meisten im Ostteil der Stadt.[62] »Die Araber wohnen in Wellblechvierteln ohne Kanalisation und ohne Wasser […], die Juden wohnen in den schönen Häusern«, so fasste der britische Bezirksgouverneur Edward Keith-Roach die Lage 1936 zusammen.[63]

Seikalys Blick begleitet den Prozess des Pauperismus der palästinensischen Gesellschaft Haifas und unterscheidet zwischen den »Habenden« und den »Nicht-Habenden«. Ihren Worten zufolge empfanden »die Nicht-Habenden die politische und soziale Diskriminierung in schärfster Form und revanchierten sich dafür in den Dreißigerjahren mit militanten Aktionen«.[64] Ein Teil von ihnen fand Halt in der muslimischen Identität, die sich mit der Migration vom Land in die Stadt verstärkte und religiösen Trost im Hinblick auf die materielle Not spendete, wie zum Beispiel in den Predigten von Scheich Iz ed-Din al-Qassam in der al-Istiklal-Moschee am Rande Wadi Salibs.[65] Sehr bald schon sollten die Juden die Notlage der Araber zu spüren bekommen. Die günstige Situation der Bewohner Hadars, die von Anfang an dazu bestimmt war, einen anderen Lebensstandard als den arabischen vor Ort einzurichten, war mit einem Schlag bedroht, je mehr sich der nationale Konflikt vertiefte und seine Spuren in den Beziehungen der Gemeinschaften zueinander hinterließ. Die klare Abgrenzung zwischen Wohn- und Geschäftsviertel, die die ersten Besiedler von Hadar hakarmel so bestochen hatte und die auf den europäischen Geschmack abzielte, war bereits bei den gewalttätigen Zusammenstößen 1929 erschüttert worden.[66]

---

62 Vashitz, Die Migration der Landbevölkerung nach Haifa, S. 118–119; Yazbak, Die arabische Migration nach Haifa, S. 144–146; Goren, Kooperation im Schatten der Konfrontation, S. 299–308; Seikaly, Haifa, S. 50.

63 Vaschitz, Sozialer Wandel in der arabischen Gesellschaft Haifas, S. 57.

64 Seikaly, Haifa, S. 8.

65 Vaschitz, Sozialer Wandel in der arabischen Gesellschaft Haifas, S. 125, 130.

66 Aharonowitz, Hadar hakarmel, S. 104–107. In seinem Buch über die gestörten Beziehungen zwischen Jaffa und Tel Aviv erläutert Mark LeVine, dass Jaffa

Im Gefolge dieser Ereignisse flüchteten sich die jüdischen Einwohner der isolierten Stadtviertel »Harat al-Jahud« und »Ard al-Jahud« – die ersten jüdischen Viertel Haifas östlich der Altstadt – nach Hadar hakarmel und kampierten dort vorübergehend in Zelten auf dem Gelände des Technions und im hebräischen »Reali«-Gymnasium.[67]

Das Jahr 1929 setzte den Schlusspunkt hinter die ursprüngliche Planung, das jüdische Wohngebiet von dem kommerziellen und industriellen Gebiet in der Unterstadt abzutrennen, da sich herausstellte, dass es unter den Gegebenheiten des sich vertiefenden nationalen Konflikts unmöglich war, eine regelmäßige Versorgung der jüdischen Einwohner mit Nahrungsmitteln und Wasser zu gewährleisten. Die Logik des isolationistischen zionistischen Unternehmens schlug den jüdischen Siedlern ins Gesicht, als sich die freiwilligen Naht- und Trennlinien mit einem Mal in Konfrontationslinien verwandelten. Unter diesen neu entstandenen Bedingungen konnten die wenigen Geschäfte im Viertel den Bedürfnissen der Anwohner und Flüchtlinge nicht nachkommen, und der Nachschub an Milch und Gemüse war unterbrochen, da die Verbindungsrouten abgeschnitten waren. Es war nun ganz offensichtlich, dass der Plan, ein jüdisches Wohnviertel ohne ein eigenes Großhandels- und Handwerkszentrum zu errichten, vollkommen abhängig von der arabischen Unterstadt, keine Lösungen bot, die der neuen Realität angemessen waren. Infolgedessen waren die Bewohner des Viertels gezwungen, von der Vision der »Gartenstadt mit den grünen Parzellen vor den Wohnhäusern« Abstand zu nehmen. Es ist natürlich möglich, dass die gewalttätigen Ereignisse zur Beschleunigung von Prozessen führten, die etwas langsamer unter den chaotischen Gegebenheiten von Migration und städtischem Wachstum ohnehin zum

---

einer Transformation zum Zentrum einer urbanen Region unterzogen wurde, deren Macht und Ökonomie expandierten, weshalb »die Väter Tel Avivs sich den Luxus leisten konnten, ihre Stadt als eine Gartenstadt zu entwerfen, ohne industriellen oder kommerziellen Bereich«. LeVine, Overthrowing Geography, S. 175.

67 Das Technion ist die erste höhere Lehreinrichtung in Palästina, von der deutsch-jüdischen Organisation Ezra initiiert und als Schule für Ingenieurwesen und Naturwissenschaft 1924 eröffnet. Das hebräische Reali-Gymnasium in Haifa wurde vor dem Ersten Weltkrieg gegründet und zog 1923 in ein Gebäude auf dem alten Campus des Technions, das bis dahin als britisches Militärkrankenhaus gedient hatte.

Tragen gekommen wären.[68] Jedenfalls, als die Flüchtlinge aus den isolierten Vierteln begannen, ihre Geschäfte zu liquidieren und mit Gemüse, Fisch und Geflügel unter freiem Himmel zu handeln, wuchs die Bereitschaft zur Institutionalisierung von Handel und Geschäften im Gebiet von Hadar hakarmel.[69] Als die Bevölkerung Anfang der 1920er Jahre von einigen Hundert in den 1930er Jahren auf 13000 anwuchs und als die ersten einstöckigen Häuser durch zwei- und sogar dreigeschossige ersetzt wurden, verlor das Viertel seinen ursprünglichen Vorortcharakter.[70] »Hadar hakarmel is overbuilt and totally ruined as a desirable suburb«, beklagte der britische Stadtplaner Clifford Holliday 1933, während er mit der Planung der Hauptstadt Sri Lankas befasst war.[71] Aus der Perspektive der »Gartenstadt« betrachtet hatte er mit seinen Worten sicher recht, doch bis in die 1960er und 1970er Jahre, in denen die jüdischen Bewohner Wadi Salibs evakuiert werden sollten, bewahrte Hadar immer noch sein Image als großzügiges Mittelschichtswohnviertel.[72]

Mitte der 1930er Jahre funktionierten die Teile der Stadt also bereits voneinander abgeschottet, als separate Systeme. Die Eskalation des nationalen Konflikts verstärkte die ohnehin bestehende Tendenz zur Segregation der Wohnbereiche auf der Basis von Religion und Herkunft. Die nationalen Spannungen fanden ihren Ausdruck in einer betonten Absteckung der Demarkationslinien zwischen Juden und Arabern – sowohl unter den Eingesessenen, die um die Jahrhun-

---

68 Man kann sich hier der Worte Amiram Gonens bedienen, die er über die Anfänge Tel Avivs schrieb: »Der Charakter des Gartenviertels Achuzat Bajiit am Rande Jaffas war nur eine Episode, die im Rahmen der jüdisch-arabischen Beziehungen nachzuvollziehen ist und nicht als Ausdruck der Präferenz der neuen jüdischen Mittelklasse, in Vororten zu wohnen.« Gonen, Between City and Suburb, S. 34.

69 Aharonowitz, Hadar hakarmel, S. 106–110.

70 Diese Entwicklungen verbanden sich mit der starken Ambivalenz, die bei der städtischen Planung Hadars vorherrschte. Bereits in den Anfangsjahren, und unabhängig von der steigenden gewalttätigen Dimension des jüdisch-arabischen Konflikts, standen die Initiativen und die Infrastruktur, die in Haifa aufgebaut wurden, im Widerspruch zum begrenzten Charakter der Stadtplanung. Das Technion, eine nationale Lehrinstitution, aber auch die Infrastrukturen von Wohlfahrt, Gesundheit, Kultur und Religion zeugten von dem Wunsch, Hadar in ein »Haifaer Tel Aviv« zu verwandeln. An dem Plan Richard Kaufmanns ließ sich die Unentschiedenheit ablesen, denn es waren keine klaren Grenzen für das Viertel gezogen, und sie blieben auch offen.

71 Herbert/Sosnovsky, The Garden City as Paradigm, S. 32.

72 Gonen, Between City and Suburb, S. 35.

dertwende in gemischten Vierteln gewohnt hatten, als auch im Kreis der Neueinwanderer. Diese beiden Tendenzen – die wachsende Segregation und die sich verstärkende Inkongruenz in der urbanen Planung – waren miteinander verflochten: Die nationale Spannung führte zur Trennung in gemischten Strukturen und zu einer steigenden segregativen Neigung in den neuen jüdischen Vierteln. Die Entscheidung, sich aus der wirtschaftlichen und finanziellen Abhängigkeit von den arabischen Stadtvierteln zu befreien, vergrößerte die Not der arabischen Viertel und führte zur Verschärfung der Feindseligkeit.[73] Während sich die jüdischen Viertel schon ab den frühen 1920er Jahren bei der Stadtplanung aufgrund ihrer professionellen und organisatorischen Potenz einer gewissen Unabhängigkeit erfreuten, erreichten die arabischen Viertel erst in den 1940er Jahren ein gewisses Maß an Selbstorganisation. Diese Entwicklung wurde von der arabischen Bevölkerung als Ergebnis einer vorsätzlich diskriminierenden Politik aufgefasst.[74] Die neuen Quartiere, erwähnt Seikaly, womit sie die jüdischen Wohngebiete meint, brachten der Stadt insgesamt zu Anfang beträchtlichen ökonomischen Nutzen. Mit der Zeit jedoch und parallel zum sich verschärfenden nationalen Konflikt im ganzen Land begannen diese Viertel, ihre Aktivität ausschließlich auf ihre separaten kommerziellen und finanziellen Bedürfnisse auszurichten.[75] In den jüdischen Vierteln wurden in den folgenden Jahren die Wasser- und Sanitärsysteme sowie das Bildungs- und Gesundheitswesen auf der Basis von Anwohnerspenden und nationaler jüdischer Einrichtungen installiert und institutionalisiert. Mitte der 1940er Jahre begann sich im jüdischen bürgerlichen Milieu sogar verstärkt die Tendenz abzuzeichnen, sich der Verpflichtungen gegenüber den arabischen Armenvierteln in der Stadt zu entledigen. »Wir leben in einer gemischten Stadt. Das ist nicht das Leben wie in einem Stadtviertel«, warnte David Hacohen, einer der führenden Köpfe der jüdischen Gemeinde in Haifa und Stadtratsmitglied:

73 Seikaly, Haifa, S. 66.

74 Vaschitz, Sozialer Wandel in der arabischen Gesellschaft Haifas, S. 67, 70. Die Schwäche der arabischen Gesellschaft, der kommunale Muster fehlten, ermöglichte es dem kollektiven Nationalinteresse nicht, sich über das individuell-ökonomische Interesse zu erheben, sogar im Kontext einer akuten Wohnungsnot. Siehe ebenda, S. 163; siehe auch Gonen, Between City and Suburb, S. 37.

75 Seikaly, Haifa S. 66.

»Das Zuhause ist zwar im Stadtviertel, aber das Geschäft befindet sich in der arabischen Straße. Die Leute verbringen zehn Stunden am Tag dort, dort ist der Hafen, dort ist der Markt, dort leben diese Kinder, die von Krankheiten gefährdet sind, die meine Kinder, im jüdischen Viertel wohnend, von ihnen bekommen werden.«[76]

Mismatch

Der Antagonismus, der Haifas urbane Textur prägt – zwischen der Unterstadt und Hadar, zwischen den traditionellen arabischen Vierteln und den modernen jüdischen –, war eine der verborgenen Komponenten der Unruhen. Die offensichtliche und zentrale Komponente berührte grundsätzliche Aspekte von Anerkennung und Gerechtigkeit in der Verteilung. Das Gefühl von Diskriminierung und Benachteiligung verdichtete sich beim Thema Wohnraum und entsprang der fehlenden Transparenz und der Verworrenheit der Verteilungsprinzipien. »Das ganze Viertel beschwert sich. Wir sehen, dass es in allen Institutionen keine angemessene Behandlung der Leute gibt. Es gibt Diskriminierung«, beklagte sich Ben-Harusch bei der Untersuchungskommission, »als die Einwanderer 48 gekommen sind und die Massenalija war, da waren die schönsten Häuser von der Hagana besetzt, und als diese von ihr geräumt worden waren, wurden sie den Leuten aus Europa übergeben, von denen sie jetzt besetzt sind oder die sie an andere weitergegeben haben.«[77] 1948 war das Jahr der großen Aufteilung, das Jahr der Wohnungsverteilung. Als Ben-Harusch 1959 vor der Untersuchungskommission die Bedingungen zur Sprache brachte, unter denen der »verlassene Besitz« verteilt worden war, was er als Mitgrund für seine Notlage ansah, schien es, als sei dieses Kapitel der Geschichte schon längst vergessen. Doch nun stellte sich heraus, dass die Verteilung des Eigentums der palästinensischen Flüchtlinge weiterhin einen dunklen Schatten über die warf, die von der Beute profitierten. Der Eröffnungsakt des souveränen Israels enthielt von Anfang an ein Element der Willkür, das jedes Prinzip der Unantastbarkeit pri-

76 Goren, Gab es wirklich zweierlei Maß?, S. 123.
77 Untersuchungskommission in Sachen Wadi Salib, Aussage David Ben-Harusch, 26.7.1959, Staatsarchiv, Dok. 7253/1, S. 16.

vaten Besitzes entweihte und seinen Stempel den gesamten intra-jüdischen Beziehungen aufdrückte, wie die Ereignisse von Wadi Salib aufdeckten.

Wadi Salib und Wadi Nisnas waren also die zwei Gesichter eines Prozesses, dessen später Effekt im Nachhinein über die jüdisch-arabischen Beziehungen in dem jungen Staat hinausging und auch auf das intra-jüdische Beziehungssystem ausstrahlte. Während sich Wadi Salib von seinen ursprünglichen muslimischen Einwohner leerte, wurde Wadi Nisnas mit den Resten der arabischen Bevölkerung, die in Haifa verblieben war, dicht besiedelt. Es war die militärische Führungsebene, die ohne Absprache mit den zivilen Autoritäten die Entscheidung traf, die arabischen Einwohner Haifas in Wadi Nisnas zu konzentrieren, eine Entscheidung, die Kritik und Erbitterung hervorrief. Die Durchführung begann mit dem Abzug der britischen Truppen aus der Stadt am 30. Juni 1948.[78] Die Mitglieder des Komitees für arabische Angelegenheiten warnten, dass dies eine Entscheidung sei, die die »zivilen Konsequenzen« ignoriere, doch die Kritik vermochte den Prozess nicht aufzuhalten, der auf dem Hintergrund des Krieges mit der Autorität der militärischen Ebene durchgeführt wurde. Unter den gegebenen Umständen blieb den Mitgliedern des Komitees für arabische Angelegenheiten nichts anderes übrig, als zu kooperieren, und sei es nur, um das Gefühl des Unbehagens und das Leid der arabischen Zivilbevölkerung zu lindern.[79] Sie eröffneten ein Büro in Wadi Nisnas, in dem arabische und jüdische Vertreter gemeinsam über die Wohnungsverteilung entschieden.

Im ersten Stadium schien es, als würden sich die Probleme auf die Besiedlung von Wadi Nisnas konzentrieren.[80] Die Militärverwaltung machte sich nicht die Mühe, eine entsprechende Infrastruktur für das Unternehmen vorzubereiten, klärte nicht, wer von den Hauseigentümern sich in der Stadt befand und wer abwesend war,

---

78 Mehr Details zur Kontrollinstanz des arabischen Besitzes im Nordbezirk und den Leiter Naftali Lifschitz siehe Fischbach, Records of Dispossession, S. 16.

79 Benny Morris sieht in dieser Konzentration durchaus einen Vorteil. Er schreibt, dass sie es der Hagana ermöglichte, die arabische Bevölkerung Haifas viel effektiver vor Angriffen jüdischer Extremistengruppen wie der Ezel oder der Lechi zu schützen, die durchgehende Versorgung der Stadt erleichterte und es den verbliebenen Arabern ermöglichte, Arbeit zu finden. Siehe Morris, Haifa's Arabs (1988), S. 243–244.

80 Segev, 1949, S. 53–55.

kümmerte sich nicht darum, die Wohnungen rechtzeitig vorzubereiten und sie an das Elektrizitäts- und Wasserversorgungsnetz anzuschließen, und vernachlässigte es, Transportmittel bereitzustellen.[81] Die Lage der Araber Haifas, die Anfang Juli, als die Zwangseinquartierung begann, nach Wadi Nisnas zogen, war noch besser als die derjenigen, die später umgesiedelt wurden. »Im Allgemeinen«, berichtete Vaschitz, Mitglied des Komitees für arabische Angelegenheiten, »verlief die Wohnungsverteilung gut. Es gab keinerlei Schwierigkeit anfangs, denn es waren gute Wohnungen. Jetzt sind die weniger guten Wohnungen übrig geblieben, und das wird Schwierigkeiten verursachen, denn die Ankömmlinge sind auch aus der Deutschen Kolonie und haben in moderneren Wohnungen gelebt.« Vaschitz berichtete weiter, dass eine Reihe von Bewohnern, als sich die Aktion ihrem Ende zuneigte, nach Lösungen durch Wohnungstausch suchte. Es gab ein Einrichtungsproblem in den Häusern, in die man sie einquartierte, stellte Vaschitz fest, und dafür bedürfe es Inspektoren. Die Dynamik, die sich entwickelte, entsprang den ökonomischen Ungleichheiten und den sozialen Unterschieden. Aus manchen Häusern konnte man gar nichts verwenden, doch »es gibt einige Häuser, die sehr schöne Möbel enthalten und sich mit den Möbeln der ansehnlichsten Häuser sogar in Hadar hakarmel vergleichen lassen können«, schrieb er.[82]

Ein Teil dieser luxuriösen Häuser verlor übrigens sehr rasch seinen Glanz, als sie den neuen Bewohnern übergeben wurden. In einigen der Häuser, die ursprünglich für eine Familie konzipiert worden waren, mussten nun unter dem drängenden Gebot der Stunde drei oder sogar bis zu fünf Familien Platz finden. Während der folgenden Jahre waren die Bewohner gezwungen, Toiletten, Waschräume und Küchen in Korridoren und an Plätzen anzubauen, die ursprünglich als öffentlicher Raum geplant gewesen waren, sowie andere Erweiterungen zu improvisieren. Ihre Mittel reichten ohnehin nicht für den laufenden Unterhalt der hochwertigen Gebäude. »Mismatch«, so bezeichnet Amiram Gonen das Ungleichgewicht zwischen der hohen Qualität dieser Häuser und dem niedrigen ökonomischen Standard der neuen Bewohner.[83] Diese Beschreibung greift auch für

---

81 Goren, Von Abhängigkeit zu Integration, S. 40.
82 Protokoll der 8. Sitzung des Komitees für arabische Angelegenheiten in Haifa, 8.7.1948, Staatsarchiv, 49/309/41.
83 Gonen, Between City and Suburb, S. 51.

einen Teil der geräumigeren Häuser in Wadi Salib. Mit dem Bau der Häuser des Viertels wurde Ende des 19. Jahrhunderts begonnen, dicht dem Verlauf des Wadibetts entlang, was sich heute mit der Umar-ibn-al-Chattab-Straße deckt. Zu Beginn wurden die kleinen Häuser, die Leute mit unzureichenden Mitteln beherbergten, entlang des Wadis selbst erbaut, während später, in einiger Entfernung vom Wadi und höher situiert, die geräumigen Häuser errichtet wurden.[84] Zwischen den höher gelegenen Teilen des Viertels und denen, die sich direkt an die Ränder des Wadibetts anschlossen, wurden auf beiden Seiten Treppen hochgezogen. Wenn das Auge heute noch inmitten der Zerstörung eine verhaltene Schönheit einfängt, so sind das die Überbleibsel des besonderen Charakters, den die Steinarbeiten und Eingangsgestaltungen den Häusern in Wadi Salib verliehen, vor allem den großzügigen Häusern.[85] Die dicken Steinmauern waren von Hand behauen. Manchmal baute man nach der Methode der Doppelmauer, zwei behauene Steinwände mit Kies und Mörtel dazwischen, die Außenseite der Steinmauer roh belassen, die Innenseite im Haus mit weißem Kalkverputz getüncht. Die meiste Mühe floss in die Gestaltung der Öffnungen, wobei die Dreiecksbögen – ein altes Element in der muslimischen Baukunst – am verbreitetsten waren und überwiegend an der Vorderfront des Gebäudes angebracht. An der Spitze jedes Bogens war ein Kopfstein platziert, der sich durch eine besondere Textur abhob. Die Breite der Bogenfassade war zumeist identisch mit der der Haupthalle und ließ das Licht hereinfluten. Die Bogenöffnungen führten auf Marmorbalkone, die auf Steinstützen ruhten und mit einem kunstvollen schmiedeeisernen Geländer umgeben waren, gleich den Eingangsbögen. Bei späteren Bauten ist der Versuch erkennbar, die Form der Bögen zu vereinfachen, um sie moderner und funktionaler zu machen. Das architektonische Detail, in das der größte Dekoraufwand in Stein und Eisen investiert wurde, war meistens der Eingang, der mit einer massiven Holztür versehen wurde.

Das prominenteste dieser Häuser in Wadi Salib war das Bogenhaus, das auf dem obersten Streifen lag, wo die Stadtvillen mit den ummauerten Höfen, in denen sich ein Obsthain befand, errichtet

---

84 Zum Lebensstil der arabischen Oberschicht im oberen Bereich Wadi Salib siehe Kanafani, Abd el-Latif, Scha'ara el-Burdsch 15.

85 Peleg, Gutachten zur Konservierung eines Gebäudes.

worden waren.[86] Heute, im Ruinenmeer dessen, was einst Wadi Salib war, ist es eines der raren Häuser, die noch unversehrt an Ort und Stelle stehen. Das Haus wurde von der Familie Dscharrar erbaut, einer der muslimischen Familien mit den größten Besitzungen im Gebiet Dschenins, deren Söhne in den 1870er Jahren im Gefolge der wirtschaftlichen Blüte nach Haifa migrierten.[87] Es war Hassan Dscharrar, einer der älteren Söhne der Familie, verheiratet mit einer Libanesin, der Tochter einer der angesehensten Beiruter Familien, der das Haus höchstwahrscheinlich zwischen 1870 und 1874 errichten ließ. Zu dieser Zeit hatte er bereits Beziehungen zur Stadtverwaltung, unterhielt laufende Kontakte mit Konsulen und ausländischen Kaufleuten und hatte Diener und sogenannte Negersklaven. Seine Entscheidung, ein Haus im libanesischen Stil zu bauen – oder mit der Fachbezeichnung »Zentralraumhaus« (Liwan-Haus) –, zeugt von seinem Hang zur damaligen Mode. Nahezu ein Drittel der ausgedehnten Flächen des Hauses war dem Gastbereich gewidmet, was den hohen öffentlichen Status des Hauseigentümers bekundet.[88]

Im Zentrum des Bogenhauses befindet sich ein Raum, der beidseitig von Zimmern umgeben ist, die die Wohnflügel bilden. In der Vergangenheit war die Brise, die vom Meer her blies, in diesem Raum spürbar. Das Haus war speziell dem feuchten Klima der Küstenregion angepasst. Die Kühle des Raums blieb auch durch seine Abgeschirmtheit von der Hitze draußen, sowohl durch die Wohnflügel als auch durch die Ziegeldecke, geschützt. Das beeindruckendste und dominanteste Element, das dem Gebäude seinen Namen verlieh, ist das »Riwaq«, die Arkade von Säulen und Bögen auf drei Seiten des Hauses, die zwischen dem Inneren und Äußeren vermittelte und ihm die dekorative Fassade verlieh. Drei Eingänge führten in das Haus hinein, von denen einer später hinzugefügt wurde. Von den beiden anderen führte einer durch einen langen Korridor in den Vorraum und von dort in die Gasträumlichkeit, wodurch die gebräuchliche Trennung zwischen der privaten und der öffentlichen Sphäre gewahrt blieb. Eine weitere Trennung, zwischen den Ge-

---

86 Die Beschreibung des Bogenhauses stützt sich auf eine Dokumentation der Abteilung Langzeitplanung der Haifaer Stadtverwaltung. Mein Dank gilt Herrn Walid Karkabi für seine Hilfe.

87 Zur Migration der Reichen nach Haifa im Anschluss an die Reform der Eigentumsgesetze 1858 siehe Bernstein, Constructing Boundaries, S. 50–51.

88 Zu diesem Gebäudetyp siehe Fuchs, Das arabische Wohnhaus, S. 71–77.

schlechtern, wurde wohl durch die Wohnflügel erzielt, von denen einer den Männern und der andere den Frauen vorbehalten war.

Die Nutzer und ihre Bedürfnisse und keine architektonischen Kapricen waren es, die den Charakter des Bogenhauses diktierten. Dieser Baustil, der sich vom Libanon in andere Länder mit ähnlichen Bedingungen, speziell in Palästina, ausbreitete, kombinierte einheimische Baumaterialien und Bautraditionen, die sich im Osten herausgebildet hatten, mit den topographischen Bedingungen und der lokalen liberalen Lebensart. Im Gefolge der Entwicklung von Handelsbeziehungen mit Europa beschleunigte sich der Transport importierter Baustoffe – Ziegel, Glas und Holz – und begann seine Prägung im Baustil zu hinterlassen. Die dünnen Holzbalken, die aus der Türkei und Rumänien importiert wurden, ermöglichten eine leichte Ziegeldachkonstruktion, die mit flachen Ziegeln aus Marseille vervollständigt wurde. Diese Materialien bedeuteten allerdings Verzicht auf Gewölbe und massive Mauern. Nun wurden dünne Wände von nur etwa 30 Zentimeter Dicke üblich, was in der Praxis die traditionellen Nischen eliminierte. Nachdem es so nicht mehr möglich war, Dinge in den Nischen aufzubewahren, fanden diese jetzt in beweglichen Schränken Platz, die aus Europa importiert wurden. Der europäische Stil drückte sich in der Einführung von Betten aus, was bis zu einem gewissen Grad die Nutzungsart bestimmter Zimmer als Schlafzimmer festlegte und die Flexibilität herabsetzte, die zuvor bei der Nutzung der Wohnräume üblich gewesen war.[89]

Das Bogenhaus zeichnet sich durch den Reichtum seiner Materialien und die Fülle der dekorativen Elemente aus. Zum Beispiel die verschiedenen Arten der Bodengestaltung: Die offiziellen Räume waren mit großen, weiß-grau changierenden Marmorplatten mit schwarzer Äderung belegt, die Wohnräume mit Keramikfliesen,

---

89 Der europäische Einfluss begann sich sowohl im inneren Erscheinungsbild als auch an den Außenfassaden der Gebäude, die zu der Zeit errichtet wurden, abzuzeichnen. So veränderte sich zum Beispiel das Aussehen der Öffnungen, und die Bögen begannen rechteckigen Fenstern zu weichen. Auch Glasfenster waren keine seltene Erscheinung mehr in den 1870er Jahren. Bestimmte Änderungen in der Lebensweise hinterließen ihre Prägung in späteren Gebäudezusätzen. Funktionsräume wie Küche, Bad und Toilette waren im ursprünglichen Zentralraumhaus nicht enthalten, da diese Dinge im Allgemeinen außerhalb des Hauses oder im Erdgeschoss stattfanden. Der Funktionsflügel wurde in einer späteren Phase hinzugefügt, und sein Charakter zeugt davon, dass er seinerzeit als Außenbereich des Gebäudes begriffen wurde.

während die Böden der Korridore und Lagerräume aus Kalkstein gemacht waren. Auch der Gestaltung der Decken wurde erhöhte Aufmerksamkeit gewidmet. In den repräsentativen Räumen wurden auf den Holzdecken einige Lagen Feinputz aufgebracht, den man nach Trocknung mit Stilllebenmotiven, Blumen und Früchten bemalte. Holzproben enthüllen, dass die Decke aus europäischen Hölzern, hoher Fichte, Weißtanne, Lärche und Kiefer, angelegt war. Diese Bäume wurden aus Europa importiert, woraus sich schließen lässt, dass die Decke wahrscheinlich zu einem späteren Zeitpunkt eingezogen wurde, nachdem Dampfschiffe als Transportmittel von Europa zu den Küsten Palästinas eingeführt worden waren. Die Dachkonstruktion dagegen, die Fenster, die Bögen und die Fensterläden bestanden aus dem Holz der Libanonzeder und der kalabrischen Kiefer, die aus der Türkei importiert wurden, und gehören den frühen Stadien des Bauwerks an. Die Motive im Barock- und Rokokostil, die die Decke zierten, waren aus dem Europa des 18. Jahrhunderts über Istanbul in die Provinzen eingesickert. Der Übergang von der Decke zur Wand war dekorativ holzvertäfelt, ein Sims, der allem Anschein nach aus einem Katalog mit beschränkter Musterauswahl bestellt war.

Bis zum Jahre 1914 wohnten Hassan Dscharrars zwei Ehefrauen, die sich in einem Erbstreit befanden, mit ihren Söhnen in dem Haus. Es ist nicht bekannt, was später aus ihnen wurde, möglicherweise flohen sie erst 1948 aus der Stadt. Das Anwesen ging 1950 in die Hände der Schikmona-Gesellschaft über, und seine zahlreichen Räume wurden unter mehreren Familien aufgeteilt. Im Erdgeschoss wohnte die Familie Bajdun, und das obere Stockwerk beherbergte die Familien Dscherbi, Tabadschi und andere. Zu diesem Zweck wurden einige Änderungen an der Innenaufteilung vorgenommen. Mitte der 1960er Jahre war im zentralen Raum des Hauses eine provisorische Synagoge untergebracht. 1986 gelang es der Schikmona-Gesellschaft, die Wohnungen zu räumen und das Gebäude zu versiegeln. Nur Josef Tabadschi beharrte darauf, weiterhin in einem einzelnen Zimmer im Erdgeschoss zu bleiben, wo er bis heute lebt. Vor Kurzem brannte das Dach des Hauses und damit die Holzdecke ab. Von den Wandmalereien und dem Sims ist nur die Dokumentation geblieben, doch damit greifen wir Späterem voraus.[90]

---

90 Aleph, Stadtverwaltung Haifa.

> »Und stolz präsentierten sie ihre ›abbassidischen Teppiche‹ – benannt nach der Abbasstraße in Haifa –, ganz wie Leute ihresgleichen in Jerusalem die ›katamonischen Teppiche‹ präsentieren – benannt nach dem Stadtviertel Katamon in Jerusalem.«[91]

Die arabischen Bewohner, die im Bogenhaus in Wadi Salib untergebracht wurden, stellen natürlich eine Ausnahme dar. Die meisten Haifaer Araber wurden, wie erwähnt, in Wadi Nisnas und vom Komitee für arabische Angelegenheiten untergebracht. Die Arbeit des Komitees fand mit dem Abschluss der Zwangsumsiedlung Ende Juli 1948 ihr Ende, als, seiner Auffassung nach, »das Leben der Araber in normaler Bahn« verlief und sich daher die Notwendigkeit dazu erübrigte. Das Leben der arabischen Bevölkerung in Haifa lag von diesem Moment an in den Händen der Nebenstelle, die das Ministerium für Minderheiten in der Stadt eröffnete.[92] Als Leiter des Ministeriums für Minderheiten wurde Bechor Schitrit gewählt. Schitrit hatte sich einige Monate zuvor gegen die Zerstörung der Unterstadt Haifas gestellt und damals davor gewarnt, eine unerwünschte Koppelung zwischen Israels Verhalten gegenüber den Palästinensern und dem Status der Juden in arabischen Ländern zu erzeugen. Von Anfang an legte er eine ungewöhnliche Sensibilität an den Tag, was seine Befassung mit den Wohnraumproblemen und Bedürfnissen der Araber anging, die in Haifa geblieben waren, und verteidigte die zivilen Interessen gegenüber den militärischen. Die grundsätzlichen Positionen Schitrits und des Leiters des Nebenstellenbüros des Ministeriums für Minderheiten, Mosche Jitach, sollten in den kommenden Monaten auf harte Proben gestellt werden, denn mit Abschluss der Arbeit des Komitees für arabische Angelegenheiten waren die Wohnungsprobleme der Araber in Haifa keinesfalls gelöst. Auch in den folgenden Monaten waren die Araber Haifas gezwungen, für ihr Recht auf ein Dach über dem Kopf zu kämpfen. Die Militärbehörden tendierten zur totalen örtlichen Konzentrierung aller Haifaer Araber, während die Organe der Zivilbehörden

---

91 Habibi, Der Peptimist, S. 75.

92 Protokoll der 9. Sitzung des Komitees für arabische Angelegenheiten in Haifa, 22. 7. 1948, Staatsarchiv, 49/309/41; siehe auch Goren, Von Abhängigkeit zu Integration, S. 64.

eher dazu neigten, Zugeständnisse zu machen und jeden einzelnen Fall individuell abzuwägen.[93] So protestierte die Haifaer Minderheitenstelle beispielsweise beim Bezirkskommandanten von Haifa gegen die Adressenliste, die ihm mit der Aufforderung übersandt wurde, die arabischen Familien, die auf der Liste auftauchten und die außerhalb Wadi Nisnas wohnten, zu konzentrieren.[94] Eine Überprüfung der Liste ergab, dass acht von den 31 Familien in Wadi Salib lebten, »das als Ort für eine Wohnunterbringung der Araber gemäß der Order zur Konzentration der Araber von Anfang Juli bestimmt wurde«. Unter den arabischen Bewohnern von Wadi Salib, deren Evakuierung befohlen worden war, befand sich auch Ali Hassan, ein Tscherkesse, der in einer Zwei-Zimmer-Wohnung in der Wadi-Salib-Straße lebte, da »nicht gewiss ist, ob er ein Tscherkesse ist oder nicht«. Der größte Teil einer anderen Wohnung in der gleichen Straße war von einem marokkanischen Juden besetzt, während »nur eine Wohnung mit einem Zimmer von Mahmud Alhassan Aldschuri (fünf Personen)« belegt war, »die seit Langem dort wohnen«.[95] Nach Abschluss des Umsiedlungsprozesses der Araber verblieben in Wadi Salib 1948 nur etwa zehn arabische Familien, deren Zahl jedoch bis 1950 wieder auf einige Hundert arabische Einwohner angestiegen war.[96]

Die hastige Konzentration der arabischen Bevölkerung Haifas erlaubte keine gerechte Verteilung. Das Haifaer Minderheitenbüro suchte in den folgenden Monaten die Ungerechtigkeit zu korrigieren, die sich in dem Zusammenpferchen eines Großteils der Einwohner äußerte.[97] Es gab jedoch auch eine eingebaute Ungerechtigkeit, die sich durch Übergriffe jüdischer Institutionen auf Kosten des beschränkten Raums ergab, der ursprünglich als Wohngebiet für die arabische Bevölkerung ausgewiesen worden war, parallel zu privaten Eindringlingen. Zwei Fälle wählte Jitach aus, um beim Bezirkskommandanten von Haifa gegen die Ungerechtigkeit und Unsinnigkeit zu protestieren, die darin lag, die Araber von einem

---

93 Goren, Von Abhängigkeit zu Integration, S. 40–42.

94 Ministerium für Minderheiten, Nebenstelle Haifa, an den Bezirkskommandanten von Haifa, 19.12.1948, Staatsarchiv, 49/309/68.

95 Ebenda.

96 Diese Angaben entstammen Ben-Arzi/Goren, Die Gestaltung des urbanen Raums, S. 18.

97 Ministerium für Minderheiten, Nebenstelle Haifa, an den Bezirkskommandanten von Haifa, 13.12.1948, Staatsarchiv, 49/309/68.

Wohnort zum anderen zu scheuchen. In einem Fall ging es um das Haus in der Abbasstraße 59, dessen arabische und armenische Bewohner aufgefordert wurden, es Ende August 1948 innerhalb von 24 Stunden zu räumen. Jitach gab zu Protokoll, dass »die arabischen Familien aus ihren geräumigen Häusern in der Deutschen Kolonie in besagtes Haus umgesiedelt wurden«.[98] Nachdem ihr Wohnort in der Abbasstraße schließlich genehmigt worden war, konstatierte Jitach, im Bewusstsein ihrer Notlage, »sie haben beträchtliche Summen für die Renovierung ihrer Wohnungen ausgegeben, in denen sie, nach Willen der Militärkommandantur, auf lange Zeit zu wohnen vermeinten«. Schwer nachvollziehbar fand es Jitach, weshalb solche Maßnahmen gegenüber den Armeniern ergriffen wurden. »Mich nimmt Wunder«, schrieb er, »dass Sie es ausgerechnet jetzt für nötig befunden haben, von der Richtlinie abzuweichen, die bezüglich der Armenier bei der Konzentration der Haifaer Araber festgelegt wurde, laut derer sie als freundlich gesinnte Ausländer zu betrachten sind und die Erlaubnis haben, zu wohnen, wo immer sie wollen.« Jitachs Nachforschung brachte zutage, dass das Haus requiriert werden sollte, um die Familien von Angestellten der Elektrizitätsgesellschaft, die sich in der Gefangenschaft des Feindes befanden, darin unterzubringen. Daraufhin schrieb er Folgendes:

> »Ich bin nicht missgünstig, und es erübrigt sich, meine Sympathie mit ihnen zu betonen, aber es wäre doch möglich gewesen, für sie irgendwo in der Stadt und sogar in der Abbasstraße eine passende Unterbringung in den Häusern zu finden, die zunehmend »okkupiert« werden trotz der Beschlagnahmebekanntmachungen, die in vielen davon an den Eingängen hängen. Meiner Meinung nach obliegt es den Planern der Wohnraumbeschaffung, nach entsprechenden Möglichkeiten für eine Lösung ihrer Probleme zu suchen, und nicht den leichten und geläufigen Weg zu nehmen, nichtjüdische Familien aus ihren Wohnungen zu transferieren.«[99]

Abgesehen von dem punktuellen Mangel an Gerechtigkeit warnte Jitach davor, dass die Umsiedlung der Araber aus den Wohnungen, die von der Kommandantur für sie bestimmt worden waren, sowie

98 Ministerium für Minderheiten, Nebenstelle Haifa, an den Bezirkskommandanten von Haifa, 31.8.1948, ebenda. Siehe auch Goren, Von Abhängigkeit zu Integration, S. 66–67.
99 Ebenda.

autorisierte Beschlagnahmen innerhalb des Gebiets, das offiziell als Wohngebiet der Araber in der Stadt ausgewiesen worden war, »die Araber und Angehörigen anderer Minderheiten dazu bringen, die Achtung für unsere Institutionen und vor ihrem Wort zu verlieren«. Doch, wie wir gesehen haben, auch bei Ben-Harusch – der bekanntermaßen kein Angehöriger einer Minderheit war – hinterließ der Verlauf der Dinge einen üblen Eindruck.

Jitachs zivile Betrachtungsweise war der militärischen Perspektive fremd. Der Bezirkskommandant von Haifa zeigte sich von der Wohnungsnot der arabischen Bevölkerung in der Stadt unbeeindruckt. Es kamen ihm Berichte zu Ohren, dass in Wadi Nisnas mit Wohnungen spekuliert würde. Solange noch nicht alle Wohnungen in Wadi Nisnas, die für Araber ausgewiesen waren, besetzt waren, meinte er, hat es »keinen Sinn, freie Wohnungen in dieser Gegend vorzuhalten, wenn große Schwierigkeiten bestehen, eine entsprechende Unterkunft für Juden, Soldaten wie Zivilisten, zu finden«.[100] In der Kluft, die zwischen dem zivilen und dem militärischen Standpunkt bestand, begannen die individuellen Invasionen. Das provisorische arabische Komitee beklagte sich über privates und organisiertes Eindringen von Stadtbewohnern in die Gebiete von Wadi Nisnas, die für Araber bestimmt waren.[101] Die Okkupanten waren, unter anderen, dienstentlassene Soldaten.[102] Die Macht ziviler Organe wie dem Ministerium für Minderheiten, die Übergriffe zu verhindern, die unter dem direkten oder indirekten Schutz des Militärs unternommen wurden, war begrenzt. Welche Sisyphusarbeit der Versuch bedeutete, Besetzungen durch Soldaten zu verhindern, kann man aus einem Brief ersehen, der von der Militärpolizei des Bezirks Haifa an die Minderheitenbehörde in der Stadt geschickt wurde. Der Leutnant, der abgestellt worden war, um einer Klage wegen Hausbesetzung nachzugehen, meldete: »Ich habe ein paar Soldaten angetroffen, die vor dem Haus standen.« Seiner Überprüfung nach stellte sich heraus, »die anwesenden Soldaten sind nicht eingedrungen und haben keinerlei Schaden in den Wohnungen des besagten Hauses verursacht. Jegliche andere an den Türen von einer

---

100 Der Bezirkskommandant von Haifa an die Nebenstelle für Minderheiten in Haifa, 13.9.1948, Staatsarchiv, 49/1323/10.

101 Das provisorische arabische Komitee an den Leiter der Nebenstelle für Minderheiten, 14.11.1948, ebenda. Siehe auch Goren, Von Abhängigkeit zu Integration, S. 67.

102 Morris, The Birth of the Palestinian Refugee Problem Revisited, S. 389–390.

oder mehreren Wohnungen verursachten Schäden wurden von anderen Personen verursacht, die keine Soldaten sind.«[103] Der Leutnant beschloss seinen Ermittlungsbericht: »Ich warnte die vor Ort anwesenden Soldaten, nicht hineinzugehen und keinen Teil einer Wohnung ohne eine gesetzliche Beschlagnahmeorder vom Bezirksverantwortlichen anzurühren.«

Es fragt sich, ob es die Bewohner des Hauses in der Abbasstraße 40 beruhigen konnte, dass die Soldaten verpflichtet waren, sich an die Order zu halten. Von Juli 1948 an, noch mitten im Krieg, und während der darauffolgenden Monate war ein Vorgehen zu beobachten, das darauf hinauslief, arabische Wohnungen zu beschlagnahmen. Letztendlich liefen diese Maßnahmen auf blanken Diebstahl hinaus. Jitach beschwerte sich beim Stadtkommandanten von Haifa:

> »In den letzten Wochen diente das Wadi als Betätigungsfeld für Wohnungssuchende, die [...] in die arabischen Häuser eindringen, nachdem sie die Bewohner durch diverse Belästigungen ›erweicht‹ haben, die in der Regel von Uniformträgern ausgeführt werden, die bisweilen auch Stens bei sich haben. Als guter Ausgang eines Invasionsversuchs wird die Situation angesehen, in der der verprügelte Araber die Türen und Schlösser nach den Besuchen der Eindringlinge reparieren muss, doch in vielen Fällen ist er gezwungen, auf einen Teil seiner Wohnung ›als Kompromiss‹ zu verzichten oder sogar aus ihr zu flüchten – was das Wohnraumvolumen, das der arabischen Bevölkerung zugestanden wird, noch mehr einschränkt.«[104]

In der kriminellen Version sah ein Ereignis dieser Art etwas anders aus:

> »Jüdische Jugendliche einer bestimmten Sorte, zur Tarnung in Khaki gekleidet, brechen in Familienwohnungen mit der Behauptung ein, dass ihrer Kenntnis nach ein Bordell hier sei. Die arabischen Bürger stehen geschockt vor dem Spektakel, das sich um sie herum entwickelt, und den Beleidigungen ihrer Familien. Jedem Versuch zur Gegenwehr begegnen die zügellosen Jugendlichen

---

103 Die Militärpolizei des Bezirks Haifa an die Nebenstelle für Minderheiten. Betreffs: Abbasstraße 40 Haifa. Ihr Schreiben MAH/PSB1299/1, 10.12.1948, Staatsarchiv, 49/309/83.

104 Ministerium für Minderheiten, Nebenstelle Haifa an den Bezirkskommandanten von Haifa, 3.9.1948, Staatsarchiv, 49/309/68.

mit der bühnenreifen Inszenierung eines arabisch-jüdischen Zwischenfalls, und durch diese Täuschung gelingt es ihnen, vorbeikommende Soldaten auf ihre Seite zu ziehen, die dazu verleitet werden, Juden vor arabischer Verfolgung ›zu retten‹.«[105]

Ihren Höhepunkt erreichten die Übergriffe im April 1949, also lange nach dem Waffenstillstand. Etwa 20 mit Gewehren bewaffnete Soldaten kamen mit Militärfahrzeugen angefahren und drangen in zwölf große Wohnungen in der Abbasstraße und fünf durchschnittliche Wohnungen in Wadi Nisnas ein.[106] Unter den Eindringlingen befanden sich Offiziere, die ihre Rangabzeichen entfernt hatten, um nicht identifiziert zu werden. Als sich die Polizei weigerte, die Räumung der Okkupanten vorzunehmen, übernahm es die Armee. Auch nachdem die Eindringlinge aus den Wohnungen entfernt worden waren – teilweise, denn den Kriegsinvaliden unter ihnen wurde gestattet, vorläufig zu bleiben –, gestaltete es sich schwierig, eine Einigung in der Sache zu erzielen. Als sich der Vertreter des provisorischen arabischen Komitees, Elias Chousa, beschwerte, »das sind Zustände wie zur Zeit der Türken, die in die Häuser der Juden und Christen einzufallen pflegten«[107], erhielt er keine klare, eindeutige Antwort. Poltschak, ein Vertreter der Rehabilitationsabteilung des Verteidigungsministeriums, schlug Chousa vor, »die Araber sollen zusammenrücken und Platz freimachen«.[108] Selinger, der Polizeivertreter, wählte eine Metapher für seine Erwiderung: »Es gibt physikalische Gesetze, die besagen, dass es unmöglich ist, leeren Raum zu bewahren, wenn er immensem Druck ausgesetzt ist.«[109] Teils naiv oder blind gegenüber der Logik des Nationalismus schlug Vaschitz bei dieser Gelegenheit vor, ein gemeinsames Komitee für Juden und Araber einzurichten, das nach Lösungen zur Rehabilitation der Kriegsinvaliden suchen sollte, »um die Wohnungssituation bei den Arabern im Vergleich zu den Juden zu untersuchen. Auch bei den Juden gibt es geräumige Wohnungen, die von einigen wenigen belegt sind.«[110] Parallel zu den Besetzungen von Soldaten begann die Je-

---

105 Ebenda.

106 Bericht betreffs organisierter Einbrüche von Soldaten in arabische Häuser, Staatsarchiv, 49/1323/10.

107 Protokoll einer Besprechung beim Bürgermeister, Dienstag, ebenda.

108 Ebenda.

109 Ebenda.

110 Ebenda. Das Problem der kriegsinvaliden Besetzer löste zu guter Letzt Erzbischof Hakim, der ihnen kostenlos ein Sieben-Zimmer-Haus im Wadi-

wish Agency, Immigranten in eben die Areale zu dirigieren, die als Wohngebiete für die Haifaer Araber ausgewiesen worden waren.[111] Einer gegenüber dem anderen und einer gegen den anderen, so wurden die Immigranten und die herumgestoßenen Araber – »präsente Araber« in der Aktensprache – aufgestellt. Schihadeh Salah, der stellvertretende Bürgermeister, klagte, dass Frau Anna Hoffman und Frau Barina Rosner sich weigerten, seine Wohnung in der Jaffastraße 120 zu verlassen, in der seine Schwester Hind Salah und ihre vierzehnköpfige Familie in der Vergangenheit gewohnt hatten.[112] Während der Abwesenheit der Schwester waren die Frauen in die Wohnung eingedrungen, und nachdem es Salah mithilfe einer Sondergenehmigung gelungen war, seine Schwester und ihre Familie nach Israel zurückzuholen,[113] war er gezwungen, die Eindringlinge in seinem Heim zu beherbergen, da sie sich weigerten, die Wohnung freizumachen. Angesichts des Prinzips der gleichen Rechte für alle Bürger des Staates ungeachtet Religion und Rasse, wie auch »zum Wohl der Allgemeinheit« und um »ungezügelte Gesetzlosigkeit dieser Art« zu vermeiden, hoffte Salah, dass sein Anliegen schnellstens behandelt werde. Wie sehr sich Trauer und Schmerz auf allen Seiten berührten, kann man dem Gesuch der Jewish Agency an die Haifaer Nebenstelle für Minderheiten entnehmen, ihr bei der Wohnungsbeschaffung für die Familie Bernstein behilflich zu sein, »alte und sehr kranke Menschen«, deren Sohn einige Tage zuvor an der Front gefallen war.[114] Zu diesem Zweck setzte die Jewish Agency die Minderheitenstelle davon in Kenntnis, dass »in der Jaffastraße 97 im Hof eine Araberin in einer Zwei-Zimmer-Wohnung lebt«. »Laut Aussage unserer Mitarbeiter vor Ort«, berichtete die Agency, »hat sie keine spezielle Genehmigung, dort zu wohnen. Die jüdischen Bewohner im Haus (Neueinwanderer, die von mir in diesen Wohnungen untergebracht wurden) sind voller Klagen über ihre Anwesen-

---

Dschamal-Viertel zur Verfügung stellte. Siehe Goren, Von Abhängigkeit zu Integration, S. 72.

111 Das provisorische arabische Komitee an den Leiter der Nebenstelle für Minderheiten, 8. 9. 1948, Staatsarchiv, 49/1323/10.

112 Schidadeh Salah von der Stadtverwaltung Haifa an den Leiter des Ministeriums für Minderheiten, Nebenstelle Haifa, 16. 1. 1949, ebenda.

113 Zur Genehmigung der Familienzusammenführung Salahs siehe Goren, von Abhängigkeit zu Integration, S. 175, 178.

114 Jewish Agency, Sektion Immigrantenversorgung, an das Ministerium für Minderheiten, Nebenstelle Haifa, 7. 11. 1948, Staatsarchiv, 49/1323/2.

heit in dieser Wohnung.« Deswegen wandte sich die Jewish Agency an die Nebenstelle für Minderheiten mit dem Ersuchen »um Entfernung der Araberin« aus ihrer Wohnung.

»Sind Sie ohne Vereinbarung eingezogen?«

»Ungesetzliche Mieter machen sich in der Historie breit.«[115]

1948 war, wie Ben-Harusch bemerkt hatte, das Jahr der Wohnungsverteilung. In dieser Hinsicht unterschied sich Israel nicht von den zahlreichen Staaten, deren Grenzen und Bevölkerung drastischen Veränderungen unterworfen wurden infolge der Prozesse, die mit Ende des Zweiten Weltkriegs in Europa und in der Fortsetzung in den Dekolonisationsprozessen über Europa hinaus abliefen.[116] Im gesamten zentraleuropäischen Raum fanden in der kurzen Spanne der zweiten Hälfte der 1940er Jahre Vertreibungen und Einwanderungsabsorption statt, die zur Entstehung von Spannungen zwischen den Alteingesessenen und den Neuankömmlingen gleicher Nationalität führten. In all diesen Ländern Zentral- und Osteuropas wandten sich die Behörden der Verteilung des verlassenen Besitzes zu, wobei sie sich einer sozialistischen Ideologie verpflichtet fühlten. Doch zwischen der Verpflichtung gegenüber dem Prinzip der Gleichheit und den praktischen Entscheidungen tat sich, dort wie hier, eine Kluft auf. »Wir wissen nicht«, schreibt Ivan Szelenyi[117], ein Soziologe, der sich auf das Thema Ungleichheit in der Wohnungsversorgung in sozialistischen Staaten spezialisiert hat, »wie egalitär die Verteilung der alten bürgerlichen Häusern war und wer der Hauptprofiteur davon war.« Szelenyi ist überzeugt, dass der Übergang von der Unterdrückung des alten kapitalistischen Systems mit seinem Gleichheitsmangel zur Wiederauferstehung der Ungleichheit in der Wohnraumversorgung unter dem neuen sozialistischen System in den osteuropäischen sozialistischen Staaten sofort und direkt erfolgte. »In der Praxis ging ein Teil der besten alten bürgerlichen Häuser in die Hände des Kaders der Intelligenzia, hoher Par-

115 Szymborska, Volkszählung, S. 255.
116 Weiss, Ethnic Cleansing, Memory and Property.
117 Szelenyi, Housing Inequalities.

teifunktionäre und staatlicher Bürokraten über, an hochrangige Offiziere in der Armee und Sicherheitskräfte.«[118]

Israel glich den sozialistischen Pendants der Zeit. Die Beschlagnahme von Gebäuden, Wohnungen und Fabriken durch die diversen Autoritäten kraft militärischer Order und aus Sicherheitsgründen war anfänglich in den Notstandsverordnungen (Beschlagnahme von Besitz) von 1948 verankert und ein Jahr später im Rahmen des »Gesetzes zur Regelung von Landbeschlagnahme in Notstandszeiten«.[119] Dies ermöglichte es der autorisierten Instanz, Dokumente auszustellen, die die Aneignung von Besitz zu Zeiten des Krieges nachträglich legalisierten. Die Wohnungsinhaber, zu deren Gunsten eine solche Order ausgestellt wurde, wurden in der Praxis zu geschützten Bewohnern. Manchmal deckte dieses Gesetz Beschlagnahme und Plünderung zu reinen Privatzwecken, ohne irgendeinen Zusammenhang mit Interessen der Sicherheit oder Öffentlichkeit. Das Gesetz ermöglichte die Ausübung von Autorität, um ein Urteil gegen die Räumung eines Wohnungsinhabers auszuhebeln, und schlug eine Bresche für Betrug und Täuschung, um Räumungsbefehle mit Hilfe einer Beschlagnahmeorder aufzuhalten. Wer Beziehungen zu den entsprechenden Stellen hatte, dem war es vergönnt, das Besitzrecht an Wohnungen zu erhalten, die man zuvor für seine Wohnzwecke als geeignet befunden hatte. Diese Regelwidrigkeiten blieben vom Obersten Gerichtshof nicht unbemerkt, der warnte: »Eine Wohnung wird nicht für den Beamten beschlagnahmt, sondern um die essentiellen Dienste des Staates zu erhalten, und es verbietet sich auch, den Eindruck zu hinterlassen, dass in Sachen Wohnungsbeschlagnahmen derart leicht entschieden wird, als genüge es, dass ein Beamter eine arabische Wohnung entdeckt und sich an die zuständige Behörde wendet, um sofort einen Beschlagnahmebefehl zu seinen Gunsten zu erreichen.«[120]

Ebensowenig wie dem Obersten Gerichtshof entgingen Ben-Harusch diese Regelwidrigkeiten, die bis Mitte der 1950er Jahre andauerten. Er begriff rasch den fatalen Kreislauf, den eine schwache Ausgangsbasis nach sich zog, die er unter anderem jenen entscheidenden Augenblicken am Kriegsende zuschrieb. Als er im Novem-

---

118 Ebenda, S. 2. Zu einem anderen Standpunkt siehe Musil, Housing Policy, S. 31.
119 Hoffnung, Israel, S. 164–166.
120 Ebenda, S. 165.

ber 1949 aus dem Militärdienst entlassen wurde, wollte er sich ein Zuhause schaffen. Er fasste es vor der Kommission so zusammen:

> »Ich kam nach Hause, ich hatte überhaupt keine Möbel. Auch die Familie, in die ich einheiratete, war mittellos, aber ich wollte trotzdem ein Heim schaffen, doch als ich zurückkam, gab es schon keine Häuser mehr, und weil ich ein Soldat war, gab es niemanden, der eins für mich belegt hätte. Ich habe also dieses eine Zimmer genommen, das noch frei war, und mich dort mit meiner Frau niedergelassen. Hier hat das Problem mit dem Lebensunterhalt und der Gründung einer Familie angefangen.«[121]

In Ermangelung einer Alternative besetzte er einen Raum an der Ha'eglon-Treppe 12, »ein kleines Zimmer, niedrig, mit nur einem Fenster, ohne Strom«, am Rande Wadi Salibs. Das war ein ziemlich bescheidener Startpunkt, zu bescheiden. In einem späteren Stadium und nach zwei Hungerstreiks gelang es ihm, ein Darlehen vom Verteidigungsministerium zu erhalten, seine Behausung zu verkaufen und für »Schlüsselgeld«[122] eine Wohnung zu erstehen, die der Entwicklungsbehörde gehörte, in der al-Morinastraße, nahe der Hamaronitimstraße. Es war »eine mehr oder weniger menschliche Wohnung«, seinen Worten nach, »mit eineinhalb Zimmern«.[123] Auch an diesem Punkt stellte sich ganz nebenbei heraus, dass der Besitzstatus ganz und gar nicht klar war und dass sich die Entwicklungsbehörde weigerte, einen Vertrag mit ihm abzuschließen. »Sind Sie ohne Vereinbarung mit der Entwicklungsbehörde eingezogen?«, fragte Richter Etzioni. »Ich denke nicht, dass man eine Vereinbarung braucht«, erwiderte Ben-Harusch. Der Richter wurde leicht ungeduldig. »Ich frage nicht, ob man eine braucht oder nicht«, stellte er fest, »sind Sie in Vereinbarung eingezogen?« »Ohne«, antwortete Ben-Harusch.[124] Nun benötigte er dringend Geld, um das Café aufzumachen, das ihn aus seiner permanenten wirtschaftlichen Misere befreien sollte. »Ich habe die Wohnung verkauft«, erklärte er der Untersuchungskommission, »ich habe ein kleines Zimmer für 800 Liras gekauft und mit dem Café angefangen. Das Zimmer war ohne Toilette, auch keine Gemeinschaftstoilette, es war in einem Gebäude, das vielleicht ein-

---

121 Untersuchungskommission in Sachen Wadi Salib, Aussage David Ben-Harusch, 26.7.1959, Staatsarchiv, Dok. 7253/1, S. 4.

122 Abstandssumme für eine Immobilie, mit der man ein geschütztes Nutzungsrecht für Wohnen oder Kleingewerbe kauft, ähnlich Erbbaurechtssituation.

123 Ebenda, S. 6.

124 Ebenda.

mal ein Hotel war, jede Familie wohnte in einem Zimmer, wenn man wollte, hat man sich irgendeine Küchenecke eingerichtet, und das war alles.«[125]

Ben-Harusch, wie sich während der Verhandlungen der öffentlichen Untersuchungskommission herausstellte, war nicht der einzige Bewohner Wadi Salibs, dem es nicht gelang, mit der Entwicklungsbehörde zu einer Übereinkunft zu kommen.[126] Auch Heinrich First, Besitzer des Cafés in der Wadi-Salib-Straße 7, bezeugte, dass er mit dem Treuhänder »eine Sache am Laufen« habe. Bevor er das Geschäft auf den Namen seines Vaters übernahm, hatte er »in Hallisa am Hügel, danach in Be'er Scheva« gewohnt, »dann sagte mein Vater, komm in den Laden in Wadi Salib.« Zu Anfang hatte er im Lagerraum gewohnt, nun wohnte er in einem Zimmer im Laden.[127] Ja'akov Friedler, Journalist der *Jerusalem Post*, hatte etwa sechs Jahre in einem Zimmer in der Nähe Wadi Salibs gewohnt, nachdem er mit seinem Vater 1949 aus England eingewandert war.[128] Sein Vater war von der Hagana in dem Zimmer untergebracht worden. Nun war Friedler gekommen, um die Ereignisse in Wadi Salib zu recherchieren, und er bekam von den Einwohnern zu hören, »es gibt viele Leute, die weg wollen, aber es stellt sich heraus, dass die Wohnungen, für die sie bezahlt haben, jetzt ihr Geld nicht mehr wert sind, das sie vor zwei, drei Jahren hineingesteckt haben.« Hier bestanden innerethnische Unterschiede: Viele rumänische Immigranten waren weggegangen[129] ebenso wie Juden anderer europäischer Herkunft, »weil sie miteinander gestritten haben«. Die marokkanischen Immigranten dagegen taten sich schwer damit, ihre Lebensbedingungen zu verbessern. »Viele, wenn sie die Wohnungen wechselten oder Wohnungen erhielten«, berichtete der Journalist der Untersuchungskommission, »haben es den Behörden nicht gemeldet, und sie haben keine Verträge, haben die Wohnungsgebühr nicht bezahlt, es gibt Leute, die haben seit vielen Jahren keinen Vertrag.« »Und das geht weiter so?«, fragte der Vorsitzende der Kommission

---

125 Ebenda, S. 7.

126 Siehe auch die Aussage von Schlomo Rosenblum, Untersuchungskommission in Sachen Wadi Salib, 29.7.1959, Staatsarchiv, Dok. 7253/1, S. 15.

127 Untersuchungskommission in Sachen Wadi Salib, Aussage Heinrich First, 27.7.1959, ebenda, S. 18–19.

128 Ebenda, S. 19–24.

129 Diese Angabe taucht auch in der Aussage des Leiters der Liegenschaftsabteilung der Entwicklungsbehörde auf.

verwundert. »Man hat öfter einen Räumungsbefehl ausgestellt, ihn aber nicht umgesetzt«, erklärte der Journalist.

»Wer verstehen möchte, wie [...] das Bodenrecht in Israel entstanden [...] [ist]«, schreibt Menachem Hoffnung, »muss zurückgehen und sich mit der Realität befassen, die während der Kämpfe und mit ihrem Ende entstanden ist.«[130] Diese grundsätzliche Feststellung trifft auch auf die Bewohner Wadi Salibs zu, die alle in verlassenem palästinensischem Eigentum wohnten. Die fragwürdige rechtliche Basis, auf die sich ihre Beziehungen mit der Entwicklungsbehörde stützten, wurzelte in jenen Besitzregelungen, die Israel im Gefolge des Kriegs 1948 geschaffen hatte. Der politische Zweck dieser Regelungen war es, die Nutzung von arabischem Besitz für eine jüdische Besiedlung zu erleichtern, indem man die Immobilien Immigranten zur Verfügung stellte und damit gleichzeitig die Rückkehr der palästinensischen Flüchtlinge verhinderte.[131] Die Notstandsverordnungen, die bereits am 23. Juni 1948 erlassen wurden, verpflichteten jeden, der sich verlassenen Besitz aneignete, ihn bei der Polizei registrieren zu lassen.[132] Sie wurden im Dezember des gleichen Jahres von den »Notstandsversordnungen betreffs Absentees' Property« abgelöst, die der damalige Finanzminister, Eliezer Kaplan, ratifizierte.[133] Auf Initiative von Zalman Lifschitz, einem Kartographieingenieur, der als Oberster Landgutachter für den Jüdischen Nationalfonds arbeitete und Berater des Premierministers für Land und Grenzdemarkationen war, wurden die provisorischen Verordnungen zu stehenden, als Israel im März 1950 das »Absentees' Property Gesetz« verabschiedete sowie im Juli des gleichen Jahres ein Gesetz zum Transfer solchen Besitzes zu Händen der Entwicklungsbehörde.

Die israelische Gesetzgebung ähnelt in gewissem Maß den Gesetzen, die in der Türkei, in Griechenland, Bulgarien und der Tschechoslowakei erlassen wurden, und bei allem, was die Entwicklungsbehörde angeht, hauptsächlich dem pakistanischen Modell. Sie zielte auf die Aneignung verlassenen Besitzes ab, um ihn zugunsten des Staates und der Flüchtlinge, die dort Zuflucht gefunden hatten, zu

---

130 Hoffnung, Israel, S. 160.

131 Ebenda, S. 161; Forman/Kedar, From Arab Land to »Israel Land«.

132 Liskovsky, Die »anwesenden Abwesenden« in Israel, S. 187; Forman/Kedar, From Arab Land to »Israel Land«, S. 814; Fischbach, Records of Dispossession, S. 19–23.

133 Forman/Kedar, From Arab Land to »Israel Land«, S. 815.

nutzen.[134] Einer der Ersten übrigens, die spezielles Interesse an dem indisch-pakistanischen Präzedenzfall entwickelten, war der bereits erwähnte Schechtman. Er wandte sich im Sommer 1950 an das israelische Außenministerium mit dem Ersuchen, ihn bei der Finanzierung einer Reise nach Indien zu Forschungszwecken zu unterstützen. Trotz des großen Interesses, das das Außenministerium an »diesem Problem des Bevölkerungsaustauschs« an den Tag legte und dem Glauben, dass Schechtmans Studie »dazu angetan ist [...], nicht nur der wissenschaftlichen Forschung zu nützen – was an sich keine Kleinigkeit ist –, sondern auch den Interessen des Staates«, wurde sein Finanzierungsgesuch abschlägig beschieden.[135] Im Laufe der Zeit wuchs das Interesse an dem indisch-pakistanischen Modell, und nach einer Intervention des Außenministers, Mosche Scharett, wurde die Angelegenheit von Schechtmans Reise doch noch vorangetrieben.[136] Ein kleines Problem bedurfte noch einer Lösung: Schechtman war Mitglied der revisionistischen Bewegung, die aus der Jewish Agency ausgeschlossen worden war. An diesem Punkt griff Nachum Goldmann ein, der vorschlug, Schechtman zu erlauben, seine Forschung in Sachen palästinensische Flüchtlinge und zur Thematik des Bevölkerungsaustauschs fortzusetzen.[137] Er hätte sich ohnehin damit beschäftigt, aber als Privatmann brauchte er finanzielle Unterstützung. Es scheint, dass die Reise im Laufe des Frühlings 1951 arrangiert wurde. Abba Eban, zu jener Zeit israelischer Botschafter bei den Vereinten Nationen, zeigte sich sehr beeindruckt von den Forschungsergebnissen Schechtmans und erkannte die immanente Bedeutung für Präzedenzfälle: »Das wirft ein neues Licht auf unsere Probleme hinsichtlich des Umgangs mit dem Besitz der Flüchtlinge. Es ist amüsant, sich auf den pakistanischen Vorschlag für eine Treuhand des palästinensischen Flüchtlingsbesitzes in Israel zu stützen«, schrieb er.[138]

Doch zurück zum Thema: Anders als die Notstandsverordnungen bedurfte das neue Gesetz einer Billigung durch die Knesset. In

134 Forman und Kedar betonen, dass das pakistanische Gesetz Lifschitz als hauptsächliche Modellvorlage diente. Ebenda, S. 810, 816.

135 J. Schimoni, Leiter der Asienabteilung, Außenministerium, an Joseph Schechtman, 31.8.1950, Archiv der Revisionistenbewegung, P-1/1/227.

136 Joseph Schechtman an Jehuda Eilat, 10.9.1951, ebenda.

137 Ebenda.

138 Abba Eban an Joseph Schechtman, 18. März 1952, Archiv der Revisionistenbewegung, P-2/10/227.

diesem Stadium war man noch bemüht zu kaschieren, dass das Gesetz den Verkauf des Besitzes erleichtern sollte. Eliezer Kaplan, der das zur Diskussion stehende Gesetz in seiner Eigenschaft als Finanzminister vertrat, behauptete, es bezwecke hauptsächlich, eine Überwachung der Liegenschaften zu ermöglichen, während der Justizminister, Pinchas Rozen, noch auf die Verpflichtung der Treuhänderschaft gegenüber den abwesenden Eigentümern hinwies.[139] Auch die Tatsache, dass die Entwicklungsbehörde dazu bestimmt war, arabischen verlassenen Besitz in jüdisches Eigentum zu überführen, wurde bemäntelt und der Eindruck erzeugt, dass die Behörde allgemein für die Entwicklung des Landes verantwortlich sein würde.

Gemäß diesem Gesetz ist ein Abwesender, ein »Absentee«, jeder Eigentümer von Besitz, der nach dem 29.11.1947 Bürger eines der sieben arabischen Staaten war, die gegen Israel kämpften, der sich in einem dieser Länder aufhielt oder seinen regulären Wohnort in Israel verließ und sich außerhalb der Staatsgrenzen oder an jeden anderen Ort begab, der zu dieser Zeit von feindlichen Kräften vereinnahmt war. Die Formulierung des Gesetzes in Allgemeinbegriffen, unter Vermeidung einer Benutzung religiöser oder nationaler Kategorien, diente der Tarnung seines diskriminierenden Charakters. Das Gesetz ermächtigte den »Treuhänder des Absentees' Property«, den Besitz zu sichern und zu verwalten und illegale Bewohner, die diesen besetzt hatten, zu vertreiben. Die Beweislast wurde mit einer strikten Klausel vom Treuhänder auf den abwesenden Besitzer geschoben, der Nachweise erbringen musste, wollte er Einspruch dagegen erheben, als ein solcher Abwesender definiert zu werden.[140] Nachdem laut Definitionen des Gesetzes alle arabischen Flüchtlinge, die ihren Wohnort in Israel während des Kriegs verlassen hatten, zu Abwesenden erklärt wurden, war das Gesetz ein klares Signal und eine eindeutige politische Botschaft an die Flüchtlinge, dass ihr Besitz nicht automatisch an sie zurückfiele, auch wenn sie einen Weg fänden, nach Israel zurückzukehren. Diverse Kreise, darunter der bereits erwähnte Knessetabgeordnete der Allgemeinen Zionisten, Ja'akov Klebanoff, drückten ihre Vorbehalte gegenüber der neuen Regelung aus. Klebanoff kritisierte: »Wir haben es nicht mit dem Besitz eines Feindes zu tun, sondern mit dem Besitz eines wesentlichen Teils der Bevölkerung unseres Landes, die grundle-

---

139 Forman/Kedar, From Arab Land to »Israel Land«, S. 817.
140 Kretzmer, The Legal Status of the Arabs in Israel, S. 56–57.

gende Rechte innehat und haben muss – Menschen, die mit äußerst ernsten Forderungen, finanziellen wie moralischen, zu uns kommen können. Wir können ihren Besitz nicht als Feindesbesitz behandeln.«[141] Diese Stimmen vermochten die Verabschiedung des Gesetzes nicht zu verhindern.

Das Gesetz des Absentees' Property untersagte den Verkauf des Besitzes, doch gab es eine entscheidende Ausnahme: Es war erlaubt, den Besitz der Abwesenden an eine »Entwicklungsbehörde« zu transferieren, die, wie das Gesetz festlegte, im September 1953 durch ein Gesetz der Knesset etabliert werden würde. 1950 wurde dieses »Entwicklungsbehörden-Gesetz« verkündet und im September 1953 ein Abkommen unterzeichnet, mit dem der Besitz vom Treuhänder des Absentees' Property auf die Entwicklungsbehörde übertragen wurde.[142] Insgesamt wurden 69000 Wohnungen, Häuser und Geschäfte in diesem Rahmen an die Entwicklungsbehörde übergeben.[143] Von diesem Augenblick an hatten die Eigentümer des Besitzes keine Möglichkeit mehr, ihn zurückzuerhalten, sondern nur noch, seinen Wert berechnen zu lassen.[144] Dieser Berechnungsprozess wurde nur bei einem kleinen Teil der »Abwesenden« durchgeführt, denjenigen, die man als »abwesende Anwesende« bezeichnet, das heißt Abwesende im Sinne der juristischen Definition, die aber auf legalem Weg zurückgekehrt waren, um wieder im Staat Israel zu leben.[145] Ein Ge-

---

141 Fischbach, Records of Dispossession, S. 22f.

142 Kedar, On the Legal Geography of Ethnocratic Settler States; Forman/Kedar, From Arab Land to »Israel Land«, S. 817–818; Dumper, Islam and Israel, S. 33; Fischbach, Records of Dispossession, S. 53–57.

143 Kretzmer bemerkt, dass auch der muslimische Stiftungsbesitz, Waqf, an die Entwicklungsbehörde transferiert wurde; ein Teil wurde später den muslimischen Gemeinden in Städten, in denen Treuhandkomitees eingerichtet wurden, zurückgegeben. Siehe Kretzmer, The Legal Status of the Arabs in Israel, S. 58.

144 Geremy Forman zeigt, »wie eine nationale Regierung, befasst mit eigenen inter-ethnischen Machtbeziehungen, ihre rechtlichen Vorteile strategisch nutzte, um sozio-räumliche Relationen umzuformen«. Forman, Law and the Historical Geography of the Galilee, S. 813; mehr zu den Begrenzungen und Beschränkungen palästinensisch-israelischer Bürger, die gegen den Staat Israel Prozesse führen, siehe ebenda, S. 805–811.

145 Das Gesetz legte fest, dass der Besitz zu seinem Schätzwert zu Steuerzwecken in den Jahren 1947–1948 zu verkaufen sei, unter Einkalkulierung einer Preisminderung wegen Beschädigungen, die sein Nutzungspotenzial begrenzten. Berücksichtigt man das Ausmaß der israelischen Währungsinflation in den Jahren 1947–1953, wurde der Besitz der Abwesenden zu einem extrem niedrigen Preis im Verhältnis zu seinem ursprünglichen Wert verkauft.

setz, das 1973 verabschiedet wurde, ersetzte das Prinzip der Wertberechnung durch das der Entschädigung, die ausschließlich auf israelische Bürger begrenzt war und in Form von Staatsobligationen ausgegeben wurden, mit 15 Jahren Laufzeit und an den Teuerungsindex der Lebenshaltungskosten gekoppelt. Geremy Forman und Sandy Kedar[146] bemerken, dass sich viele arabisch-israelische Bürger weigerten, einen Antrag zu stellen, nachdem sie, wie die offiziellen israelischen Instanzen, in der Entschädigung eine legale und moralische Anerkennung der Vertreibung sahen. Diese Position modifizierte sich im Laufe der Jahre, womit die Zahl der Entschädigungsanträge stieg.

Hoffnung, der die israelische Gesetzgebung im Spannungsfeld zwischen Rechtsstaatlichkeit und Staatssicherheit untersucht, schreibt in seinem Buch:

> »Die Aneignung von Land, die in den Fünfzigerjahren im Namen des Schutzes der äußeren Sicherheit des Staates Israel vollzogen wurde, trug zur Schaffung innerer Sicherheitsprobleme in den Siebzigern bei. Die Nichtbeachtung der fundamentalen Grundsätze der Rechtsstaatlichkeit ließ ein Gefühl entstehen, das Gesetz sei kein Instrument zur Regelung von Besitzverhältnissen in einer egalitären Gesellschaft, sondern ein Instrument, um nationalpolitische Ziele im Kampf zwischen Bevölkerungsgruppen zu erreichen.«[147]

Hoffnungs Worte gelten hier den Protesten am »Tag der Erde« 1976 und der Eskalation der palästinensisch-jüdischen Spannung in Israel aufgrund der Landenteignungspolitik. Seine Worte besitzen dennoch eine Gültigkeit, die über die jüdisch-palästinensische Konfliktfrage hinausgeht und die intra-jüdischen Beziehungen berührt. Auch die jüdischen Einwohner Wadi Salibs hatten das Gefühl, dass man hinsichtlich der Regelung der Besitzverhältnisse ungerecht mit ihnen verfuhr und dies unter dem Deckmantel des Gesetzes geschah. Diese Empfindung verschärfte sich durch ihren ständigen Kontakt mit der Entwicklungsbehörde.

Fast alle Wohnungen in Wadi Salib standen unter der Verwaltung der Entwicklungsbehörde,[148] bei der 394 Gebäude im Wadi mit 1754

146 Forman/Kedar, From Arab Land to »Israel Land«, S. 822.

147 Hoffnung, Israel, S. 174.

148 Jitzchak Fonti, Leiter der Liegenschaftsabteilung der Entwicklungsgesellschaft, Vormittagssitzung, 5. 8. 1959, Aussage vor der Kommission (Band 3), Staatsarchiv, Dok. 7253/1, Akte 3, S. 15–18.

Wohnungen registriert waren, die 2864 Familien beherbergten. Die Überfüllung war zum Teil extrem hart, und der Leiter der Liegenschaftsabteilung der Entwicklungsbehörde äußerte vor der Untersuchungskommission, dass in Wadi Salib »sechs und mehr Personen in einem Raum leben – 6 bis 7 Personen in zwei Räumen«, und sogar 21 Personen in einem Raum oder 33 in zwei Räumen. 1216 Wohnungsinhaber waren »ordnungsgemäß eingezogen, zahlen ordnungsgemäß«, während die restlichen 538 die Wohnungen besetzt hatten und ohne Vertrag bewohnten. Unter den Eindringlingen, das heißt Bewohnern ohne Vertrag, waren 110 europäischer Herkunft und etwa 428 aus anderen Ländern. Was die »Eindringlinge« angeht – diejenigen, die sich weigerten, Miete oder »Schlüsselgeld« zu zahlen –, so berief sich die Entwicklungsbehörde darauf, dass sie über keine wirkliche gesetzliche Erzwingungshandhabe verfüge. »Was sehen wir also«, beklagte sich der Leiter der Liegenschaftsabteilung der Entwicklungsbehörde vor der Kommission, »der Mensch ist eingedrungen, wir strengen einen Prozess gegen ihn an und erhalten das Gerichtsurteil, und dann laden wir den Mann vor, einmal, ein zweites und ein drittes Mal, und wenn er nicht kommt, fordern wir ihn ein viertes Mal auf, und so vergeht inzwischen ein Jahr, eineinhalb Jahre [...].« Im Falle von Bewohnern, deren soziale Lage schwierig war, behauptete er, sei im Laufe von elf Jahren kein einziger Fall vorgekommen, in dem der Räumungsbefehl vollstreckt worden wäre. Der Sitzungsleiter der Untersuchungskommission war von der Schilderung sichtlich beeindruckt und stellte die unbefangene Frage: »Sie haben 500 Eindringlinge unserer Definition nach, und sie wohnen schon seit Jahren da; wird es nicht langsam Zeit, die ›de facto‹-Situation ›de jure‹ anzuerkennen, da dies bekanntermaßen ein soziales Problem ist?« Seine Frage blieb unbeantwortet.

Die Spannung zwischen sozialer Frage und »verlassenem Besitz« kam im Übergang von der Bewältigung von Immigration und Absorbtion an der Schwelle zu einer regulären Bewirtschaftung auf. Diese Situation, wie der Leiter der Liegenschaftsabteilung der Entwicklungsbehörde erklärte, »erfordert Einnahmen, erfordert Reparaturen, und es gibt Reparaturen, die gesetzlich vorgeschrieben sind, an denen wir zu 45–50 Prozent beteiligt sind.« Nicht immer kam die Entwicklungsbehörde ihren Verpflichtungen nach. Nicht nur »Eindringlinge«, sondern auch legale Bewohner kamen nicht in den Genuss angemessener Unterhaltsmaßnahmen des Besitzes. Die Entwicklungsbehörde brachte zu ihrer Verteidigung das Argument vor, dass ein Drittel der Familien, die in Wadi Salib wohnten, dort illegal eingedrungen seien und nicht die geforderte Miete zahlten, und begründete damit indirekt die Schwierigkeiten der Instandhaltung. Allerdings umfasste der schlechte Erhaltungszustand Wadi Salib insgesamt und traf auch die Bewohner, die der Entwicklungsbehörde regulär Miete bezahlten. Das Problem der dürftigen Instandhaltung von verlassenem Besitz war seit den frühen 1950er Jahren bekannt. Die hastige Belegung der Wohnungen 1948 hatte zu einer extremen Unverträglichkeit der Immobilien mit den Bedürfnissen der neuen Bewohner geführt. Folgendes berichtete das Amt für die Erstellung eines Stadtentwicklungsplans: »In jedem Stockwerk eines großen arabischen Anwesens, das charakteristisch für diese Umgebung ist, in jedem Haus, das von einem typischen großen arabischen Hof umgeben ist, haust fast in jedem Raum eine zwei- bis achtköpfige Familie, wobei es eine einzige sanitäre Einheit gibt, die genügen musste.«[149] Der städtische Planer versuchte, die Aufmerksamkeit des Bürgermeisters auf die erschreckende Notlage der Bewohner zu lenken: »Während die primitivsten Immigranten ihre Nachttöpfe geradewegs auf die Straße hinaus oder in den Hof entleeren und auf das Duschen verzichten, leiden andere Immigranten subjektiv schwer unter dem Fehlen sanitärer Anlagen.« Zwar glaubte der juristische Berater des Gesundheitsministeriums, dass in dieser Sache gerichtlich gegen den Treuhänder des »Absentees' Property« vorgegangen werden könne,[150] doch das Gesetz besagte lediglich, dass der Treuhänder berechtigt, also nicht verpflichtet war, die erforderlichen Ausgaben für Bewachung, Instandhaltung und Sanierung seines Besitzes zu leisten. Wenn die Stadtverwaltung Maßnahmen durchführte, um die Immobilien zu erhalten, war der Treuhänder verpflichtet, ihr die Auslagen zurückzuerstatten, doch nur, wenn der Vermögenswert eines solchen Objekts dafür genügte. Was schwierig, um nicht zu sagen unmöglich nachzuweisen war. Wie auch immer, die Sanitärabteilung der Stadtverwaltung beklagte sich, dass man gezwungen sei, Toiletten in Wohnungen einzubauen, die für

149 Ing. B.A. Friedjung, Amt für die Erstellung eines Entwicklungsplans, an den Bürgermeister, 6.9.1953, Stadtarchiv Haifa, Akte »Unterbringung Evakuierter aus gefährdenden Bauwerken«, 032543.

150 Siehe R. Bar an Ehrlich (undatiert), Stadtarchiv Haifa, Akte 054626. Siehe auch der Stadtbauingenieur an den Sekretär der Tel Aviver Stadtverwaltung, 28.1.1953, Akte »Sanitäre Einrichtungen von verlassenem Besitz«, ebenda.

Wohnzwecke untauglich seien, für die keine Verträge bestanden und von denen man keine Einnahmen hatte.[151]

Während der gesamten Debatte der öffentlichen Untersuchungskommission zur Aufklärung der Ereignisse von Wadi Salib wurde nie die schlichte Tatsache erwähnt, dass der Staat Israel in unverdienter Weise an den arabischen Besitz kam. Die formalistische Begründung der Entwicklungsbehörde für die Beziehung zwischen der Vernachlässigung des Besitzes und der Nichtregelung der Besitzverhältnisse litt unter einem inneren Widerspruch. Die formale Argumentation bezüglich des Besitzes, die die Entwicklungsbehörde der Untersuchungskommission präsentierte, entsprach nicht der ohnehin ungesicherten rechtlichen Wirklichkeit in Bezug auf die Regelung des verlassenen Besitzes. Die einzige Stimme in dem allgemeinen Schweigen war die des stellvertretenden Bürgermeisters Zvi Barzilay, der das begriff und sich vor den Kommissionsmitgliedern beschwerte:

> »Die Entwicklungsbehörde, die Institution, die im Auftrag des Staates der Treuhänder des Besitzes der Abwesenden sein soll, häuft Mieteinnahmen an, um die abwesenden Besitzer auszuzahlen, wenn Frieden eintritt. Seit der Staatsgründung hat die Entwicklungsbehörde in Haifa etwa zehn Millionen Liras an Miete eingenommen [...]. Diese Summe muss die Institution in die Sanierung der Unterstadt investieren. Die Institution sollte den Namen Entwicklung nicht umsonst tragen.«[152]

---

151 Notizen einer Besprechung, die im Inspektorenbüro stattfand, 23.1.1952, ebenda.

152 Memorandum von Rechtsanwalt Zvi Barzilay, stellvertretender Bürgermeister von Haifa, 29.7.1959, Aussage vor der Kommission (Band 3), Staatsarchiv, Dok. 7252/1, Akte 3, S. 6. Ein ähnliches Argument enthält die Aussage der Stadtratsabgeordneten Z. Iram, siehe Untersuchungskommission in Sachen Wadi Salib, Staatsarchiv, Dok. 7253/1, S. 3. Siehe auch Fischbach, Records of Dispossession, S. 32; Zweig, Restitution of Property and Refugee Rehabilitation, S. 56–64.

Selektivität

Die Entwicklungsbehörde und die diskriminierenden Grundsätze, die sie bei der Verteilung des verlassenen Besitzes anwandte, war nur einer der Faktoren, die Ben-Haruschs unterprivilegierte Ausgangsposition auf dem Wohnungsmarkt kennzeichneten. Das war nicht das Ende seiner Klagen, er hatte andere, die sich als noch schmerzlicher erwiesen: »Ich schlage vor, dass man auch das Einwanderungspapier überprüft, das der Einwanderer aus Marokko und das der Einwanderer aus Europa bekommen hat, und die werden ohnehin von allen möglichen Organisationen in Amerika und woanders unterstützt, und ein Teil erhält auch Hilfe durch die Entschädigungen von Deutschland, aber wir haben überhaupt keine Hilfsquelle. Wenn ich in ein Wohnsiedlungsprojekt ziehen will, dann kann ich, wenn ich eine gute Wohnung habe, sie für Schlüsselgeld weitergeben, aber wenn ich in einem Loch wohne, habe ich keine Möglichkeit, etwas weiterzugeben.«[153] Ben-Haruschs Behauptung, dass die Immigranten aus Europa bei der Wohnungsversorgung bevorzugt würden, entbehrte nicht der Grundlage und fand auf alle Fälle ein Echo in Ben Gurions Worten, der die Möglichkeit nicht ausschloss, dass »es eine Diskriminierung gab, die gerechtfertigt war oder auch nicht.«[154] Bei diesem Fall bezog er sich unmittelbar auf die besondere Anstrengung, die Israel unternommen hatte, um die Übriggebliebenen des polnischen Judentums ins Land zu holen, indem man die Gelegenheit nutzte, die sich mit Stalins Tod und dem Regierungsantritt Wladyslaw Gomolkas in Polen aufgetan hatte. »Es kann sein, dass damals wirklich Dinge gemacht wurden, die keine Rechtfertigung haben«, räumte Ben Gurion ein, »es gab Juden, die schon seit 3 bis 4 Jahren in Übergangslagern saßen und ein Zuhause verdient hatten, man gab ihnen kein Haus, man gab den Polen, die vor ein bis zwei Monaten gekommen waren, Häuser. Das hat große Bitterkeit unter den Bewohnern der Übergangslager ausgelöst; und diese Bitterkeit ist berechtigt.« Angesichts des Unvermögens, das Dilemma zu entscheiden, ob man zugunsten der Rettung des ver-

---

153 Untersuchungskommission in Sachen Wadi Salib, 26.7.1959, Aussage David Ben-Harusch, Staatsarchiv, Dok. 7253/1, S. 16.

154 Treffen des Verteidigungsministers mit jungen Studenten aus Nordafrika, Ben-Gurion-Archiv im Negev, Akte zum Thema Wadi Salib, nordafrikanische Immigranten, 1959–1960, 5–18–5.

bliebenen polnischen Judentums ein »Vorzugsrecht« gewähren oder sich der Bewohner der Übergangslager annehmen sollte, leugnete Ben Gurion die Tatsache nicht, dass »im Allgemeinen keine Rechtfertigung für so etwas besteht, einem Polen ein Zuhause zu geben, der vor einem Monat kam, und einem Einwanderer, der vor vier Jahren aus Ägypten oder der Türkei gekommen ist, keines zu geben. Das hat keinerlei Berechtigung.« Die Lösung, die er in jenem Augenblick mit großartiger Entschiedenheit vortrug, war allzu schlicht: »Man muss eine Anstrengung unternehmen, damit auch die Bewohner der Übergangslager Häuser erhalten, und wir werden die Juden, die aus den kommunistischen Ländern kommen, absorbieren können, nicht auf Kosten der Übergangslager.« Angesichts der begrenzten Mittel war das natürlich reine Rhetorik, umso mehr, als Israel die ganzen 1950er Jahre hindurch den europäischen Immigranten im Vergleich zu den marokkanischen Vorzugsbedingungen gewährte.[155]

Die negativen Kollektivbilder von den Einwanderern aus Marokko formten sich in der Praxis bereits während der ersten illegalen Einwanderungswelle 1947 unter dem Eindruck, den die armen, kinderreichen Familien hinterließen – überwiegend aus den Randgebieten der Mellahs[156] in den großen Städten –, und jene Immigranten, die sich zwischen Indigenität und Verwestlichung befanden.[157] Das Negativstereotyp, das sich um die Immigrantengruppe hauptsächlich aus Marokko herum bildete, verstärkte sich in den illegalen Einwandererlagern auf Zypern vor dem Hintergrund von Entfremdung und Reibung, wie aus Ben-Haruschs Aussage vor der Unter-

---

155 Zur, Eine zerrissene Gemeinde, S. 322. Israel wandte nicht nur eine Politik der Bevorzugung von einer Diaspora vor der anderen bei der Immigration an, sondern subventionierte eine Verbesserung der Wohnverhältnisse der eingesessenen Einwohner durch den Bau besonderer Wohneigentumsprojekte, während gleichzeitig ein beträchtlicher Teil der Immigrantenbevölkerung noch in Übergangs- und Zeltlagern hauste. Siehe Gonen, Between City and Suburb, S. 74. Ben Gurion unterstützte, im Gegensatz zur herrschenden Meinung, zum Teil eine selektive Immigration: Er war nicht für eine Begrenzung der Einwandererzahl, sondern für eine qualitative Auswahl der Immigranten. Seine Haltung gegenüber den marokkanischen Juden war, laut Avi Picard, besonders negativ. Siehe Picard, Die Anfänge der selektiven Alija, S. 338–394.

156 *Mellah* war die Bezeichnung der Judenviertel in Marokko ab dem 14. Jahrhundert, als das erste eigene jüdische Viertel in der Stadt Fez auf einem Salzsumpf etabliert wurde, der »al-Mellah« genannt wurde. Siehe Brown, Mellah und Medina, S. 39.

157 Zur, Eine zerrissene Gemeinde, S. 265.

suchungskommission hervorging, der sich dort aufgehalten hatte. Angesichts dieser Eindrücke waren bereits 1948 Stimmen zu vernehmen, die nach einer erneuten Überprüfung der Auffassung riefen, dass man jeden aufzunehmen habe, der immigrieren wollte. Dieser Ansatz war rasch überholt und wurde durch einen anderen ersetzt, der propagierte, dass eine Warteliste für die Immigration eingeführt werden müsse.[158] Von da war es nur noch ein kurzer Schritt dahin, die Aschkenasim an die Spitze der Liste zu stellen und eine sorgfältige und strikte Auswahl bei den Einwanderungskandidaten aus Marokko vorzunehmen, wie sie in ähnlicher Weise bei den jüdischen Einwanderern aus Europa nie angewandt wurde.[159] Israel begann die Immigration marokkanischer Juden schon in einem sehr frühen Stadium zu verzögern. Im November 1951 waren allein in Casablanca 35000 Immigrationskandidaten verblieben, darunter 15000, die bereits eine Ausreisegenehmigung von den Behörden erhalten hatten. Als das Immigrationsbüros aufgelöst und in die Alijaabteilung der Jewish Agency überführt wurde, waren immer noch 62000 Antragsteller registriert, die auf ihre Einwanderung nach Israel warteten.[160] Damit begann sich Israel von seiner außerordentlichen Immigrationspolitik zu verabschieden, von der die frühen Jahre gekennzeichnet waren: ohne Einwanderungsquoten und nahezu ohne jedwede Einschränkungen für die Immigranten.[161] Das nationale Interesse, schreibt Yaron Zur, geriet in einen inneren Widerspruch zwischen dem Wunsch, die weniger wünschenswerte Immigration kurzfristig zu zügeln, und dem Bestreben, weiterhin den zionistischen Geist wehen zu lassen, um das Einwanderungspotenzial für ein späteres und opportunes Stadium zu wahren.

Die Immigration der Juden aus Marokko war von Beginn an von der Befürchtung überschattet, dass sich Marokko nach Erlangung der Unabhängigkeit der Arabischen Liga anschließen würde – was 1958 auch geschah – und eine ablehnende Haltung gegenüber der jüdischen Emigration einnehmen würde. Die marokkanischen Juden befanden sich im Laufe der folgenden Jahre in der Zwickmühle zwischen dem nationalen arabischen Unabhängigkeitsstreben und dem französischen Kolonialinteresse an einer Aufrechterhaltung der

158 Ebenda, S. 267–269.
159 Ebenda, S. 287; Picard, Die Anfänge der selektiven Alija.
160 Zur, Eine zerrissene Gemeinde, S. 281 ff., 315.
161 Ebenda, S. 405; Laskier, North African Jewry, S. 121.

bestehenden Situation in Marokko.[162] Während die Älteren und Etablierteren unter ihnen zur französischen Herrschaft tendierten, zeichnete sich im Kreis der jungen Generation eine Neigung ab, die arabischen Unabhängigkeitbewegungen zu unterstützen. Doch beide Richtungen kannten sehr wohl die Beschränkungen und Risiken, die bei jedem Schritt eines offenen politischen Engagements für die jüdische Seite drohten. Ab 1955, als sich erkennen ließ, dass die Unabhängigkeit in absehbarer Zukunft erreicht würde, konzentrierten die Juden in Marokko ihre Bemühungen auf den Versuch, Beziehungen mit den führenden Fraktionen im marokkanischen Streben nach nationaler Unabhängigkeit zu etablieren, um ihre Freiheit und Sicherheit im zukünftigen souveränen Marokko zu sichern.[163] In Fortsetzung dieser Bemühungen begannen die offiziellen Vertreter des marokkanischen Judentums, die marokkanische Unabhängigkeit ganz offen zu unterstützen. Es ist zu bezweifeln, dass sie eine Alternative dazu hatten, doch sehr segensreich waren diese unvermeidlichen Prozesse für sie nicht.

Je näher der Zeitpunkt der Unabhängigkeit Marokkos rückte, desto mehr stieg die Zahl der Juden, die dort und in Tunis Ausreiseanträge stellten, 1955 belief sich die Zahl auf 70000.[164] Internationale Gremien begannen, ein gewisses Interesse an dem Thema zu zeigen. Der Vorsitzende des Unterausschusses für Migration des amerikanischen Repräsentantenhauses, Francis Walter, wandte sich im September 1955 an den amerikanischen Außenminister, John Foster Dulles, mit dem Vorschlag, die amerikanische Regierung solle versuchen, das ICEM (Intergovernmental Committee for European Migration) davon zu überzeugen, die Absorption marokkanischer Juden in Israel finanziell zu unterstützen.[165] Walter begründete seine Initiative damit, dass die Juden im französischen Marokko ein Anrecht auf den Flüchtlingsstatus hätten. Wenn diese Migranten aus Angst vor Verfolgung auf der Basis von Rasse und Religion flohen, »unterscheiden sie sich nicht von den Flüchtlingen, die vor der kommunistischen Verfolgung fliehen und daher internationale Unterstützung und Hilfe verdienen«. Die offizielle israelische Geschichtsschreibung behauptet, dass Israel zahlreiche Anstrengungen

---

162 Ebenda, S. 138.
163 Ebenda, S. 169–170, 176–177, 187–191; Laskier, Israel and the Maghreb, S. 72.
164 Schechtman, On the Wings of Eagles, S. 291.
165 Ebenda, S. 296.

unternommen habe, um »seine Söhne heimzubringen«[166], doch es scheint, dass diese Version einer konkreten Grundlage entbehrt. Israel negierte und ignorierte die Befürchtungen, die von den offiziellen Vertretern des marokkanischen Judentums geäußert wurden, dass die Unabhängigkeit Marokkos einen Wandel in seiner Migrationspolitik auslösen und zur »Schließung der Tore« führen könne. Aus diesem Grund wurde die Migration aus Marokko nicht als »Rettungsalija« anerkannt, und ihr Umfang unterlag äußerlichen Kriterien, wie Israels Fähigkeit, sie wirtschaftlich zu absorbieren. Im Anschluss an das begrenzte Interesse, das die Knesset für das Schicksal der marokkanischen Juden an den Tag legte, praktizierten der Staat und die Jewish Agency eine extrem selektive Immigrationspolitik gegenüber diesen Einwanderungskandidaten, bürdeten ihnen zahlreiche Erschwernisse auf, unterwarfen sie Maßgaben, die in anderen Ländern nicht üblich waren, und verzögerten ihre Ausreise.[167]

Man kann sich nur zu gut die Frustration vorstellen, die die marokkanischen Immigranten in Israel angesichts der Verzögerung der Einwanderung ihrer Familienangehörigen verspürten.[168] Sie begannen in einer Reihe von Städten zu demonstrieren, um die öffentliche Meinung für die Situation ihrer Verwandten wachzurütteln. Im August 1955 marschierten in Jerusalem 900 nordafrikanische Juden von der Hanevi'imstraße durch die King-George-Straße zum Gebäude der Jewish Agency. Ihre Vertreter – das »Notstandskomitee zur Rettung der Juden Nordafrikas« – trafen sich mit der Führung der Agency und legten dem zionistischen Exekutivausschuss eine Forderung vor, die eine Familienzusammenführung innerhalb der nächsten Monate, die Aufhebung der Selektion bei der Immigration und eine Rettungsalija über Wasser und Luft in nächster Zukunft beinhaltete. Sie schlugen vor, diese Immigration durch einen Not-

166 Dominitz, Immigration and Absorption, S. 156.

167 Malka, Die Selektion; Schechtman, On the Wings of Eagles, S. 271–310.

168 Dazu ist der Kommentar Deborah Bernsteins von Interesse. Ihr fiel bereits 1980 die Kluft zwischen der angewandten Selektion und dem Grundsatz des gesetzlichen Rückkehrrechts auf, und sie bemerkte dazu: »Es ist eine verblüffende Tatsache, dass es keinerlei Erwähnung einer solchen Politik [der Selektionspolitik] in der soziologischen Literatur gibt und keinerlei Versuch, den Eindruck zu erforschen, den dies auf jene Immigranten machte, denen es gelang, die Selektion zu passieren.« Siehe Bernstein, Immigrants and Society, S. 259.

spendenaufruf in Israel und der Diaspora zu finanzieren sowie durch eine spezielle Rettungssteuer in Israel, die aufgehoben werden sollte, wenn das nordafrikanische Exil aufgelöst worden sei.[169] Auch in Haifa fand eine Demonstration statt, allerdings kleiner als in Jerusalem. Die Demonstranten brachen in die Büros der Jewish Agency in der Stadt ein und zerschmetterten Fensterscheiben.[170]

Als Marokko schließlich seine Unabhängigkeit erlangte, wurde offiziell zwar das grundsätzliche Recht auf Ausreise nicht aufgehoben, doch die zionistischen Gremien, die sich mit der Emigration befassten, wurden des Landes verwiesen, und man begann, Ausreiseanträge bürokratisch abzulehnen.[171] Die Anzahl der 36301 Ausreisevisa, die 1956 für Juden ausgestellt worden waren, fiel 1957 auf 8758 und 1958 auf 1803.[172] Zehntausende marokkanischer Juden konnten nicht mehr legal ausreisen, und ein Teil von ihnen versuchte es auf illegalen Wegen.[173] Ihre Verwandten in Israel standen machtlos im Hintergrund, ohne ihnen irgendwie helfen zu können.

»Stellen Sie sich vor, dass es unter denen aus Europa welche gab, die in luxuriösen Wohnungen gelebt haben«

»Diese Frauen, diese alten,
die vorüberstreichen
wie rosa Schattengestalten,
sich zurück in die teuren Wohnungen schleichen,
zwischen der Fäule der Ficusfrüchte,
mit den Nummern auf den Armen,
ohne den bestimmten Artikel.«[174]

---

169 *Ha'arez*, 24.8.1955.
170 Schechtman, On the Wings of Eagles, S. 295–296.
171 Laskier, North African Jewry, S. 192–194, 195–197; ders., Israel and the Maghreb, S. 68–69.
172 Schechtman, On the Wings of Eagles, S. 305.
173 Laskier, Israel and the Maghreb, S. 47ff.
174 Dalia Falach, »Sechs Gedichte«, *Ha'arez*, 28.4.2004.

Als Ben-Harusch das Kapitel des privilegierten wirtschaftlichen Status der europäischstämmigen Immigranten ansprach, tat er das vor dem Hintergrund der aufgehäuften Frustration der marokkanischen Einwanderer über die selektive israelische Immigrationspolitik. Gleichzeitig jedoch traf seine Bemerkung einen besonders empfindlichen Nerv der israelischen Gesellschaft, der über die Frage von Wohnraum und sozialen Bedingungen weit hinausging. Ben-Harusch rührte hier an ein Tabu – der scharfen, unmittelbaren Reaktion nach zu urteilen, die seine Worte bei dem Mitglied der Untersuchungskommission Klebanoff auslösten. Letzterer ging von einer aggressiven Befragung zu einem Kreuzverhör über. Ben-Harusch gelang es noch vorzubringen: »Jetzt sind neue Einwanderer aus Europa gekommen, und sie sind alle in Wohnsiedlungsprojekten oder menschlicheren Gebäuden untergebracht worden.« Es ist schwer zu sagen, was an dieser Aussage Klebanoffs Zorn erregen sollte, doch er verlor tatsächlich die Beherrschung. »Wo haben Sie in Marokko gewohnt?«, fragte er Ben-Harusch. »In Casablanca«, erwiderte jener. »In was für einem Haus?« »Alles in allem kein schlechtes.« »Wie viele Zimmer?«, fuhr Klebanoff fort. »Eineinhalb Zimmer, wir haben zu viert gewohnt – Vater und Mutter, meine Schwester und ich. Aber ein Zimmer dort ist ein Zimmer. Ich habe nicht gesagt, dass ich reich war in Marokko.« An dieser Stelle fühlte sich Klebanoff bemüßigt, die Sachen ins rechte Licht zu rücken, und er kommentierte: »Stellen Sie sich vor, dass es unter denen aus Europa welche gab, die in luxuriösen Wohnungen gelebt haben.«[175] Klebanoffs boshafte und unvermittelte Bemerkung präsentierte eine Hierarchiesierung von Rechten und Ansprüchen, als sei dies naturgegeben. Nicht Ben-Harusch als Privatmensch, sondern jene Menschen asiatischer und afrikanischer Herkunft – kurz alle, die nicht aus Europa stammten – waren aufgefordert, diese Rangordnung ohne Einspruch anzuerkennen und hinzunehmen. Klebanoffs Kommentar wurde in den Raum geworfen, ohne irgendeine Diskussion nach sich zu ziehen, als sei das ein Axiom. Jedes Gegenargument wäre unter diesen Umständen als Blasphemie interpretiert worden. Der unverhüllte Text besagte, dass den Europäischstämmigen mehr zustand, weil sie mehr gehabt hatten. Der unterschwellige Text indizierte noch ein Weiteres: nicht nur, weil sie mehr gehabt hatten, sondern auch, weil man ihnen mehr

---

175 Untersuchungskommission in Sachen Wadi Salib, Aussage David Ben-Harusch, 26.7.1959, Staatsarchiv, Dok. 7253/1, S. 4.

genommen hatte. Klebanoff konfrontierte nicht nur die vergebliche privilegierte materielle Vergangenheit der europäischen Immigranten mit der der Einwanderer aus Asien und Afrika, sondern leitete offenbar auch deren höhere moralische Position daraus ab, dass sie Opfer des Nationalsozialismus gewesen waren.

Bis zum heutigen Tag wird dies als Maß allen Leids und Unrechts begriffen.[176] Die Bedeutung des Holocaust des europäischen Judentums wird nicht auf den europäisch-atlantischen Zusammenhang beschränkt, sondern als Eckstein eines globalen »Katastrophenbewusstseins« verstanden, der auch für die heutigen Zeitgenossen weiterhin maßgebend ist.[177] Die internationale Diskussion über die Fragen von Entschädigung für historisches Unrecht, die in den letzten zwei Jahrzehnten geführt wird, das heißt seit Ende des Kalten Krieges 1989 und der Schaffung neuer Bedingungen für historische Ansprüche und Entschädigungsforderungen, die bis dahin auf Eis lagen, hat einen zusätzlichen Aspekt erhalten, der in den 1950er Jahren noch nicht existent gewesen sein konnte. So wie der Holocaust zum Grundmaßstab für die Befassung mit Verbrechen der Vergangenheit geworden ist, so wird die Entschädigung der Holocaustopfer zum Präzedenzfall für Kompensationsforderungen jedweder historischer Verbrechen. Die Reparationen und Entschädigungen, die Deutschland seit 1952 über internationale jüdische Organisationen und den Staat Israel an die Holocaustopfer ausgezahlt hat und noch weiterhin zahlt, werden als Paradigma für die Gültigkeit von Anerkennungsprozessen historischer Verantwortung, Entschädigung und Versöhnung angesehen.[178]

Die paradigmatische Bedeutung, die die Wiedergutmachungen und Entschädigungen angenommen haben, haben bei einem Teil der Historiker Widerwillen ausgelöst. So vermögen sie in den kleinteiligen bürokratischen Manövern keinen Akt historischer Größe zu erkennen.[179] Es fällt in der Tat schwer, in der strikten, pedantisch-bürokratischen Umsetzung einen besonderen Wert als humanistisches Musterbeispiel zu sehen. Daher befindet sich die intellektuelle Diskussion in einer kontinuierlichen Spannung zwischen zwei prin-

---

176 Torpey, Making Whole What Has Been Smashed.

177 Diner, Restitution and Memory.

178 Barkan, The Guilt of Nations, S. 24.

179 Goschler, Besitzrückgabe, S. 440–443; Frei/Brunner/Goschler, Die Praxis der Wiedergutmachung, S. 47.

zipiellen Herangehensweisen: dem skeptischen Ansatz, den die Historiker zum Ausdruck bringen, deren Fachgebiet die akribische Rekonstruktion der fiskalischen Aspekte der Reparationsvereinbarungen ist, gegenüber dem Ansatz derer, die sich auf die prinzipielle Bedeutung dieser Prozesse fokussieren und hauptsächlich die indirekten, unbeabsichtigten und meist positiven Ergebnisse eben jener Prozesse betonen. Zu Letzteren zählt beispielsweise Charles Maier, der schrieb:

> »Wird ein Abkommen getroffen, muss das im Endeffekt zu einer Profanierung des Verlusts führen, unabhängig vom Protest der Opfer oder Überlebenden. Das ist exakt der Zweck der Übung: den Verlust vom geheiligten Bereich des »Nie-Vergessens« auf das Gebiet des politischen »Zur-Debatte-Stehenden« zu verschieben [...]. Die Seiten, die einander gegenüberstehen – Täter und Opfer – strecken die Hand über den Abgrund des historischen Hasses aus, um einen Dialog wiederaufzunehmen, der ihnen ein Zusammenleben unter einigen überbrückenden Gesetzen der Höflichkeit und Koexistenz ermöglichen wird.«[180]

Bevor wir diese Grundsatzpositionen mit Ben-Haruschs Behauptungen in Beziehung setzen, kehren wir noch einmal zu den Ereignissen von Wadi Salib von 1959 zurück. Die Demonstranten in Wadi Salib begnügten sich nicht mit ihrem Groll gegen eine Polizei, die auf einen unbewaffneten Betrunkenen schießt. Unter den übrigen Parolen, die bei der ersten Demonstration kurz nach der Schießerei gerufen wurden, war eine zu vernehmen, deren Zusammenhang mit dem Ereignis vollkommen unklar war. »Sie verkaufen Waffen an die Deutschen!«, schrieen die Demonstranten. In der Tat wurden in den Jahren 1957 bis 1959, als Folgewirkung der Kooperation in Sachen Sicherheit zwischen Israel und Deutschland Rüstungsabkommen geschlossen. Eine oberflächliche Interpretation mag in den Parolen der Demonstranten einen weiteren Beweis dafür sehen, dass die Cherutbewegung hinter den Krawallen in Wadi Salib stand und die Gemüter angeheizt hatte. Diese Partei war bekannt für ihre kategorische Ablehnung jeglicher Kontakte mit Deutschland. Gerade jedoch gegen Ende der 1950er Jahre stellte sich, vor dem Hintergrund der Waffentransaktionen, heraus, dass die Cherut das Interesse an dem deutsch-israelischen Thema zu verlieren begann

---

180 Maier, Overcoming the Past?, S. 297.

und es von der öffentlichen Tagesordnung absetzte. Schimschon Junitschman, ein Parlamentsabgeordneter der Cherut, schrieb folgendes:

> »Seinerzeit war der Krieg gegen Deutschland heilig. Doch nachdem die Knesset die Reparationen gebilligt und sich die Hoffnung erübrigt hat, dass die Deutschen nicht zahlen würden – war der Krieg hinfällig. Auch wenn wir in der nächsten Knesset einen großen Sieg erringen würden, würde es uns nicht gelingen, eine Koalition zu bilden, wenn wir auf die Reparationszahlungen verzichten wollten, denn die öffentliche Meinung ist dagegen. Und jedes Regierungsoberhaupt, einschließlich Menachem [Begin], wird gezwungen sein, spezielle Waffen auch von Deutschland zu erhalten, wenn andere keine hergeben wollen.«[181]

Ressentiments werden nicht täglich aktualisiert, und die Demonstranten von Wadi Salib hatten wohl kaum einen Grund, die Haltung der Cherut in Bezug auf Deutschland fortzusetzen. Es kann natürlich sein, dass sie weiterhin an den tradierten Positionen festhielten, die sie jahrelang verfolgt hatten. Doch es besteht auch noch die weitere Möglichkeit, dass ihr Standpunkt in der Sache von anderen Faktoren motiviert worden war, unabhängig von jeglichem Parteiprogramm.

Wenn Ben-Harusch die Datenspeicher der Bank von Israel hätte einsehen können, wären ihm Tatsachen enthüllt worden, auf die er instinktiv reagiert hatte. Die Daten der Bank zeigten, dass 1959 jede Zehnte aller städtischen jüdischen Familien individuelle, einmalige Entschädigungszahlungen von Deutschland erhalten hatte.[182] Darüber hinaus bekam etwa ein Prozent der Familien 1958 regelmäßige Kompensationen in Form einer Pension oder Rente. Die Anzahl der einmaligen Zahlungsempfänger belief sich bis Anfang 1959 auf etwa 51 000 Familien. Jede sechste Familie europäischer Herkunft, die in Israel lebte, erhielt irgendwelche Entschädigungen von Deutschland. Mitte der 1960er Jahre, wenige Jahre nach der Wadi Salib Affäre, steigerten die Kompensationszahlungen das verfügbare persönliche Jahreseinkommen durchschnittlich um mehr als 40 Prozent. Dies waren erhebliche Summen nach allen Maßstäben, und sie

---

181 Weitz, Die alternative Flagge, S. 457. Zur Position der Cherutbewegung gegen das Reparationsabkommen siehe auch ders., Die Cherutbewegung gegen die Reparationszahlungen, S. 188–189.

182 Diese Angaben stammen von Teitelbaum, Die individuellen Entschädigungen.

flossen im ersten Stadium in die Ersparnisse der Holocaustüberlebenden ein. Bald darauf, genauer gesagt, etwa zwei Jahre nach Erhalt der persönlichen Wiedergutmachungszahlungen, verblieben nur noch ein Drittel davon als liquide Ersparnisse und langfristig nur noch ein Fünftel der Summe, an Devisen gekoppelt, in dieser Form. Die anderen Gelder wurden für Konsum aufgewendet. Eine Studie, die die israelische Zentralbank zur Auswirkung der persönlichen Entschädigungsgelder auf Konsum- und Sparverhalten in Israel durchführte, ergab, dass »etwa zwei bis drei Jahre nach Erhalt der Entschädigungen über sechzig Prozent davon in Immobilien angelegt worden sind, während von den liquiden Einlagen so gut wie nichts übrig geblieben ist«.[183] Ben-Harusch täuschte sich nicht, als er die Reparationszahlungen von Deutschland als entscheidende Station auf dem Weg der Akkumulierung von Immobilien in Israel markierte. Eine Studie, die Ende der 1960er Jahre im Rahmen der Israel-Bank erstellt wurde, zeigte, dass der Fluss der individuellen Entschädigungsgelder, die im ersten Jahrzehnt eintrafen, eine Mehrung von 25 Prozent an physischem Besitz bei den Familien zur Folge hatte, die sie erhielten – das heißt Wohnungen, häusliche Ausstattung und Autos –, sowie eine Verdreifachung des finanziellen Vermögens solcher Familien in dieser Periode.

Eigentümerschaft von Vermögenswerten, und zuallererst einer Immobilie, ist vielerorts der Schlüssel zum sozial-ökonomischen Status, und ganz besonders in Israel, wo die Immobilienpreise in den 1950er Jahren kräftig anzogen. Abgesehen von der psychologischen Komponente und der emotionalen Sicherheit, die Besitz verleiht, hat eine Immobilie eine sichtbare ökonomische Bedeutung, die ihren Besitz in das deutliche Zeichen einer gesellschaftlichen Schicht verwandelt.[184] Es ist wichtig, hier auf die scheinbar selbstverständliche Tatsache hinzuweisen, dass eine Wohnung ein nachhaltiger Besitz ist. Darüber hinaus ist Wohlstand, der sich in Wohneigentum darstellt, die wesentliche, sofern nicht ausschließliche Komponente des Familienvermögens bei den meisten Familien. Wohneigentum ist auch ein zentraler Bestandteil bei der Weitergabe des Familienver-

---

183 Landesberger, Der Einfluss der individuellen Reparationszahlungen, S. 46–48. Siehe auch Teitelbaum, Die individuellen Entschädigungen; Gonen, Between City and Suburb, S. 99.

184 Elmelech/Levin-Epstein, Migration und Wohnraumbeschaffung in Israel, S. 245–246.

mögens von einer Generation zur anderen und somit ein entscheidender Faktor für die Chancen auf Wohlstand und Erfolg der nächsten Generation. Im israelischen Fall wies Ben-Harusch auf zwei Dinge: Dauer der Ansässigkeit im Land und Herkunft, als Faktoren hin, die den israelischen Wohnungsmarkt formten. Es herrscht heutzutage allgemeine Einigkeit über die Existenz einer ethnischen Ungleichheit auf dem Wohnungsmarkt ebenso wie über das Gewicht einer langen Ortsansässigkeit in dem Bereich. Die Frage der Relationen zwischen all den Komponenten, die diese Ungleichheit in Israel entstehen ließen, ist jedoch immer noch strittig.[185] Ende der 1950er Jahre befand sich Israel im Baufieber. Wem es gelang, eine gute Immobilie in den städtischen Zentren zu erwerben, der sicherte damit die ökonomische Zukunft der kommenden Generation. Die individuellen Wiedergutmachungsgelder vertieften zweifellos die ethnische Kluft in Israel, da sie die europäischstämmigen Juden in die Lage versetzten, qualitativ hochwertiges Eigentum in den entscheidenden Jahren zu erwerben. Diese Feststellung trifft natürlich nicht auf diejenigen zu, die sich prinzipiell weigerten, Reparationszahlungen zu akzeptieren, sowie jene, deren Anträge auf Kompensation aus technischen Gründen nicht ordentlich bearbeitet wurden oder die psychische Gründe von einer Antragstellung abhielten.

Ben-Haruschs Behauptung, dass die Wiedergutmachungen, die von Deutschland gezahlt wurden, ein Bestandteil der Kluft zwischen westlichen und orientalischen Juden seien, war auf der materiellen Ebene zweifellos richtig. Doch auch auf der symbolischen Ebene hatte Ben-Harusch recht, und vielleicht war es gerade das, was Klebanoffs Zorn erregte. Die Untersuchungskommission, so scheint es bisweilen, weigerte sich anzuerkennen, dass das wirtschaftliche und soziale Niveau eines Teils der nordafrikanischen Immigranten im Zuge ihrer Einwanderung gesunken war. Die Möglichkeit, dass auch sie, wie ein Teil der aschkenasischen Juden, nicht nur »aufgestiegen«, was im zionistischen Vokabular »nach Israel eingewandert« heißt, sondern auch abgestiegen waren, nämlich ihren Besitz und ihren beruflichen Stand eingebüßt hatten, als sie aus ihrem Zuhause in Marokko entwurzelt worden waren, wurde das eine und andere Mal verworfen. Als ein weiterer Zeuge der Untersuchungskommission berichtete, dass er vor seiner Immigration »Palastgoldschmied des Sultans von Marokko« gewesen sei, und

185 Khazzoom, Did the Israeli State Engineer Segregation?

hinzufügte, »ich kann sagen, dass die Menge an Silber und Gold, die wir verarbeiteten, größer war als die Kartoffelmengen am Talpiot-Markt«, beeilte sich Richter Etzioni, der Genauigkeit halber einzuwerfen: »Nur dass es nicht Ihnen gehörte.«[186] Die Immigranten marokkanischer Herkunft wurden, um einen Begriff zu benutzen, den Elazar Barkan in der vergleichenden Diskussion über Kompensation, Versöhnung und Rückkehr entwickelt hat, als »unworthy victims« aufgefasst – eine Kategorie, die Barkan verwendet, um Gruppen zu bezeichnen, deren Opferstatus nicht in Zweifel gezogen wird, die jedoch aus verschiedensten Gründen keiner Anerkennung und Empathie für wert befunden werden. Barkan sprach von Opfern, die für unwert befunden wurden, da man ihnen eine Verantwortung für die Ereignisse zuschreibt, die sie in Opfer verwandelt haben.[187] Die Juden Marokkos wurden unter den historischen Umständen für »weniger wert« befunden als diejenigen, die als Folge des schrecklichen Leids, das ihnen zugefügt wurde, mehr wert waren.

Die Debatten der letzten beiden Jahrzehnte haben die Instrumente der Analyse verfeinert, was es ermöglicht, die materielle und symbolische Bedeutung der Entschädigungsprozesse innerhalb des Gefüges des israelischen Lebens nachzuvollziehen. Sie befähigen uns unter anderem, die Art und Weise zu begreifen, in der das Wiedergutmachungsabkommen und die bilateralen Beziehungen zwischen Israel und Deutschland das Gefühl der Diskriminierung unter den Bewohnern Wadi Salibs nährten. Tatsächlich kann man im Rückblick, ohne die Anerkennung des Schmerzes und Leids der Holocaustüberlebenden auch nur im Mindesten zu schmälern, argumentieren, dass die Rückgabe von Besitz und die partielle Entschädigung, die ein Teil von ihnen in Israel erhielt, eine doppelte Rehabilitation enthielt: Im Verhältnis zwischen Opfer und Täter bezeichnete die Rückgabe des Besitzes eine retrospektive Anerkennung ihrer Identität und Rechte. Jedem Kompensationsprozess liegt eine historische Version zugrunde. Auch wenn keine Notwendig-

---

186 Aussage David Ben-Harusch (nicht identisch mit dem Protagonisten Ben-Harusch), Nachmittagssitzung 10.8.1959, Aussagen vor der Kommission (Band 3), Staatsarchiv, Dok. 7253/1, Akte 3, S. 1.

187 Barkan, Restitution and Amending Historical Injustices. Siehe auch den Gebrauch, den Michael Feige von dem Begriff des »unwürdigen Armen« macht, den George Bernard Shaw prägte, in Feige, »Das ist eine Geschichte über einen Ort«, S. 217.

keit besteht, dass sich Täter und Opfer über die gesamte historische Version einig sind, ist die Entschädigung durch die Bereitschaft des Täters bedingt, seine Verantwortung anzuerkennen. Diese rückwirkende Anerkennung hat einen zweifachen Effekt: Das Opfer findet sich angesichts seiner vormaligen Peiniger in seinem vormaligen Status wieder anerkannt, und das etabliert gleichzeitig seinen neuen Stand am neuen Ort. Die materielle Entschädigung verleiht also eine Art »doppelte Staatsbürgerschaft«: Sie gibt dem Opfer seine staatsbürgerliche Zugehörigkeit im Land der Täter zurück und strahlt auf den Einwandererstatus als Flüchtling in seinem neuen Land aus.

Ein Flüchtling, der Entschädigung erhält, stellt nicht den historischen Normalfall dar. Das 20. Jahrhundert hat uns daran gewöhnt, die Flüchtlingslage als statisch hinzunehmen oder, wie es Lisa Malkki in ihrer Forschung formulierte, den Flüchtling als jemanden zu betrachten, der außerhalb der kosmologischen Ordnung der Dinge definiert wird.[188] Den aus Europa stammenden Menschen kam im Staate Israel in gewissser Hinsicht eine Sonderstellung zu, und dies noch bevor der Eichmannprozess das kollektive Bewusstsein hierfür erweckte, vor allem dann, als ihnen die Entschädigungen so etwas wie eine symbolische Rehabilitation gewährten.[189] »Stellen Sie sich vor, dass es unter denen aus Europa welche gab, die in luxuriösen Wohnungen gelebt haben«, hielt Klebanoff Ben-Harusch vor. Und man konnte sich das tatsächlich leicht vorstellen. Diese Kompensationsprozesse waren es, die der Welt von gestern rückwirkende Bestätigung verliehen. Im Fall der Juden aus arabischen Ländern geschah dies nicht. Ihre Welt von gestern wurde in Zweifel gezogen. Es ist fraglich, ob es Klebanoff gelang, sich das große Zimmer Ben-Haruschs in Casablanca vor Augen zu führen. Dafür hatte Ben-Harusch in diesem Stadium keinerlei Beweise. Und so, in Ermangelung von Beweisen, war Ben-Harusch nichts als irgendein Bewohner des Wadi-Salib-Viertels in Haifa, eines verlassenen muslimischen Viertels zu Füßen des Karmels nahe dem Hafen und der Unterstadt.

---

188 Malkki, Purity and Exile, S. 9.

189 Baruch Kimmerling spricht von »symbolischen Gütern« der Holocaustüberlebenden. Siehe Kimmerling, Immigranten, Siedler, Einheimische, S. 300.

Evakuierung

Lichter der Großstadt

Die Besiedlung des verlassenen arabischen Besitzes in Wadi Salib durch die marokkanischen Immigranten erfolgte in zwei Schüben. Der erste Schub erreichte das Viertel direkt aus den Einwandererlagern gegen Ende 1948. Zum Teil war es eine spontane Eigeninitiative der Immigranten, die mit diesem Schritt auf die gravierende Notlage in den Immigrantenlagern reagierten und sich daran machten, selbst nach provisorischen Unterkunftslösungen mit Unterstützung der Behörden zu suchen. Gleich Wadi Salib wurden zu dieser Zeit auch das »große Areal« in Jaffa, das Stadtviertel Sachne in Lod und das ehemals arabische Dorf Salame bei Tel Aviv von Immigranten bevölkert.[1] Die zweite Welle traf auf Umwegen ein, als die Einwanderer die Immigrantensiedlungen, zu denen sie im Rahmen des israelischen Bevölkerungsverteilungsplans Anfang der 1950er Jahre dirigiert worden waren, wieder zu verlassen begannen. Sie waren gezwungen, sich mit Wohnraum minderer Qualität zu begnügen, in Ruinen und Kellern, da die besseren Wohnungen bereits okkupiert oder 1948 bewohnt worden waren. Dieser Aneignungsschub des verlassenen Besitzes in der Stadt war nicht das Ergebnis irgendeiner Planung. Während sich der Vorgang Ende 1948 aus eigener Initiative, mit Unterstützung der für die Ansiedlung zuständigen Behörden, abgespielt hatte, wich dieser Zustrom in den frühen 1950er Jahren von den Absichten der Behörden ab, unterminierte sie sogar. »Der Ort zog an«, so formulierte es eine frühe apologetische Version dieses Geschichtskapitels in einem Buch zu Ehren von Abba Khoushi, Haifas Bürgermeister. Die Verfasser des Buches schrieben den späteren Andrang auf Wadi Salib seiner günstigen geographischen Lage zu, ein paar Gehminuten von der Herzlstraße entfernt und in der Nähe der kommerziellen Zentren der Unterstadt und des Hafens. Doch auch der prekäre rechtliche Status der Liegenschaften hatte im Anfangsstadium seine Vorteile. Es war möglich, Wohnungen von Hand zu Hand ohne Genehmigung der Entwicklungsbehörde weiterzugeben, da diese sich weigerte, Miete von den neuen Bewohnern

1 Hacohen, Immigranten im Sturm, S. 80–81.

anzunehmen, um ihnen keine Wohnrechte einzuräumen, solange sie ihren Anteil am »Schlüsselgeld« noch nicht erhalten hatte. Auch Besitzsteuern wurden nicht in vollem Umfang gezahlt, vor allem wenn es sich um Familien handelte, die von der sozialen Fürsorge unterstützt wurden.[2]

Der Strom eines Teils der marokkanischen Einwanderer aus den Immigrantensiedlungen zu dem »verlassenen Besitz«, vom Dorf in die Stadt, war eine Art Wiederholung, eine zweite Runde. Die Migration der marokkanischen Juden fügte sich aus mehreren Elementen, die dem späteren Blick verborgen blieben, der sich ausschließlich auf den Übergang von Marokko nach Israel konzentrierte. In Wirklichkeit jedoch ging bei vielen der Immigranten diesem Übergang nach Israel eine innere Migration in ihrem Herkunftsland voraus, welche sich im Laufe ihrer Niederlassung in Israel nun wiederholte. Der Prozess der Binnenmigration vom Dorf in die Stadt war eines der Zeichen der Zeit in Marokko nach dem Zweiten Weltkrieg. So wuchs zum Beispiel die Bevölkerung Casablancas von 50000 Einwohnern im Jahre 1912 Anfang der 1950er Jahre auf eine Million.[3] Ein identisches Phänomen spiegelte sich auch im Leben der dortigen jüdischen Gemeinde wider: 1945 wohnten in Casablanca an die 52000 Juden, während sich ihre Zahl nur vier Jahre später, 1949, auf etwa 63000 belief.[4] Nur ein Drittel des zahlenmäßigen Anstiegs entsprang natürlichem Wachstum, während die verbleibenden zwei Drittel das Resultat innerer Migration waren. Eine ähnliche Entwicklung, wenngleich in geringerem Umfang, zeigte sich in Marrakesch, Rabat, Fes und Meknes sowie in einer Reihe kleiner Gemeinden in den Kleinstädten und Dörfern.[5] Die Juden waren ein untrennbarer Bestandteil des rapiden Urbanisierungsprozesses, den Marokko durchlief, und etwa 60 Prozent von ihnen konzentrierten sich in den fünf großen Städten. 25 Prozent der marokkanischen Juden lebten in etwa zwanzig mittelgroßen und anderen

---

2 Das Abba Khoushi Buch (hebräisch), Teil 2, Kap. 22, »Rehabilitation der Armenviertel«, Stadtarchiv Haifa, Akte 47136.

3 Abitbol, Modernisierungs- und Entwicklungsprozesse, S. 382–386.

4 Feuerstein/Rischel, Die Kinder der Mellah, S. 57.

5 Abu-Lughod, Rabat. Joseph Schechtmann liefert die folgenden Daten zur Anzahl der Juden in marokkanischen Städten 1947: Casablanca 86375; Marrakesch 18750; Fes 18020; Meknes 15842; Rabat 14250. Siehe Schechtman, On the Wings of Eagles, S. 273.

Städten und nur 10 Prozent in ländlichen Gegenden.[6] Der Anteil der Juden an der städtischen Bevölkerung Marokkos betrug etwa neun Prozent, das heißt fast das Vierfache ihres generellen Bevölkerungsanteils.[7] »Auch hier zieht die Großstadt die Dorfbewohner an, die kommen, um ein Phantasieparadies zu suchen, und nur degenerierte Bedürftigkeit finden«, schrieben Feuerstein und Rischel,[8] die beiden israelischen Gelehrten, die auf Reisen gingen, um in der »Mellah« die Quelle für den Bildungsrückstand unter den Kindern der marokkanischen Immigranten in Israel zu suchen. Obgleich der rapide Urbanisierungsprozess Mitte des 20. Jahrhunderts von einer allmählichen Abwanderungsbewegung aus den traditionellen jüdischen Vierteln begleitet war, lebte dort immer noch etwa die Hälfte der marokkanischen Juden. In Casablanca belief sich die Zahl der jüdischen Mellah-Bewohner auf circa 25000.[9]

Die Mellah hatte eine ähnliche Größe wie ein durchschnittliches muslimisches Viertel in einer marokkanischen Stadt, ihre Wohndichte jedoch erreichte manchmal das Drei- oder sogar Vierfache der muslemischen Armenviertel. Die Mellah fungierte als unabhängige, autark-urbane Einheit, die die Bedürfnisse der Bewohner mit Märkten und Handel abdeckte. Die kleinen Läden waren zumeist an der Straße situiert, die mit Abzweigungen ins Herz der Mellah führte und in deren weiterem Verlauf die Wohngassen abzweigten. Die Wohneinheiten bestanden manchmal nur aus einem Raum, meistens ohne fließendes Wasser und ohne Kanalisation. Gekocht wurde außerhalb des Wohnraums im Innenhof, der von mehreren Familien gemeinschaftlich genutzt wurde.[10] Manch einer war fasziniert von dieser Lebensweise. Elias Canetti, der jüdische Schriftsteller sephardisch-bulgarischer Herkunft und jüdische Flüchtling aus Wien, der in London lebte, wanderte 1954 durch die Mellah von Marrakesch und konnte sich vor Begeisterung kaum fassen:

> »Mir war zu Mute, als wäre ich nun wirklich woanders, am Ziel meiner Reise angelangt. Ich mochte nicht mehr weg von hier, vor Hunderten von Jahren war ich hier gewesen, aber ich hatte es vergessen und nun kam mir alles wieder. Ich fand jene Dichte und

---

6 Abitbol, Modernisierungs- und Entwicklungsprozesse, S. 382–386.
7 Schechtman, On the Wings of Eagles, S. 273.
8 Feuerstein/Rischel, Die Kinder der Mellah, S. 57.
9 Malka, Die Selektion, S. 29.
10 Schechtman, On the Wings of Eagles, S. 273.

> Wärme des Lebens ausgestellt, die ich in mir selber fühle. Ich *war* dieser Platz, als ich dort stand. Ich glaube, ich bin immer dieser Platz.«[11]

Canettis Sicht unterschied sich stark von anderen, die normalerweise von dem Anblick, der sich ihnen bot, entsetzt waren. »Niemals wird dieser Gestank aus meiner Nase weichen, der dort herrschte …«, erinnerte sich Myrtle Karp, eine amerikanische Jüdin, in der jüdischen Spendenaktion tätig, als sie dort einen Besuch machte. »Kinder mit geschorenen Köpfen und Trachomkrankheit in den Augen; zu begreifen, dass Menschen so leben, das war etwas, dass kein Mensch von uns je gesehen hatte, auch nicht in den Slums unserer Städte«, berichtete sie.[12] Auch Feuerstein und Rischel,[13] die die Wurzeln der Misere der marokkanischen Einwanderer in Israel in ihrem Ursprungsland suchten, betrachteten die Mellah aus einem anderen Blickwinkel als Canetti, denn was sie sahen, war schlimmste Verwahrlosung. Sie beschrieben es so:

> »80 Prozent der Familien wohnen in einem einzigen Raum […]. Die Beleuchtung in den Zimmern ist mangelhaft, und sie haben kein fließendes Wasser […]. Eine Toilette dient zahlreichen Familien […]. Die modernen Hygienesitten existieren hier nicht: Man wäscht sich wenig – in einem Maß, das den Religionsvorschriften Genüge tut; die Küchengeräte werden in einem zweifelhaften Zustand gehalten, und in den Gassen, wo die Fliegen wimmeln, bleiben die Lebensmittel unbedeckt, einschließlich Fleisch, dessen ausdünstender Geruch zuverlässiges Zeugnis über seine mangelnde Frische ablegt.«

Bar jeglicher Armutsromantik stellten die beiden Gelehrten kategorisch fest: »Jeder Mensch, der durch einige der Mellahs in den Großstädten wandert, wird ohne zu zögern sagen, dass es nur ein Mittel zur Verbesserung des elenden Zustands gibt, und das ist die vollständige Zerstörung und der Aufbau neuer Städte oder neuer Viertel an ihrer Stelle.«[14]

Ein solcher Vorschlag zeugte allerdings von Unkenntnis der wirtschaftlichen Bedingungen Marokkos, die es schwierig machten,

11 Canetti, Die Stimmen von Marrakesch, S. 48.
12 Picard, Die Anfänge der selektiven Alija, S. 359.
13 Feuerstein/Rischel, Die Kinder der Mellah, S. 61.
14 Ebenda, S. 80.

die immense Wohnungsnot zu bewältigen.[15] Während des Zweiten Weltkriegs und in den ersten Folgejahren hatte es in Marokko keinerlei Bauaktivität gegeben. Die Wohnungsnot und die Überfüllung, die sich durch die hohe Geburtenrate und die innere Migration noch verschärfte, blieben viele Jahre lang ungelöst. Die Lage der jüdischen Bewohner der Mellah war einer der Nebeneffekte der kolonialen Urbanisierungspolitik. Die französischen Niederlassungen in den Gebieten der französischen Kolonialherrschaft generell und in den Städten im Norden Marokkos insbesondere dienten als fruchtbarer Boden für innovative modernistische Experimente städtischer Planung.[16] Diese Initiativen waren hauptsächlich auf die Bedürfnisse der dort ansässigen Franzosen ausgerichtet und ignorierten die lokale Bevölkerung dauerhaft. Die Slumgebiete an den Rändern der europäischen Siedlung blieben dem Blick der kolonialen Stadtplanung verborgen. Mitte der 1950er Jahre beschloss die marokkanische Regierung zwar, Etats zu öffentlichen Bauzwecken bereitzustellen und private Bauvorhaben zum Wohl der Mellah-Bewohner zu ermutigen, doch das war ein Tropfen auf den heißen Stein: Die begrenzten Ausmaße der Bauinitiative konnten die wachsenden Bedürfnisse nicht befriedigen, und ihr hoher Preis diktierte hohe Mieten. Dieses Programm bediente somit den gehobenen Mittelstand, während es die Ohnmacht der Unterschicht zementierte.[17] Da sich keine Reform der marokkanischen Urbanisierungspolitik am Horizont abzeichnete, was ohnehin außerhalb des Einflussbereichs der Autoren, Feuerstein und Rischel, lag, stellten die beiden mit aller Deutlichkeit fest: »Die einzige effektive Lösung besteht somit darin, die Mellah durch die Alija nach Israel zu entleeren.«[18]

Entsprang dieses Urteil Naivität? War es gegenstandslose Rhetorik oder schlicht Ahnungslosigkeit? Zu dieser Zeit herrschte bereits allgemeine Übereinstimmung unter den diversen Stellen der Eingliederungsbehörden hinsichtlich einer negativen Bewertung der marokkanischen Stadtjuden. Diese Einschätzungen begannen sich auf dem

---

15 Schechtman, On the Wings of Eagles, S. 274.

16 Siehe Conrad, Doppelte Marginalisierung, S. 156; Golan, Jewish Nationalism, European Colonialism, and Modernity, S. 488; Rabinow, Colonialism, Modernity, S. 170ff.; Abu-Lughod, Rabat, S. 147.

17 Schechtman, On the Wings of Eagles, S. 273–275.

18 Feuerstein/Rischel, Die Kinder der Mellah, S. 80.

Hintergrund des bitteren Fehlschlags der Operation »Jugendalija« 1952 herauszuformen. Nachdem die jungen Leute, die Janni Avidov, der Emissär der Jewish Agency in Casablanca, rekrutiert hatte, bei ihrem Zwischenaufenthalt in Marseille völlig außer Rand und Band gerieten, war Avidov gezwungen, ihr Benehmen zu erklären:

> »Paris, Frankreich, das sind Zauberworte in den Ohren aller marokkanischen Jugendlichen; Frankreich ist der Gipfel aller Wünsche eines jeden Marokkaners. Jahre über Jahre hat dort jeder junge Mensch Träume von dem freien und glücklichen Leben in diesem Land gesponnen. Und es ist möglich, dass ihr glühendes Streben, nach Israel zu immigrieren, auch von der Tatsache beflügelt war, dass sie unterwegs Frankreich sehen und sich dort aufhalten würden, und daher kam diese plötzliche Entladung bei ihrer Ankunft, und es war schwierig, sie zu zügeln und wieder in die erwünschte Bahn zurückzulenken.«[19]

Auch Jitzchak Raphael, Leiter der Alijaabteilung der Jewish Agency, musste gezwungenermaßen zugeben, »das sind junge Menschen, die ohne Eltern und ohne Verwandte hierher kamen. Sie haben keinen Rahmen. Diese Jugendlichen sind ausgesetzt worden [...], sie bilden eine Verstärkung für die jungen Leute, die sich auf den Märkten herumtreiben, begehen Diebstähle und vergrößern die Unterwelt in den Gassen Jaffas und Haifas.«[20] Diejenigen, die prinzipielle Vorbehalte gegen die Immigration der marokkanischen Juden hatten, waren umso unangenehmer berührt von dem, was sie in der Mellah sahen. Dr. Eliezer Matan, der Vertrauensmann des Leiters des Gesundheitsministeriums, Dr. Chaim Schiba, und sein Repräsentant in Casablanca, verwarf Pläne, in einzelnen Stadtvierteln eine Behandlungskampagne der Trachom-Augenkrankheit durchzuführen, da er der Ansicht war, dies sei eine soziale Krankheit, wie Alkoholismus, und unter den gegenwärtigen Bedingungen nicht heilbar. Deshalb vertrat er die Meinung, dass man sich ausschließlich auf die Dörfer zu konzentrieren habe und keine Kandidaten aus den Städten immigrieren lassen solle.[21] Dieser Standpunkt, der sich da herausbildete, der ausdrücklich der Immigration von Landbewohnern den Vorzug gab, fand viele Befürworter.[22] Ze'ev Chaklai, Leiter des Jewish

---

19 Zur, Eine zerrissene Gemeinde, S. 362.
20 Ebenda, S. 363.
21 Ebenda, S. 370.
22 Laskier, North African Jewry, S. 121–123.

Agency Büros in Casablanca, bemerkte in einem Brief, den er im März 1953 an Ben Gurion schrieb, »der allgemeine Gesundheitszustand [der Dorfbewohner], abgesehen von Trachoma und Scherpilzflechte – Krankheiten, die man heilen kann –, ist besser als der der Stadt- und Ghettobewohner.«[23] Avidor äußerte eine ähnliche Einschätzung: »Die Städter sind allem Anschein nach in jeder Hinsicht europäisch kultiviert, während die Dorfbewohner fast Analphabeten sind [...]. Lernt man sie näher kennen, bemerkt man, dass jene, die in ihrem Auftreten oberflächlich als von Kultur durchdrungene Menschen erscheinen, nichts anderes als schwächliche Levantiner sind [...], bar jeder höheren Bestrebung.«[24] Im Geiste dieser Beurteilungen und Beobachtungen wurden gegenüber Stadtbewohnern, die Interesse an einer Alija zeigten, speziell erschwerende Bestimmungen angewandt.[25] Niemand hatte noch Interesse daran, »die Mellah durch die Alija nach Israel zu entleeren«. Im Zentrum der Immigrationsbemühungen standen die ländlichen Juden und, soweit es nur möglich war, komplette Dörfer.

Bevölkerungsverteilung

Die mangelnde Sympathie, die die israelische Führungsschicht für die marokkanischen Stadtjuden zeigte, war in mancher Hinsicht eine Fortführung hauseigener anti-urbaner Tendenzen. Der pionierhafte osteuropäische Zionismus betrachtete die Stadt als Stieftochter.[26] Der Blick war auf das Dorf gerichtet, und man neigte dazu, die Existenz des städtischen Judentums als Verursacher einer »jüdischen Pathologie« zu sehen, und investierte eine Vielzahl an Bemühungen,

23 Zur, Eine zerrissene Gemeinde, S. 376.
24 Picard, Die Anfänge der selektiven Alija, S. 363.
25 Zur, Eine zerrissene Gemeinde, S. 389–390.
26 Efrat, Zvi, Mold, S. 81–82; Cohen, The City in Zionist Ideology, S. 4. Eine teils andere Interpretation bietet Iris Graicer an, die feststellt: »Einerseits sah die Arbeiterbewegung samt all ihren Parteien das Dorf als den Idealentwurf für eine gesunde Gesellschaft in Erez-Israel und die Landarbeit als die Auskostung des spirituellen, moralischen und kulturellen Potenzials der Arbeiterbewegung; doch andererseits, fast unbemerkt im Stillen, bildete sich ein klarer Standpunkt heraus, demzufolge die zionistische Ideologie ohne eine parallele Entwicklung des urbanen Sektors keine Chance hatte.« Graicer, Die ideologische Basis, S. 137.

um den natürlichen Hang der Juden zur Stadt zu bremsen.[27] Arthur Ruppin, der jahrelang an der Spitze des Palästinabüros des Jüdischen Nationalfonds stand, verlieh dem tiefgehenden Dualismus des sozialistischen Zionismus in seinem Verhältnis zum urbanen Leben deutlich Ausdruck.[28] Er hielt den Hang der Juden zu den Großstädten in der Diaspora für die Quelle aller Übel, die das jüdische Volk heimgesucht hatten.[29] Der Übergang zur Großstadt hatte, seiner Meinung nach, den Juden befähigt, das Joch abzuwerfen, seinen Wünschen freien Lauf zu lassen und sich von der Herrschaft der jüdischen Gemeinschaft zu befreien. Die städtische Freizügigkeit, in absolutem Gegensatz zum Konservatismus der Dörfer und Kleinstädte, bahnte, diesen Anschauungen nach, den Weg zu Konversion und Mischehe.[30] Besonders extrem war diese Ambivalenz im Kreise der Sozialdemokratie vertreten, die sich in Haifa entwickelte, einer Stadt mit einer starken jüdischen Arbeiterklasse und einem ausgereiften sozialistischen Ethos. Abba Khoushi, der mehr als jeder andere den Charakter der Stadt formte, zu Anfang als Führer des Haifaer Arbeiterrats und später als Bürgermeister, verlieh seinem Misstrauen scharfen Ausdruck. »Die levantinische palästinensische Stadt«, schrieb er 1925, »hat angefangen, sich des im Aufbau begriffenen Jischuvs zu bemächtigen, unser zarter öffentlicher Körper beginnt von innen zernagt zu werden. Die Stadt saugt uns den Großteil der Kräfte aus, will sie unterdrücken, sie zerstören.« Er war vor allem von den Chaluzim, den Pionieren, enttäuscht, die »unsere

---

27 In ihrer Ausrichtung auf das Dorf unterschied sich die zionistische Siedlungsutopie nicht von anderen modernen Utopien, mit dem Unterschied freilich, dass der Siedlungszionismus dabei eine fortschrittliche Gesellschaft zu etablieren suchte. Ein weiterer Aspekt entspringt dem Umstand, dass nur die Landwirtschaft, im Gegensatz zur städtischen Besiedlung, imstande war, mittels der beständigen Präsenz die ausschließliche Eigentümerschaft des von der zionistischen Bewegung erworbenen Landes zu erhalten. Siehe Diner, Israel in Palästina, S. 41, 49. Dies ließ sich nur mittels kollektivem Eigentum garantieren. Privateigentümerschaft und die wirtschaftlichen Tauschverhältnisse standen der Aneignung des Landes als Basis einer kollektiven und damit nationalen jüdischen Existenz im Lande entgegen. Ebenda, S. 54–56.

28 Troen, Imagining Zion, S. 179.

29 Ruppin, Der jüdische Existenzkampf. In Europa, argumentierte Ruppin, war es die Stadt, die zu einer Verminderung der Geburtenrate führte und zu einer negativen jüdischen Demographie beitrug, und nicht genug damit, sie war es, die die Juden zur Haskala (jüdische Aufklärung) und zum Erfolg gebracht und damit die Feindseligkeit im Kreise der christlichen Konkurrenten genährt hatte.

30 Vaschitz, Sozialer Wandel in der arabischen Gesellschaft Haifas, S. 9.

Hoffnungen betrügen, die Stadt dem Dorf vorziehen, wenn sie von Bord des Schiffes gehen, bleiben sie in der Stadt. In der Stadt ist es bequemer, ein hoher Lohn, zahlreiche Vergnügungen, Kino, Oper, Kleidung, ein europäisches Leben, die Stadt zieht an [...]. Man hat begonnen, hier eine Pyramide zu bauen, doch statt sie auf den Sockel zu stellen, stellt man sie auf den Kopf.«[31] In der vorstaatlichen Periode, der Zeit des Jischuvs, scheiterte diese anti-urbane Ideologie jedoch in ihren Bemühungen, den Strom der jüdischen Immigranten in die Stadt zu bremsen. In den Jahren 1932 bis 1935 erreichte der Anteil der Stadtbewohner unter den Juden, die in Palästina lebten, schon nahezu zwei Drittel. Die jüdische Bevölkerung auf dem Territorium Palästinas zur Mandatszeit konzentrierte sich überwiegend, wie üblicherweise auch in anderen Kolonialgesellschaften, in den großen Städten, eine Konzentration, die unter der osmanischen Herrschaft entstanden war und sich unter der britischen Mandatspolitik verstärkte.[32] Von den 650000 Juden, die 1948 im Lande lebten, wohnten etwa 400000, das heißt 62 Prozent, in den drei urbanen Hauptzentren: 225000 in Tel Aviv und Jaffa, um die 100000 in Jerusalem und circa 75000 in Haifa. Diese Entwicklung gefiel den Besiedlungsinstitutionen während der Mandatszeit ganz und gar nicht, doch sie hatten nichts in der Hand, um daran etwas zu ändern.[33] Erst die demographischen und geopolitischen Konsequenzen des Krieges 1948 schufen neue Möglichkeiten für Raumplanung.[34]

Die Planer und Architekten, die unter der Schirmherrschaft der diversen Ministerien arbeiteten, waren nachhaltig beeinflusst von den städtischen Planungskonzepten, die unter ihren Kollegen im Nachkriegseuropa anerkannt waren. Diese modernistischen europäischen Entwürfe sollten eine Antwort auf den gravierenden Wohnraummangel geben und strebten nach einer räumlichen Neuordnung, der die Idee einer städtischen Dezentralisierung durch die Errichtung neuer, kleiner Städte in der Peripherie zugrunde lag.[35] Entgegen den ehrgeizigen Plänen zur Errichtung 72 neuer Städte wurden im ersten Jahrzehnt nach der Staatsgründung Israels nur 30 Städte erbaut. In den meisten Fällen wurde die grundsätzliche

---

31 De Vries, Abba Khoushi, S. 236.
32 Golan, Jewish Settlements in Former Arab Towns, S. 150.
33 Reichman, Vom Stützpunkt zum Siedlungsland, S. 81.
34 Ebenda, S. 96–103; Golan, Jewish Settlements in Former Arab Towns, S. 153–154.
35 Scharon, Smadar, Bauen und Erbaut werden; Troen, Imagining Zion, S. 191.

Absicht, dass sie im Rahmen des zionistischen Produktivierungsprojekts als gesellschaftlicher Wendepunkt dienen sollten, aufgrund ökonomischer und planerischer Zwänge nicht verwirklicht.[36] Von diesen dreißig Städten wurden elf um einen ehemals arabischen Stadtkern herum errichtet und sieben in der Umgebung zerstörter ländlicher Zentren im Herzen des einst arabischen Agrargebiets. Nur zehn Städte wurden tatsächlich völlig neu erbaut. Die Beschränkungen in der Lokalisierung, die sich in diesen Zahlen widerspiegeln, verbanden sich mit mangelnder Planung. Wegen finanzieller Schwierigkeiten schloss der Bau dieser neuen Städte keine industriellen Zentren mit ein. Die Folge war, dass die Bewohner zu billigen städtischen Arbeitskräften an Orten wurden, die in der Nähe etablierter urbaner Zentren lagen, oder andernfalls zu ungelernten Aushilfsarbeitern in der Landwirtschaft.

Auch der Idee zur Errichtung der Immigrantenansiedlungen lag die Absicht der Dezentralisierung zugrunde. Der Gesetzesmechanismus, die Siedler-Migranten ins Grenzgebiet zu lenken, folgte den Grundsätzen der Politik der Bevölkerungsverteilung, wie dies im Rahmen des Dokuments festgelegt worden war, das sich »Physikalische Planung in Israel«[37] nannte. Anhand einer Aufteilung des Landes in Planungsbezirke strebte dieses Programm, das Arie Scharon, Leiter der Planungsabteilung der Regierung in den Jahren 1948 bis 1952, entworfen hatte, danach, die Bevölkerung und die Immigranten in alle Teile des Landes zu zerstreuen, »gemäß ihren wirtschaftlichen, sicherheitsrelevanten und sozialen Bedürfnissen«. Auf diese Weise sollte die Konzentration in den drei großen Städten, wie sie sich unter den politischen und ökonomischen Zwängen der Mandatszeit herausgebildet hatte, aufgebrochen werden.[38] »Ohne eine solche Politik«, stand warnend in diesem Dokument, »wird die Naturgewalt die Bevölkerungsmassen auf der Bahn des geringsten Widerstand zu den bestehenden großen Zentren führen – und die Weiten des Landes menschenleer und initiativenlos zurücklassen.«[39] Eine Studie von Siedlungs- und Wohnmustern in anderen Immigrationsländern in der »Neuen Welt« zeigte, dass Immigranten einen Hang zu Küstenstädten aufwiesen. Dieser Tendenz wollten die is-

36 Troen, Imagining Zion, S. 195.
37 Scharon, Arie, Physikalische Planung in Israel.
38 Akzin/Dror, Israel, S. 60–63; siehe auch Troen, Imagining Zion, S. 184–187.
39 Scharon, Arie, Physikalische Planung in Israel, S. 6.

raelischen Planer um jeden Preis, und sei es mit Zwang, entgegenwirken. Die Prinzipien des Plans von Arie Scharons und seiner Kollegen wurden, wie Zvi Efrat feststellt, der den Einfluss der Moderne auf die israelische Architektur dokumentiert hat, mit großer Sturheit angewandt, »auch wenn sie sich manchmal als unvereinbar mit den professionellen Richtlinien herausstellten, auch wenn sie sich als kompletter Fehlschlag auf dem Prüfstein der ökonomischen Logik erwiesen, auch wenn sie drohten, die Rhetorik des ›Schmelztiegels‹ gegen sich selbst zu richten, und in der Praxis eine schwerwiegende geographische und gesellschaftliche Segregation zwischen Alteingesessenen und Neueinwanderern erzeugten«.[40]

Das Dokument der physikalischen Planung für Israel wurde in der Tat zwischen den beiden Immigrationswellen aus Marokko ausformuliert – der ersten, die zwischen 1948 und 1951, und der zweiten, die in den Jahren 1954 bis 1956 eintraf und hauptsächlich in landwirtschaftliche Siedlungen dirigiert wurde. Die Umsetzung des Bevölkerungsverteilungsplans sah allerdings sehr anders aus als Scharons Vorschlag für eine landesweite Planung.[41] Die Kluft zwischen dem Konzept und seiner Umsetzung entsprang neben den zahlreichen Zwängen auch der ambivalenten Haltung der politischen Führung gegenüber urbaner Besiedlung. Die erste israelische Regierung hatte zum Ziel, die Absorption der Immigration mit einer raschen und großräumigen Streuung von Siedlungen in bevölkerungsarmen Gebieten zu verknüpfen und dadurch eine Bevölkerungskonzentration in den großen Städten zu verhindern. Während die Planer eine Regionalplanung und die Errichtung urbaner Niederlassungen im Sinn hatten, die als Basis für die Vorbereitung eines landesweiten Entwicklungsplans dienen sollten, sah die politische Führung allem voran die ländliche Siedlung. Inspiriert von dem europäischen Experiment strebten die Planer danach, eine Reihe klei-

40 Efrat, Zvi, Mold, S. 81–82. Zu einer anderen Beurteilung siehe Troen: »Immigranten in neue Städte zu dirigieren mag als der einzig mögliche Weg gesehen worden sein, eine wesentliche Bevölkerungmasse in entfernte und unterbevölkerte oder sogar leere Gegenden zu bringen. [...] Israels Planer agierten in einem Rahmen, der den kollektiven Bedürfnissen Vorrang einräumte. Damit führten sie eine Tradition fort, die in den ersten zionistischen Landwirtschaftskolonien ihren Ursprung hatte, deren Situierung eher in Begriffen nationaler Erfordernisse verstanden wurde statt als Wohltat für Individuen.« Troen, Imagining Zion, S. 207.

41 Hacohen, Immigranten im Sturm, S. 124–129; Kark, Ruth, Planning, Housing, and Land Policy, S. 487.

ner Städte anzulegen, doch diese Vorschläge schreckten die Anhänger der herrschenden Pionierideologie ab, da sie sich für sie wie eine Rückkehr zum verachteten osteuropäischen jüdischen Schtetl darstellten. Auch was die landwirtschaftliche Siedlung anging, differierten die Anschauungen der Planungs- und der staatlichen Führungsebene. Die Planer stellten sich ein integratives regionales, wirtschaftliches und soziales System vor, das auf einer gemischten Ökonomie aus Landwirtschaft und Industrie basierte. Sie gingen davon aus, dass sich ein solches System als flexibel erweisen und es den Stadtbewohnern ermöglich würde, sich auf dem Land einzugliedern, falls die Industrie in eine Krise geriet, und den Landbewohnern, sich in der Stadt zu integrieren, wenn die Landwirtschaft daniederlag. Diese Konzeption übersah jedoch das ideologische Gewicht der landwirtschaftlichen Kollektivsiedlung und die Bedeutung, die man der Selbstarbeit zuschrieb. Das Weltbild des sozialistischen Siedlungszionismus negierte eine Mobilität zwischen Dorf und Stadt und erst recht die Lohnarbeit in der Landwirtschaft. Aus diesen Gründen wurde das Prinzip der Siedlungsstreuung, wie es in dem Planungsvorschlag konzipiert war, herausgelöst übernommen, während die restlichen Grundsätze des Plans ignoriert wurden.

Parallel zur Errichtung der Moschavim, der halbkooperativen landwirtschaftlichen Siedlungen, für die Immigranten beschlossen die Jewish Agency und die Moschavbewegung hastig, einen Teil der Immigranten in den verlassenen arabischen Dörfern anzusiedeln. Dieser Schritt war umstritten zwischen der Moschav- und der Kibbuzbewegung. Erstere unterstützte und ermutigte ihn, während die Kibbuzim das Phänomen mit einer Mischung aus ideologischer Kritik und starkem Eigeninteresse betrachteten.[42] Sie warfen durchaus begehrliche Blicke auf das Land der verlassenen Dörfer, postulierten jedoch, »die Lebensart in den verlassenen Dörfern entbehrt einer gesunden und konstruktiven ökonomischen Grundlage, mit dem Laden und dem Kiosk als einzige Szenerie […], das ist die Lebensweise der Kleinstadt in der Diaspora (Schtetl), ohne den Charme der polnischen und litauischen Kleinstadt.« »Vor unseren Augen«, behaupteten sie, »ersteht das wohlbekannte Katrielibka.«[43] Es ist zu bezweifeln, dass sich das Image der Immigranten in den Augen der Besiedlungsabtei-

42 Morris, The Birth of the Palestinian Refugee Problem Revisited, S. 394.

43 Katrielibka ist der Spottname eines fiktiven, archetypischen Schtetls. Hacohen, Immigranten im Sturm, S. 141.

lung der Jewish Agency von dem der Kibbuzbewegung sonderlich unterschied. Es waren die Interessen, die Ideologie und die allgemeine Sicht der Lage, worin die beiden differierten. Ra'anan Weitz sah in den Immigranten als Leiter der Besiedlungsabteilung der Jewish Agency von Amts wegen ein Kolonisierungspotenzial für das Hügelland Galiläas und den Jerusalemer Korridor. Da sie aus Ländern mit einer unterentwickelten Wirtschaft und niedrigem Lebensstandard kamen, würden sie sich, so glaubte er, an die harten Lebensbedingungen dort gewöhnen. Auch wenn diese Politik eine schnelle und halb spontane Mobilisierung zur Lösung der augenblicklichen Probleme gewesen sein mochte, waren ihre Leitgrundsätze schon viele Jahre zuvor Teil des Rüstzeugs der Besiedlungsinstitutionen gewesen. Es war Arthur Ruppin, der am Vorabend des Ersten Weltkriegs ein identisches Kolonisationsrezept formuliert hatte, als er an der Spitze des Palästina-Amts in Jaffa stand, ungefähr 40 Jahre vor der nordafrikanischen Immigration. Er unterschied sehr wohl zwischen den Siedlungsbedürfnissen eines osteuropäischen und denen eines orientalischen Juden und stellte mit aller Entschiedenheit fest, dass man für Letztere andere Lösungen brauchte, da sie an einen niedrigeren Lebensstandard gewohnt seien, an das Klima und die Lebensweise im Orient, in jungen Jahren heirateten und daher in Palästina mit Familien eintreffen würden. In Ruppins Worten:

> »Für den orientalischen Juden genügt der geringe Lohn, den er als Arbeiter erhält [...]. Aber ihn gelüstet es mehr nach dem Leben in der Stadt, wo er unter Hunderten oder Tausenden seinesgleichen wohnen kann. Deshalb dreht es sich bei dem orientalischen Juden nicht so sehr darum, ihm durch eine eigene kleine Wirtschaft zu einem Nebeneinkommen neben seinem Arbeitslohne zu verhelfen, als vielmehr darum, ihn nach der Einwanderung sofort sesshaft zu machen und an seiner Arbeitsstelle zu verwurzeln. Das geschieht am besten dadurch, dass man ihm ein einfaches Haus mit einem Stück Gartenland zunächst pachtweise, dann auf langjährige Auszahlung überlässt.«[44]

Die Repräsentanten der Kibbuzim distanzierten sich von Programmen dieser Art und griffen sie mit moralischen und sozialen Argumenten an. Sie sahen darin einen Versuch, »einen Bauernstand wie die arabischen Fellachen« zu schaffen, »was dazu führen wird, dass die armen Dorfbewohner am Ende ihr Heim verlassen und zu den

---

44 Ruppin, Die Landarbeiterfrage in Palästina. S. 74–75.

Rändern der Großstädte wandern werden«. Es kann in Zweifel gezogen werden, ob ihre Argumente lauteren Motiven entsprangen. Sie hatten ein Auge auf einen Teil dieser Ländereien geworfen, und ihr Einsatz bei den Absorptionsbemühungen war ohnehin begrenzt. Doch das Szenario der Abwanderung, das sie zeichneten, verwirklichte sich zum Teil, und als das geschah, führte die Siedlungsabteilung dagegen einen hartnäckigen Kampf.

»Was weißt Du schon von der Geschichte der Besiedlung des Landes?«

»Eine höchst erstaunliche Episode«, so betitelte Ra'anan Weitz, der Generaldirektor der Besiedlungsabteilung der Jewish Agency, das Phänomen, dass die Einwanderer aus Nordafrika die Landsiedlungen verließen.[45] In den Jahren 1948 bis 1958, sagte er vor der staatlichen Untersuchungskommission zur Aufklärung der Ereignisse von Wadi Salib, gründete die Besiedlungsabteilung 251 landwirtschaftliche Immigrantenniederlassungen. Sie sollten drei Aufgaben erfüllen: eine »Judaisierung« des ganzen Landes und vor allem in den Grenzgebieten, in denen Israels Souveränität noch umstritten war, die Absorption der Immigranten und die Versorgung des lokalen Marktes mit landwirtschaftlichen Erzeugnissen.[46] Nicht nur ein Teil der territorialen und ökonomischen Planung des Staates stand hier also zur Debatte, sondern »ein Sozialisierungsprozess von erstrangiger disziplinarischer Dimension«.[47] Ein Drittel der Gesamtzahl, das heißt 82, der Immigrantenmoschavim wurde ausschließlich mit nordafrikanischen Einwanderern besiedelt.[48] »Die Massenalija«, schreibt Efrat, »war sowohl das Problem als auch die Lösung.«[49] Es war eine Präventivmaßnahme, sie aufs Land zu dirigieren, gerade weil die politische Führung damit rechnete, dass es sie in die Stadt ziehen würde. Als man sie aufs Land schickte, beschloss ein Teil von ihnen nichtsdestotrotz, es zugunsten der Stadt zu verlassen.

---

45 Untersuchungskommission in Sachen Wadi Salib, Aussage Dr. Ra'anan Weitz, 9.8.1959, Staatsarchiv, Dok. 7252/3, Akte 3, S. 12–17.
46 Kemp, »Völkerwanderung«, S. 38.
47 Ebenda, S. 44.
48 Ebenda. Siehe auch Dominitz, Immigration and Absorption, S. 173–175.
49 Efrat, Zvi, Mold, S. 82.

Die Wanderbewegung der Immigranten und die Entscheidung Hunderter Einwandererfamilien, ihr Schicksal selbst in die Hand zu nehmen und die inadäquaten Lösungen, die die staatlichen Institutionen ihnen boten, auszuschlagen, um ihr Glück an besseren Orten zu suchen, umfasste alle Arten der Niederlassung, improvisierte wie dauerhafte Lösungen. Im Herbst 1951 begannen Hunderte Immigranten, die Übergangslager zu verlassen und auf der Suche nach Unterkunft in der Nähe ihres Arbeitsplatzes in Wohngebiete sowie in andere Übergangslager im Zentrum des Landes vorzudringen. Ihnen schlossen sich diejenigen an, die es vorgezogen, die landwirtschaftlichen Immigrantensiedlungen zu verlassen. Der Wendepunkt Anfang der 1950er Jahre hat nichts mit der Quantität der Abwanderung aus den Immigrantenniederlassungen zu tun, die einen geringeren Umfang aufwies als in vorhergehenden Perioden, sondern mit der Position, die die Institutionen diesem Phänomen gegenüber ab diesem Zeitpunkt einnahmen.[50] Auch in den Jahren, die der Staatsgründung vorausgingen, waren die Immigranten für ländliche Pionierbesiedlung bestimmt gewesen. In die Stadt gelangten diejenigen, die sich den Erfordernissen des Pionierlebens, häufig in sozialistischer Ausprägung, nicht anzupassen vermochten.[51] Nun jedoch erhöhten die staatlichen Besiedlungsinstitutionen ihren Druck. Ab den frühen 1950er Jahren sahen sie jeden Versuch von Immigranten, sich von der ihnen auferlegten Kolonisierungsmission zu befreien, mit wachsendem Missfallen.[52] Ihre Haltung gegenüber den Landflüchtigen wurde härter und bisweilen rachsüchtig. Die Wichtigkeit der israelischen Grenzregion überstieg ihre sicherheitsstrategischen Vorteile und rührte an den zentralen Nerv der sozialistisch-zionistischen Vision. Laut dieser zionistischen Doktrin hatte der neue Mensch der Stadt den Rücken zu kehren. Die Renitenz der Immigrantensiedler, das Urteil der Besiedlungsinstitutionen nicht akzeptieren zu wollen, forderte daher die anti-urbane zionistische Anschauung insgesamt heraus. »Das Einzige, was sie verstehen, ist die Sorge um ein Stück Brot für ihre Familien, wie die primitiven Stadttiere tun sie alles, was in ihrer Macht steht, um das zu erreichen«, stand in einem Bericht der Besiedlungsabteilung der Jewish Agency

50 Kemp, »Völkerwanderung«.
51 Cohen, The City in Zionist Ideology, S. 54.
52 Kemp, »Völkerwanderung«.

mehr als kritisch vermerkt.[53] Die Besiedlungsinstitutionen zeigten nicht viel Verständnis für die Neigung der Immigranten, den großen, erregenden Aufruhr der Stadt dem Leben im Grenzgebiet vorzuziehen. »Das Streben nach einem minderwertigen Leben und Bedingungen, unter denen man die Frauen und Kinder bei Arbeiten als Dienstboten und Straßenhändler verdingen kann«, sagte Levi Eschkol in einer Knessetdebatte zur Abwanderung aus den Immigrantensiedlungen, »blendet bisweilen den Blick allzu vieler Familienoberhäupter. Ich weiß, dass die Lichter der Vororte Tel Avivs trügerisch und anziehend sind.«[54]

Der Wanderungsprozess wurde als Rebellion aufgefasst, eine Vereitelung des Plans zur Bevölkerungsverteilung. Die Reaktion der Jewish Agency auf die Eigeninitiative der Immigranten war daher rasch und kategorisch. Gemeinsam mit dem Innenministerium beschloss man, ein »ehernes Regiment« einzuführen, das heißt, den Immigranten, die ihre zugewiesenen Wohnorte in den Übergangslagern, Arbeitsdörfern oder Immigrantensiedlungen verließen, die Unterbringung, Beschäftigung und wesentliche Dienstleistungen vorzuenthalten.[55] In Kooperation mit der Polizei, den Lokalbehörden und Arbeitsämtern betrieb die Jewish Agency eine soziale Kontrolle, führte strikte Strafmaßnahmen gegen die Abwanderer durch und erzeugte moralischen Druck und Panik unter ihnen. Anfangs waren dies Sanktionen gegen jene, die »externe Arbeit« der Landwirtschaft vorzogen. Für eine solche Präferenz gab es in der Praxis relativ klare Gründe. Viele der Neuansiedler kamen nicht von der Scholle und waren in zahlreichen Fällen in Niederlassungen geschickt worden, denen die grundlegende Infrastruktur für einen Lebensunterhalt fehlte. Die Siedler, die sich an einen landwirtschaftlichen Betrieb gekettet fanden, der keinen ausreichenden Lebensunterhalt abwarf, suchten nach einem Ausweg für ihre ökonomischen Probleme. Sie wählten die geförderte Arbeit, die ihnen der Staat bereitgestellt hatte, als Haupteinnahmequelle und stockten ihren Lebensunterhalt mit externen Arbeiten in den Kibbuzen der Umgebung und den alteingesessenen Dörfern auf, wodurch sie ihre eigene Landwirtschaft vernachlässigten. Diese Nebenarbeiten verbesserten zwar ihre unmittelbare wirtschaftliche Misere, machte je-

53 Ebenda, S. 57.
54 Ebenda.
55 Hacohen, Immigranten im Sturm, S. 291–296.

doch gleichzeitig aus ihnen billige und schutzlose Arbeitskräfte. Von staatlicher Seite aus gesehen war dieser Schritt ein Akt des Widerstands. Wenn die Immigranten die Grenzsiedlungen in einen reinen Wohnort verwandelten, verleugneten sie damit das Konzept der »Produktivierung« der führenden Kolonisationsideologen, die als Reaktion eine staatliche Gesetzesinitiative zur Tilgung des Phänomens anstrengten.

Am 28. Juli 1953 verabschiedete die Knesset in dritter Lesung das »Gesetz für Kandidaten landwirtschaftlicher Besiedlung«.[56] Der täuschende Name dieses Gesetzes kaschierte die schlichte Tatsache, dass es in der Praxis auf die Räumung unpassender Siedler abzielte. Es war dazu bestimmt, das Besiedlungsprogramm vor den neuen Siedlern zu schützen, und leistete in Wirklichkeit dem Staat dabei Vorschub, keine vertragliche Verpflichtung mit den Siedlern eingehen zu müssen, um den Besitz zu schützen. Das Gesetz ermöglichte es dem Staat, einen Siedler aus seiner Wohnniederlassung zu entfernen, wenn er eine der fünf Bedingungen nicht einhielt, die seine Verpflichtung zu einer landwirtschaftlichen Lebensweise definierten. Der Disziplinarcharakter des Gesetzes zog erhebliche Kritik nach sich, obgleich die Zahl der Anzeigen auf der Basis dieses Gesetzes keine 50 überstieg. Wichtiger als die tatsächliche Ahndung war die prinzipielle Drohung gegen jeden, der von der landwirtschaftlichen Lebensweise abwich. Damit war es jedoch nicht getan, denn noch härter waren jene Sanktionen, die über die Siedler verhängt wurden, die beschlossen, die Niederlassungen, an die man sie geschickt hatte, zu verlassen.[57] Das Repertoire der Einschränkung der Freizügigkeit umfasste verschiedene Praktiken, die von gehäuften Schwierigkeiten und Behinderungen bis zu klarer Bestrafung reichten: Abstimmung mit Verkehrs- und Transportkooperativen, die aufgefordert waren, keine Immigrantenfamilien ohne die spezielle Genehmigung der Jewish Agency zu befördern; Einbehaltung oder Verzögerungen bei der Ausstellung von Lebensmittelcoupons während der Rationierung im Falle eines Wohnortwechsels; aktive Unterstützung der Polizei zum Stopp der »Völkerwanderung« mittels Straßensperren; der Immigrantenausweis musste beim Anleitungspersonal der Jewish Agency in den Grenzsiedlungen deponiert werden; die Mietzahlungen und Nutzungsgebühren für das Eigentum der Jewish Agency

56 Kemp, »Völkerwanderung«, S. 53–55.
57 Ebenda, S. 61–64.

hatten in bar für die gesamte Periode, vom Tag des Eintritts in die Siedlung bis zum Tag des Verlassens, zu erfolgen; Verweigerung einer alternativen öffentlich geförderten Unterbringung und Vorenthalten einer Arbeit durch die Arbeitsämter.

Die Untersuchungskommission der Ereignisse von Wadi Salib erhielt eine ziemlich detaillierte Erläuterung des Eingliederungsprozesses der Agency. Kalman Levy, Leiter der Absorptionsabteilung der Jewish Agency in Haifa und dem Nordbezirk, berichtete der Kommission, dass die »überraschende« Änderung in den Methoden der Absorption mit Beginn des großen Immigrationsstroms aus Nordafrika eintrat.[58] »Vom Schiff zur Siedlung« oder »vom Schiff in die Entwicklungsregionen«, so wurde der Vorgang betitelt, der praktisch bedeutete, »vom Schiff in ein fertiges Haus, vom Schiff in ein Heim, zwar ein provisorisches, aber verfügbar und geordnet …«.[59] Die vorfabrizierten Häuser, »Asbesthäuser« oder auch »an ein Haus angeschlossene Blechhütten« – aber auf alle Fälle fertige Häuser –, stellten sich bisweilen als »ungeeignet für gewisse Familien, die mit der Alija aus Nordafrika ankamen« heraus. »Es kann sein, dass sich die Immigranten darin nicht wohlfühlten«, äußerte Levy. »Wir haben eine Herangehensweise«, erklärte er der Kommission, »die es erübrigt, wie die großen Städte Haifa und Tel Aviv zu absorbieren.« Daher fiel die Entscheidung, sie »direkt in die Unterkünfte und zu dem Lebensunterhalt zu schicken, die die Regierung im Voraus bereitgestellt hat«. Bereits auf dem Schiff wurden die Erklärungen geliefert und die Sortierung durchgeführt. »Es gab volle Kooperation«, konstatierte er, »möglicherweise manchmal aus Unkenntnis.« Bei der gleichen Gelegenheit, wenn die Immigranten die Klassifizierung durchliefen, wurden sie bei den Krankenkassen angemeldet und die drei ersten Monate für sie bezahlt. Auch mit Trockenproviant für acht Tage wurde der Neueinwanderer versorgt, »und mit seinem Gepäck besteigt er den Autobus, der ihn zu seinem Eingliederungsort befördert, und dort wartet schon eine Mannschaft von Angestellten der Agency, die ihm den Schlüssel zu einem Heim übergibt.« »Eine etwas spärliche Einrichtung, ein paar Kü-

58 Untersuchungskommission in Sachen Wadi Salib, Aussage Kalman Levy, 4.8. 1959, Staatsarchiv, Dok. 7252/3, Akte 3, S. 1–13. Siehe auch Zur, Eine zerrissene Gemeinde, S. 387.

59 Mehr zu »Vom Schiff zur Siedlung« siehe Laskier, North African Jewry, S. 130.

chenutensilien, ein Petroleumkocher, Geschirr«, wurden im Haus bereitgestellt, »denn es ist unser Wunsch, dass die Hausfrau sofort mit den Hausarbeiten beginnen kann.«

Jedoch, es lief nicht alles nach Wunsch. »Zu unserem Bedauern«, berichtete Herr Levy, »haben die Familien teilweise [...] angefangen, sich davonzustehlen, ihre Unterkunftsorte zu verlassen und in die großen Zentren zu wandern, wo die Cafés und Lichtspielhäuser bestechen und andererseits auch der Lebensunterhalt oder Beschäftigungsmöglichkeiten, und auf diesem Feld sind wir schwach.« In der Praxis gab es keinen nennenswerten Unterschied zwischen dem Umfang der Abwanderung der Siedler insgesamt und dem aus dem Kreis der nordafrikanischen Siedler.[60] Durchschnittlich 31 Prozent aller Einwanderer integrierten sich nicht in den Immigrantensiedlungen, und bei den nordafrikanischen betrug der Anteil 34 Prozent. »Der Unterschied besteht darin, dass die nordafrikanischen Immigranten, um sich woanders anzusiedeln, mehr Hilfe von den Institutionen benötigen«, erklärte Ra'anan Weitz. Er brachte das Problem der Abwanderung weniger mit dem wirtschaftlichen Aspekt als mit der örtlichen Führung in den Niederlassungen in Verbindung. Er unterteilte die Siedler, die aus Nordafrika stammten, in drei Kategorien: ursprüngliche Landbewohner, gebildete Städter und ungebildete Städter. Letztere, so konstatierte er, seien am problematischsten, denn »sie haben keinerlei Führung und kommen zersplittert, und nicht immer erwächst aus ihrer Mitte eine Führung, die sie dazu bringt, Wurzeln an einem Ort zu schlagen«. Obgleich er nicht dazu neigte, die Nordafrikaner in dieser Hinsicht als Ausnahme zu bezeichnen, und bemerkte, dass die Abwanderung keine exklusiv ethnischen Charakteristika erkennen lasse, deutete er doch auf einen besonderen Faktor hin, den er »erzieherisch« nannte, nämlich die eingefleischte negative Haltung gegenüber der Landwirtschaft als etwas Niederem, »die sich im Laufe von Generationen verwurzelt hat«.

Es war praktisch nicht möglich, Weitz' ordentlichem Vortrag, den er vor der Kommission hielt, zu entnehmen, ob es im Rahmen der Besiedlungspolitik der Jewish Agency eine ethnische Diskriminierung gab oder nicht. Weitz leugnete nicht die verhältnismäßigen Vorteile, die eine längere Ansässigkeit auf dem Land verlieh. Wer 1949 aus dem Transitlager in Zypern eingetroffen war, wurde im

---

60 Untersuchungskommission in Sachen Wadi Salib, Aussage Dr. Ra'anan Weitz, Staatsarchiv, Dok. 7252/3, Akte 3.

Herzen des Landes angesiedelt, während die späteren Ankömmlinge in die Wüste und Bergregionen geschickt wurden, was hieß, in die härteren, abgelegenen Gegenden. Die Länge der Ansässigkeit lieferte nicht nur geographische Vorteile, sondern auch Pluspunkte bei den Zuwendungen. Was jedoch direkte ethnische Diskriminierung anbelangte, so behauptete Weitz, dass es »wenige formelle Klagen« gebe. Zum Abschluss erzählte er:

> »Der beste Weg ist, ganz offen zu reden und nichts zu verbergen. Ich pflege sogar in einem Gespräch mit ihnen Begriffe zu verwenden, die aus diesen Problemen hervorgegangen sind. Es kommt jemand zu mir und sagt, ich werde diskriminiert und er, der Feldmann oder Rosenberg zum Beispiel, nicht. Ich frage ihn, denkst Du, weil er ein ›Wuswus‹ [›Waswas‹ – abwertender Spitzname der Aschkenasim in Israel] ist, oder im umgekehrten Fall frage ich, weil er schwarz ist? Ich verwende ihre eigenen Begriffe, denn diese Begriffe existieren, und man muss die Dinge sehen, wie sie sind.«

Es war jedoch etwas schwierig, aus dieser groben Erklärung klug zu werden, und Richter Etzioni verlor, wie es schien, die Geduld oder war zumindest nicht nachhaltig beeindruckt von dem informellen Führungsstil. »Was soll das heißen, weil er ein ›Wuswus‹ oder schwarz ist? Direkte Klagen gibt es keine, aber indirekte schon?« Nun erhielt er eine praktischere, ausführlichere Antwort über die Art und Weise, in der die Besiedlungsabteilung Beschwerden über Benachteiligung löste. »Wenn etwas vorfällt, bitten wir den Soziologen, der sich in der Nähe des Ortes befindet, dem nachzugehen und der Besiedlungsabteilung einen Vorschlag zu unterbreiten, wie die Frage zu lösen ist und wie man die Dinge bewältigt«, erklärte Weitz der Kommission, und die Debatte kehrte auf die offizielle Schiene zurück.

Die Absorptionsabteilung der Jewish Agency hatte kein Interesse daran, diese Immigranten in dem verlassenen arabischen Besitz unterzubringen, sagte Kalman Levy vor der Untersuchungskommission.[61] »Der Hauptschwung des unaufhörlichen Stroms zu dem verlassenen Areal« kam während der ersten drei Jahre an, also bis 1951. Es waren überwiegend die Insassen der Displaced-Persons-Lager in Deutschland, Immigranten aus Ungarn und Rumänien, eine be-

---

61 Untersuchungskommission in Sachen Wadi Salib, Aussage Kalman Levy, 4.8.1959, ebenda.

grenzte Zahl von Einwanderern aus dem Irak und eine unbedeutende Anzahl marokkanischer und anderer nordafrikanischer Juden. In der zweiten Hälfte der 1950er Jahre war die Politik angesagt, die Immigranten in die Grenzregionen zu lenken. Wenn sie aus dem Grenzgebiet zum verlassenen arabischen Besitz in den Städten strömten, geschah das gegen den erklärten Willen der Besiedlungsinstitutionen.[62] Das Bestreben, die Familie zu vereinen, die in allen Teilen des Landes zerstreut war, und der Wunsch, den Kindern eine bessere Erziehung als die in der Grenzregion angedeihen zu lassen, verbanden sich bei den Migranten nach Wadi Salib möglicherweise mit der Sehnsucht nach dem Stadtleben. Dort konnte man das Leben der Mellah in Marokko, und sei es auch nur ansatzweise, mit seinem Gemeindecharakter rekonstruieren – einschließlich der Synagogen, der rituellen Mikwen, der Badehäuser und ähnlichem. Wenn die Jewish Agency Immigranten dabei unterstützte, sich in verlassenem arabischem Besitz in der Stadt niederzulassen, dann tat sie das gezwungenermaßen, nachdem die Immigranten in Eigeninitiative Wohnraum besetzt und die Agency vor vollendete Tatsachen gestellt hatten. Das verlassene arabische Land an der Grenze und nicht der verlassene arabische Wohnbesitz in der Stadt war es, das die Planer im Auge hatten.

Die Information jedoch, die Kalman Levy der Untersuchungskommission zur Kenntnis brachte, was die Ansiedlung der Immigranten in dem verlassenen städtischen Besitz anging, war partiell und irreführend. Es stimmte, war aber nicht die ganze Wahrheit. Tatsächlich hatte sich die Besiedlungsabteilung 1953 an den Treuhänder des Absentees' Property mit der Bitte gewandt, die Übergabe von Wohnungen in seinem Besitz an Personen, die die Immigrantensiedlungen verlassen hatten, zu unterbinden. Auch öffentliche Wohnbaugesellschaften wie Amidar erhielten klare Instruktionen, Abwanderern aus Landwirtschaftskolonien, die ihre Schulden bei der Agency nicht geregelt hatten, keinen Ersatzwohnraum zu stellen. Angesichts der Bedürftigkeit der meisten Landflüchtigen und ihrer Abhängigkeit von öffentlichen Mitteln waren diese Maßnahmen, wie Adriana Kemp zu Recht feststellt, dazu angetan, »sie ins Unglück zu stürzen«.[63]

---

62 Brinbaum, Die Kinder von Wadi Salib, S. 11.
63 Kemp, »Völkerwanderung«, S. 64.

Wie es scheint, stellte die Befragung der Vertreter der Besiedlungsinstitutionen die Mitglieder der Untersuchungskommission nicht völlig zufrieden. Offenbar ließ Kalman Levys Aussage bei dem Sitzungsleiter den Gedanken aufkeimen, dass es eine Menge an Dilettantismus im Mechanismus der Bevölkerungsverteilung gab. Es gelang Levy tatsächlich nicht, irgendeine klare Antwort über die professionellen Qualifikationen derer zu geben, die für die berufliche und geographische Klassifizierung der Immigranten zuständig waren. Antworten wie »wir haben drei ernsthafte Angestellte bei drei Treffen auf der Reise« oder alternativ »drei Leute vom höheren Personal, die Erfahrung mit der Arbeit haben« und »sie sind Sozialarbeiter« führten zu Nachfragen. Im Endeffekt war Levy gezwungen zuzugeben: »Wir haben keine professionellen Instruktoren.« Vielleicht war es dieses schlichte Eingeständnis, das den Sitzungsleiter dazu trieb, nun alles anzuzweifeln. »Als Sie von der Abwanderung aus den Entwicklungsregionen sprachen«, hakte er nach, »haben Sie mit der Klage geendet, es gebe zusätzlich zu der Sache mit der Beschäftigung noch einen Grund für den Weggang, die bestechenden Cafés und Lichtspielhäuser in der Stadt. Ich sehe darin nichts Negatives, auch ich sitze gerne in einem Café, und ich frage mich, wie es kommt, dass in den Städtchen in den Entwicklungsregionen niemand dafür Sorge getragen hat, verschiedene Zerstreuungsmöglichkeiten zu schaffen, die der Lebensweise und den Bedürfnissen dieser Menschen entsprechen.« Die Antwort fiel ziemlich lakonisch aus. »Insoweit machbar«, erwiderte der Abteilungsleiter.

Retusche

Der Bericht der Untersuchungskommission schloss wie folgt:

»Das Viertel Wadi Salib in Haifa ist ein übervölkertes Armenviertel, an den Rändern von Abflüssen erbaut, mit dicht gedrängten, aneinander gepressten Gebäuden und manche übereinander gebaut, die Gassen sind gewunden, zumeist steile Stufen über Stufen – nach bester Tradition eines überfüllten Wohnviertels in einer arabischen Altstadt. In gedrungenen und dunklen Gebäuden, darunter Verschläge, die einer menschlichen Behausung nicht würdig sind, leben zusammengepfercht Familien, die zahlreiche Kinder versorgen, wobei nicht in einer jeden solchen ›Wohnung‹

> die minimalsten sanitären Erforderlichkeiten vorhanden sind […] Die Lebensbedingungen dort sind sehr hart, trotz der Bemühungen der Stadtverwaltung, die Sauberkeit in den Straßen und Gassen des Viertels aufrechtzuerhalten.«[64]

Bereits in der Vergangenheit hatte sich Wadi Salib einer breiten Aufmerksamkeit öffentlicher Gremien erfreut. 1937 war die Zukunft Wadi Salibs ins Blickfeld des Haifa-Komitees geraten, das die Jewish Agency mit dem Ziel eingerichtet hatte, die Briten von Empfehlungen der Peel-Kommission abzubringen, die Haifa den Status einer internationalen Stadt verleihen, sie also nicht in das Territorium des zukünftigen jüdischen Staates fallen sollte. Ein Abschnitt des Berichts, den das Haifa-Komitee vor dem Besuch der Woodhead-Kommission vorbereitete, befasste sich mit Fragen des Erwerbs von Häusern und Grundstücken. Man fokussierte sich dabei auf die Schilderung des Vorteils, den die jüdische Gemeinde auf diesem Feld im Haifaer Stadt- und Gemeindegebiet über die arabische Bevölkerung errungen hatte. Der Bericht des Haifa-Komitees legte besondere Betonung auf zukünftige Ziele. Ein Plan mit den voraussichtlichen Erwerbungen skizzierte die Leitlinien für die zukünftige urbane Planung der jüdischen Stadt. Der Bericht gab einen Überblick über die nichtjüdischen Stadtviertel und kartierte sie nach ihrer religiösen und ethnischen Zugehörigkeit als christlich, deutsch (die Deutsche Kolonie) und muslimisch. Hauptaugenmerk richtete man auf die letzte Kategorie, die die Altstadt einschloss, Wadi Salib, die Nazareth-Landstraße und das arabische Hallisa, und darauf war der Großteil der künftigen Entwicklungsplanung ausgerichtet. Entwicklung im Kontext des Berichts des Haifa-Komitees hieß Judaisierung der Stadt.[65]

Dem Verständnis der Jewish Agency und der Stadtführung nach, wie im Bericht des Haifa-Komitees formuliert, war das jüdische Fundament entscheidend für die Entwicklung der Stadt und sollte daher die arabischen Elemente an Schlüsselpunkten in der Stadt ersetzen. Da man sich dessen bewusst war, dass die Absicht, die Bewohner der muslimischen Viertel zu einem Wohnortwechsel zu

---

64 Bericht der öffentlichen Untersuchungskommission bezüglich der Unruhen am 9.7.1959 in Wadi Salib, Vorlage für die Regierung am 17.8.1959, S. 13.

65 Goren, »Die Vision des großjüdischen Haifas«; ders., Vorschläge und Pläne zur Verdichtung der jüdischen Ansiedlung.

zwingen, als Verstoß gegen ihre angestammten Rechte interpretiert werden könnte, zogen die Verfasser des Berichts eine soziale Begründung heran. »Die vorrangig arabischen Viertel der Stadt sind zumeist ausgesprochene Slumgebiete und ihrer Natur nach schmutzig«, schrieben sie.

> »Am schlimmsten sind die muslimischen Viertel Wadi Salibs und der Altstadt, die ein Durcheinander an zusammengedrängten Gebäuden darstellen und überbevölkert sind, mit einsturzgefährdeten Häusern, alles wimmelt vor Ungeziefer, das Abwasser strömt offen durch die engen Gassen, die von den heruntergekommenen Anwohnern benutzt werden. Wenn wir dem die Tatsache hinzufügen, dass diese Viertel aufgrund ihrer Unzugänglichkeit als Zuflucht für Verbrecher und Gesetzesbrecher dienen, ist das Bild vollständig.«[66]

Angesichts dieser Lage, so merkten die Verfasser des Berichts an, wäre ein Aufkaufen der östlichen Viertel seitens der Juden ein großzügiger Schritt gegenüber den ursprünglichen Bewohnern, die in eine gesündere Umgebung nahe Haifas umgesetzt würden, wobei die Erreichbarkeit der Arbeitsplätze in der Stadt durch Bau der erforderlichen Straßen erhalten bliebe.

Wie es scheint, begriffen die Autoren, dass ihre Absicht, die ursprüngliche muslimische Bevölkerung von ihrem Wohnort zu transferieren, bei manch einem einen unguten Beigeschmack auslösen könnte. Daher beeilten sie sich, Argumente aufzufahren, die sich an den »abstrakten Moralisten« richteten, wie sie diese Position betitelten, der die naive Frage stellen könnte, wie es mit der Möglichkeit stehe, die ursprüngliche Bevölkerung nach der Sanierung in die Viertel zurückzubringen:

> »Die Antwort auf diese Frage liegt in der Tatsache, dass diese Areale angesichts ihrer Situierung für eine rasche urbane Entwicklung bestimmt sind, die die schwache arabische Bevölkerung nicht durchhalten kann. Im Namen des städtischen Interesses und des allgemeinen Fortschritts sollten diese Örtlichkeiten in die Hände derer fallen, die daran interessiert und in der Lage sind, sie in größtmöglicher Form zu entwickeln, das heißt in die Hände der Juden. Die evakuierten Araber, die sich durch den Verkauf ihres Eigentums etablieren werden, werden gut daran tun, wenn sie sich in Gebieten niederlassen, die einer halb ländlichen, vor-

---

66 Siehe Notes on the Development of Haifa, August 1938, ZZA, S25/5110.

städtischen Bevölkerung in der Nähe Haifas entsprechen, die ihre speziellen Bedürfnisse und Lebensgewohnheiten befriedigen, und sie werden ein sauberes Leben in einer bevorzugten Umgebung beginnen können.«[67]

Und tatsächlich eröffnete das Jahr 1948 allem Anschein nach die Möglichkeiten für einen rasanten Erneuerungsprozess, als die muslimische Bevölkerung die Stadt und damit das Viertel verließ. Die allgemeinen Bedingungen jedoch – hauptsächlich die immense Anzahl der Immigranten und das damit verbundene Unterbringungsproblem – erlaubten keine drastischen Veränderungen von der Art, wie sie sich das Haifa-Komitee über zwanzig Jahre zuvor vorgestellt hatte. Wie wir gesehen haben, war das Viertel sehr rasch von neuen, ebenfalls völlig mittellosen Bewohnern bevölkert. Ohne an die architektonischen Fundamente Wadi Salibs zu rühren, die unverändert blieben, und ohne etwas hinsichtlich der Infrastruktur zu unternehmen, die unter anderem wegen des ungesicherten rechtlichen Status eines erheblichen Teils des Besitzes nicht renoviert wurde, begann die Haifaer Stadtverwaltung Anfang der 1950er Jahre mit einer kosmetischen Übertünchung der arabischen Vergangenheit Wadi Salibs. Die drastisch geschrumpfte Präsenz der arabischen Bewohner im Viertel konnte diesem Prozess nicht mehr entgegenwirken. Die Bemühungen der Stadtverwaltung, die arabischen Charakteristika Wadi Salibs verschwinden zu lassen, wurden allerdings ohne übermäßigen Einsatz, nur mittels Namensänderungen unternommen.[68]

Der Ausschuss für Allgemeinbelange und Straßennamen, der im März 1951 tagte, musste sich der prinzipiellen Frage von etwa 100 Straßen stellen, die keinen hebräischen Namen trugen.[69] Wie zu erwarten, kam das Kapitel der arabischen Namen in der ersten Debatte des Ausschusses auf den Tisch. Der stellvertretende Stadtbauingenieur gab zuerst seine »Privatmeinung« kund, dass es schwierig sei, Namen zu ändern, die »der Masse geläufig« waren, und empfahl »Vorsicht auf diesem Gebiet und die arabischen Namen nicht en

67 Ebenda.

68 Ben-Arzi, Straßennamen und Stadtgeschichte; Azaryahu, Zwischen zwei Städten; ders., The Purge of Bismarck and Saladin; Azaryahu/Kook, Mapping the Nation.

69 J. Proschenkski, Sitzungsprotokoll des Ausschusses für Allgemeinbelange und Straßennamen, 12.3.1951, Stadtarchiv Haifa, Akte »Straßennamen und -nummern« 32509.

gros zu streichen«.[70] Obgleich es keine wirkliche Diskussion gab, war erkennbar, dass die Ausschussmitglieder zahlreiche unterschiedliche Vorlieben hatten. Jemand forderte, »die ganzen arabischen und englischen Namen kritisch unter die Lupe zu nehmen, und zwar so schnell wie möglich«. Ein anderes Ausschussmitglied war sogar der Meinung, »die Sache mit dem Austausch der arabischen Namen ist äußerst dringend«. Ein weiterer Beteiligter schlug als Pauschalregel vor, »ein Name, der mit der Geschichte Haifas verbunden ist, soll bleiben, sogar wenn er arabisch ist«, während wieder ein anderer sagte, »man muss die nichtjüdischen Namen neu überprüfen«, da er nicht der Ansicht war, dass »diese Namen heutzutage zu unserer Stadt passen«. Die Feststellung des Ausschussvorsitzenden, Herrn Malley, dass 80 bis 90 Prozent der »nichtjüdischen« Namen arabisch seien und ausgewechselt werden müssten, zeugte schon in diesem Stadium davon, dass sich ein schwieriger Prozess anbahnte. Bei der Sitzung wurde beschlossen, dass es nicht zur Debatte stehe, arabische Namen von Straßen zu ändern, in denen Araber lebten.

Dem Ausschuss stand auch eine Änderung der Beschilderung vor Augen. Die arabische Schrift sollte zwar erhalten bleiben, allerdings unter der hebräischen Beschriftung. Auf die englischen Beschriftungen konnte man wegen der Touristen nicht verzichten. Die Beibehaltung der Mehrsprachigkeit der Schilder überrascht dabei weniger als die Behandlung der Zweisprachigkeit – hebräisch-arabisch – in den Sitzungsprotokollen der Stadtverwaltung bis 1951, die unter den neuen Gegebenheiten eigentlich jeder faktischen Basis entbehrte. Dieses Charakteristikum der binationalen Vergangenheit jedoch war im Begriff zu verschwinden, als Abba Khoushi seinen Vorgänger, Schabtai Levy, als Bürgermeister ablöste. Während Levy, gebürtig in Istanbul und Absolvent der Rechtsfakultät in Konstantinopel, fließend Arabisch sprach und der paritätischen Tradition seine gesamte Amtszeit hindurch, die die Mandatsperiode bis zur israelischen Epoche umspannte, treu blieb, repräsentierte Abba Khoushi andere Traditionen. Bei seinem Amtsantritt wandte er sich sehr rasch an die Mitgliederorganisation der Hagana in der Stadt mit der Bitte, ihm eine umfassende Liste aller Örtlichkeiten zu übermitteln, an denen in Haifa entscheidende Kämpfe stattgefunden hat-

70 Ebenda.

ten,[71] ebenso wie ihm eine Namensliste der Hagana-Mitglieder zu erstellen, die in der Stadt gefallen waren, um sie zu verewigen.[72] Die Liste, die die Hagana-Veteranen präsentierten, enthielt 41 Namen, darunter Namen zum Gedenken an Operationseinheiten und Begriffe der Hagana, Namen von Operationen und Ereignissen und manches andere wie: »Pioniergasse«, »Gasse der Verbindungsleute«, »Gasse des Waffenverstecks«, »Straßensperrenwächter«, »Die jüdische Mutter« und so weiter. Von der Liste sofort angenommen wurden die folgenden Namen: »Haganaplatz«, »Befreiungshöhe«, »Die Unabhängigkeit« und »Die Helden«. Die restlichen Namen wurden an den Ausschuss zur Beratung verwiesen.[73]

Der Namensausschuss beeilte sich, die Vorschläge der Hagana-Veteranen zu diskutieren.[74] In Fortsetzung der Entscheidungen, die Straßen in anderen Stadtvierteln betrafen, wie die Umbenennung der Salah-ed-Din-Straße zu »Heldenstraße«, beschloss man zwei Änderungen im Bereich Wadi Salibs: die Burdschstraße, die zum Wadi führte und die laut einem der früheren Vorschläge in »Maoz«, nämlich Bollwerkstraße, umbenannt werden sollte,[75] wurde nun in »Ma'aleh haschichrur«, Befreiungshöhe, umgetauft, trotz des Protestes des Ausschussmitglieds Schoval, der die wörtliche Übersetzung in Form des Namens »Hamezuda«, Festungsstraße, präferierte. Schoval vertrat einen konsequenten Standpunkt. Bereits bei der ersten Sitzung war er der Meinung, dass nicht der Klang der arabischen Namen, sondern ihr Inhalt zu berücksichtigen sei.[76] Für die Irakstraße, benannt nach der »Irakischen Ölgesellschaft« (IPC), die für die Errichtung der Raffinerie in Haifa verantwortlich gewesen war, schlug der Ausschuss »Olei Bavel« vor, die Straße der babylonischen Immigranten. Am Ende erhielt sie den

71 Der Stadtsekretär an die Mitgliederorganisation der Hagana, 12.2.1951, Stadtarchiv Haifa, Akte 32507. Siehe auch frühere Eingaben: Protokoll einer außerordentlichen Sitzung des Stadtverwaltungsausschusses im Rathaus vom 3.1.1949, 10.30 Uhr, Abschnitt 3, ebenda; Protokoll der 99. Sitzung des Stadtverwaltungsausschusses vom 30.8.1949, 9.30 Uhr, Abschnitt 20, ebenda.

72 Mitgliederorganisation der Hagana in Groß-Haifa an A. Chalfon, 16.4.1951, Stadtarchiv Haifa, Akte »Straßennamen und -nummern« 32509.

73 Ebenda.

74 Protokoll des Ausschusses für Allgemeinbelange und Straßennamen, 16.4.1951, ebenda.

75 Der Stadtsekretär an Josef Daniel, 29.3.1951, ebenda.

76 Protokoll des Ausschusses für Allgemeinbelange und Straßennamen, 12.3.1951, ebenda.

Namen »Kibbuz Galujot«, die Straße der Einsammlung der Verstreuten.

Im Süden Wadi Salibs wurde aus der Stantonstraße, benannt nach dem ersten britischen Militärgouverneur der Stadt, die »Schivat Zion«, die Straße der Rückkehr nach Zion. Die Fortsetzung jener Straße, nämlich die Irakstraße, wurde, wie erwähnt, in Kibbuz-Galujot-Straße umbenannt. Auch die Namen anderer Verkehrsachsen, die an Wadi Salib angrenzten, wurden geändert. Derech Hadsch, die Landstraße der muslimischen Mekkapilgerschaft, in der Nähe der Bahn, wurde zu »Chativat Golani«, der Straße der Golani-Brigade, obgleich diese Einheit nicht an den Kämpfen in der Stadt beteiligt gewesen war.

Die Tendenz zu sprachlicher Vereinheitlichung führte zu Kopfzerbrechen über den Begriff »Wadi« an sich. Der Sekretär der Haifaer Stadtverwaltung wandte sich in der Sache an den Rat für die hebräische Sprache in Jerusalem im Rahmen verschiedener Themen, die die Definitionsschwierigkeiten von Begriffen und Spitznamen im öffentlichen Bereich der Stadt betrafen.[77] Die Fragen waren allgemein formuliert: »Was bezeichnet eine Gasse? Was ist der Unterschied zwischen ›Aufgang‹ und ›Treppe‹? Eine Kreuzung, die vier Straßen verbindet, mit einer kleinen Insel in der Mitte – ist das ein öffentlicher Platz oder eine bloße Kreuzung, von welcher Größe ist eine Fläche, die man als ›Platz‹ bezeichnen muss?«, und so weiter.[78] In diesem Zusammenhang wurde der Rat gefragt, was die richtige Übersetzung des Begriffes »Wadi« sei und ob es möglich wäre, ihn durch »Aruz«, Flussbett, zu ersetzen? Zuletzt wurde beschlossen, Wadi mit »gaj«, Tal oder Niederung, zu übersetzen und so bald wie möglich alle arabischen Wadibezeichnungen in der Stadt und Umgebung zu ändern.[79]

Wadi Salib war jedoch nicht nur eine geographische Formation, sondern auch ein Viertel und eine Straße. Ein »toponomischer Widerspruch« offenbarte sich in dem Wort »Salib«, das arabisch Kreuz heißt.[80] Eine wirkliche Erklärung für den Namen findet sich nicht,

---

77 Protokollnotizen der Sitzung des Namensunterausschusses, 28.1.1953, Stadtarchiv Haifa, Akte 32507.

78 Der Stadtsekretär an den Rat für die hebräische Sprache in Jerusalem, Februar 1953, ebenda.

79 Sitzungsprotokoll des Wissenschaftsausschusses für Namensberatung, 10.12. 1953, Stadtarchiv Haifa, Akte 82579.

80 Ben-Arzi, Wadi Salib und sein Platz in der Entwicklung Haifas.

nur eine populäre Version der britischen Missionarin Frances Newton, die Anfang des 19. Jahrhunderts im Namen der Kirchenmission in Wadi Salib eine Schule gründete. Der Ursprung des Namens, berichtete sie, liege in einem großen Kreuz, das anonyme Pilger in einen riesigen Felsen am Hang des Wadis eingraviert hätten, der von Weitem zu sehen war, zu einer Zeit, als sich das Wadi noch fernab vom Stadtgebiet Haifas befand. Das Kreuz, ob es nun existierte oder nicht, verschwand im Laufe von Bautätigkeiten gegen Ende der Osmanenzeit. Nun, in der jüdischen Ära, begann Wadi Salib auf Listen mit Stadtviertel- und Straßennamen aufzutauchen, die zur Umbenennung anstanden, neben anderen Vierteln wie Ard al-Jahud, die Deutsche Kolonie und überraschenderweise auch Wadi Nisnas.[81] Über die Möglichkeit, den Namen des Letzteren zu ändern, gingen die Meinungen auseinander.[82] Es gab Vorschläge, Wadi Nisnas in »Schem-Viertel« umzutaufen oder »Schem-und-Japheth-Viertel«, doch andere meinten, man müsse den bestehenden Namen belassen, da die dortige Bevölkerung arabisch sei und der Name keinerlei politische oder nationale Bedeutung innehabe. Was Wadi Salib anging, so herrschte allgemeine Einigkeit darüber, seinen Namen in »Haporzim«, das Viertel der Durchbrecher, zu ändern, zum Gedenken an die Kämpfe, die dort stattgefunden hatten.[83] Zwei Monate später tauchten weitere Initiativen auf. Nun wurde einstimmig beschlossen, »den Namen ›Wadi Salib‹ zu tilgen und dem Ort den Namen ›Hagaj‹ (das Tal), ohne nähere Bezeichnung, zu geben«.[84] Diese Entscheidung wurde zusammen mit einem weiteren einstimmigen Beschluss gefällt, nämlich der Namensänderung der »Deutschen Kolonie« zu »Bnei haheichal«, die Tempelsöhne, womit man zwar an den christlich-religiösen Bezug erinnerte, den unangenehmen deutschen Zusammenhang jedoch eliminiert hatte.[85]

Die Bemühungen zur Hebräisierung der Straßennamen Haifas zogen sich durch das ganze Jahr 1953. In Wadi Salib und anderen Stadtvierteln blieben immer noch zahlreiche Straßen übrig, die einen

81 Stadtverwaltung Haifa, 4.2.1954, Namensliste der Viertel und Stadtteile mit arabischen und fremdsprachlichen Namen zur Abänderung in hebräische Namen (handschriftliche Liste), Stadtarchiv Haifa, Akte 82579.

82 Sitzungsprotokoll des Wissenschaftsausschusses, 18.2.1954, Stadtarchiv Haifa, Akte 82579.

83 Ebenda.

84 Sitzungsprotokoll des Wissenschaftsausschusses, 29.4.1954, ebenda.

85 Ebenda.

arabischen Namen trugen. Die al-Afghani-Straße, Irbidstraße, Tariqstraße, Chatibstraße und Umar-ibn-al-Chattab-Straße wurden in einer direkten Anfrage Abba Khoushis an den Namensausschuss explizit erwähnt, verbunden mit der Aufforderung, dem »genügend Zeit zu widmen, und dieses schnellstmöglich, um uns originale hebräische Namen für all diese Straßen vorzuschlagen«. »Wir müssen diesen Fluch ein für alle Mal loswerden«, schrieb Khoushi.[86] Die begehrten Änderungen sollten in der Tat umgesetzt werden, doch in einem langsamen Prozess.[87] Während die Straßen, die Wadi Salib säumten, überwiegend große Hauptverkehrsadern, Namen mit expliziter nationaler Bedeutung erhielten, durchliefen die engen Gassen und ein Teil der Treppenwege im Viertel nur geringe Veränderungen. Die Straßennamen, die Orte bezeichneten, wurden nicht verändert, nur die Art der Aussprache wandelte sich. Aus der Ammanstraße wurde Amon, aus Bisan wurde Beit Sche'an. Ekron und Akaba behielten ihren ursprünglichen Namen ebenso wie die Irbidtreppen, und die Jamantreppen wurden zu den Teimantreppen, was beides Jemen heißt. Ben-Harusch, wie wir uns erinnern, nahm 1949 ein Zimmer an der Ha'eglon-, der Eglontreppengasse in Besitz. Davor hießen sie übrigens Adschluntreppen, nach der antiken Königsstadt der Amoriter, während sie von den früheren Bewohnern inoffiziell die Muftitreppen genannt wurden. Eine sehr begrenzte Anzahl von Straßen, die nach arabischen Persönlichkeiten benannt waren, behielt ebenfalls ihren Namen, wie die Umar-ibn-al-Chattab-Straße, nach dem zweiten muslimischen Kalifen benannt, und auch die Tariqstraße, nach Tariq ibn Ziad, dem arabischen Heerführer, der im Jahre 711 a.d. Spanien von den christlichen Westgoten eroberte. Auch die Treppen, die den Namen des ehemaligen Bürgermeisters, Hassan Schukri, trugen, behielten den ursprünglichen Namen.

Andere arabische Namen wurden im Laufe der folgenden Jahre geändert.[88] Die Al-Afghani-Straße wurde zur Baruch-Markus-Straße, nach Haifas Oberrabbiner, einem gebürtigen Litauer. Die Chaled-ibn-al-Walid-Straße, nach dem muslimischen Feldherrn, der

---

86 Der Bürgermeister an den Namensausschuss, angegliedert an den Kulturausschuss, am 3.11.1953, Stadtarchiv Haifa, Akte 32579.

87 Mansur, Haifas arabische Straße. Mein Dank gilt Dr. Johnny Mansur für unser Gespräch.

88 Boneh, Haifaer Straßenlexikon.

in der Schlacht am Jarmuk an der Spitze des muslimischen Heeres stand, wurde in Jechielstraße umbenannt, nach Jechiel Chelnov, einem der Gründer der Chovevei-Zion-Bewegung und einer zentralen Figur im Sprachenkampf am Haifaer Technion. Der Name der al-Walid-Treppe wurde durch Millertreppe ersetzt, einem lokalen Industriellen, geboren in Litauen, der die Metallarbeiten für die osmanische Regierung während des Baus der Hedschasbahn ausgeführt hatte. Die Nuzhastraße wurde zur Rav-Ochanna-Straße, Rabbiner Benjamin Nissim Ochanna, gebürtig in Algier und gegen Ende seines Lebens der Rabbiner der Stadt und des Bezirks Haifa. Auch die Umar-al-Muchtar-Straße, nach einem libyschen Freiheitskämpfer benannt, der gegen die Italiener kämpfte und 1931 gehängt wurde, musste ihren Platz für den Verfasser der Nationalhymne, Naftali Hertz-Imber, freimachen. Diese Änderungen dauerten bis in die 1960er Jahre an, zum Teil fanden sie auch noch während der Evakuierung des Wadis statt. Eine der Straßen von Wadi Salib ist übrigens vor einigen Jahren nach Ben-Harusch benannt worden.

»Sie vermischen sich und vergessen die Herkunft«

> »Wie kurz doch der Weg war zwischen der Abbasstraße und dem Meeresstrand! Und wie weit doch die Welt war zu jener Zeit! Der ganze Karmel war ebenso unser wie das Meer. Sogar der »Abbas-Garten« der Bahais war unser. Die ganze Welt war unser: die Ebene und das Gebirge, das Meer und das offene Land und die Äcker dazwischen.«[89]

Trotz der 22 Jahre, die zwischen dem Haifa-Komitee und der staatlichen Untersuchungskommission zur Aufklärung der Ereignisse von Wadi Salib lagen, und obwohl sich die ethnische und nationale Zusammensetzung der Stadt bis zur Unkenntlichkeit verändert hatte, scheint es, dass sich eine kontinuierliche Linie in Haifas jüdischer urbaner Planung erhielt, die der arabischen Stadt nie wohlgesonnen war. Die Schlussfolgerungen der Untersuchungskommission 1959 kreuzten sich mit den Modernisierungstendenzen, die ihnen vorangegangen waren. Eindeutig war, dass die Kommission an eine rasante Tilgung der orientalischen Lebensart glaubte. Der Be-

---

89 Habibi, Das Tal der Dschinnen, S. 125.

richt besiegelte das Schicksal Wadi Salibs mit der Feststellung, »alles in allem, ein solches Viertel hat keine Existenzberechtigung in einer modernen Stadt wie Haifa und benötigt in jedem Fall, sofern es denn existiert, ein gerütteltes Maß an Überholung, Instandhaltung und Pflege.«[90] Von da war es nur ein kurzer Schritt zur Auflösung des Viertels und dem Übergang zu öffentlicher Wohnraumversorgung, zum Wohnsiedlungsprojekt.

Wohnblocksiedlungen sind keine israelische Erfindung. »Schikunim«, solche geförderten Neubauwohnsiedlungen, sind laut dem hebräischen Wörterbuch Even Schoschan »Wohnhäuser, die nach einem einheitlichen Plan gebaut werden oder für ein bestimmtes Wohnklientel«.[91] Sie hatten ihre Parallelen sowohl im sozialdemokratischen Westeuropa wie im sozialistischen und kommunistischen Osteuropa. Unabhängig vom Charakter des Regimes hatte die öffentliche Wohnraumbeschaffung ihre Blütezeit nach dem Krieg, als die Staaten aufgrund der Zerstörung gefordert waren, schnelle Lösungen für die Bürger zu finden, denen der Krieg das Dach über dem Kopf geraubt hatte. In England entwickelten sich die öffentlichen Wohnraumbeschaffungsprogramme direkt nach dem Ersten Weltkrieg, motiviert von dem Wunsch Premierministers David Lloyd-George, »die Helden, die den Krieg gewannen«, mit entsprechendem Wohnraum zu versorgen. Das englische Gesetz für Wohnraumbeschaffung und Stadtplanung von 1919 legte die rechtliche Grundlage für diese Entwicklung. Der öffentliche Wohnungsbau, so stellte Cliff Hague fest,[92] war das Ergebnis von Übereinkünften und direkten Kontakten zwischen Staat und Markt und verhinderte die Entstehung einer Bürgergesellschaft. Nationale und internationale Baugesellschaften bauten für die Mittelschicht und die obere Mittelschicht, die sich den Preis für den Erwerb leisten konnten, während der Staat durch die Vermittlung der Lokalbehörden und mithilfe von Baugesellschaften, die Fertigblockkonstruktionen erstellten, für die Bedürftigeren baute. In Klammern könnte man einfügen, dass diese Art der Arbeitsteilung verschiedene Bau- und Wohnstandards schuf, die in der Folge, wie im Falle Israels zu sehen, Gefühle

90 Rechenschaftsbericht der öffentlichen Untersuchungskommission zur Aufklärung der Unruhen vom 9.7.1959 in Wadi Salib, der Regierung vorgelegt am 17.8.1959, S. 15.
91 Lu-Yon/Kalusch, Wohnraumbeschaffung in Israel, S. 40.
92 Hague, Renegotiating Places, S. 154–157.

von Erbitterung und Benachteiligung hervorrufen sollten. In England entwickelte sich unter den Mitgliedern der Gemeinderäte und der Stadtverwaltungsorgane, vor allem derjenigen, die der Labour-Partei nahestanden, die Auffassung, dass die öffentliche Wohnraumbeschaffung eine Art »Versorgung der Bedürftigen« sei, die man in rationaler Form unter Festlegung objektiver Kriterien zu organisieren habe. Daher rührt die Erwartung, die Nutznießer würden sich dankbar erweisen und den Besitz gut behandeln. »Bevormundung«, stellte Hague fest, »wurde zum Schlüsselelement in dem mentalen Modell, das die öffentliche Wohnraumbeschaffung begleitet, und die Rolle der Zivilgesellschaft dabei war es, geduldig in der Warteschlange zu stehen, bis der gnädige Augenblick für das Angebot einer Wohnraumlösung gekommen sein würde.«[93]

Der öffentliche Wohnbau im Ostblock hatte zwar einen anderen Charakter,[94] doch auch hier waren es die Folgen des Krieges – des Zweiten Weltkriegs –, die die dringende Notwendigkeit schufen, schnell und billig zu bauen.[95] Erstaunlicherweise scheiterten auch die sozialistischen Staaten daran, Gleichheit in der öffentlichen Wohnraumbeschaffung herzustellen, sondern produzierten nur immer wieder Segregation. Ivan Szelenyi konstatiert: »Wohnraumbeschaffungspolitik und Stadtplanung, die von egalitärer Ideologie angetrieben sind, erzeugen ein System der Ungleichheit in der Zuweisung von Wohnraum und produzieren weiterhin Segregation im Wohnen nach beruflicher Zugehörigkeit.«[96]

Was oberflächlich wie ein Widerspruch wirkt, stellt sich als ziemlich einfach heraus: Während sich Sozialismus oder Kapitalismus als relativ vernachlässigbar für die Reproduktion von Ungleichheit erweisen, stellt sich heraus, dass städtische Planung – das heißt Stadtbauingenieure, lokale Politiker, niedere Regierungsangestellte und Bürokraten – im Endeffekt eine Rolle ausfüllt, die eigentlich die von Investoren, Investmentbanken und Immobiliengesellschaften in der kapitalistischen Wirtschaft ist. In Wirklichkeit sind die Handlungen derer entscheidend, die an der sozialistischen Stadtplanung beteiligt sind, und nicht ihre Absichten. In Szelenyis Worten:

---

93 Ebenda, S. 157.

94 Sawicki, Soviet Land and Housing Law, S. 142–144.

95 So zum Beispiel in Warschau, wo am Ende des Krieges nur etwa 7 Prozent der Wohngebäude in intaktem Zustand erhalten waren. Siehe Perényi, Die moderne Stadt, S. 64–66.

96 Szelenyi, Housing Inequalities, S. 7.

»Sie schaffen unegalitäre Städte, nicht weil sie das so wollen, sondern weil sie als Schlüsselstellung in einem neuen Gesellschaftskonstrukt fungieren, das von einer neuen Sorte von Klassenantagonismus geformt wird, sodass sie nichts anderes tun können, als das System sozialer Privilegierung und die asymmetrische Machtverteilung innerhalb jenes Konstrukts von Neuem zu erzeugen.«[97]

Diese inneren Widersprüche zwischen sozialistischer Ideologie und Rhetorik einerseits und der Reproduktion von Ungleichheit andererseits charakterisierten nicht nur die kommunistischen Blockstaaten, sondern auch die israelische Realität der 1960er Jahre.

Die Evakuierung Wadi Salibs wurde im Licht einer weltweiten Tradition öffentlicher Wohnraumbeschaffung durchgeführt. Die Akteure, die mit der Evakuierung der Armenviertel in Israel befasst waren, waren sich der internationalen Vorläufer in den USA, in Belgien und Dänemark, in Westdeutschland, Italien, Holland und England bewusst. Von diesen Ländern hatten die Verfasser des *Slum Clearing Act* gelernt, »ein partieller Angriff auf die Armenviertel ist ineffektiv, und die Verdrängung eines Armenviertels führt nur zur Verschlimmerung der desolaten Zustände in einem anderen Armenviertel.«[98] Daher suchte man nach einer zügigen und koordinierten Lösung, die die Liquidationsphase mit dem Bauprozess synchronisieren würde. In einer entscheidenden Hinsicht unterschied sich der israelische Kontext jedoch generell, und in Wadi Salib besonders, vom sozial-demokratischen Westeuropa und dem sozialistischen Osten. In Israel dienten die Wohnsiedlungsprojekte als Instrument einer ethnisch-sozialen Konstruktion und gingen weit über die andernorts anerkannte Rolle hinaus, soziale Gerechtigkeit herzustellen. »Bevölkerungsdichte bewahrt die Lebensweise der Ursprungsländer im Familiendasein und in der Kindererziehung«, argumentierte Zvi Barzilay, der stellvertretende Bürgermeister, vor der Untersuchungskommission. »Sie übertragen eine Analogie aus dem Exil, aus ihrer Umgebung außerhalb des Landes, die das jüdische Ghetto in Marrakesch und Casablanca mit Gefühlen von Verachtung, Diskriminierung und Benachteiligung umgab.«[99] Seine Argu-

97 Ebenda.

98 Sozialviertel-Gesetz, Staatsarchiv, 109/3496/8.

99 Memorandum von Rechtsanwalt Zvi Barzilay, stellvertretender Bürgermeister von Haifa, 29.7.1959, Aussage vor der Untersuchungskommission (Band 3), Staatsarchiv, Dok. 7252/1, Akte 3.

mentation spiegelte damit die gängige Meinung seiner Zeit wider, speziell die misstrauische Haltung gegenüber Wohngegenden mit deutlich ethnischen Charakteristika. Die Forderung nach Wohnsiedlungsprojekten war daher entsprechend diesen herkömmlichen Anschauungen von der Forderung begleitet, dass sie »auf einer gemischten Bevölkerung basiert sein müssen, ohne ethnische Verdichtung«. Gleichermaßen energisch und von operativer Bedeutung war der Standpunkt des Bürgermeisters, Abba Khoushi, dem er vor der Untersuchungskommission Ausdruck verlieh:

> »Was die Existenz Wadi Salibs an sich angeht, so kam ich bereits während des Unabhängigkeitskriegs 1948 mit einem Plan, Wadi Salib zu sprengen, und ich unterbreitete einen Plan zur Wiederherstellung des Orts, der allerdings nur durchführbar wäre, wenn man alle Einwohner entfernen würde (und um jetzt die 3144 Haushalte zu entfernen, bräuchten wir 32 Millionen Liras, und ich würde vorschlagen, keinem zu glauben, der verspricht, dies innerhalb von ein paar Tagen zu tun). Man kann die Bevölkerung innerhalb von fünf bis sechs Jahren entfernen – den Großteil der Bevölkerung, und keine anderen mehr hineinlassen, und dann ist es möglich, Bulldozer hinzubringen und den Boden einzuebnen und andere Gebäude zu bauen. Es gibt in der Stadtverwaltung einen Plan zur Wohnraumbeschaffung für alle – was wir auch machen wollen –, aber wir haben eine Methode zur Bevölkerungsverteilung vorgeschlagen und nicht, spezielle Wohnblocksiedlungen für Angehörige einer ethnischen Gruppe zu bauen, dies ist ein wunderbares Instrument für die Verschmelzung der Diaspora. Sie vermischen sich und vergessen die Herkunft.«[100]

Khoushi brachte als Exempel ein Wohnsiedlungsprojekt, das in einer anderen Ecke der Stadt errichtet wurde, Kiriat Eliezer, »wo von allen ethnischen Gruppen welche wohnen, und im Laufe der Zeit werden sie vergessen und erkennen, dass jeder, der hier lebt, Jude ist.« Der Übergang zu einer Wohnsiedlung war jedoch eine komplexe, diffizile Angelegenheit. Der Teufel steckt bekanntlich in den Details, und sie entschieden das gesamte Großunternehmen. Als man in Haifa den Evakuierungsprozess Wadi Salibs zu planen begann, hatte die Stadt gerade das lange und mühselige Evakuierungsverfahren eines anderen Viertels – Ard al-Raml – hinter sich gebracht (hebräischer Name: Schemen-Viertel), nahe der Haifaer

100 Abba Khoushi, Vormittagssitzung, 5.8.1959, ebenda.

Bucht und dem Fluss Kischon gelegen.[101] Der Geschichte mit Ard al-Raml lag ein Irrtum zugrunde. Als die Jewish Agency 1948 in dem Viertel, wie in den übrigen verlassenen Stadtvierteln, Immigranten unterbrachte, war sich niemand der Tatsache bewusst, dass ein Teil des dortigen Besitzes jüdischen Eigentümern gehörte.[102] Erst als die jüdischen Eigentümer ihren Besitz reklamierten, waren die Behörden gezwungen, sich mit der Sache zu befassen. Die Jewish Agency verlieh zwar ihrer Bereitschaft Ausdruck, beim Transfer von Bewohnern behilflich zu sein, die Bestätigungen erbringen würden, dass sie seinerzeit offiziell von ihr dorthin geschickt worden waren, doch vielen von ihnen waren diese Dokumente, selbst wenn sie sie in der Vergangenheit besessen haben sollten, im Laufe der Jahre abhanden gekommen. Zu der schwierigen rechtlichen Situation gesellte sich ein gravierendes sanitäres Problem. Seit den Überschwemmungen, die Haifa 1955 heimgesucht hatten, stellte das Viertel »eine ernsthafte sanitäre Gefährdung und ein schwerwiegendes gesellschaftliches und soziales Problem für die Stadt«[103] dar. Die diversen Behörden taten sich dennoch schwer, den Bewohnern eine freiwillige Räumung schmackhaft zu machen, und neigten zu extremen Überzeugungsmethoden. So schlug zum Beispiel der Vertreter des Gesundheitsamts für den Nordbezirk vor, »eine Armeeeinheit soll vor Ort Manöver abhalten und den Eindruck erzeugen, dass der Platz eine Gefahr in Punkto Sicherheit ist, und dann wird ein Großteil der Bewohner des Viertels flüchten.« Der Leiter der Absorptionsabteilung der Jewish Agency wollte »die Bewohner zweifelhafter Örtlichkeiten im Viertel belästigen und eine Polizeiwache vor Ort einrichten«. Ungeachtet dieser »kreativen« Lösungsideen wurde beschlossen, eine konzertierte finanzielle Anstrengung zu unternehmen. Man schloss die Grundbesitzer mit ein, das heißt die Entwicklungsbehörde, das Staatssteueramt, die Landentwicklungsgesellschaft für den Jischuv und private Eigentümer mittels der Jewish Agency, die Wohnraumbeschaffungsabteilung des Arbeitsministeriums und die Evakuierten selbst, um sie in ein Bausparprogramm für Wohnsiedlungen einzuschreiben. Die »Jungen und

---

101 Bernstein, Constructing Boundaries, S. 57.

102 H. Hochwald, Leiter der Sozialabteilung, an den Bürgermeister, 19.3.1953, Stadtarchiv Haifa, Akte »Unterbringung Evakuierter aus gefährdenden Bauwerken«, 032543.

103 Der Stadtbauingenieur an den amtierenden Bürgermeister, 16.12.1955, ebenda; Memorandum der Sitzung in Sachen Ard al-Raml, 5.1.1956, ebenda.

Arbeitstauglichen« beschloss man im Rahmen der Bewegung »von der Stadt aufs Dorf« zur Landarbeit zu schicken. Die Inspiration zu diesem Evakuierungsplan in Haifa bezog die Stadtverwaltung von Tel Aviv, auf der Basis der dortigen Erfahrungen in Jaffa.[104]

Als Grundlage für die Evakuierung des Viertels beschloss man, so wie es später bei der Räumung von Wadi Salib gemacht werden sollte, eine Studie durchzuführen. Sie ergab, dass die Mehrheit der Bewohner in den Jahren 1948 bis 1952 nach Israel eingewandert war. Die wirtschaftliche Lage der Bewohner variierte stark und wurde in der Erhebung je nach Neigung der Begutachter als »gut«, »ordentlich«, »mit Möblierung«, »moderne Möblierung« definiert oder »ordentlich in primitiver Form« sowie »verwahrlost«.[105] Die meisten hatten übrigens eine Beschäftigung, und die Zahl der Arbeitslosen unter ihnen war minimal. Die Verhandlungen mit den Viertelbewohnern über ihre Räumungsbedingungen gerieten jedoch offenbar in eine Sackgasse, und sie willigten in keinen der Vorschläge der Behörden ein. Während der Lageklärungen und der Überzeugungsversuche wurden die Bewohner des Viertels zu Gefangenen ihrer Verweigerung. Die Stadtverwaltung begann nämlich, Druck auf sie auszuüben, indem sie sich entschieden weigerte, ihre konstanten Beschwerden über sanitäre Defekte, die ihr Leben gefährdeten, zu behandeln. Sie sah nun überhaupt keine »moralisch-öffentliche Berechtigung« für Forderungen nach kontinuierlicher Befassung mit sanitären Problemen in Anbetracht dessen, dass alle Gebäude im Viertel als »illegal und unsanitär« und »zum Abriss freigegeben« erklärt worden waren.[106] Man kann sich das bittere Los nur ansatzweise vorstellen, das die Bewohner aufgrund der Tatsache zu erleiden hatten, dass sich die Räumung des Viertels um Jahre verzögerte. Erst im Frühling 1959 wurde die endgültige Evakuierung des Viertels verkündet, und die Bewohner wurden aufgerufen, sich für ein öffentliches Wohnsiedlungsprojekt registrieren zu lassen.[107] Der Präzedenzfall Ard al-Raml ließ Kommendes ahnen.

---

104 Stadtkämmerei Tel Aviv an Herrn Zvi Barzilay, 3.10.1957, ebenda.

105 Einwohnerstudie Schemen-Viertel, ebenda.

106 M. Rofe, Stadtsekretär, an den Schemen-Stadtviertelbeirat in Haifa, 30.9.1956, Stadtarchiv Haifa, Akte »Unterbringung Evakuierter aus gefährdenden Bauwerken«, 032543.

107 An die Einwohner des Schemen-Viertels von Bürgermeister Abba Khoushi, 24.5.1959, ebenda.

Einen Tag vor den ersten Zwischenfällen in Wadi Salib wandte sich der Leiter der Abteilung Wohnraumbeschaffungsmaßnahmen an den Bürgermeister mit der Bitte, einen Vertreter der Stadtverwaltung zu ernennen, der in Zusammenarbeit mit ihm autorisiert sein würde, die Liste der Kandidaten, die sich für die Evakuierung von Ard al-Raml eingetragen hatten, abschließend zu prüfen.[108] Inzwischen war die Angelegenheit eindeutig zum Politikum geworden. Gerüchte verbreiteten sich unter den Bewohnern des Viertels, dass nur Mitglieder und Sympathisanten der Mapai berechtigt wären, in die Wohnsiedlungen zu ziehen. Die beiden stellvertretenden Bürgermeister, Zvi Barzilay und Josef Nussboim, versuchten, die Bewohner des Schemen-Viertels zu beruhigen. »Sie müssen wissen«, verkündeten die beiden, »dass jeder Bürger, Bewohner des Viertels, sich registrieren lassen kann und sein Recht auf ein Wohnsiedlungsprojekt gewahrt ist. Wir als Mitglieder der Kommission, die gewählt worden ist, um sich dieses Problems anzunehmen, werden auf der Hut sein und dafür sorgen, dass kein Bürger diskriminiert oder benachteiligt wird. Die Parteizugehörigkeit wird nicht die Reihenfolge der Unterbringung bestimmen, sondern nur die Wohndauer, die familiäre und soziale Situation.«[109] Die Abhängigkeit von einem Verwaltungsapparat, dessen Erwägungen nicht transparent sind, dessen Motive aber bisweilen überdeutlich erscheinen, sollte also nicht mit der Evakuierung aus dem verlassenen Besitz enden, sondern sich in gewisser Hinsicht eher noch verstärken.[110] Es gab übrigens immer einige, deren Schicksal und Abhängigkeit noch bitterer war: Die letzten »illegalen« Bewohner von Ard al-Raml, Araber, wurden am Donnerstag, den 7. Juni 1967, evakuiert, als sie, mitten im Krieg und unter dem Vorwand der Sicherheit, aus ihren Hütten weggebracht wurden, die zusammen mit ihrem Hab und Gut zerstört wurden. Die Stadtverwaltung weigerte sich, den Entschädigungsforderungen der bettelarmen Bewohner nachzukommen, da die Baracken auf dem Grund und Boden der israelischen Grundstücksverwaltung gestanden hatten.[111]

108 Ben-Zion Milman, Leiter der Abteilung Wohnraumbeschaffungsmaßnahmen, an Abba Khoushi, Bürgermeister von Haifa, 6. 8. 1959, ebenda.

109 Plakataufruf, ebenda.

110 Über den Aufbau von Abhängigkeit als Methode siehe Bernstein, Immigrant Transit Camps.

111 Die staatlich-städtische Gesellschaft für Sozialviertelsanierung in Haifa, Kurzüberblick (bis April 1966) in Vorbereitung auf den Besuch des Wohnungsministers am 19. 5. 1966, Stadtarchiv Haifa, Akte 47136. Siehe auch Rechtsanwalt

»Ich bin in ein Grab geraten, um dort zu wohnen, während wir noch am Leben sind«

Die Evakuierung Wadi Salibs war ein Mosaikstein im Gesamtwerk der Auflösung der Armenviertel in Israel. Wadi Salib zählte zu jenen Vierteln von »verlassenem Besitz«, deren Diagnose lautete, »von primitiver und geradezu wackliger Bausubstanz«.[112] Sein Status war identisch mit dem anderer Viertel, die zur Räumung bestimmt waren: Viertel in Jaffa, Salame bei Tel Aviv und al-Schajch Muwannis. Die generelle Entscheidung, die Armenviertel in Haifa zu evakuieren, trafen das Wohnraumbeschaffungsministerium und die Stadtverwaltung Anfang der 1960er Jahre.[113] Auf der Prioritätenliste, die zur »Evakuierung und Zerstörung der rückständigen Gebiete« festgelegt wurde, stand zuoberst das Areal von Schemen, gefolgt von Wadi Salib bis zur und einschließlich der Hamagenimstraße und am Schluss Ard al-Jahud.[114] Die zur Evakuierung vorgesehene Bevölkerung in Haifa unterschied sich in gewisser Hinsicht von der in anderen Städten. Ihr Anteil an der Gesamtbevölkerung war mit 22 Prozent niedriger als der in Jerusalem von 28,1 Prozent oder in Tel Aviv mit 36,5 Prozent.[115] Der Anteil der Europäischstämmigen unter denen, die evakuiert werden sollten, war in Haifa beträchtlich höher und belief sich auf 57 Prozent, gegenüber 38,6 Prozent in Tel Aviv und 22,1 Prozent in Jerusalem. Besonders niedrig war die Anzahl der zukünftigen Evakuierten, die asiatischer Herkunft waren, und speziell hoch der Anteil derer aus Afrika, der 29,1 Prozent erreichte. Die von Übervölkerung geprägten Wohnbedingungen, die typisch in den von der Räumung betroffenen Vierteln in Haifa waren, unterschieden sich nicht von denen anderer großstädtischer Armutsvier-

---

Jechiel Simchon an Abba Khoushi, 25. 6. 1967, Stadtarchiv Haifa, Akte 032553; M. Rofe, Haifaer Stadtsekretär, an Rechtsanwalt Simchon, 3. 7. 1967, ebenda.

112 Sozialviertel-Gesetz, Staatsarchiv, 109/3496/8.

113 Vorschlag zur Gründung einer gemeinsamen Gesellschaft von Regierung und Haifaer Stadtverwaltung, Memorandum, entworfen und unterzeichnet von der israelischen Regierung im Namen des Staates Israel, vertreten durch die Verwaltung der Wohnungsabteilung wie folgt (die Regierung) und der Stadtverwaltung Haifa, 21. 8. 1960, Stadtarchiv Haifa, Akte 032575.

114 Protokoll der 1. Sitzung der provisorischen Leitung der staatlich-städtischen Gesellschaft für Sozialviertelsanierung in Haifa, stattgefunden am 23. 3. 1961 in Haifa, ebenda.

115 Die Stadtverwaltung Haifas schätzte ihn sogar noch niedriger ein, nur etwa 18,1 Prozent. Siehe Sozialviertel-Gesetz, Staatsarchiv, 109/3496/8.

tel. In der Hauptsache zielten diese Aktionen auf »Liquidierung und Sanierung« der Viertel ab, die verlassener Besitz waren, der sich entlang der Haifaer Bucht in der Unterstadt erstreckte. Die dortige Baustruktur war charakterisiert »durch das Format der verwahrlosten Viertel der typischen Städte im Nahen Osten, dicht gedrängte Bauten, zumeist ohne sanitäre Anlagen in den Gebäuden und teils ohne Kanalisation im Viertel«.[116] In der Tat bewegte sich die Bewohnerdichte zwischen 17,1 Familien auf einem Dunam (1000 qm) in Schikmona und 8,8 pro Dunam in Wadi Nisnas. In Wadi Salib lag die Wohndichte zu jener Zeit bei 11,8 Familien pro Dunam – eine beträchtliche Konzentration allen Maßstäben nach in Relation zum Durchschnitt, der fünf Familien pro Dunam in den Armenvierteln insgesamt aufwies und 1,1 Familien pro Dunam in der Gesamtstatistik des städtischen Zuständigkeitsbereichs. Ein wirklich wesentlicher Unterschied zwischen Haifa und den beiden anderen großen Städten war die hohe Konzentration der Armenviertel auf dem Territorium des »verlassenen Besitzes«. Die Grundstücksverwaltung Israels, eine öffentliche Körperschaft, die durch die Fusion des israelischen Staates und des Jüdischen Nationalfonds zustande kam, besaß schätzungsweise 85 Prozent dieses Territoriums. Diese Bedingungen ersparten den Evakuierungsbehörden in Haifa die Konfrontation mit Privatpersonen. Aus der spärlichen Erfahrung, die sich angesammelt hatte, und somit vor allem aus der Erfahrung anderer Länder, kristallisierten die Verfasser des *Slum Clearing Act* einen wünschenswerten Evakuierungsmodus heraus und formulierten ihn als eiserne Regel:

> »Es soll klar gesagt sein: Ein Armenviertel kann nicht stückchenweise liquidiert werden. Solange noch ein Teil des Viertels übrig ist, will kein Bewohner von dort wegziehen und verschiebt seinen Auszug. Das Viertel als solches bleibt, auch wenn sich sein Umfang verkleinert. Dem muss hinzugefügt werden, dass immer Menschen im Viertel natürlicherweise dazukommen durch Geburt oder Verlegung ihres Wohnorts dorthin. Deswegen ist es zwingend nötig, sich mit dem ganzen Viertel zu befassen, es in seiner Eigenschaft als Armenviertel zu eliminieren und an seiner Stelle ein modernes Viertel zu errichten.«[117]

---

116 Ebenda.

117 Jehuda Baharav, Leiter der Gesellschaft für Sozialviertelsanierung in Haifa, an Herrn Brunner, Liegenschaftsabteilung, 12.4.1961, Stadtarchiv Haifa, Akte

Daher wurde jede Verkaufs- oder Transfersaktion von Land, das sich im Besitz des Bezirks Haifa befand, eingefroren. Dieser Schritt war von einer Kontrollaufsicht begleitet, die dazu bestimmt war, die Wohnungsinhaber daran zu hindern, die vorübergehende Situation auszunutzen, um ihre Wohnungen zu unterteilen und anzubauen oder neue Bewohner aufzunehmen.[118] Von dem Zeitpunkt an, ab dem die prinzipielle Absicht, die Viertel zu evakuieren, bekannt wurde, begannen sich die Anträge auf Unterstützung und raschen Umzug zu mehren. Persönliche Briefe der Antragsteller an den Bürgermeister offenbarten unerträgliche Lebensbedingungen. Hanna Naim aus der Schemeschstraße in Wadi Salib wandte sich im Namen ihrer Kinder, die an Asthma litten, mit der Bitte an den Bürgermeister, »bringen Sie mich von diesem Ort weg an einen anderen Ort, um mich und meine Familie zu retten.«[119] Auch Herr Simmel Brisch aus der Schivat-Zion-Straße schickte ein direkt an den Bürgermeister gerichtetes Schreiben, in dem er erzählte:

> »Da ich keine finanziellen Mittel besaß, war es mir nicht möglich, eine passende Wohnung zu kaufen, ich bin in ein Zimmer eingezogen, ohne es zu prüfen, und nachher dann sah ich, ich bin in ein Grab geraten, um dort zu wohnen, während wir noch am Leben sind. Die Wände sind nass, es gibt überhaupt kein Licht, ein modriger Raum mit schlechten Geruch nach Schimmel, der uns Rheuma und Asthma eingebracht hat, durch das Einatmen der Verseuchung, in der wir die ganze Zeit gelebt haben, abgesehen von dem üblen Geruch aus allen Klos in der Umgebung.«[120]

Frau Cohen aus der Ha'eglonstraße beklagte sich darüber, dass ihr Antrag auf Umsetzung in ein Wohnsiedlungsprojekt ohne »irgendein väterliches Gefühl« abgelehnt worden war, obwohl sie den Behörden Empfehlungsschreiben des Krankenhauses, des staatlichen Bezirksgesundheitsamts und des Rabbinats lieferte, die die Bitte

---

032575; Protokoll der 2. Sitzung der provisorischen Leitung der staatlich-städtischen Gesellschaft für Sozialviertelsanierung in Haifa, stattgefunden am 8.5. 1961 im Haifaer Rathaus, ebenda.

118 Jehuda Baharav an Herrn Schafek, Inspektionsabteilung, 9.4.1961, ebenda; Jehuda Baharav, Leiter der staatlich-städtischen Gesellschaft für Sozialviertelsanierung in Haifa, an J. Drori, Leiter des Zentralbezirks der Amidar-Gesellschaft, 5.1.1962, ebenda.

119 Hanna und Chaleb Naim an den Bürgermeister von Haifa, 14.10.1960, ebenda.

120 Simmel Brisch an Abba Khoushi, 26.10.1960, ebenda.

»einer jüdischen Mutter, die sechs Kinder unter so entsetzlichen Wohnbedingungen großziehen muss«,[121] unterstützten. Auch Frau Mazal Cohen aus der Nuzhahstraße erhoffte sich mehr, als sie sich persönlich an den Bürgermeister wandte, und erklärte, »wir sind sechs Personen, zusammengepfercht in einem ganz kleinen Zimmer, das sich gegenüber einem Schlachthof befindet, und von dort weht der Geruch in unser kleines Zimmer und hält die Kinder vom Essen ab.« Darüber hinaus war sie gezwungen, weil die Abflussprobleme nicht behoben wurden, einen Eimer unter die Küchenspüle zu stellen, »der für die Kinder noch mehr Verschmutzung bringt – sie gehen hin und trinken davon, wenn ich eine Sekunde nicht aufpasse.«[122] Ihre Nachbarin, Frau Rachel Josefson in der gleichen Straße, eine Witwe, die als Reinigungskraft im Haifaer Arbeitsamt arbeitete, schrieb, dass sie »in einem dunklen und luftlosen Keller« wohnte, »und obwohl ich angeblich eine Wohnung habe, schlafe ich draußen, denn in meinem Keller kann man unmöglich schlafen.«[123]

Im ersten Stadium jedoch wurden all diese Gesuche ungeachtet ihrer persönlichen Notlage abgelehnt, da sie nicht für speziell dringlich befunden wurden. Während das Zimmer von David Alkarif in der Umajagasse 11 evakuiert wurde,[124] verzögerte sich die Angelegenheit im Falle unseres Bekannten Heinrich First aus der Wadi-Salib-Straße 14. Jener bat um Evakuierung, »denn ich bin ein Familienvorstand mit fünf Personen – und meine Frau ist schwanger – und wohne in einem Zimmer ohne alle Mittel, eine Sozialwohnung zu kaufen.«[125] Die staatlich-städtische Gesellschaft hegte Zweifel an seiner Berechtigung. Sie zog es vor, einen Teil der Nachbarwohnung von First zu zerstören und ihm ein Zimmer davon zu geben.[126] Anschließend stellte sich heraus, »Herr Heinrich First hat einen Teil seiner Wohnung für Schlüsselgeld an eine Untermieterin abgegeben und seine Frau in die USA geschickt.« Sein Anspruch, zu den Berechtig-

---

121 Z. Cohen an Abba Khoushi, 21.7.1961, ebenda.

122 Mazal Cohen an Abba Khoushi, 12.10.1962, ebenda.

123 Rachel Josefson an Abba Khoushi, 12.12.1962, ebenda.

124 Die staatlich-städtische Gesellschaft für Sozialviertelsanierung in Haifa an J. Drori, Leiter des Zentralbezirks der Amidar-Gesellschaft (GmbH), 8.7.1962, ebenda.

125 Heinrich First an den Bürgermeister von Haifa, 24.10.1962, ebenda.

126 Die staatlich-städtische Gesellschaft für Sozialviertelsanierung in Haifa an M. Rofe, Stadtsekretär, 2.11.1962, Stadtarchiv Haifa, Akte 032548; M. Rofe an Heinrich First, 7.11.1962, ebenda.

ten zu gehören, erlitt im Lichte der neuen Information erheblichen Schaden, doch das klärte noch immer nicht, wie der Widerspruch aufzulösen war, der zwischen der Entscheidung, einen Teil der Nachbarwohnung zu zerstören, und der Mitteilung an First bestand, dass sich seine Wohnung in einem stabilen Steingebäude befinde, das im Moment nicht zum Abriss vorgesehen sei. David Ben-Harusch, sofern es denn wirklich der gleiche Mann war, erhielt bis zum Jahre 1972 abschlägige Bescheide auf seine zahlreichen Gesuche um Austausch des Lebensmittelladens in der Amman-Straße 18.[127]

Die Verzögerung bei der Räumung war nicht auf die persönliche Situation der Bewohner Wadi Salibs zurückzuführen, so ernst sie sein mochte, sondern darauf, dass ihre Wohnungen zu ihrem Pech in Gebieten lagen, die man nicht durchgängig evakuieren und abreißen konnte. Trotz der schrecklichen Notlage der Bewohner beschloss die Leitung der staatlich-städtischen Gesellschaft für Sozialviertelsanierung, die Wohnungquote in Siedlungsprojekten, die für die Unterbringung der evakuierten Bevölkerung Wadi Salibs bestimmt waren, nicht zu erhöhen, und solche Wohnungen nur in den Fällen zu vergeben, wo es möglich war, ein komplettes Gebäude auf einmal zu räumen.[128] Diese Sturheit führte zu der absurden Situation, dass die Gesellschaft weiterhin die Anträge der Bewohner Wadi Salibs ablehnte, obwohl ihr freie Wohnungen in den neuen Projekten zur Verfügung standen und die Bautätigkeit andauerte.[129] Erst infolge des wachsenden Drucks entschied die Gesellschaft, in diesem Areal den Grund und Boden von der israelischen Grundstücksverwaltung zu erwerben und die Unterbringungsberechtigung auf die Bewohner des Gesamtgebiets auszudehnen.[130]

---

127 Schikmona, die staatlich-städtische Gesellschaft für Sozialviertelsanierung in Haifa, an David Ben-Harusch, 9.11.1972, Stadtarchiv Haifa, Akte 032548.

128 Protokoll der 9. Verwaltungsbeiratssitzung der staatlich-städtischen Gesellschaft für Sozialviertelsanierung in Haifa, stattgefunden am 5.9.1962 im Haifaer Rathaus, Stadtarchiv Haifa, Akte 032575.

129 Protokoll der 12. Verwaltungsbeiratssitzung der staatlich-städtischen Gesellschaft für Sozialviertelsanierung in Haifa, stattgefunden am 1.4.1963 im Haifaer Rathaus, Stadtarchiv Haifa, Akte 032559.

130 Beschlussvorlage für die Stadtratssitzung vom 24.3.1963 in Sachen Evakuierung der Sozialviertel, ebenda; Protokoll der 13. Verwaltungsbeiratssitzung der staatlich-städtischen Gesellschaft für Sozialviertelsanierung in Haifa, stattgefunden am 19.6.1963 im Haifaer Rathaus, ebenda; Protokoll der 14. Verwaltungsbeiratssitzung der staatlich-städtischen Gesellschaft für Sozialviertelsanierung in Haifa, stattgefunden am 23.9.1963 im Haifaer Rathaus, ebenda.

Die Stadtsanierung stellte sich als koordinierter Vorgang heraus, der zögerlichen Bewohnern keine Möglichkeit ließ, ihre Schritte sorgfältig abzuwägen und zu berechnen, und ihnen ganz sicher kein Türchen für einen Gesinnungswechsel offenhielt. Der Plan verlangte eine rasche Evakuierung der Örtlichkeit und einen Abriss der dortigen Bauten. Bereits in diesem Punkt traten bald Meinungsverschiedenheiten zwischen der Haifaer Stadtverwaltung und der Amidar-Gesellschaft auf, Israels nationalem Wohnraumbeschaffungsunternehmen für Immigranten, da Letztere einem Teil der Evakuierten gestattete, ihre Wohnungen gegen Schlüsselgeld an andere Bewohner weiterzugeben, und so die Möglichkeit unterminierte, die geräumten Wohnungen zu zerstören.[131] Erst als Amidar das Versprechen abgab, die Gebäude zu zerstören, zeigte sich die Stadtverwaltung Haifas bereit, sich an den Evakuierungskosten zu beteiligen.[132] Ein Teilabriss stellte ein Risiko dar, da er gefährliche Örtlichkeiten schuf oder Hausbesetzern ermöglichte, sich in die leeren Gebäude einzuschleichen.[133] Das Leben im Stadtviertel während des Zerstörungsprozesses, der sich über Jahre hinzog, war höchstwahrscheinlich unerträglich. Reste von Häusern, einsturzbedrohte Mauern blieben nach einem Teilabriss zurück, beschädigte Dächer, zerbrochene Fenster, ungesicherte Stromleitungen und partielle Versiegelungen gefährdeten die Einwohner und besonders das Leben ihrer Kinder.[134]

Die Flächen, die erworben wurden, beinhalteten Block 10852 in dem Areal, das von Westen her von der Umar-ibn-al-Chattab-Straße begrenzt war, von der Nuzhah- und Ekron-Straße und den Miller-Treppen im Osten, der Afghani-Straße im Süden und der Kibbuz-Galujot-Straße im Norden. Block 10852 enthielt die Miller-Treppen im Westen, die Schukri-Treppen im Osten, die Naftali-Imber-Straße im Süden und die Kibbuz-Galujot-Straße im Norden. Siehe staatlich-städtische Gesellschaft (GmbH) für Sozialviertelsanierung in Haifa an den Leiter der Abteilung Eigentum und Registrierung der staatlich israelischen Grundstücksverwaltung, 26.9.1963, ebenda.

131 M. Fleaman, stellvertretender Bürgermeister, an das Wohnraumbeschaffungskomitee des Haifaer Arbeiterrats, 29.8.1963, ebenda.

132 M. Fleaman, stellvertretender Bürgermeister, an das Wohnraumbeschaffungskomitee des Haifaer Arbeiterrats, 6.11.1963, ebenda.

133 Jehuda Baharav, staatlich-städtische Gesellschaft (GmbH) für Sozialviertelsanierung in Haifa, an den Leiter des Zentralbezirks der Amidar-Gesellschaft, 1.8.1963, ebenda.

134 Staatlich-städtische Gesellschaft für Sozialviertelsanierung in Haifa an J. Drori, Leiter des Zentralbezirks der Amidar-Gesellschaft (GmbH), 8.7.1962, Stadtarchiv Haifa, Akte 032575.

Es war also wichtig, dass jeder Schritt als irreversibel angesehen wurde. Die Bewohner saßen in der Zwickmühle der Behörden, einen Anreiz zum Umzug für sie zu schaffen, manchmal sogar aus der schwachen Hoffnung heraus, einen Profit zu machen, und dem Versuch, den öffentlichen Ausgabenetat für sie so weit wie möglich zu dezimieren. Die Hoffnung auf Profit gründete sich auf die Lage des Viertels, genauer gesagt auf den hohen Grundstückswert in den Stadtzentren, wo die Armenviertel situiert waren, und die potenzielle Möglichkeit, das Areal nach der Evakuierung mit hochgeschossigen Gebäuden zu bebauen. Die Möglichkeit zu einheitlicher Konstruktion und Entwicklung von Hoch- und Mehretagenhäusern erweckte die Hoffnung, dass »die großen Ausgaben und die Anstrengung, die mit der Evakuierung des Sanierungsareals verbunden ist, die Neuansiedlung der Bewohner und die Gewährung einer angemessenen Entschädigung für sie und die Eigentümer der Grundstücke und der Gebäude auf der Sanierungsfläche aus dem Wert des ausgedehnten und freigemachten Lands gedeckt werden, das zur Bebauung und Nutzung verbleiben wird«.[135]

Für einen Moment schien es, als habe Wadi Salib eine Zukunft. Das Areal gehörte, wie erwähnt, vornehmlich der israelischen Grundstücksverwaltung, die einwilligte, es im Ganzen an die Gesellschaft für Sozialviertelsanierung zu verkaufen, oder um genau zu sein, ging es fast um alles.[136] Das entsprechende Abkommen wurde zwischen der staatlich-städtischen Gesellschaft für Sozialviertelsanierung in Haifa und dem Leiter der Grundstücksverwaltung Israels, Josef Weitz, am 1. April 1963 unterzeichnet.[137] In diesem Gebiet und im Schikmona-Streifen – die Überbleibsel der Altstadt, die in der städtischen Planung Wadi Salib zugeschlagen wurden – blieben nur ein paar Grundstücke, die Privatbesitzern oder den muslimischen Waqf-Stiftungen gehörten.[138] Jene wurden zu dieser Zeit gerade enteignet, und ihr Wert sollte vom staatlichen Gutachter angesetzt werden. Zwei christliche Kirchen behinderten noch die

135 Sozialviertel-Gesetz, Staatsarchiv, 109/3496/81.

136 Staatlich-städtische Gesellschaft (GmbH) für Sozialviertelsanierung in Haifa, Jahresgeneralbericht 1963/64, Staatsarchiv, Dok. 3711/19.

137 Abkommen zwischen der Grundstücksverwaltung Israels und der staatlich-städtischen Gesellschaft (GmbH) für Sozialviertelsanierung in Haifa, ebenda.

138 Liste der Gebäude und Grundstücke in Privatbesitz in dem an Wadi Salib anschließenden Gebiet namens Schikmona in Haifa, Stadtarchiv Haifa, Akte 032575.

Schaffung eines durchgängigen Streifens in öffentlichem Besitz. Außer dem Kirchenbesitz hatte die Grundstücksverwaltung Israels den gesamten privaten Besitz bereits enteignet, und nun führte man parallele Verhandlungen mit den Eigentümern über ihren Erwerb. Der Architekt Gideon Kaminka entwarf unterdessen ein allgemeines Bebauungskonzept für das Areal. Er schlug einen ehrgeizigen Plan vor, der mehrgeschossiges Gewerbe und hohe Wohngebäude vorsah, mit einer extrem hoch ausgeschöpften Bebauungsrate von etwa 200 Prozent der Bruttofläche. Das Konzept enthielt neben der Erweiterung des Bauvolumens auf zwei Ebenen einen öffentlichen Park im Anschluss an den bereits bestehenden auf dem Gebiet von Schikmona, Grünanlagen und eine Fläche für ein öffentliches Gebäude. Kaminka träumte auch von einem Gelände für eine Grundschule und einen Kindergarten. An der »Stätte«, so schlug er vor, »würden die beiden christlichen Kirchen bleiben und auch ein oder zwei der alten Häuser, die von architektonischem Wert sind, als ›Andenken‹«.[139] Herr Josef Cohen, der Stadtbauingenieur, teilte mit, dass der Plan noch einer eingehenderen Überprüfung bedürfe – was nichts Gutes für die Zukunft verhieß. Das Hindernis, das die Kirchen und der Waqf-Besitz darstellten, sollte übrigens in bester Manier in Kürze beseitigt werden: Jehuda Baharav, der Leiter der Gesellschaft für Sozialviertelsanierung in Haifa, freute sich mitteilen zu können, dass die Enteignung des Waqf-Besitzes »endlich in abschließender Form durchgeführt wurde«.[140] »Es bleiben natürlich noch die Entschädigungsverhandlungen mit den Eigentümern zu führen, doch was die Eigentümerschaft angeht, ist der Besitz auf die Gesellschaft übertragen und wir können bereits evakuieren und abreißen.« Den beiden Kirchen war das Schicksal gnädig. Sie blieben stehen.[141]

Noch komplexer gestaltete sich die individuelle Entschädigung der Bewohner Wadi Salibs. Die Höhe der Summe sollte sich mit der erforderlichen Anzahlung für den Erwerb einer alternativen geförderten Wohnung decken, die etwa ein Viertel des Werts des neu erworbenen Besitzes betrug. Den restlichen Kaufpreis der Wohnung

139 Protokoll der Vorstandssitzung der staatlich-städtischen Gesellschaft (GmbH) für Sozialviertelsanierung in Haifa, stattgefunden am 20.1.1964 im Haifaer Rathaus, Staatsarchiv, Dok. 3711/19.

140 Ebenda. Zu den Strategien, die der israelische Staat benutzte, um Waqf-Besitz zu regeln, siehe Dumper, Islam and Israel, S. 32–37.

141 Dumper spricht von einer »Vorzugsbehandlung der Christen«, ebenda, S. 40.

sollten die Evakuierten über Kredite und Hypotheken abzahlen. Eine Lösung dieser Art konnte nur für die attraktiv sein, die eine Stellung und Beschäftigung hatten, also aus einer relativen finanziellen Sicherheit heraus langfristige Verpflichtungen eingehen konnten. Die überwiegende Mehrheit der Bewohner Wadi Salibs hatte jedoch nicht die geringste Basis, um Bindungen dieser Art eingehen zu können. Unter diesen Umständen stellte sich der Evakuierungsprozess als eher schleppend heraus, und die Verfasser des Gesetzes begannen über eine Erhöhung der Kompensationsdecke für die Evakuierten nachzudenken. Bezüglich der armen Bewohner und der Sozialfälle kamen die Angestellten der Gesellschaft auf eine besonders kreative Lösung: Sie verteilten die Beihilfen an die mittellosen Evakuierten auf Kosten der Evakuierten mit spärlichen Mitteln.[142] Die Gelder wurden durch eine Erhöhung des Wohnungspreises in den neuen Siedlungsprojekten hereingeholt, je 100 Liras bei einer normalen und 50 Liras bei einer kleinen Wohnung. Dies war eine progressive Lösung nach bester sozialdemokratischer Tradition: Die Armen finanzierten die Fürsorge der Ärmsten.

»Regelrecht menschlicher Abfall«

Es war die Schikmona-Gesellschaft, die die Verantwortung für die Umsetzung des Evakuierungsprojekts in Wadi Salib erhielt. Sie begann 1962 mit dem Unternehmen und evakuierte im Laufe der folgenden zehn Jahre 3001 Familien in der Stadt, davon 1878 aus Wadi Salib.[143] Jehuda Baharav, ranghoher Bauingenieur in der Haifaer Stadtverwaltung, wurde auf den Posten des Generaldirektors der Gesellschaft berufen, oder wie diese Rolle genannt wurde, »Direktor der Gesellschaft zur Sozialviertelliquidierung«. Er war gefordert, sich rasch in die Thematik einzuarbeiten. »Die Bevölkerung war regelrecht menschlicher Abfall, an einem Platz konzentriert«, erinnerte er sich in einem Interview Ende der 1980er Jahre.[144] Für die Durchführung des Programms ernannte Baharav einen Angestell-

142 Der einzige Gegner dieser Vorgehensweise war Herr Kaminka, der meinte, »es ist ungerecht, einen Aufschlag auf die Wohnungspreise den Umgesiedelten aufzubürden«; ebenda.
143 Baharav, Überblick und Generalbericht.
144 Kolka, Wadi Salib, S. 29.

ten, der orientalischer Herkunft war, »dessen Mentalität den Evakuierten nahesteht«.[145] Der Auftrag des Angestellten war es, die Haushalte aufzusuchen und unter der lokalen Bevölkerung für das Evakuierungsprogramm zu werben. Ein Büro, das im Stadtviertel während der Nachmittagsstunden geöffnet wurde, lieferte Informationen und ermöglichte eine Diskussion unter den Bewohnern. In der Stadtverwaltung ging man übrigens kein Risiko ein, man platzierte einen Polizisten und einen städtischen Inspektor am Eingang zum Schutz des Angestellten.[146] Auch die »Organisation arbeitender Mütter« mobilisierte eine Überzeugungskampagne, mit einer »unmittelbaren, individuellen Herangehensweise«, bei der eine etablierte Familie eine andere, die sich in einer sozial-ökonomisch harten Lage befand, adoptierte.[147] Die Mitglieder der Organisation waren gebeten, »gemeinsam eine ganze Straße zu besuchen«, »zu einer Tageszeit, zu der die Familie oder wenigstens die Frau zu Hause ist«, und »sich genügend Zeit zu nehmen für ein ruhiges und gründliches Gespräch«. Ziel des Besuchs war, sich mit der Familie über den Wohnungswechsel zu unterhalten und die wahren Gründe herauszufinden, weshalb sie ihre gegenwärtige Wohnung nicht verlassen wollten. »Der zweite Schritt« war, »die Familie oder einen Teil davon zu einem Glas Tee in das Haus der Adoptivfamilie einzuladen«, und nach »einer Festigung der Beziehungen zu versuchen, auf die Familie einzuwirken, dass sie in eine bessere Wohnung umzieht«. Die Organisation rüstete ihre Mitarbeiterinnen mit Instruktionen aus, die ihnen für die Begleitung der Familien dienen sollten, die in die neuen Wohnsiedlungsprojekte umziehen würden, so zum Beispiel der »Anleitungsversuch zur Einhaltung der Reinlichkeit in der Wohnung, Nutzung der sanitären Anlagen, Sauberkeit von Treppenhaus und Hof«.

Die Stadtverwaltung bot den Bewohnern Wadi Salibs mehrere Alternativen an, darunter Kauf, Schlüsselgeld oder Miete in einem Haus mit Eigentumswohnungen oder in Wohnsiedlungsprojekten, in eigener Initiative oder durch Vermittlung der Schikmona-Gesellschaft. »Der ganze Evakuierungsprozess, jede Entschädigungszah-

145 Ebenda, S. 30. Siehe auch Verwaltungsbeiratssitzung am 25.10.1964, im Wohnraumbeschaffungsministerium, Haifa, staatlich-städtische Gesellschaft für Sozialviertelsanierung in Haifa, Staatsarchiv, Dok. 3711/19.

146 Kolka, Wadi Salib, S. 30.

147 Aktionsrichtlinien für ein Familienadoptionsprogramm, Stadtarchiv Haifa, Akte 032557.

lung und jeder Ersatzwohnungsvorschlag für ein und dieselbe Familie«, erinnerte sich Baharav, »war langwierig, schwierig und problematisch, hauptsächlich weil wir dem Prinzip anhingen, dass es ein Prozess auf freiwilliger Basis sein müsse. Kein Gesetz wurde in dieser Sache erlassen, wie man es zum Beispiel in den USA gemacht hat – ein Evakuierungsgesetz.«[148] »Wir pflegten«, so schließt der Schikmona-Bericht, »die Wohnsiedlungsprojekte für die Evakuierten nicht auf dem geräumten Sanierungsareal zu bauen, wo sie gewohnt hatten, sondern in den Vororten, in etablierten Vierteln, Vierteln mit alteingesessener Bevölkerung und Immigranten aus verschiedenen Gesellschaftsschichten.«[149] Die Wohnsiedlungsprojekte, die die Evakuierten aufnehmen sollten, wurden in sieben Stadtvierteln über ganz Haifa verstreut errichtet, in Kiriat Schprinzak, Ein Hajam, Allenby, Gescher Paz, Neveh Josef, Maimon-Gedaljahu und Ramot Remez. Die neuen Bewohner waren gezwungen, die Wohnungen zu kaufen. Anträge auf Mietwohnungen wurden auf der Stelle abgewiesen.[150] Da man noch keine Erfahrung gesammelt hatte, schritt der Evakuierungsprozess nach der Methode von Versuch und Irrtum voran. In zwei der ersten Wohnsiedlungen, die errichtet wurden, war die Schikmona-Gesellschaft gezwungen, große Häuser mit 36 und sogar 48 Wohneinheiten zu bauen. Diese kleinen Wohnungen – 56 Quadratmeter in drei Zimmer unterteilt –, angeschlossen an ein »kleines und sozial schwaches« Viertel, erwiesen sich als Fehlschlag.[151] Überlegungen zugunsten einer raschen Integration führten dazu, dass die Planer den Bau großer Siedlungen vermieden. Sie glaubten, dass dies die »Zerstreuung« der Evakuierten und ihr Verschmelzen mit der etablierten Bevölkerung erleichtern würde. Damit ein derartiger Prozess Erfolg hatte, waren zusätzliche Schritte erforderlich, über den Bereich der Immobilien hinaus. Eine Bewohnerin des Mittelstandviertels Neveh Scha'anan zum Beispiel wollte die »Einordnung« der »Neuzugänge« in die etablierten Häusern verhindern, also eine Beschäftigung der evakuierten Frauen aus Wadi Salib im Haushalt ihrer etablierten altein-

---

148 Baharav, Überblick und Generalbericht, S. 1.

149 Ebenda.

150 Herr Ben-Zion Milman, Vertreter des Aktienanteils der Regierung, Protokoll der Jahresgeneralversammlung und Vorstandssitzung der staatlich-städtischen Gesellschaft (GmbH) für Sozialviertelsanierung in Haifa, stattgefunden am 7.10.1964 im Haifaer Rathaus, Staatsarchiv, Dok. 3711/19.

151 Kolka, Wadi Salib, S. 30.

gesessenen Nachbarn, und nahm Kontakt zu Ruth Dayan auf, der Direktorin von Maskit, einem staatlichen Unternehmen für orientalisches Kunsthandwerk. Das Ziel war, die evakuierten Frauen von Wadi Salib mit Hilfe eines Kurses vom Arbeitsamt für Handarbeiten auszubilden, um sie in die Lage zu versetzen, Ziergegenstände zu Hause herzustellen und sie an »Maskit« zu verkaufen.[152]

In die Wohnsiedlungsprojekte zog, in der trockenen Sprache der Sozialforschung, eine heterogenere Bevölkerung, was ihre Herkunft betraf,[153] was heißt, nicht nur nordafrikanische Immigranten. Es gab auch manche darunter, die im Land geboren waren, aus Europa oder den Mittelmeerländern kamen. Der Umzug in eine dieser neuen Wohnsiedlungen kam in der Tat nur für die verhältnismäßig Etablierten unter den Bewohnern Wadi Salibs infrage, da von ihnen verlangt wurde, Kredite aufzunehmen und sich zu verschulden, was nur jene taten, die glaubten, dass sie den Abzahlungsmodalitäten langfristig standhalten könnten.[154] Die Lebensbedingungen der Evakuierten waren in den folgenden Jahren hart von den Sparmaßnahmen im öffentlichen Ausgabenetat betroffen. So legten die städtischen Bauingenieure beispielsweise spitzfindig fest, dass es keinen medizinischen Beweis dafür gab, dass Treppensteigen die Gesundheit der alten Leute schädige, von denen das verlangt wurde. Um Kosten einzusparen, war ein Teil der Gebäude in den Wohnsiedlungsprojekten fünf Stockwerke hoch ohne Aufzug, unter Missachtung der grundlegenden Bedürfnisse von alten Leuten und Müttern mit Kleinkindern.[155] In dem Projekt Kiriat Elijahu-Allenby wurden die Wohnungen nicht mit Warmwasserboilern ausgestattet, sondern man begnügte sich mit den blanken Rohranschlüssen.[156] »Wir haben bemerkt«, berichtete Baharav auf einer Sitzung, »dass ein großer Teil der Wohnungsinhaber Solarboiler installieren, Wände einreißen und die Häuser auch in ästhetischer Hinsicht verunstalten.« Um das zu verhindern, schlug Baharav vor, die Wohnungen auch mit elektrischen Warmwasserboilern auszurüsten. Sein Vorschlag wurde angenommen, allerdings mit einer kleinen Korrektur: Es wurde be-

152 Ravit Gadot an Abba Khoushi, 3.12.1963, Stadtarchiv Haifa, Akte 032559.
153 Jakobsen, Nach der Evakuierung, S. 10.
154 A. Nescher, »Die Leiden von Wadi Salib« (hebräisch), *Ha'arez*, 17. 7. 1959.
155 A. B. Friedjung, Sektion Stadtplanung, an den stellvertretenden Bürgermeister, Juli 1964, Stadtarchiv Haifa, Akte 032557.
156 Ergebnisprotokoll der Vorstandssitzung am 15. 11. 1964, staatlich-städtische Gesellschaft für Sozialviertelsanierung in Haifa, Staatsarchiv, Dok. 3711/19.

schlossen, einen Boiler mit einem etwas geringeren Fassungsvolumen als üblich, von circa 80 Litern, in die Ausstattung mitaufzunehmen.

Das gesamte Übergangsstadium war von der mangelnden Klarheit überschattet, welche der Behörden und der diversen Institutionen die finanzielle Verantwortung bei der Evakuierungsaktion trug. Nach Neveh Josef wurden Bewohner umgesiedelt, bevor die Infrastruktur fertiggestellt war. Den Vertreter der Wohnraumbeschaffungsstelle in Haifa erschütterte das nicht. »Es ist etwas Bauschutt liegen geblieben, und den kann man im Laufe von ein, zwei Tagen beseitigen. Die Bauarbeiten in den Höfen sind fast abgeschlossen. Fehlt nur noch die Gärtnerarbeit, und mit dem Pflastern der Straße und der Bürgersteige ist die Stadtverwaltung gerade zugange.«[157] Das waren Routinesituationen. »Wenn die Stunde drängt und uns keine Wahl bleibt, siedeln wir die Leute, hauptsächliche Neueinwanderer, auch in Wohnungen um, wo nicht nur die äußere Struktur nicht komplett ist, sondern auch ohne Bodenbelag, Verglasung, Außenputz und ähnlichem«, bemerkte er. Auch eine Poliklinik war in Neveh Josef noch nicht eröffnet worden, und der Vorschlag der Wohnraumbeschaffungsstelle lautete, »eine Fertigbaukonstruktion als provisorische Klinik zu errichten«, falls die Krankenkasse zustimme. Ein Kindergarten und ein Klub waren noch nicht gebaut worden, ebenso wenig ein Spielplatz.

Geschäfte gab es keine in der Übergangszeit. Die fünf einzigen neu erbauten Gewerbeeinheiten zu diesem Zweck in Neveh Josef waren vom Wohnraumbeschaffungsministerium an südamerikanische Investoren verkauft worden, die sie noch nicht eröffnet hatten. Diese Entscheidung war angesichts der wachsenden Notlage der Händler aus Wadi Salib nicht nachvollziehbar, die um Unterstützung baten, da sie ihren Lebensunterhalt in dem evakuierten Viertel schwinden sahen.[158] Doch das Wohnraumbeschaffungsministerium hatte seine eigenen Vorstellungen, nämlich »eine Politik, die Immigranten aus wohlhabenden Ländern ermutigt, die hier einen Lebensunterhalt brauchen«. Die Frage des Lebensunterhalts der Evakuier-

---

157 Staatlich-städtische Gesellschaft für Sozialviertelsanierung in Haifa, Verwaltungsbeiratssitzung am 16.3.1965 im Rathaus, Ergebnisprotokoll, Stadtarchiv Haifa, Akte 032557.

158 Antrag der Vertreter von 19 Lebensmittelgeschäftsinhabern im Viertel Wadi Salib an den Direktor der Gesellschaft für Sozialviertelsanierung, 27.8.1964, ebenda.

ten war allem Anschein nach keine zentrale Überlegung im Evakuierungsprozess. Albert Algrisi, Geschäftsinhaber in der Schivat-Zion-Straße und Oberhaupt einer neunköpfigen Familie, wagte es, sich an den Bürgermeister zu wenden und mitzuteilen, dass sein Lebensunterhalt gefährdet worden sei, seit seine Straße »sich völlig geleert hat auf Ihren Befehl hin«.[159] »So wie Sie das ganze Viertel aus verschiedenen Überlegungen heraus umsetzen konnten und dadurch unser Lebensunterhalt zerstört worden ist«, meinte er, »ist es auch Ihre Pflicht, sich darum zu kümmern, mir ein Geschäft an einem passenden Ort zu besorgen anstelle meines jetzigen Geschäfts.« »Ich hoffe, dass Sie sich meines Problems in gebührender Weise annehmen, um mich daran zu hindern, dass ich nach anderen Wegen suche, die bestimmt nicht angenehm sein werden.« Der stellvertretende Bürgermeister wollte in diesem Gesuch eine versteckte Drohung sehen und reagierte entsprechend. »Seit wann tauscht die Stadtverwaltung Geschäfte für die Bürger aus, wenn die Geschäfte in dem existierenden Laden nicht nach dem Geschmack des Inhabers sind? Ihrem Brief kann man entnehmen, dass wir keine Familien aus den Sozialvierteln hätten umsiedeln sollen, um Ihren Lebensunterhalt nicht etwa zu schädigen. Das ist ein Irrtum, mein Herr, und Sie haben sich auch mit Ihrer Drohung geirrt, die niemandem Angst macht.« Im Weiteren schlug er Albert Algrisi vor, »von trüben Gedanken Abstand zu nehmen« und eine praktische Haltung einzunehmen.[160]

Die grundsätzliche Absicht der Schikmona-Gesellschaft war es, den evakuierten Familien Wohnungen zur Verfügung zu stellen, die die drangvolle Enge linderten, die ihr Leben in Wadi Salib gekennzeichnet hatte. Die Richtschnur war dabei ein Zimmer für je zwei Personen in der Familie.[161] Diese Bestrebung wurde tatsächlich im statistischen Durchschnitt eingehalten, doch in der Praxis lebten fast 40 Prozent in einer Wohndichte, die sich drei Personen pro Raum näherte, und 4 Prozent sogar darüber hinaus.[162] Wenn man die durchschnittliche Größe der Wohnungen bedenkt und die Tatsache, dass ein Drittel der Evakuierten zwischen vier und sechs Kinder hatte und ein Fünftel von ihnen über sieben Kinder, überraschen

159 Albert Algrisi an Abba Khoushi, 6.8.1968, Stadtarchiv Haifa, Akte 032553.
160 M. Rofe, Stadtsekretär, an Albert Algrisi, 9.8.1968, ebenda.
161 Kolka, Wadi Salib, S. 30.
162 Jakobsen, Nach der Evakuierung, S. 28.

diese Daten nicht.[163] In Wadi Salib hatten, wie die Statistik zeigt, etwa 40 Prozent der Familien mit drei bis vier Personen pro Raum gelebt.[164] Dem Anschein nach hätten die Evakuierten, die in die Wohnsiedlungsprojekte gezogen waren, also eine Erleichterung in der drangvollen Enge verspüren sollen, doch Interviews und Umfragen mit den Bewohnern Mitte der 1970er Jahre zeigten, dass die subjektive Wahrnehmung einer Überfüllung nicht gewichen war. Viele von ihnen beklagten sich, »die Beengtheit stört oft oder fast immer bei der Arbeit, bei der Ruhe, bei Hausaufgaben«, »dass es zu wenig Zimmer gibt, oder zu kleine«.[165] Eine befriedigende Erklärung fanden die, die die Studie durchführten, nicht dafür, und man wartete mit einer Reihe verschiedener mutmaßlicher Gründe auf: Das Wohnsiedlungsprojekt war, schlug man vor, nicht das Resultat einer freiwillig gewählten Wohnungslösung, und daher kam vielleicht ein Teil der Kritik. Auch der Vergleich mit Nachbarn, die wenig Kinder hatten und in größerem ökonomischen Wohlstand lebten, schärfte möglicherweise die Wahrnehmung von Unbehagen.[166]

In der offiziellen Rhetorik, in der Stadtplanung und ganz sicher in den mehrheitlichen Überlegungen bei den Familien stand das Wohl der Kinder und der Jugend sowie der Wunsch im Vordergrund, ihre Chancen zu verbessern. »In allen Sozialsiedlungen im Land trägt die erste Generation die Last und das Leid, aber für die Kinder – ist es eine Erlösung«, meinte man auf den Sitzungen der staatlich-städtischen Sanierungsgesellschaft. In dieser Hinsicht reflektierte die Lokalpolitik nur die nationale Politik. Ben Gurion vertrat in dieser Sache die zur damaligen Zeit anerkannte sozialdemokratische Anschauung, nämlich den Glauben an die Allmacht der gesellschaftlichen Konstruktion *(social engeneering)* im Geist einer gezielten sozialdemokratischen Politik. In diesem Sinne lehnte er ab Anfang der 1960er Jahre jede Initiative ab, ein staatliches Ministerium einzurichten, das sich auf die Probleme der mizrachischen Juden in Israel

---

163 Ebenda, S. 11; Das Rabbi Maimon Gedalia Komitee an das Komitee des Neveh Scha'anan Kooperationsverbands (GmbH), 17.8.1971, Stadtarchiv Haifa, Akte 032550. Einige Jahre später sollte Schikmona aufgefordert werden, die Wohnungen der Evakuierten, die man an der Rabbi-Maimon-Straße gebaut hatte, zu vergrößern. Siehe Verwaltungsbeiratssitzung Schikmona, 21.5.1973, Stadtarchiv Haifa, Akte 032548.

164 Jakobsen, Nach der Evakuierung, S. 28.

165 Ebenda, S. 29.

166 Ebenda, S. 29–30.

konzentrieren würde. »Ich bin nicht der Ansicht, dass ein eigenes Ministerium das Problem lösen würde«, wies er Anträge in dieser Sache zurück, mit dem Argument, »das ist kein ›professionelles‹ Problem, das ein spezielles Ministerium behandeln könnte, dies ist zuallererst ein Bildungsproblem, und die Ausbildung steht im Zentrum des Problems. Es ist ein Problem der beruflichen Ausbildung und ein Wohnraumbeschaffungsproblem.«[167] Ben Gurion lehnte auch die Forderungen nach einem Ministerium, das sich mit der »Verschmelzung der Diaspora« befassen würde, rundweg ab und lenkte die Diskussion in »konstruktive« Bahnen. Er wollte die soziale Not in den Rahmen der vier Wände transponieren, als er die klaren sozialen Ziele aufstellte:

> »Schließung der Bildungskluft, die zwischen Kindern der Armen, zumeist aus kinderreichen Familien, und wohlhabenden Kindern besteht. Letztere haben eine schöne, geräumige Wohnung, wenn sie aus der Schule kommen, um ihre Hausaufgaben zu machen, und auch die Eltern sind in der Mehrheit befähigt, ihren Kindern bei den Hausaufgaben zu helfen, während die Kinder der Armen keine Wohnung [zum Aufhalten] haben und sich, wenn sie aus der Schule kommen, den ganzen Tag auf der Straße befinden, und ihre Eltern sind nicht imstande, ihnen bei den Hausaufgaben zu helfen, und in ihrer kleinen zusammengepferchten Wohnung ist kein Platz, um Hausaufgaben zu machen.«[168]

Die Bildungsnot hätte man übrigens noch vor den Ereignissen lösen können, die Wadi Salib ins Zentrum der öffentlichen Aufmerksamkeit rückten. Der Korrespondent der Zeitung *Ha'arez*, der ausführlich über das Thema Sozialwesen in Haifa berichtete, wies darauf hin, dass die Institutionen der Alliance Israélite Universelle in Teheran und Bagdad sowie in anderen Städten im Nahen Osten und auch Missionsmitarbeiter unter schlimmeren Bedingungen als denen in

---

167 Brief von David Ben Gurion an B. Schitrit und E. Sasson, Sdeh Boker, 11.10.1962, Ben-Gurion-Archiv im Negev, Akte Wadi Salib, nordafrikanische Immigranten, 1959–1960, 5–18–5: »Und die Hauptsache – es ist kein ›ethnisches‹ Problem, sondern ein zentrales israelisches Problem, und der gesamte Staat, das ganze Volk muss eingespannt werden für eine Lösung des Problems in jeglicher Erscheinungsform, und jedes Ministerium muss seinen Teil dazu tun, da die Angehörigen der orientalischen Gemeinschaft Kinder Israels wie alle sind.«

168 Ben Gurion, 15.10.1962, ebenda.

Wadi Salib mit der relativ simplen Lösung einer schulischen Ganztagsbetreuung erfolgreich gewesen waren. Ein solcher Schritt war in dem Stadtviertel nie unternommen worden, und darüber hinaus waren viele Kinder gezwungen, in zwei Unterrichtsschichten zu lernen.[169] Ein Teil der Eltern zog es vor, ihre Kinder in den unabhängigen schulischen Einrichtungen anzumelden, die jedoch keine strikte Anwesenheitskontrolle durchführten. Man musste feststellen, dass viele dieser Kinder ihre Tage mit Herumtreiben und Straßenkriminalität verbrachten.

Die bildungsrelevanten Errungenschaften der Kinder der Evakuierten nach dem Umzug in die Wohnsiedlungsprojekte waren übrigens weit davon entfernt, die Gewissheit zu erhärten, dass die Liquidierung der Sozialviertel die Bildungskluft schließen würde. Es ist zweifelhaft, inwieweit auf die speziellen Bedürfnisse der Kinder eingegangen wurde. In der Wohnsiedlung für Evakuierte in Kiriat Schprinzak war die Stadtverwaltung gezwungen, zwei Erdgeschosswohnungen von der Gesellschaft für Sozialviertelsanierung zu erwerben und diese mittels eines getrennten Eingangs als provisorische Klassenzimmer für Kinder mit Lernschwierigkeiten zu gestalten, bis ein dauerhafter Bau für diese Einrichtung gebaut würde.[170] Eine Überprüfung der schulischen Leistungen der Kinder der Evakuierten in den neuen Vierteln erwies, dass »nicht nur die größte Gruppe der Kinder unverändert [blieb], sondern die Tendenz nach unten und nicht in Richtung Verbesserung [geht]«.[171] Auch in anderen Bereichen des Lebens, urteilt man nach den Studien, hatten nicht viele der Evakuierten, die in die neuen Wohnsiedlungsprojekte transferiert worden waren, das Gefühl einer wesentlichen Verbesserung. Zwar hatten sich die Müllabfuhr, Straßenreinigung und Straßenbeleuchtung verbessert, doch auf vielen, nicht weniger elementaren Gebieten berichteten sie von einem Absinken ihrer Lebensqualität. Ausgesprochen unzufrieden äußerten sich die Bewohner über die Kinderspielplätze und Sportanlagen für die Jugend. Es war, wie wir uns erinnern, eine kinderreiche Bevölkerung.

---

169 A. Nescher, »Verfaulte Früchte in Wadi Salib: Diebe im Alter von sieben – Einbrecher mit acht« (hebräisch), *Ha'arez*, 21.12.1962, S. 9.

170 Protokoll der 16. Vorstandssitzung der staatlich-städtischen Gesellschaft (GmbH) für Sozialviertelsanierung in Haifa, stattgefunden am 1.6.1964 im Haifaer Rathaus, Staatsarchiv, Dok. 3711/19.

171 Jakobsen, Nach der Evakuierung, S. 28, 34.

Semi-Stadt

Der Zionismus war ein Imitationsprojekt. Er bezog seine Inspiration aus bestehenden Modellen. So pendelte auch die frühe israelische sozialdemokratische Konzeption zwischen diversen Alternativen europäischer Stadtplanungsmodelle. Eines davon, nach dem die öffentliche Wohnraumbeschaffung in Israel entwickelt wurde, war das Wiener Beispiel.[172] Das »rote Wien« wurde ab Anfang der 1920er Jahre als Modell für Gemeindesozialismus errichtet und als Kernstück eines sozialistischen Staats im Herzen einer konservativen, feindlichen Umgebung.[173] In den Jahren 1923 bis 1934 baute die Wiener Stadtverwaltung 64 000 Wohnungen für annähernd 200 000 Menschen. Die Wohnraumbeschaffung wurde als Prozess einer sozialen Neuerung begriffen. Die Wiener Sozialdemokratie strebte mittels des Gemeindebaus nach einer Transformierung der Volkskultur der Arbeiterklasse in eine bewusste, mobilisierte Arbeiterkultur, mit Unterstützung zusätzlicher Einrichtungen auf den Feldern von Bildung, Gesundheit und Säuglingspflege. Obgleich diese Wohnungen klein und spärlich ausgestattet waren – sie besaßen allerdings fließendes Wasser, Toiletten, Gas und Strom –, waren sie von ausgedehnten gemeindlichen Dienstleistungen begleitet: Wäschereien auf dem technologischen Gipfel der Zeit, Duschen, Kindergärten und Kleinkinderkrippen, Polikliniken, Büchereien, Lebensmittelläden, Bürgerhäuser, Theater und sogar Kinos. Während die Neubauanlagen eine Mischung aus Wohnhäusern und öffentlichen Gebäuden darstellten, war das gewaltige öffentliche Bauprojekt, das überall in Wien angestrengt wurde, klarer Ausdruck für die Entwicklung einer sozialistischen Stadtkultur. Die Mieten für die Wohneinheiten waren für jedermann erschwinglich und die Anbindung der Quartiere und ihrer Bewohner an das öffentlich städtische Beförderungsnetz zufriedenstellend.

Das Wiener Modell entwickelte sich entgegen der »Siedlung«, der Art öffentlicher Wohnraumbeschaffung, wie sie sich in Deutschland im Gefolge der gravierenden Wohnungsnot nach dem Ersten Weltkrieg eingestellt hatte – wo ein Mangel von etwa zwei Millionen Wohneinheiten beklagt wurde.[174] Die sozialdemokratische deutsche

---

172 Graicer, Schchunat ha'ovdim, S. 30–32; Troen, Imagining Zion, S. 106–109.
173 Blau, The Architecture of Red Vienna; Gonen, Between City and Suburb, S. 36.
174 Gold, The Experience of Modernism, S. 51–52.

»Siedlung« hatte einen ausgesprochenen Vorortcharakter, und die kleinen Wohneinheiten mit relativ niedrigen Gestehungskosten und gebundenen Mieten wurden bewusst an den Stadträndern und oft jenseits davon hingestellt. Wien hatte nicht die gleichen Grundstücksreserven, wie sie Berlin und Frankfurt zur Verfügung standen, als sie die »Siedlung« bauten. Da Wien ein Stadtstaat war, war jeder Versuch, außerhalb des Gemeindegebietes Grund zu kaufen oder zu erhalten, an eine komplizierte verfassungsmäßige Prozedur gebunden.[175] Doch abgesehen davon präferierten die Wiener Sozialdemokraten Anfang der 1920er Jahre aus ideologischen Gründen das Modell der städtischen »Wohnhöfe« vor der peripheren »Siedlung«. Da sie an einem generellen gesellschaftlichen Umbruch interessiert waren – unter anderem auch an einer Veränderung der Rollenverteilung der Geschlechter und der Stellung der Frau in der zukünftigen sozialistischen Gesellschaft –, sahen sie die zwingende Notwendigkeit begleitender Gemeindeleistungen, die in der Form in der Wohnbaustruktur des deutschen Siedlungsmodells nicht angeboten werden konnten, sondern nur in der Konzentration urbaner Dichte.[176]

In den 1920er und 1930er Jahren fanden diese beiden Modelle ihren Weg in das Arsenal der lokalen öffentlichen Wohnraumbeschaffung, die sich in Palästina entwickelte. Es war eine Zeit harter Konkurrenz zwischen den verschiedenen Sektoren, die ständig bestrebt waren, Anhänger zu mobilisieren, während ein bindendes Verhältnis zwischen der Klientel und den politischen Parteien geschaffen wurde, die hinter den Besiedlungsgremien standen. Die israelische sozialdemokratische Konzeption bewegte sich, wie gesagt, zwischen dem Wiener Stadtmodell und der Trabantensiedlung.[177] Das Wiener Modell fand zum Teil eine Parallele in Form der »Me'onot ovdim«, der Arbeiterwohnquartiere, die die Histadrut mit ihrem wirtschaftlichen und organisatorischen Potenzial errichtete. Die Gewerkschaft kaufte konzentriert große Areale auf und verband die

175 Blau, The Architecture of Red Vienna, S. 154.

176 Ebenda, S. 156–157. Über den negativen Einfluss der Wohnraumbeschaffung in Randbezirken auf die Lebensqualität der israelischen Frau, siehe Carmi, Human Values in Urban Architecture.

177 Beide waren übrigens vorsätzlich durch Niedriggeschossbau charakterisiert und unterstützten so die Versuche des Jüdischen Nationalfonds, die Preisexplosion von städtischem Grund zu zügeln, die den Grundstücksmarkt generell zu erschüttern und sämtliche Käufe des Jüdischen Nationalfonds zu erschweren drohte. Siehe Diner, Israel in Palästina, S. 57–58.

unbebauten Restflächen, die im Allgemeinen die lokalen Wohngebäude umgaben, zu »einer großen öffentlichen Gemeinschaftsfläche, die geschützt ist und schützt«.[178]

In einer späteren Kritik dieses Konzepts bemerkt Zvi Efrat, »die Arbeiterwohnquartiere suchten von der Stadt mehr zu nehmen, als sie ihr geben wollten; ihre durchgezogenen Mauern bildeten eher eine Barrikade, als die Straße zu stützen, und definierten ein introvertiertes, exklusives, parasitäres Dasein, das nicht ohne die Stadt und das Städtische existieren konnte, jedoch auch nicht bereit war, die Logik und bürgerlich-liberale Quelle ihrer Vitalität zu akzeptieren.«[179] Seine Argumentation entbehrt sicher nicht einer gewissen Berechtigung, denn auch das Wiener Vorläufermodell barg ein schützendes Element gegen fremde äußere Einflüsse, den Kapitalismus und die feindliche Bourgeoisie. Diese Arbeiterwohnquartiere wurden hauptsächlich in Jerusalem und Tel Aviv errichtet, stets unter erheblichen Finanzierungsschwierigkeiten aufgrund der hohen Erwerbskosten von städtischem Grund und Boden in Palästina.[180]

Das andere Modell, sehr verschieden und mit Peripheriecharakter, waren die »Krajot ha'amal«, Werktätigenwohnanlagen im Stadtumland. »Ausgebreitet, unscheinbar, modular, pseudo-ländlich, exurban von vornherein«, so beschreibt sie Zvi Efrat[181] und fügt hinzu:

> »Im Vergleich zum europäischen Original der Gartenstädte und Gartenvorortssiedlungen waren die Werktätigenwohnanlagen weniger nostalgisch und künstlerisch, sondern eher klassenbewusst; weniger romantisch als produktivistisch; weniger ›zurück zur Natur‹ als ›Besiedlung‹ und ›Landarbeit‹; weniger Rasen und Ziergärten als Subsistenzwirtschaft und Gemüsegärten; weniger Ruhe und Frieden als ein Übergangsstadium und Training für den einzig würdigen Weg: von der Konsumstadt zum Produktivdorf.«[182]

Aus der zionistischen Perspektive hatten die Werktätigenwohnanlagen einen klaren Vorteil, da sie mit ihrer großen Flächenausbreitung eine ähnlich raumgreifende Rolle spielten wie die landwirtschaft-

---

178 Efrat, Zvi, Das israelische Projekt, S. 956.
179 Ebenda.
180 Gonen, Between City and Suburb, S. 41.
181 Efrat, Zvi, Das israelische Projekt, S. 956.
182 Ebenda, S. 958.

lichen Kolonien.[183] Das Modell der Werktätigenwohnanlagen entwickelte sich hauptsächlich in der Nähe von Haifa, zum Beispiel Kiriat Chaim, und stellte eine Kreuzung zwischen dem romantischen Geist der europäischen Gartenstadt und der landwirtschaftlichen Seele der israelischen sozialdemokratischen Konzeption dar.[184] Haifa, behauptet der Geograph Elisha Efrat, war die einzige Stadt in Israel, deren Führung den sozialistisch pionierhaften Werten im Kontext eines urbanen Rahmens anhing und die Stadt sozusagen in einen Semi-Kibbuz verwandelte oder in eine »Semi-Stadt mit Konzentration auf die Stadtteileinheiten«.[185] Dieses Semi-Stadtmodell war es und nicht das Wiener Beispiel, das die israelischen Vorstellungen von Wohnraumbeschaffung entscheidend beeinflusste, als man ab Anfang der 1950er Jahre von einem dem Wesen nach beschränkten Projekt – die Histadrut errichtete bis 1947 nur 6150 Wohneinheiten – den Schritt zu dem riesigen Absorptions- und Unterbringungsunternehmen der Immigranten vollzog.[186]

So viel zum Hintergrund des Sanierungsprogramms der Haifaer Sozialviertel, in dessen Rahmen die untere Gesellschaftsschicht in die Randbezirke geschickt wurde. Die Stadtzentren sollten dem Mittelsstand zufallen, doch aus diesem Szenario, das heißt der Sanierung Wadi Salibs, wurde nichts. Der Transfer der städtischen Unterschicht in die Vororte überschnitt sich mit anderen Tendenzen dieser Periode, besonders mit der konstanten Bemühung Israels, die Bevölkerung räumlich zu verteilen. Es steht zu bezweifeln, dass irgendjemand in jenen Tagen urbane Konzentrationen als einen Schlüssel zu Lebensqualität erkannte.[187] Zvi Efrat beschreibt das israelische Modell ironisch als ein neues Paradigma, als eine Mischung zwischen den Trabantengartenstädten der westlichen Wohlfahrtsstaaten und den Industrievorstädten am Rande des bolschewistischen Imperiums.[188] Haifas Suburbanisierung, die Absiedlung der Bewohner Wadi Salibs

---

183 Diner, Israel in Palästina, S. 58–59.

184 Graicer, Ideologische Konflikte, S. 195–196, 200–201; Kolodney, The Politics of the Landscape, S. 149–154.

185 Efrat, Elisha, Urbanization in Israel, S. 85–86. Eine ähnliche These, was den Kibbuzcharakter des Konzepts der Planungsabteilung der Stadt nach 1948 angeht, findet sich bei Zvi Efrat, siehe Efrat, Zvi, Mold, S. 86.

186 Gonen, Between City and Suburb, S. 43–44.

187 Zur positiven Einstellung der österreichischen Sozialdemokratie gegenüber urbanem Leben siehe Blau, The Architecture of Red Vienna, S. 158–159.

188 Efrat, Zvi, Mold, S. 82.

aus dem Herzen der Stadt, eine Gehminute vom Zentrum entfernt, in die abgelegenen Viertel war nur einer der vielen Ausdrücke der zionistischen Ambivalenz der Stadt gegenüber.[189] Zu Anfang hatte man versucht, die Immigration der städtischen Juden aus Marokko zu verzögern, doch als sie dann eintrafen, waren zusätzliche Maßnahmen gefordert. Während der erste Versuch, die Immigranten zu einem Leben in den Landwirtschaftskolonien entlang der Grenze zu zwingen, scheiterte, nachdem viele von ihnen beschlossen, auf eigene Verantwortung und gegen den Willen der Behörden in die Stadt abzuwandern, gelang der zweite Versuch, nämlich die nordafrikanischen Einwanderer aus der Stadtmitte an die Ränder zu drängen. Was dem israelisch sozialdemokratischen Ansatz auf nationaler Ebene nicht glückte, wurde auf der lokalen Ebene in seiner Bastion Haifa vollzogen. Hier fand die gesamte, von Widersprüchen durchdrungene Einstellung zu Urbanität als einem notwendigen Übel, das man widerwillig hinnehmen muss, ihren Ausdruck.

Die Marginalität der Bewohner Wadi Salibs manifestierte sich topographisch in diesem Prozess. Solange sie in Wadi Salib gewohnt hatten, mitten in der Stadt und in Gehweite des Geschäftszentrums, hatten sie das nicht empfunden. Jetzt, in die Vororte abgedrängt, begannen diese Stadtmenschen Unbehagen zu verspüren. Zum Beispiel fingen sie nun an, den Mangel an öffentlichen Verkehrsmitteln zu spüren, die sie mit ihrem Leben, ihrer Arbeit, ihren Freunden und ihrer Familie verbinden sollten.[190] Wie es schien, litten sie tatsächlich unter Einsamkeit. Ein früher Bericht des »Büros für Gemeindearbeit« der Haifaer Stadtverwaltung, in dem vorgeschlagen wurde, den Transfer der Immigranten in Wohnsiedlungsprojekte gruppenweise zu planen, sodass sie ihr in der Unterstadt bestehendes soziales Netzwerk beibehalten könnten, wurde offenbar nicht berücksichtigt.[191] Eine gemeinsame Übersiedlung, meinte man in dem Bericht, »würde zu keiner Unterbrechung des Kontakts und Trennung der Beziehungen mit Verwandten, Familienmitgliedern oder Landsleuten führen«. Die trockenen statistischen Daten der Evakuierten von Wadi Salib, die in den kommenden Jahren erschöpfendes Studienthema werden sollten, weisen auf ein proportionales Absin-

189 Gonen, Between City and Suburb, S. 106.
190 Jakobsen, Nach der Evakuierung, S. 31.
191 Baruch Baram, Leiter des Büros für Gemeindearbeit, an Herrn Sachnin, stellvertretender Bürgermeister, 20. 10. 1964, Stadtarchiv Haifa, Akte 032557.

ken der Familien hin, deren Freunde mehrheitlich im Viertel wohnten, und auf einen Anstieg von Familien, die nach eigener Aussage überhaupt keine Freunde hatten. Parallel dazu stieg die Quote der Familien, die am Abend in die Stadt ausgingen, um sich zu zerstreuen.[192] »Die Frage«, schrieb der Verfasser der Studie in dem Bericht, »ob im Abbruch der Freundschaftsbeziehungen des Wadis und im Anstieg der außerhalb des Hauses verbrachten Abende ein positives oder negatives Phänomen gesehen werden soll, ist eine Frage der Werte, die wir, die Soziologen, besser nicht zu beantworten versuchen, sondern wir sollten uns mit dem Versuch begnügen, die Wünsche der betroffenen Bevölkerung zu verstehen.«[193]

Allerdings war das Verstehen ganz und gar nicht einfach. »Auch wenn der Befragte die Bedeutung der ihm gestellten Frage begriff und sogar wenn er dann imstande war, darauf zu antworten, muss man doch der Glaubwürdigkeit seiner Antwort misstrauen«, beschwerten sich zwei Feldforscher, die zur Befragung der Evakuierten vor Ort in die Wohnprojektsiedlungen ausgeschickt worden waren. Und sie fuhren halb verwundert, halb klagend fort:

> »Sehr häufig stellten wir irgendeiner Person – intelligent, allem Anschein nach – eine bestimmte Frage, doch sie sagte das Gegenteil! Es kamen auch erheiternde Fälle vor, in denen der Befragte etwas sagte und in der gleichen Antwort das Gegenteil: ›Schade, dass sie uns nicht zwischen den anderen Volksgemeinschaften zerstreut haben, damit wir nicht alle zusammen bleiben wie in Wadi Salib, aber die Aschkenasis im Wohnblock neben uns, mit denen kommen wir nicht zurecht. Bei uns im Block gibt es Gott sei Dank keine Probleme, das sind alles die unseren.‹ Da versuche einer, aus einem solchen Satz zu verstehen, ob hier eine Selbstablehnung oder eine Selbstanziehung vorliegt; oder vielleicht ist das Ausdruck einer ambivalenten Haltung? Oder eine Vermischung israelischer Werte mit marokkanischen Werten?«[194]

Die Forscher hatten in diesem Zusammenhang eine ziemlich überzeugende Erklärung, was die Inkonsequenz ihrer Marokkaner betraf, die an der Umfrage beteiligt waren. Der Ausdruck »unsere Marokkaner« übrigens, den die Forscher zur Bezeichnung der interviewten Gruppe während ihrer Arbeit wählten, um sie nicht mit an-

192 Jakobsen, Nach der Evakuierung, S. 40.
193 Ebenda, S. 15.
194 Chazani/Ilan, Gesellschaftliche Auswirkungen städtischer Sanierung, S. 14–15.

deren Marokkanern durcheinanderzubringen und um in die Schlussfolgerungen nicht die gesamte marokkanische Gemeinde in Israel miteinzubeziehen, »ist mit keinerlei verächtlicher Bedeutung versehen. Die Befragten selbst benützten ihn in den Gesprächen mit uns, wobei sie einen auffallenden Humor an den Tag legten und ein völliges Fehlen jeglichen Minderwertigkeitsgefühls bezüglich ihrer ethnischen Herkunft.«[195] Doch kehren wir zu dem Phänomen der Inkonsequenz zurück, das die Forscher als Dualismus der Wertsysteme erklärten. »Charakteristisch für die Gruppe, die wir untersuchten, war«, lautete ihre Interpretation, »dass die marokkanischen Werte in Israel ganz langsam in ihr explizites Wertesystem inkorporiert werden, während das unzugängliche Wertesystem hauptsächlich ›marokkanisch‹ bleibt.«[196]

»Ich habe gefragt, ob es eine Synagoge gibt, sie sagten, es gibt eine«

> »Das Verstehen der Kultur führt dazu, seine Normalität zu enthüllen, ohne dass seine Besonderheit dabei zu kurz käme. (Je mehr ich dem, was die Marokkaner tun, folgen kann, desto logischer und einzigartiger erscheinen sie.)«[197]

Abgesehen von diesem kleinen Ausrutscher – »unsere Marokkaner« – gelang es Mosche Chazani und Jeschajahu Ilan, eine feinfühlige und bewegende Ethnographie zu schreiben. Unter dem nüchternen, keinesfalls verheißungsvollem Namen »Gesellschaftliche Auswirkungen städtischer Sanierung: Die ethnischen Synagogen in Wadi Salib und ihre soziale Rolle« rühren sie an die Grundessenz der Evakuierung Wadi Salibs. Etwa 40 Synagogen, die dem Religionsrat in Haifa bekannt waren, und höchstwahrscheinlich weitere 20 private kleine waren offenbar in Wadi Salib in Betrieb gewesen. Die meisten waren in Eigeninitiative eingerichtet worden. »Da haben sich die Nachbarn versammelt und gesagt, warum sollen wir weit gehen, machen wir eine Synagoge für uns selber. Sie haben irgendein Zimmer oder was Unwichtiges hergenommen und ge-

---

195 Ebenda, S. 19.
196 Ebenda, S. 15.
197 Geertz, Dichte Beschreibung, S. 21.

macht, was man damit machen muss. Und wenn es nachher zu viele waren, haben sie gesagt, machen wir noch eine, und dann sind sie hergegangen und haben daneben noch eine gemacht.«[198] Abgesehen von den Cafés, die der Polizei und der Untersuchungskommission ein Dorn im Auge waren, rankte sich das soziale Leben Wadi Salibs um die Synagogen. Sie blieben dem säkularen Blick der städtischen Planung vollkommen verborgen.

Solange sie in Wadi Salib wohnten, war die Synagoge ein untrennbarer Bestandteil der täglichen Lebensführung der marokkanischen Einwohner. »Ich kam immer von der Arbeit zurück«, erzählte einer von ihnen, »ging kurz nach Hause und in die Synagoge. Wir beteten Mincha (Nachmittagsgebet), und gingen nicht heim. Nein. Dort reden die Freunde. Der sagt das, und der sagt dies. Und man bleibt oder geht. Nach dem Ma'ariv (Abendgebet), ja.«[199] In der harten Arbeitsroutine vieler Bewohner war die Gewissheit dieser spontanen täglichen Begegnung ein Lichtblick. »In Marokko«, so berichtete einer, »gab es überhaupt keine Arbeiter, und man war fröhlicher beim Lebensunterhalt. Hier steht man früh auf, für harte Arbeit, der Bus ist davon, und man ist wütend. Aber dort [in der Synagoge] ist etwas anders. Dort ist alles freier. Wenn du mit ihnen dasitzt, ist das mehr wie Brüder.«[200] Ein Lichtblick war die Synagoge nicht nur wegen der Geborgenheit, die sie denen vermittelte, die dorthin kamen, sondern auch weil sie soziale Unterschiede nivellierte. Der Schlüssel zu gesellschaftlichem Prestige zwischen den Wänden einer Synagoge unterschied sich wesentlich von der sozialen Schichtung draußen, war gänzlich abgekoppelt von beruflichem Ansehen und wirtschaftlicher Klasse. Familienabstammung, Herkunft, organisatorische Tätigkeit in der Synagoge – und über all dem, die religiöse Unterweisung –, das waren die ausschlaggebenden Qualitäten innerhalb der Synagoge, und daher, so fanden die Forscher heraus, »kann ein Reinigungsarbeiter ein viel höheres Ansehen haben als ein Kaufmann oder Facharbeiter«.[201]

Die berufliche Veränderung, die vielen der Bewohnern Wadi Salibs durch die Immigration nach Israel aufgezwungen wurde, zumindest jenen, für die sich Arbeit fand im Unterschied zu denen, die

---

198 Chazani/Ilan, Gesellschaftliche Auswirkungen städtischer Sanierung, S. 52.
199 Ebenda, S. 55.
200 Ebenda, S. 58.
201 Ebenda.

arbeitslos wurden, machte viele von ihnen zu Arbeitern, die ihr Brot hart verdienten. »Die ganze Woche arbeiten wir hart und sind gereizt. Am Schabbatabend treffen wir uns und schütteln die ganze Gereiztheit ab«, erzählte einer von ihnen den Forschern.[202] Trost fanden sie in den Nachmittagsstunden und abends, vor allem am Schabbat. »Einer hat sich mit dem anderen getroffen, am Schabbat, der eine ist Familie, der eine ist sein Freund, sie reden, erzählen, dann waren sie fröhlich. Sie gehen in die Synagoge A, um sich zu treffen, und jeder erzählt seine Lage, und einer macht dem anderen Mut und sagt, es wird alles gut, der zweite fragt ihn, wie es ihm geht, und er sagt es, und dann hilft einer dem anderen.«[203] »Ich sitze dort die ganze Zeit zufrieden da, das ist mein Leben, ich will an keinem anderen Ort sein«, entsann sich einer der Interviewten.[204]

Die Synagogen standen jedoch nicht oben auf der Prioritätenliste der Stadtbaumeister, tatsächlich hatten sie sie überhaupt nicht im Auge. »Sie haben mir gesagt, geh in die Ansiedlung, ich habe gefragt, ob es eine Synagoge gibt, sie sagten, es gibt eine, nur dreihundert Meter zu gehen«,[205] erzählte einer der Evakuierten den Forschern. Diese Information war allerdings äußerst lückenhaft. Als man den Evakuierten mitteilte, dass es in dem neuen Viertel eine Synagoge gebe, war das keine Lüge, doch es war nicht die ganze Wahrheit. Denen, die von Wadi Salib nach Kiriat Schprinzak evakuiert wurden, wurde gesagt, es gebe eine Synagoge in der Eli-Hacohen-Straße. Danach stellte sich für einen Teil von ihnen heraus, »das ist zu weit, […] vier Stationen muss man gehen. Bis Ein Hajam […], es geht Hügel hinauf und hinunter, und es ist schwer hinzukommen.«[206] Noch weiter als die geographische Distanz war der kulturelle Abstand im religiösen Ritus. Für diejenigen, die nach Kiriat Elijahu evakuiert worden waren, hatten die Planer die salonikische Synagoge in Kiriat Eliezer vorgesehen. »Ich kam damals, ich wusste nicht, dass es eine Synagoge der Griegs ist. Jetzt bin ich nicht glücklich damit, dass ich allein zu Hause sitze, und wenn sie mich fragen, dann sage ich den Freunden, dass sie nicht hinkommen sollen.«[207] Und seine Familie bestärkte die Worte des Interviewten: »Er wollte

202 Ebenda.
203 Ebenda.
204 Ebenda, S. 57.
205 Ebenda, S. 31.
206 Ebenda, S. 81.
207 Ebenda, S. 31.

nicht hier wohnen [...], wir haben ihn mit Mühe überredet, wir haben gesagt, es gibt eine Synagoge dort, denn dort gibt es schließlich Juden, und wie sollen Juden ohne eine Synagoge sein? Jetzt sitzt der Arme den ganzen Tag allein zu Hause, geht nirgends hin, sieht nichts, denn er ist in Rente und quasi immer für sich.«[208]

Es wäre keine Übertreibung zu behaupten, dass die Welt der alten Menschen mit dem Umzug in die Wohnsiedlungen zerstört wurde. »Für meinen Vater«, erklärte einer der Interviewten, »ist das fast seine ganze Welt. Er kennt nichts als die Synagoge. Geht beten, nichts anderes kennt er.«[209] »Es gibt hier alte Leute, die nicht arbeiten, und sie können nirgends hin. Also warum sollen sie nicht in der Synagoge sitzen?«[210], fragte einer der Interviewten. Ein anderer fügte hinzu:

> »Wenn es keine Synagoge gibt, sitzen sie zu Hause und streiten mit der Frau, was er tun soll. Außerdem geht er ein, sitzt den ganzen Tag zu Hause, was soll er machen zu Hause, den ganzen Tag zu Hause, das geht nicht. Ein halber Tag ist genug. Ich habe auch einen kranken Vater, also wenn es eine Synagoge gibt und es reicht ihm, geht er in die Synagoge, reicht ihm die Synagoge, kommt er wieder nach Hause, dreht sich um, geht in die Synagoge. Er hat einen Ort, wo er hingehen kann. Sitzt mit ihnen zusammen und hat jemanden zum Reden.«[211]

Sie pflegten untertags dazusitzen und Verse aus den Psalmen und dem Zohar zu lesen. An Tagen, an denen einer der Synagogenbesucher ein freudiges Ereignis hatte, stellten sie ihre Stühle dazu und nahmen an der Festlichkeit mit teil. Hin und wieder pflegten sie eine religiöse Unterrichtsstunde zu besuchen, manche lasen vor sich hin. Tee, Kaffee, Kekse und ein Heißwasserkocher wurden von der Gemeinschaft gestellt. Man bat jeden Gläubigen beim Schabbatgebet um ein oder zwei Liras zu diesem Zweck. Die Frauen nahmen sich freiwillig der Sache an. Als sie in die Wohnsiedlung umzogen, fand all das sein Ende. »Wie kommt es, dass sie nicht eine einzige Synagoge gebaut haben. Wie kommt es, dass sie für die Kinder gesorgt haben, ihnen einen Klub und einen Kindergarten gebaut haben, und um uns haben sie sich nicht gekümmert, dass wir etwas für uns haben.«[212]

---

208 Ebenda.
209 Ebenda, S. 82.
210 Ebenda.
211 Ebenda.
212 Ebenda, S. 94.

Es ist stark zu bezweifeln, dass die Stadtplaner die schlichte Tatsache bemerkten, dass die Synagogen in Wadi Salib ethnisch definiert waren, und in der Praxis war die Zugehörigkeitsgruppe sogar noch kleiner. In jeder dieser kleinen Synagogen versammelte sich eine Gemeinde, in der alle aus einer bestimmten Stadt in Marokko stammten. Wenn ihre Anzahl besonders gering war, schlossen sie sich der Synagoge von Landsleuten aus einer anderen Stadt an, und wenn sie mehr wurden, pflegten sie eine eigene Synagoge zu gründen.[213] Dieses Faktum ist an sich nichts Außergewöhnliches, »wenn man Meknes, Casablanca und Marrakesch durch Litauen, Galizien, Rumänien und so weiter ersetzt«, argumentierten die Forscher zu Recht, das klinge alles »natürlich« und in diesem Zusammenhang auch bekannt.[214] »Sie beten ein Wort so und ein Wort so. Sie drehen die Wörter um. Wir nehmen das Buch und beten wie im Buch, verstehst du, aber sie machen was anderes, das ist Gewohnheit, das heißt, vom Ausland, so sind sie es gewöhnt, so beten sie, und wir machen es genauso, auch vom Ausland, wir beten so.«[215] Was ist einfacher zu verstehen als diese elementare Sache: »Wer eben genau von seinen Betonungen und seiner Melodie und dem Brauch und der Tradition angezogen ist, den zieht das hier nicht an, diese [salonikische] Synagoge.«[216] »Die salonikische Synagoge ist groß und prächtig«, und obwohl »die Salonikier sehr gute Menschen« sind und obwohl »sie uns aufnehmen, wie es sich gehört« und »jeden respektieren«[217], fanden die neuen Bewohner von Kiriat Schprinzak dort nicht ihren Platz. Einer der Evakuierten erzählte:

> »In der Stanton ließen sie einen Jungen aufrücken und Vorbeter oder Vorleser machen. Ein Junge mit einer schönen Stimme hat die Möglichkeit bekommen zu singen. Hier geht das nicht, denn das ist nicht unser Ort, und es gibt viele Leute hier, und wir haben kein Recht, das zu verlangen, und dort konnten wir das alles machen. Es gab Kinder-Vorbeter oder Vorsänger wie bei den Aschkenasis. In der Saloniki gibt es einen festen Kantor, und man lässt niemanden hin und vorbeten, und das tut manchmal auch weh, aber wir können nichts sagen.«[218]

---

213 Ebenda, S. 101.
214 Ebenda, S. 102.
215 Ebenda, S. 99.
216 Ebenda.
217 Ebenda, S. 94.
218 Ebenda, S. 95.

Zu den Divergenzen im religiösen Ritus kamen die sozialen Unterschiede. Weil es nicht üblich war, aktiv an der religiösen Zeremonie teilzunehmen, konnte sich der Betende nicht mit dem religiösen Status für die permanente sozial bedingte Frustration in seinem weltlichen Leben entschädigen. Dem gesellte sich auch noch ein deutliches ökonomisches Gefälle zwischen den Salonikiern und den Marokkanischstämmigen hinzu. Obgleich die Ersteren von den marokkanischen Synagogenbesuchern nicht erwarteten, einen Beitrag zu leisten, sahen sich diese durch ihre beengte finanzielle Lage beschämt. Weil es ihnen gegenüber den Salonikiern – »Bauunternehmern und Geschäftsinhabern« – sonst peinlich gewesen wäre, leisteten sie Spenden von über zehn Liras, wenn sie zur Thoralesung hinaufstiegen, was ihre finanziellen Verhältnisse weit überstieg, um vieles höher als die ein oder zwei Liras war, die in Wadi Salib üblich gewesen waren.[219]

Höchstwahrscheinlich handelte es sich hier nicht um reine planerische Blindheit, sondern um eine generelle Unsensibilität. Infolge anhaltenden Drucks gab die Stadtverwaltung schließlich nach und ermöglichte den Bewohnern von Kiriat Elijahu, den Kindergarten im Viertel zu Gebeten an den hohen Feiertagen zu nutzen. Die Freude und Erleichterung war unermesslich. »Wir haben den Rat und das Viertel organisiert, haben diesen Klub genommen, und sie haben eine Thorarolle aus unserer Synagoge gebracht, wo wir in der Stanton immer gebetet haben, und alles haben wir hergebracht [...], alle waren hundert Prozent glücklich, und alle haben sich gefreut.«[220] Die hohen Feiertage jedoch gingen vorbei, und damit war es, allem Anschein nach, auch vorbei mit der Freude. Die Stadtverwaltung hatte keinerlei Absicht, diese provisorische Regelung in ein festes Arrangement zu verwandeln. Die Gesuche des Stadtviertelbeirats halfen nichts. Als sie sich weigerten, die Räumlichkeiten aufzugeben – »wir konnten nicht gehen, weil wir so glücklich waren, einen Schabbat, zwei Schabbats« –, ergriff die Stadtverwaltung extreme Maßnahmen. »Sie haben diesen Kindergarten genommen und ein Auto und Inspektoren hergebracht, und wir haben eine Strafe gezahlt für die Beförderung, dass sie uns die Thorarolle bei ihnen eingesperrt haben, und sie haben die Thorarolle jetzt wieder in un-

219 Ebenda.
220 Ebenda, S. 110.

sere Synagoge in Wadi Salib zurückgebracht.«[221] Da nützten keine Eingaben, keine Bitten und keine Überredungskünste, die Antwort der Behörden war klipp und klar: »Dann haben sie gesagt, wir haben euch eine Synagoge gebaut, die fünfhundert, sechshundert Personen aufnehmen kann, das Religionsministerium hat gesagt, das ist die Saloniki, und sie haben gesagt, die haben wir für das ganze Allenby-Viertel gebaut.«[222]

Ähnlich willkürlich wurde auch in Kiriat Schprinzak verfahren. Nachdem die Einwohner des drei bis vier Kilometer langen Fußmarsches zur Synagoge in der Eli-Hacohen-Straße in Ein Hajam überdrüssig wurden, suchten sie sich Provisorien. Zu Anfang arrangierten sie ein Klassenzimmer in der Schule, danach einen kleinen Gebetsraum in der Turnhalle. »Der Raum ist groß genug«, erzählte einer der Interviewten, »aber er ist nicht angebracht für eine Synagoge. Sie machen Turnen, Mädchen und Jungen, und haben Stricke von der Decke, das ist überhaupt nicht angenehm. Die Thorarolle ist in einem Nebenraum. In der Halle gibt es einen Thoraschrein. Dauernd. Und die ganze Woche machen sie mnastik [sic]. Der Thoraschrein ist hier und die mnastik [sic] ist hier. Hast du so was schon mal gesehen? Und große Mädchen in kurzen Hosen.«[223] Als die Evakuierten offizielle Anträge bei der Gesellschaft für Sozialviertelsanierung stellten, eine Wohnung im Wohnsiedlungsprojekt Chaviva Reich dafür zuzuteilen oder sie bei der Einrichtung einer Synagoge für die mizrachische Gemeinde in Ramot Remez zu unterstützen, erhielten sie abschlägigen Bescheid. Die Ablehnung war höchstwahrscheinlich einstimmig, da im Protokoll keinerlei Diskussion zu dem Punkt verzeichnet ist.[224]

Abba Khoushi hatte der Untersuchungskommission eine »Methode zur Bevölkerungsverteilung« vorgestellt, das Wohnsiedlungsprojekt Kiriat Eliezer, »wo von allen ethnischen Gruppen welche wohnen, und im Laufe der Zeit werden sie vergessen, woher sie kamen, und erkennen, dass jeder, der hier lebt, Jude ist.«[225] Und in der Tat, das Evakuierungsprojekt war jüdisch, und zwar ausschließlich

---

221 Ebenda.

222 Ebenda, S. 111.

223 Ebenda.

224 Staatlich-städtische Gesellschaft (GmbH) für Sozialviertelsanierung in Haifa, zweite Verwaltungsbeiratsitzung, 20. 4. 1964, Staatsarchiv, Dok. 3711/19.

225 Abba Khoushi, Vormittagssitzung am 5. 8. 1959, Aussage vor der Kommission (Band 3), Staatsarchiv, Dok. 7253/1, Akte 3.

jüdisch. Der Antrag einer christlichen Araberfamilie, die aus einem Sozialviertel in der Stadt evakuiert worden war und beim Rehabilitationsbüro des Verteidigungsministeriums um Unterstützung nachsuchte, eine Wohnung in einem Wohnsiedlungsprojekt für Evakuierte zugewiesen zu bekommen, wurde einstimmig mit dem Argument abgelehnt, »es ist nicht zum Wohl der besagten Familie, als einzelne Minderheitenfamilie, in der Gesellschaft derer, die in dieser Evakuiertenwohnsiedlung leben, untergebracht zu werden.«[226] »Jude« bezog sich laut Abba Khoushi jedoch allein auf die nationale Kategorie, im Sinne der Abstammung, während der jüdische Bewohner Wadi Salibs jemand völlig anderer war, bar jeglicher Existenz außerhalb seines religiös gemeindlichen Kontexts. Wie sich einer der Bewohner beklagte: »Es fehlt viel, wenn kein Weiser da ist. Hier haben wir keinen. Wir haben niemanden. Nichts. Es gibt niemand, der eine Predigt hält, Zohar lehrt. Keiner, zu dem die Leute gehen und der ein Oberhaupt für sie sein würde. Wo die Marokkaner die Weisen so sehr ehren. Und sie bleiben allein und vergessen sogar, dass sie Juden sind, genauso die Kinder.«[227]

Reinheit und Gefahr

»Das Klima der Mittelmeerländer prägt die äußeren Züge des Lebens: Im Norden ist das geschlossene Haus der Mittelpunkt des Lebens, nicht nur des Lebens der Familie, sondern auch des geselligen Kreises, kultureller Darbietungen, wirtschaftlicher Beziehungen. Der Mensch verlässt das Haus nur aus besonderen Gründen, die ihn auf die Straße oder ins Freie führen. Anders ist es im Mittelmeergebiet. Da ist der Mittelpunkt des persönlichen und gesellschaftlichen Lebens der freie Platz, das Forum oder die Agora, das Kaffeehaus, dessen Stühle auf der Straße stehen, die offenen Geschäftsbuden und Handelsstände. Die Beständigkeit des Wetters und seine Milde gestatten die großen offenen Theater unter freiem Himmel. Dieses Freiluftleben treibt zu innigerer Geselligkeit als die Abgeschlossenheit der nordischen Häuser. Die

---

226 Staatlich-städtische Gesellschaft (GmbH) für Sozialviertelsanierung in Haifa, Verwaltungsbeiratsitzung, 9.5.1965, Ergebnisprotokoll, Staatsarchiv, Dok. 3711/19.

227 Ebenda, S. 39–40.

> Rede fließt leichter, die Menschen sind nicht so abgeschlossen, sie treffen überall zusammen, und diese Vermischung erzeugt eine natürliche, ungezwungene und herzliche Demokratie, der Verkehr ist weniger steif, die Menschen impulsiver, die Stimmen lauter.«[228]

Viele der Bewohner Wadi Salibs, in der Tat die Mehrheit, waren gegen die Lösung der öffentlichen Wohnraumbeschaffung, die ihnen die staatlich-städtische Gesellschaft für Sozialviertelsanierung anbot. Mit dem Verstreichen der Jahre verringerte sich die Attraktivität der Wohnsiedlungsprojekte in den Augen der zukünftigen Evakuierten noch mehr,[229] die begannen, eine Ersatzunterbringung im Wohnungsbestand in der Nähe Wadi Salibs, in der Unterstadt und den alten Vierteln von Hadar zu präferieren. Eine Studie zur Ersatzwohnungsunterbringung, die die Gesellschaft für Sozialviertelsanierung Ende der 1960er Jahre durchführte, ergab, dass 70 Prozent der Evakuierten in Haifa »Ersatzwohnungen« den Vorzug vor Wohnsiedlungsprojekten gaben.[230] Etwa ein Viertel von ihnen wählte Wohnungen in Hadar hakarmel und 42 Prozent in der Unterstadt.[231] Der Großteil derer, die Ersatzwohnungen wollten, war älter als diejenigen, die in die neuen Wohnsiedlungen umzogen. In einer der Studien wurden sie als Leute »mit traditionelleren Lebensmustern« charakterisiert.[232] Ihre Präferenz für die Ersatzwohnungen im Bestand, »bei denen auch der Baustil in Richtung der Tradition des Nahen Osten neigt«,[233] schrieb der Verfasser ihrem Traditionalismus zu. »Die Tatsache, dass in einem erheblichen Teil dieser Wohnungen die hygienischen Einrichtungen nicht den Standard einer modernen Wohnung erreichen, störte diese Evakuierten anscheinend nicht in

228 Kohn, Die Europäisierung des Orients, S. 89–90.
229 Protokoll der 24. Vorstandssitzung der staatlich-städtischen Gesellschaft für Sozialviertelsanierung in Haifa, stattgefunden am 5.4.1967 im Haifaer Rathaus, Stadtarchiv Haifa, Akte 032553.
230 Protokoll der 30. Vorstandssitzung der staatlich-städtischen Gesellschaft für Sozialviertelsanierung in Haifa, stattgefunden am 23.2.1969, ebenda.
231 Ebenda. Die Tendenz, Ersatzwohnungen im Bestand zu bevorzugen, verstärkte sich mit den Jahren. 1968/69 wählten die Evakuierten von Wadi Salib 144 Ersatzwohnungen, gegenüber nur 24 Wohnungen in Wohnsiedlungsprojekten. Siehe staatlich-städtische Gesellschaft für Sozialviertelsanierung in Haifa, Ergebnisbericht der Tätigkeit der Gesellschaft 1968/69, ebenda.
232 Jakobsen, Nach der Evakuierung, S. 12.
233 Ebenda.

einem Maß, das sie gezwungen hätte, ihre Lebensgewohnheiten zu verändern. Hätten sie die Wahl gehabt, hätten sie das Traditionelle und ihnen Vertraute dem Modernen und Fremden vorgezogen.«[234]

Die Beurteilung in dieser Studie spiegelte den modernistischen Zeitgeist wider. Die Politik der Wohnraumbeschaffung und Stadtplanung war das gesamte 20. Jahrhundert hindurch von dem Wunsch getrieben, die physische Umgebung der unteren Schichten – in vielen Fällen die städtische Arbeiterklasse – »zu reinigen« und auf diesem Weg die gesellschaftliche Realität zu verändern.[235] Die Stadtreformpläne wurden im Geist der Hygienisierung des 19. Jahrhunderts geschaffen und später von Architekten der Moderne, Reformatoren der Wohnraumbeschaffung und urbanen Planern technisch verbessert.[236] Diesen Anschauungen zugrunde lag ein Umweltdeterminismus, während sich ihre gesellschaftliche Legitimation auf eine rationale Bedürfnisdefinition stützte. Jedoch hätte sich die Wahl der meisten Evakuierten aus Wadi Salib, die Unterbringung in Bestandsersatzwohnungen den neuen Wohnsiedlungsprojekten vorzuziehen, als durchaus rational herausstellen können.[237] Obwohl 34 Prozent derer, die Ersatzwohnungen wählten, immer noch in einer Dichte von über drei Personen pro Raum lebten,[238] beschwerten sie sich kaum. »Gerade an Orten, die objektiv betrachtet beengter sind«, schloss der Verfasser der Studie, »beklagen sich die Bewohner weniger über Überfüllung.«[239] Sie beschwerten sich auch nicht über eine Verschlechterung der städtischen Dienstleistungen; ihre Situation war in vielerlei Hinsicht wahrscheinlich besser als die der Bewohner der neuen Wohnsiedlungen, die in vielen Fällen am Rande bestehender Bebauung errichtet wurden, ohne eine grundlegende Infrastruktur, die den Bedürfnissen der neuen Bewohner gerecht wurde. Im promodernistischen Kontext der Gesellschaft für Sozialviertelsanierung wurde die Entscheidung der Bewohner Wadi Salibs, keinen Gebrauch von dem Angebot einer Unterbringung in den neuen Wohnsiedlungsprojekten zu machen, sondern altmodische Bestandswoh-

---

234 Ebenda, S. 12–13.
235 Jacobs, The Death and Life of Great American Cities, S. 7.
236 Topalov, Social Politics from Below, S. 261.
237 Zu der Gefahr, dass sich neue Viertel für Bewohner evakuierter Viertel in Slums verwandeln, siehe das bahnbrechende Werk von Jacobs, The Death and Life of Great American Cities, S. 4, 270.
238 Jakobsen, Nach der Evakuierung, S. 28.
239 Ebenda, S. 29.

nungen vorzuziehen, als erstaunlich empfunden. Dabei war es für die Untergebrachten selbst wie auch für die zuständigen öffentlichen Instanzen weitaus kostengünstiger.[240] Wie es scheint, verstand nur ein Mitglied des Vorstands, nämlich der Architekt Kaminka, der die Haifaer Stadtverwaltung vertrat, etwas von Urbanität, ein Verständnis, das der restlichen Führungsriege abging. Er sah in der Weigerung der Bewohner, »in die Wohnsiedlungsprojekte in den Hügelvierteln hinaufzugehen«, eine Bestätigung seiner Argumentation, dass »auch bei uns, wie im Ausland, eine Bevölkerungsschicht existiert, die es vorzieht, mitten in der Stadt zu wohnen (city dwellers). Es ist schwierig, sie aus ihrer Umgebung wegzubringen, und ganz besonders in isolierte Viertel an so steilen Hängen, die, meiner Meinung nach als Architekt, überhaupt nicht bebaut werden dürften.«[241]

Das partielle Scheitern des israelischen Ethos des Modernismus, wie es in der Evakuierung der Bewohner Wadi Salibs in die neuen Wohnsiedlungsprojekte zum Ausdruck kam, lehrt etwas über die Kluft zwischen der gesellschaftlichen und der räumlichen Vorstellung, die charakteristisch für die Stadtplaner ist. Die gesellschaftliche Vorstellungskraft – so David Harvey[242] – befähigt Menschen, das historische Bild in seiner Gesamtheit zu verstehen, sowohl in Bezug auf das persönliche Leben als auch hinsichtlich eines breiten Spektrums von Menschen, in einem Versuch, zwischen dem Individuum und der Gesellschaft zu vermitteln, indem man die Rolle des Einzelnen in der Geschichte begreift. Die geographische Vorstellung dagegen, »ermöglicht es dem Einzelnen, die Rolle von Raum und Ort in seiner Biographie zu erkennen, sie in Relation zu den Räumen zu setzen, die er um sich herum sieht, und zu erkennen, auf welche Art die wechselseitigen Beziehungen zwischen Individuen und Organisationen von dem Raum beeinflusst sind, der sie trennt.«[243] Den

240 In den Jahren 1961/62 und 1963/64 wählten 218 Evakuierte die Wohnsiedlungsprojekte und 445 Bestandsersatzwohnungen. Die staatlich-städtische Gesellschaft (GmbH) für Sozialviertelsanierung in Haifa, Ergebnisbericht der Tätigkeit der Gesellschaft; Protokoll der Jahresgeneralversammlung und Vorstandssitzung der staatlich-städtischen Gesellschaft (GmbH) für Sozialviertelsanierung in Haifa, stattgefunden am 7.10.1964 im Haifaer Rathaus; Protokoll der 16. Vorstandssitzung der staatlich-städtischen Gesellschaft (GmbH) für Sozialviertelsanierung in Haifa, stattgefunden am 1.6.1964 im Haifaer Rathaus, Staatsarchiv, Dok. 3711/19.

241 Ebenda.

242 Harvey, Social Justice and the City.

243 Ebenda, S. 24.

Stadtplanern glückte es nicht, die Kluft zwischen der gesellschaftlichen und der räumlichen Vorstellung zu überbrücken. Ihre integrative Auffassung, wie sie Abba Khoushi formulierte, als er sagte, »sie vermischen sich und vergessen die Herkunft«, war bar jeder geographischen Vorstellungskraft, um nicht zu sagen, mit Blindheit geschlagen, was den räumlichen Aspekt anging.

Modernismus und Integration im Rahmen nationaler Projekte sind keine unabhängigen universalen Werte. Wie in anderen Nationalstaaten dienen sie auch in Israel nationalen Zielen, und unter den Bedingungen eines nationalen Konflikts variiert ihre Gültigkeit, ob auf die herrschende Majorität mit ihren verschiedenen Schichten oder auf die Minderheit bezogen, erst recht.[244] Die staatlich-städtische Gesellschaft für Sozialviertelsanierung kümmerte sich zwar im Rahmen ihrer Evakuierungsprogramme in einigen Armenvierteln der Stadt auch um Araber, doch ihre Belange waren marginal für das Evakuierungsprojekt insgesamt. Eine Studie, die 1962 durchgeführt wurde, das heißt, parallel zur Evakuierung Wadi Salibs, zeigte, dass es nur in 67,9 Prozent der arabischen Haushalte fließendes Wasser gab, nur 30,7 Prozent Elektrizität hatten und 43,3 Prozent keine Toilette besaßen.[245] Die modernistisch zionistische Konzeption, die bereits in den frühen Plänen, wie denen des Haifa-Komitees 1937, selektiv und exklusiv hauptsächlich auf Juden ausgerichtet war, blieb auch nach der Staatsgründung überwiegend die gleiche.

Haifa wählte bewusst die Abgrenzung von seiner arabischen Bevölkerung und wiederholte nach 1948 erneut die Segregation, die in der Stadt vor dem Krieg Usus gewesen war. Bezüglich der jüdischen Einwohner dagegen ging die Tendenz, zumindest auf offizieller Ebene, in Richtung Integration. Laut Max Weber ist der Typus der westlichen Stadt von integrativem Charakter. Dies ist eine Konsequenz und Ergebnis einer Abhängigkeit der Stadt von der Migration von Fremden und Außenseitern.[246] Jede Stadt auf der Welt, so meinte Weber, einer der ersten Stadttheoretiker, wurde durch fremde Siedler errichtet, die keinerlei Beziehung zu dem Ort hatten, bevor sie sich dort niederließen. Der Bruch der Stadtbewohner mit den Stammesbindungen und früheren Traditionen wie auch die Lö-

244 LeVine, Locating Home.
245 Lu-Yon/Kalusch, Wohnraumbeschaffung in Israel, S. 27.
246 Weber, Die Stadt.

sung von früheren Abhängigkeitsbeziehungen entsprangen, nach Webers Ansicht, einem gemeinsamen wirtschaftlichen Interesse an Wachstum und Erfolg, welches die Eingliederung der Neuankömmlinge diktierte. Die Berufszugehörigkeit und die räumlichen Charakteristika sollten in Zukunft in diesem Prozess den Platz der früheren Stammesidentitäten einnehmen. In der antiken griechischen Polis, argumentierte Weber, hatte man noch eine kollektive Stammesidentität im Rahmen des Stadtbürgertums bewahrt, während in den mittelalterlichen Städten Nordeuropas die Neuankömmlinge auf individueller Zugehörigkeitsbasis aufgenommen wurden. Doch am Ende, und trotz aller Unterschiede, gelang es der europäischen Stadt, die Fremden in die Zivilgesellschaft einzuschließen. Die bürgerliche Gleichheit wurde natürlicherweise zur Bedingung für die Entwicklung der Stadt und eine notwendige Folge der Urbanisierung.[247] Sie wurde prägender Charakterbestandteil der westlichen Stadt als einem Verband von Bürgern, die der Herrschaft eines Gesetzes unterstanden, das nur für sie galt. Die westliche Stadt (city), gemäß dieser Lesart der Geschichte, ist die Quelle der modernen Staatsangehörigkeit (citizenship).[248]

Die zeitgenössische urbane Forschungsliteratur folgt der Tradition, die Weber begründete, die die städtischen Integrationsprozesse mit der bürgerlichen Gleichstellung verknüpft. Die Natur der Fragen jedoch verändert sich vor dem Hintergrund der ethnischen Heterogenität in den Großstädten der letzten Jahrzehnte und angesichts der Diskussion um Multikulturalität. Was ist an Segregation eigentlich auszusetzen? Ist die Abschottung von Gruppen an sich problematisch? Ist es richtig, unter allen Umständen die Konzeption einer mechanischen Vermischung auf der Basis des proportionalen Anteils der verschiedenen Gruppen innerhalb der Bevölkerung zu unterstützen? Diese drängenden Fragen wirft Iris Marion Young[249] auf und stellt kritische Überlegungen zur allumfassenden Integration an. Gegenseitige Anziehung von Mitgliedern einer Zugehörigkeitsgruppe, wie sie in segregativen Wohnmustern ihren Ausdruck findet, ist nicht an und für sich problematisch, so konstatiert sie, und sicher weniger problematisch als die gegenläufige Tendenz, die eine

247 Isin, Historical Sociology of the City, S. 312–325.
248 Young, Residential Segregation.
249 Ebenda.

Gruppenzugehörigkeit verleugnet.[250] Die Integrationsprozesse, argumentiert Young, zielen zumeist von den Starken auf die Schwächeren ab. Nur der Schwache ist aufgefordert, seine Lebensweise zu ändern; ein integrativer Ansatz im Bereich des Wohnens ignoriert das Bedürfnis der Mitglieder ausgeschlossener und marginaler Gruppen, nahe beieinander zu leben; und wenn die Integration missglückt, wird die Schuld ihnen aufgeladen.[251]

Die Integrationsidee konzentriert sich, laut Young, fälschlicherweise auf Muster der Gruppenabschottung und nicht auf Fragen von Bevorzugung und Benachteiligung:

> »[...] Das Integrationsideal neigt dazu, sich auf die falschen Themen zu konzentrieren. Entsprechend diesem Ideal ist das Problem der Segregation ein Problem der Separation, und die Lösung ist, die richtigen Proportionen zu mischen. Hauptthema wird die Mischung an sich, statt die Entstehung und laufende Aufrechterhaltung von Privilegien und Benachteiligung, die den hauptsächlichen Schaden von Segregation ausmachen.«[252]

Das negative Element ethnisch fundierter Segregation liegt also nicht in der Anziehungskraft der gegenseitigen Nähe, die die Ausgeschlossenen an den Tag legen, sondern in völlig anderen Aspekten. So untergräbt eine solche Segregation beispielsweise das Prinzip der Chancengleichheit und beschränkt die freie Wahl des Wohnorts, sie erzeugt Privilegien und Vorteile für diverse Sektoren der Bevölkerung und erschwert durch ihr bloßes Vorhandensein eine Korrektur jener Übel. Der Segregationsprozess, so sagt Young weiter, nimmt den Privilegierten die Sicht auf die Vorteile, die sie genießen. Die gesellschaftliche Blindheit, die diese Situation schafft, ist Youngs Hauptanliegen. Die Segregation, argumentiert sie, entzieht die Privilegien dem Blick derer, die sie besitzen, auf doppelte Weise: Sie rückt die Notlage der Unterprivilegierten aus dem Sichtfeld, während sie gleichzeitig den Zustand des Durchschnittsmenschen als

---

250 Ein ähnliches Argument bringt Richard Ford, der feststellt: »Wir dürfen nicht vergessen, dass wir, um gegen Segregation zu sein, nicht vorbehaltlos der Integration zustimmen müssen; in der Tat kann vor allem für ethnische Minderheiten ein gewisser Grad an Separatismus den besten oder einzigen Weg zur Stärkung und Selbstverwirklichung darstellen.« Ford, The Boundaries of Race (2001), S. 99.

251 Young, Residential Segregation, S. 243.

252 Ebenda, S. 245.

Privilegieninhaber etabliert.[253] Segregatives Wohnen zerrüttet den Gerechtigkeitssinn der Privilegierten: Sie werden dazu tendieren, Ungerechtigkeit nicht mehr wahrzunehmen und sich ihrer relativen Vorteile in der gegebenen Situation nicht mehr bewusst zu sein, da sie ihr Wohnumfeld als völlig gewöhnlich erleben.

Ein ähnliches Argument, nur aus einer anderen Perspektive, präsentiert Susan Bickford.[254] Urbane Segregation erzeugt Blindheit gegenüber dem anderen, worin Bickford eine ernsthafte Gefahr für die Ausbildung von ziviler Vorstellung und demokratischer Beteiligung sieht. Die Grundessenz des öffentlichen Bereichs besteht in der Vielzahl seiner diversen simultanen Stimmen. Der natürliche Ort dieser Stimmenvielfalt ist der öffentliche Raum. Der segregative Vorort ist die Umkehrung dieser Vielstimmigkeit. Bickfords Ausgangspunkt ist amerikanisch, von dort bezieht sie ihre Einsichten. Die ordentlichen, bewachten weißen Vororte und die schwarzen Ghettos in den Großstädten sind, ihrer Behauptung nach, nur zwei Seiten der gleichen Medaille: Die Person, die wir für gewöhnlich zufällig sehen, wenn wir uns täglich im öffentlichen Raum hin und her bewegen, beeinflusst unsere Vorstellung vom Bürger und von der Person, mit der wir in zivilenKontakt stehen möchten.[255] Die der Segregation immanente Gefahr liegt also im Verlust der öffentlich demokratischen, vielstimmigen Sphäre und in der Verengung der demokratischen Vorstellung.

Die Argumente Youngs und Bickfords sind allgemeiner Natur, und ihre Einblicke in die zivile Blindheit haben universelle Gültigkeit. Sie untersuchen die urbane Segregation als Mikrokosmos der Gesamtthematik Zivilgesellschaft, wobei sie »gesellschaftlich« mit »politisch«, »lokal« mit »national« verknüpfen und dem urbanen Raum seinen angemessenen Platz im westlichen Demokratiediskurs einräumen. Doch gerade weil sich Young und Bickford an die Urbanitäts- und Staatsbürgerschaftsdebatte halten, kommen in ihren Schriften mehr als deutlich die Grenzen der Anwendbarkeit der vorhandenen theoretischen Literatur zum Vorschein, die in der Urbanistikforschung über Israel generell und über Wadi Salib im Besonderen existieren. Die Minderheit in diesem Fall besteht nicht aus dazukommenden Arbeitsmigranten, sondern aus den Überres-

253 Ebenda, S. 242.
254 Bickford, Constructing Inequality.
255 Ebenda, S. 363.

ten einer lokalen, teils einheimischen Gemeinde, einer Bevölkerungshälfte der früheren Stadt, die mit einem Schlag in eine verschwindende Minderheit verwandelt wurde. Die Segregation, die heutzutage zwischen Juden und Arabern in Haifa praktiziert wird, ist nicht freiwillig, sondern sie wurde der arabischen Minderheit in der Stadt 1948 aufgezwungen und stellt daher ein Glied in der gesamten israelischen Minderheitenpolitik dar. Trotz der dem Anschein nach chronologischen Kontinuität ist die Segregation im Wohnbereich zwischen Juden und Arabern keine direkte Folge der kommunalen Segregation, die in der Stadt zur Mandatszeit üblich war. Wadi Nisnas kann daher nicht nur anhand einer Diskussion über Segregation erklärt werden. Die rechtliche Stellung der israelischen Araber erlaubt es nicht, sie mit den mizrachischen Juden in einem Atemzug zu diskutieren, und bezeichnet ganz klare Grenzen für die Gültigkeit eines Vergleichs zwischen den beiden Gruppen bei Themen, die die Beziehung zwischen urbanen Wohnmustern, Identität und staatsbürgerlicher Gleichheit berühren. Diskriminierung, so kann man argumentieren, existiert nur zwischen Gleichgestellten, das heißt, zwischen Juden und Juden. Doch in Ermangelung anderer Instrumente sind wir gezwungen, das Vorhandene so gut wie möglich zu nutzen, um im Bewusstsein aller Begrenzungen das Beste daraus zu machen. Dabei kann die Rechtsgeographie in gewissem Maße hilfreich sein, da sie die staatsbürgerliche Stellung im Raum in direktem Verhältnis zum Gesetzesapparat untersucht.

Wie Young und Bickford sieht auch der Rechtsgeograph Richard Ford[256] in der Großstadt, der Metropolis, den Ort, an dem es die Spannung zwischen Differenz und Diskriminierung aufzulösen gilt, und konzentriert sich daher auf eine rechtlich-geographische Analyse der urbanen Segregation. Die Bedeutung der Analyse, die Ford vorstellt, besteht im Aufzeigen der Vitalität, die die Mechanismen von Segregation und Diskriminierung aufweisen, auch nachdem sie die legale Basis verloren haben, auf die sie sich in der Vergangenheit stützten. Im israelischen Kontext hat eine Diskriminierung auf ethnischer Grundlage keine legale Basis und hatte auch nie eine, im Unterschied zur Frage des Status der Araber. Darüber hinaus ist es hier Fords Analyse der Beibehaltung und Reproduktion von Segregation unter angeblich freien Marktbedingungen, die seine Diskussion für unser Thema relevant macht. »Wohnorte sind mehr als eine persön-

256 Ford, The Boundaries of Race (1994); ders., The Boundaries of Race (2001).

liche Wahl; sie sind die Primärquelle politischer Identität und wirtschaftlicher Sicherheit«, betont Ford, und daher ist »Segregation im Bereich des Wohnens mehr als eine Sache sozialen Abstands; sie ist eine Sache politischer Fragmentierung und ökonomischer Schichtung entlang rassischer Demarkationslinien, die von der offiziellen Politik und der Rolle des Gesetzes diktiert werden.«[257] Ein Raum, der rassisch markiert worden ist, sagt Ford, ist dazu angetan, rassistische Segregation zu reproduzieren und zu verewigen, auch dann noch, wenn der gesetzliche Rahmen, der die Segregation erzeugt hat, aus der Welt geschaffen wurde; eine liberale Wohnpolitik, die zwar frei von segregativen Gesetzen ist, jedoch in einem Raum besteht, der in der Vergangenheit ethnisch kodiert war, wird weiter die ehemaligen Segregationsmuster reproduzieren und konservieren. Auch ohne Segregationsgesetze und sogar in Abwesenheit von Vorurteilen werden die »Weißen« »weiße« Viertel bevorzugen. Sie werden das tun, weil die einstmals »weißen« Viertel die Privilegien bewahren, die sie in der Zeit angehäuft haben, als sie durch die rechtliche, strukturelle und institutionalisierte Diskriminierung Vorteile genossen, was es den gegenwärtigen Bewohner ermöglicht, ihre wirtschaftlichen Vorteile zu mehren und zu bewahren. Um so mehr in der Realität einer Welt, in der immer das ein oder andere Maß an Rassismus und Vorurteilen existieren wird. Darüber hinaus wird in einer Welt der Vorurteile die rassische, in unserem Fall die ethnische Kennzeichnung auf die wirtschaftlichen und sozialen Charakteristika bestimmter Viertel ausstrahlen und ihr öffentliches Image bestimmen.

Fords Analyse liefert einiges Handwerkszeug zum Verständnis des Untergangs von Wadi Salib nach 1948. Das niedere Ansehen des Viertels war mit der Segregation in der Stadt zur britischen Mandatszeit assoziiert, das heißt, wurzelte in der arabisch-muslimischen Ära Wadi Salibs. Dieses Image übertrug sich auf die beschränkten städtischen und staatlichen Mittel, die nach der Staatsgründung in die Entwicklung des Viertels investiert wurden, was wiederum zu seinem Verfall beitrug. Dieser Prozess verschärfte sich aufgrund des rechtlichen Status der Gebäude und Wohnungen in Wadi Salib, dem Status des »Absentees' Property«, dessen Bedeutung für die Handlung der Geschichte überaus zentral ist, jedoch über den Diskussionszusammenhang bei Ford hinausgeht. Die Etikettierung Wadi Salibs als heruntergekommene Gegend wurde nach der Staatsgrün-

---

257 Ford, The Boundaries of Race (2001), S. 87.

dung reproduziert und zementiert, als sich die Erfolgreicheren unter den Neueinwanderern, zumeist Aschkenasim, beeilten, das Viertel zu verlassen, wenn sich ihnen die Möglichkeit bot. Nachdem in Wadi Salib die sozioökonomische Unterschicht, überwiegend Mizrachim, zurückblieb, bestätigte sich das minderwertige Image des Viertels von früher. Der integrative Schritt, den die Behörden vornehmen wollten, nämlich die verbliebenen Bewohner zu evakuieren und in Wohnsiedlungsprojekte umzusetzen, gelang nur zum Teil. Die Bezeichnung »Evakuierte«, die diejenigen begleitete, die in den folgenden Jahren einen Umzug in die Wohnsiedlungen wählten, wurde zum Synonym für Armut und soziale Not und damit ein Stigma.[258] Die Sanierung des Stadtzentrums, eine Lösung, zu der die meisten der Bewohner tendierten, die eine Ersatzwohnung einer Wohnung in einer neuen Siedlung vorzogen, wäre möglicherweise erfolgreicher gewesen. Sie hätte eventuell zum Entstehen einer städtischen Kultur beigetragen, die im Laufe der Peripherisierung der Bewohner der Stadtmitte geschwächt wurde.[259] Doch dazu hätte es einer räumlichen Vorstellung und einer anderen Konzeption bedurft als der integrativen, die der städtischen Sozialdemokratie Haifas vor Augen stand. Zum Beispiel eine De-Segregation, ein Zukunftsmodell, das Ford für solche Dilemmata vorschlug, das danach strebt, fließende Übergänge zwischen Gruppen mit definierten kulturellen Charakteristika zu schaffen. Keine Eliminierung der Unterschiede, argumentiert Ford, sondern die Grenzen passierbar machen – das ist die Lösung im Geist der gegenwärtigen Trends in multikultureller urbaner Planung. In den 1960er Jahren waren solche Lösungen nicht verfügbar.

258 Gonen, Between City and Suburb, S. 80.
259 Ebenda, S. 82.

Chirbe[1]

Altneuland

»Phantastische Reiseberichte haben die Stadt betuscht. In Wirklichkeit ist sie grau: ein graues Rot oder Ocker, ein graues Weiß. Und ganz grau gegen Himmel und Meer. Nicht zum wenigsten dies benimmt dem Bürger die Lust. Denn wer Formen nicht auffasst, bekommt hier wenig zu sehen.«[2]

Seinen Weg von Zichron Ja'akov nach Haifa im Herbst 1895 legte Willy Bambus, ein Berliner Zionist, mit einem Pferdewagen zurück. Als sich die überwältigende Landschaft der Haifaer Bucht vor ihm ausbreitete und sich Akko dahinter abzuzeichnen begann, ging ihm durch den Sinn, dass eine so hinreißende Natur in ihrer Schönheit fast der Bucht von Neapel gleichkomme. Doch gerade die topographische Ähnlichkeit ließ das Ausmaß der Verschiedenheit hervortreten. Wie könnten Haifa und Akko mit Neapel und Portici konkurrieren? Die schöne Natur, so war sein Empfinden, vermochte nicht zu vollem Ausdruck zu gelangen, da ihr »das belebende Element menschlicher Aktivität« fehlte, von Küste und Meer, die »in der Vergangenheit« vor Leben gestrotzt hatten.[3] Ohne touristische Attraktionen, sauber auf eine Art, die uncharakteristisch für den Orient war, und »gesund«, vermittelte ihm das kleine Städtchen eine gewisse Trostlosigkeit.[4] Ein ähnlicher Blick erschloss sich Oberleutnant Said Ruete auf seiner Reise durch Palästina, als er 1894 den deutschen Konsul nach Syrien und Beirut begleitete. Den Weg in die Stadt bahnte er sich von Norden her, auch er mit Pferd und Wagen, wobei er sich über den Schmutz beklagte. Die Entfernung von Akko nach Haifa legte das Pferd in einer Dreiviertelstunde zurück, vom Kutscher über das nötige Maß hinaus angetrieben – wie Ruete fand. Nachdem sie in blitzartiger Geschwindigkeit die östlichen Teile Haifas durchquert hatten,

1 Chirbe ist ein arabisches Wort, das in die hebräische Umgangssprache Eingang gefunden hat, um ein baufälliges Gebäude oder eine Ruine zu bezeichnen, wie sie in verlassenen arabischen Dörfern oder Stadtvierteln häufig zu finden sind.

2 Benjamin/Lacis, Neapel, S. 309.

3 Bambus, Palästina, S. 108.

4 Ebenda, S. 109.

die bei Ruete keinerlei besonderen Eindruck hinterließen, weitete sich sein Herz beim Anblick der roten Dächer der Deutschen Kolonie, über die er ausgedehnt in einer Broschüre berichtete, die er im Rahmen des »Deutschen Kolonialvereins« veröffentlichte.[5] Er war nicht der einzige europäische Reisende, der die Deutsche Kolonie den arabischen Wohnvierteln vorzog, da diese, im Unterschied zur »orientalischen Verschmutzung«, wegen ihrer »Ordnung und Sauberkeit« einen guten Eindruck machte und »ihre freundlichen Häuser völlig europäisch sind«.[6] Ruete ließ sich von der allgemeinen Verwahrlosung, die sich seinem Blick offenbarte, allerdings nicht irritieren. Haifas hauptsächlicher Wert, so erklärte er in einem Vortrag, den er vor den Mitgliedern des »Deutschen Kolonialvereins« in Berlin-Charlottenburg hielt, sei in seinem Hinterland zu finden, dem Jezre'eltal, das, wie er meinte, mit seinem Fruchtbarkeitspotenzial nicht hinter der Hauranregion Syriens zurückstand. Es fehlten nur die Arbeitskräfte, die den Boden rationell bearbeiten könnten. »In dem Moment, in dem diese Landstücke durch eine planmäßige europäische Migration besiedelt würden, würde die reiche Ernte ihren Weg nach Haifa finden und es zum Blühen bringen.« Auch Willy Bambus war nicht übermäßig erschrocken von dem, was er sah. Haifa, schrieb er, als der Hafen von Galiläa, sei von oberster Bedeutung auch für die jüdischen Kolonien in diesem Bezirk. Die Juden müssten, so meinte er, der Angelegenheit mehr Aufmerksamkeit widmen, als sie es bisher getan hätten.[7] Ein anderer mitteleuropäischer Tourist verarbeitete die Eindrücke der Trostlosigkeit und Verwahrlosung, die sein Besuch in Palästina 1898 bei ihm hinterließ, lieber in einem utopischen Roman als in einem Reisejournal. In seinem Buch *Altneuland*, das 1902 erschien, brachte Herzl seine Helden, den Wiener Juden Friedrich Löwenberg und den preußischen Adeligen Kingscourt, nach zwanzigjähriger Abwesenheit nach Palästina zurück.[8] Haifa, in Herzls Utopie im Jahre 1923, unterscheidet sich in allem von den unsauberen, verwahrlosten Gassen, »dem bunten orientalischen Elend«,[9] das aus jeder Ecke schreit, wie es Löwenberg und Kingscourt bei ihrem Besuch in Jaffa 1903 zu sehen bekommen hatten. Es ist eine herrliche Stadt,

---

5 Ruete, Reisen in Syrien und Palästina, S. 244–245.
6 Baedeker, Palästina und Syrien, S. 258.
7 Bambus, Palästina, S. 110.
8 Herzl, Altneuland, S. 42ff.
9 Ebenda, S. 32.

wunderschön. In Herzls kolonisatorischer Phantasie wird Haifa im Laufe von zwanzig Jahren zum internationalen Transportknotenpunkt. »Das im vorigen Jahrhundert begonnene Netz der kleinasiatischen Bahnen ist längst ausgebaut«, trägt David Littwak, ein osteuropäischer Zionist, der vom degenerierten jüdischen Diasporaleben kuriert wurde, seinen beiden Besuchern vor.

> »Man fährt im Eisenbahnwagen nach Damaskus, Jerusalem oder Bagdad. Seit die Eisenbahnbrücke über den Bosporus fertig ist, kann man ja überhaupt, ohne den Wagen zu wechseln, von Petersburg oder Odessa, von Berlin oder Wien, von Amsterdam, Calais, Paris, Madrid und Lissabon nach Jerusalem fahren. Die großen europäischen Expresslinien haben sämtlich Anschluss an die Linie nach Jerusalem, so wie die palästinensischen Bahnen wieder Anschluss nach Ägypten und Nordafrika haben. Die nord-südafrikanische Linie, für die sich der deutsche Kaiser schon in den neunziger Jahren interessierte, und die sibirische Bahn nach den Grenzen Chinas ergänzen dieses Eisenbahnnetz der alten Welt. Wir befinden uns an einer vorzüglichen Stelle dieses Netzes.«[10]

Es dauerte nicht sehr lange, bis der Entwurf des Eisenbahnnetzes, den Herzl, völlig fasziniert von Technologie, skizziert hatte, Gestalt anzunehmen begann. Zehn Jahre nach dem Erscheinen von *Altneuland* war es bereits möglich geworden, mit dem Zug von Haifa nach Damaskus zu fahren und umgekehrt, zwar dritter Klasse, aber täglich.[11] Man musste den Zug in Samach, bei Tiberias, wechseln, eine dreistündige Reise, und von dort nach Damaskus waren es weitere neun Stunden. In einem Touristenführer, der im gleichen Jahr herauskam, stand geschrieben, dass in Bälde mit dem Bau einer Bahnstrecke begonnen würde, die von Afula über Dschenin und Nablus nach Jerusalem führen und nach ihrer Fertigstellung in etwa einem Jahr mit dem türkischen Eisenbahnnetz verbunden würde, um genau zu sein, mit der Hedschasbahn. Angesichts dieser Vorhaben erwartete man laut dem Reiseführer, dass sich Haifa nach der Fertigstellung des Ausbaus des Transportnetzes mit zunehmender Geschwindigkeit zu einer der wichtigsten Städte des Landes entwickeln würde.[12]

---

10 Ebenda, S. 65–66. Ende der 1920er Jahre war das Eisenbahnsystem in Palästina tatsächlich eines der höchstentwickelten im Nahen Osten. Siehe Biger, Ein geographischer Aspekt zur Imperialherrschaft.

11 Trietsch, Palästina-Handbuch, S. 114–115.

12 Ebenda, S. 175.

Es war tatsächlich diese Bahnstrecke, mit deren Bau man 1904 an der Mündung des Wadis Salib bis in die Küstenebene begann, die die kleine Mittelmeerstadt aus ihrer Verschlafenheit riss.[13] Neuer Unternehmungsgeist begann sich in der Stadt zu regen. So registrierte man beispielsweise einen steilen Preisanstieg der Häuser und Grundstücke am Osthang des Karmels, der sich im Zuge des Engagements jüdischer, deutscher und ausländischer Kaufleute für die zukünftigen Baupläne der Bahnstrecke und der Erweiterung des Hafens entwickelte. Auch der Baustil begann sich mit der Migration wohlhabender Muslime und Christen zu verändern. Häuser mit zwei oder drei Stockwerken und zahlreichen Räumen, aus behauenem Stein erbaut und von Gärten umgeben, tauchten an verschiedenen Ecken der Stadt auf. Wohlhabende Muslime bauten sich ihre Häuser in Richtung des Hallisaviertels, reiche Christen in Richtung Wadi Nisnas. Der Bau der Eisenbahn beschleunigte indirekt auch das Anwachsen der jüdischen Bevölkerung in der Stadt.[14] Ein Teil der Neuansiedler in Haifa kam aus Akko, das seine Vorrangstellung aufgrund des Eisenbahnbaus verloren hatte.[15] Es waren sephardische Juden aus Marokko, Syrien, Izmir und Konstantinopel, und sie sollten bis Ende des ersten Jahrzehnts des 20. Jahrhunderts die absolute Mehrheit der jüdischen Bevölkerung in Haifa stellen.[16] Mit den technologischen Fortschritten – parallel zum Aufbau einer urbanen Industrie – begann auch die Anzahl der aschkenasischen Juden in der Stadt zu steigen. »Die feinsinnigen Sepharden« und »die groben Aschkenasen«, so wurden sie in einem Führer betitelt, den die Preußische Kartographieabteilung exklusiv für den Gebrauch des deutschen Soldaten im Ersten Weltkrieg herausgab.[17]

---

13 Carmel, Geschichte Haifas in der türkischen Zeit 1516–1918; Pik, Meissner Pascha; Schiller, Haifa im 19. Jahrhundert; Yazbak, Haifa im 19. Jahrhundert; Karkar, Railway Development in the Ottoman Empire, S. 64–88; Rothschild, Meissner Pascha.

14 Kartographische Abteilung der Kgl. Preußischen Landaufnahme, Kurze militärgeographische Beschreibung, S. 54.

15 Trietsch, Palästina-Handbuch, S. 175; siehe auch Efrat, Elisha, Urbanization in Israel, S. 80.

16 Von den Juden, die im 19. Jahrhundert in Haifa lebten, stammte die Majorität aus Marokko, siehe Efrat, Elisha, Urbanization in Israel, S. 78; siehe auch Bernstein, Constructing Boundaries, S. 52.

17 Kartographische Abteilung der Kgl. Preußischen Landaufnahme, Kurze militärgeographische Beschreibung, S. 37.

Die Hedschasbahn sollte Haifas Gesicht verändern. Sie war nach ihrem Ziel benannt – der Hedschasregion im Westen der arabischen Halbinsel – und war bis nach Mekka geplant. Als die Bauarbeiten 1908 schließlich ihr Ende fanden, hielt sie in Medina. Tausende muslimischer Pilger kamen im Haifaer Hafen an und strömten durch die Station der Hedschasbahn an die östlichen Stadtränder Haifas. Ihre Reise nach Medina hatte sich nun um viele Woche verkürzt, war bequem geworden, sicher und preisgünstiger. Abgesehen davon diente der Bahnhof der Güterverladung: Material für den Bau der Hauptstrecke auf der Hinfahrt auswärts und Export von Weizen aus der fruchtbaren Hauranregion nach Europa auf dem Rückweg. Der britische Vizekonsul beklagte sich in den Jahren 1905 bis 1907 andauernd über den Preisanstieg: Alles wurde teuer, die Mieten verdoppelten sich, und die Grundstückspreise stiegen auf das Dreifache, wenn nicht mehr. Der eigentliche Hafenausbau wurde aus Gründen der Etatüberlastung vorläufig aufgeschoben. Weitere Initiativen kamen vor dem Ersten Weltkrieg ebenfalls nicht mehr zum Tragen.[18] Dieses Werk blieb den Briten überlassen.

Der Haifaer Bahnhof wurde, wie die restlichen großen Bahnstationen in Damaskus, Dar'a, Ma'an und Medina, nach europäischem Muster errichtet. Palmen und Orangenbäume wurden entlang der Gleise gepflanzt.[19] Die Werkstätten und Verwaltungsbüros wurden nahe dem Bahnhof errichtet. Mit dem Bau der Eisenbahnstrecke und des Hafenkais begannen Tausende ländliche Arbeiter aus dem Landesinneren, aus dem Libanon und aus Syrien – Regionen, die damals zum Herrschaftsgebiet des Osmanischen Reiches gehörten[20] – in die Stadt zu strömen. Die Eisenbahn wurde zum größten Arbeitgeber im Land zur damaligen Zeit, ebenso wie in der Stadt. Auch der Hafen bedurfte zahlreicher arbeitender Hände. Die Bahnarbeiter kamen von Safed und Aleppo, die Bahn- und Hafenangestellten aus

---

18 Meissner baute dennoch einen massiven Kai für einen Ankerplatz von Booten und Schleppkähnen, den er mit Kränen ausrüstete, die die für den Weiterbau benötigten Materialien entluden. Zwei Kais standen der Stadt zur Verfügung: der »Lloyd«-Kai der österreichischen Schifffahrtsgesellschaft, die mit Dampfschiffen den Großteil des Seeverkehrs nach und von Haifa bestritt, und der Eisenbahnkai. Ein dritter, der deutsche Kai gegenüber der Deutschen Kolonie, diente nur Badezwecken.

19 Press, Palästina und Südsyrien: Reisehandbuch, S. 250.

20 Zur Beziehung zwischen Stadt, Reich, Eisenbahn und Moderne siehe Thom, City, Region and Nation, S. 193–194.

Akko und Nablus, andere wieder aus der Nähe Haifas, aus Nazareth, Damaskus, dem Libanon, aus Jaffa, Ramle und Umgebung.[21] Dutzende Lokomotiven und Reisewaggons, die meisten aus deutscher Produktion, und Hunderte Güterwaggons aus Belgien liefen durch die Hände der neuen Arbeitsmigranten. Sie waren es auch, die Haifa seinen arabischen Namen verliehen, »Umm al-Amal« (Mutter der Arbeit). Sie begannen sich Häuser zu bauen, anfangs nahe der Bahnstation, anschließend weiter hinauf nach Wadi Salib,[22] und ließen sich in den verschiedenen Stadtvierteln entsprechend ihrer Identität und ihrer Herkunft nieder. Im unteren Teil Wadi Salibs, in Wadi Ruschmia und in Ard al-Balan siedelten sich die Zuwanderer aus Nablus und Umgebung um den Kern der Siedlung an, die seit den 1880er und frühen 1890er Jahren dort bestand. In diesem unteren Teil Wadi Salibs wurde al-Istiklal, die zentrale Moschee der arabischen Muslime Haifas, erbaut. Mit den Jahren wurde das Viertel in sozialer und ökonomischer Hinsicht gemischter, doch es bewahrte weiterhin seine religiöse, muslimische Homogenität. Die wohlhabenderen Muslime zogen bisweilen lieber an die östlichen oder südlichen Stadtränder, um sich von der Armut, dem Schmutz und der Armseligkeit zu entfernen.[23] Die Gründe dafür waren leicht nachvollziehbar. »Die Altstadt, mit ihren engen, gewundenen Gassen, hinterlässt einen unangenehmen Eindruck; der moderne Teil im Nordwesten ist schöner«, wird in einem der Reiseführer angemerkt.[24]

Im Erscheinungsjahr von *Altneuland* beschloss die Encyclopaedia Britannica, Haifa in ihrer aktualisierten Ausgabe einen eigenen Eintrag zu widmen.[25] Er war zwar kurz, alles in allem 14 Zeilen, doch man konnte daran die Zeichen der Zeit ablesen. In der vorherigen Auflage zum Beispiel, die 22 Jahre davor publiziert worden war, war Haifa nicht einmal erwähnt worden. 1902 jedoch informierte

---

21 Vaschitz, Sozialer Wandel in der arabischen Gesellschaft Haifas, S. 24; Seikaly, Haifa, S. 33.

22 Ben-Arzi, Wadi Salib und sein Platz in der Entwicklung Haifas; Bernstein, Constructing Boundaries, S. 51, 57; Efrat, Elisha, Urbanization in Israel, S. 7.

23 Seikaly, Haifa, S. 16–17.

24 Press, Palästina und Südsyrien: Reisehandbuch, S. 250. Für die westlichen Augen des Autors, wie für alle Verfasser der Reiseführer generell, stellte sich die Deutsche Kolonie, als Villenviertel, als schönstes Stadtviertel dar. Bei Ausbruch des Ersten Weltkriegs umfasste die Deutsche Kolonie in Haifa ein Viertel der Stadtfläche. Siehe Efrat, Elisha, Urbanization in Israel, S. 78.

25 Wilson, Haifa.

die Enzyklopädie ihre Leser, nach einer kurzen Lagebeschreibung der Küstenstadt, über den beabsichtigten Bau der Eisenbahnlinie nach Damaskus und des Hafens. »Wenn jene Arbeiten vollendet sein werden«, hieß es in dem Artikel, »wird Haifa zum wichtigsten Hafen an der Küste Syriens werden.« Ein moderner Hafen, so viel war klar, war vonnöten, um das wirtschaftliche Potenzial der Stadt auszuschöpfen, das in ihrer einzigartigen Topographie und Situierung schlummerte. In seiner bestehenden Form, vor dem Ausbau, erlaubte der Hafen Passagierverkehr nur in begrenztem Umfang. Es war möglich, von Jaffa nach Haifa mit einem Dampfschiff zu fahren, eine Reise, die etwa sechs Stunden dauerte. Russische, österreichische und ägyptische Dampfschiffe legten einmal in der Woche im Hafen an, französische einmal alle 14 Tage.[26] Die Bucht, die die Süd- und Südostwinde abhielt, ermöglichte es, sicherer vor Anker und von Bord zu gehen als im Meer bei Jaffa.[27] Die Bedingungen jedoch waren alles andere als zufriedenstellend. »Der Hafen, dies sei nebenbei bemerkt, ist nicht gut«, warnte man den Touristen im Baedeker, »die Dampfschiffe sind gezwungen, weit draußen vor Anker zu gehen.«[28] Solange der Hafen noch nicht erweitert worden war, waren die Schiffe tatsächlich bei schlechten Wetterbedingungen daran gehindert, Fracht zu löschen oder Passagiere von Bord zu bringen. Die Ladetechnik und die Ausrüstung waren insgesamt veraltet, Schiffe ankerten weit von der Küste entfernt, und das Land konnte nur mit Hilfe von Motor- und Dampfbooten erreicht werden.[29]

Die Türken bauten die Eisenbahnstrecke, während sich die Briten dem Hafenausbau widmeten. Das Unternehmen der Türken bewegte sich von Nord nach Süd, die Gleise wurden von Haifa nach Medina mit dem Ziel Mekka verlegt. Gegen Ende des Ersten Weltkriegs stellten sie sogar die Bahnstrecke fertig, die von Kairo über Qantara und Lydda nach Haifa führte und tatsächlich die Verbindung von Haifa zum Suezkanal herstellte.[30] Die Briten für ihren Teil blickten auf Haifa zuerst von Indien aus und bauten später eine

26 Baedeker, Palestine and Syria, S. 229.
27 Press, Palästina und Südsyrien: Reisehandbuch, S. 249.
28 Baedeker, Palästina und Syrien, S. 257.
29 Bonne, Haifa, S. 276.
30 Press, Palästina und Südsyrien: Reisehandbuch, S. 248. In den 1920er Jahren dauerte die Reise mit dem Zug vom Suezkanal nach Haifa neuneinhalb Stunden. Siehe Bonne, Haifa, S. 275. Die Züge auf dieser Strecke fuhren täglich. Siehe Luke, The Traveler's Handbook for Palestine and Syria, S. 257.

Pipeline, die Öl von Mosul nach Haifa befördern sollte, von Ost nach West. Die Hedschasbahn beschleunigte die britische Initiative, schreckte die Engländer aus ihrer Gelassenheit auf. Im britischen Kriegsministerium erwachten Befürchtungen, dass die Bahnstrecke dazu dienen würde, deutsch-türkische Truppen für einen konzertierten Angriff auf die Sinaihalbinsel und den Suezkanal zu transportieren.[31] Die Haifaer Bucht wurde 1907 vom Unterausschuss für Indische Angelegenheiten als der geeignete Ort lokalisiert, um die nötigen Truppen zum Abblocken eines solchen Angriffs landen zu lassen. Verschiedene britische Ausschüsse, die während des Ersten Weltkriegs eingerichtet wurden, um Empfehlungen für das Herrschaftsgebiet abzugeben, das Großbritannien im Falle eines Sieges im Nahen Osten zufallen würde, waren sich darüber einig, dass dieses alle Häfen und Bahnlinien miteinzuschließen habe, die Haifa mit Bagdad und Mosul verbanden. Zu den militärischen Vorteilen einer britischen Landung in der Haifaer Bucht während des Kriegs kam, dass man sich des Potenzials bewusst wurde, das ein Transithafen für das britische Empire auch in Friedenszeiten barg.[32] Als 1916 das Sykes-Picot-Abkommen unterzeichnet wurde, traf England die Wahl, sich die Kontrolle über die Haifaer Bucht zu sichern, mit der Absicht, dort einen Freihafen zu etablieren. Der Weg der Hedschasbahn zur Zeit des Osmanischen Reichs strebte nach Mekka, während sich die Briten, von strategischen Überlegungen geleitet, einem zivilen und militärischen imperialen Transportwesen zwischen Ägypten, dem Irak und von dort nach Indien zuwandten. Bei Kriegsende hatte Großbritannien ein zusammenhängendes Territorium vom östlichen Mittelmeerbecken bis zum Persischen Golf arrondiert. Der Vorteil des Haifaer Hafens lag in seinem Potenzial, dem mesopotamisch-indischen Hinterland zu dienen.

Der Hafenausbau entsprang keinen lokalen Bedürfnissen.[33] Haifa lag fernab von den Produktions- und Konsumzentren, die mehrheitlich entlang der Achse Jerusalem-Jaffa gelegen waren, weit weg von dem sich entwickelnden Tel Aviv und den Zitrusfruchthainen in der zentralen Küsten- und der südlichen Scharonebene. Aus der lokalen arabischen Perspektive war Haifa ohnehin mit der Aufteilung der Mandatsgebiete vom »al-Dachilija«, dem Hinterland von Damas-

31 Fein, Die Entwicklung des Haifaer Hafens, S. 129–130.
32 Ebenda, S. 131.
33 Stern, Der Kampf um den Bau des Haifaer Hafens, S. 173, 180.

kus und Hauran, abgetrennt worden. Der geophysikalische Vorteil der Stadt gründete in der Möglichkeit, einen Tiefwasserhafen zu bauen, während ihr geopolitischer Vorzug der bequemen Verbindung mit den anderen Gebieten des britischen Herrschaftsbereichs im Nahen Osten entsprang. Die Seebasis in Haifa war dazu bestimmt, die Passage der britischen Truppen nach Indien zu sichern, und dazu kam eine weitere, äußerst zentrale Überlegung: Es wäre bequem gewesen, die Ölpipeline in den Irak durch Haifa zu führen, das heißt entlang einer besonders kurzen Route, die durch britisches Herrschaftsgebiet verlief. Der Ausbau des Haifaer Hafens und die daraus folgende Entwicklung der Stadt waren eng mit Großbritanniens Ölinteressen verknüpft. 1908 entdeckten britische Konzessionäre im Südwesten Persiens große Erdölmengen. 1911 ersetzte Innenminister Winston Churchill den Gebrauch von Kohle in der königlichen Flotte durch Öl. Ab diesem Stadium war die britische Politik auf das klare Interesse ausgerichtet, die Kontrolle und den Zugang zu den Ölquellen zu bewahren. Einen großen Schritt in diese Richtung tat Großbritannien, als es ihm 1914 gelang, seinen Anteil an der anglo-persischen Ölgesellschaft auf 51 Prozent zu erhöhen. Als 1927 im Irak beträchtliche Mengen an Erdöl gefunden wurden, wurde dies rasch zur Hauptölquelle im Nahen Osten, neben dem Iran. In Bahrain, Kuwait und Saudi-Arabien wurde in den 1930er Jahren ebenfalls Erdöl entdeckt. Die Verteidigung der Ölquellen im Persischen Golf wurde ein primäres Motiv der britischen Politik und blieb auch im Rahmen des informellen Imperialismus Großbritanniens in der Region vom Ersten Weltkrieg bis zum Ende des britischen Mandats in Palästina zentrales Thema.[34]

Ab 1919 begann das britische Kriegsministerium Studien bezüglich Überlandrouten durchzuführen, um Gleise und eine Erdölleitung zwischen der Haifaer Bucht und dem Westirak zu verlegen.[35] Weitere Studien dieser Art wurden in den folgenden Jahren noch einige Male erstellt. Die Idee der Bahnstrecke wurde am Ende beiseitegelegt, doch die Pipeline wurde Wirklichkeit und gab den Ausschlag für den Bau des Haifaer Hafens. Die Entscheidung, einen modernen

---

34 Siehe Slugett, Formal and Informal Empire in the Middle East; Balfour-Paul, Britain's Informal Empire. Siehe auch Mejcher, Imperial Quest for Oil; Seikaly, Haifa, S. 3.

35 Fein, Die Entwicklung des Haifaer Hafens, S. 135; Vaschitz, Sozialer Wandel in der arabischen Gesellschaft Haifas, S. 45–47.

Hafen in Haifa anzulegen, wurde 1923 getroffen. 1926 verabschiedete das britische Parlament ein Gesetz über einen Kredit für Palästina und Ostafrika, und nachdem die britische Regierung 1927 einen Kredit von 4.475.000 Pfund Sterling freigegeben hatte, begann man 1929 mit den ersten Arbeiten – der Vertiefung des Beckens und der Trockenlegung des umliegenden Areals mit Hilfe von Sand, der aus dem Meer geholt wurde.[36] Die Pipeline, die das Erdöl von Mosul beförderte, wurde im Laufe der Jahre 1926 bis 1934 angelegt und an die Raffinerie im Zebuluntal bei Haifa angeschlossen, als sie Ende der 1930er Jahre in Betrieb ging. Bereits 1934 begann der Erdölexport aus dem Haifaer Hafen. 1937 wurde ein eigener Kai für die Beförderung des Öls gebaut.[37]

»Seit es zur Endstation der ›irakischen Ölpipelinegesellschaft‹ geworden ist und seitdem ein neuer Hafen gebaut wurde, ist Haifas Bedeutung, sowohl als Hafen als auch als Handelszentrum, unermesslich gestiegen, und es ist zweifellos zu noch größeren Entwicklungen bestimmt«, stellte ein britischer Touristenführer 1934 fest.[38]

In den frühen Stadien war es noch unklar, wer als Gewinner aus dem Entwicklungsschub hervorgehen sollte, den das britische Mandat mit sich brachte. Im Kreise der lokalen arabischen Intelligenz wuchsen die Zweifel darüber, welche Vorteile diese Pläne für die Araber versprachen. In einem offenen Brief an Winston Churchill in der palästinensischen Lokalzeitung *al-Karmil* stand bereits 1921:

> »Diejenigen unter uns, die nachdenken, erkennen die Absichten Großbritanniens, seinen Einfluss auf die arabischen Länder zu bewahren. Das Ziel ist, Palästina zum Hafen des Iraks, der arabischen Halbinsel und Indiens zu machen. Man will diese Uferseite des Suezkanals kontrollieren. Man ist bestrebt, irakisches Öl auszubeuten, britische Fabriken im Irak zu errichten und im gesamten arabischen Raum einen Markt zum Vorteil Großbritanniens zu schaffen. Araber, die nachdenken, grollen euch nicht deswegen, sondern deshalb, weil ihr den Hafen der arabischen Länder in fremde Hände legt, sodass diese unsere wirtschaftlichen Ressourcen an sich reißen können.«[39]

---

36 Siehe Palestine Government, Opening of Haifa Harbour, 31. Oktober 1933.
37 Moneta, 25 Years Port of Haifa, S. 10; Troen, Imagining Zion, S. 121.
38 Lumby, Cook's Traveler's Handbook to Palestine, Syria & Iraq, S. 246.
39 Zitiert in Seikaly, Haifa, S. 171; siehe auch Bernstein, Constructing Boundaries, S. 53.

So wie die Verfasser in *al-Karmil* die Risiken erkannten, die die britische Initiative barg, so erfassten die Juden sehr genau, dass die wirtschaftliche Entwicklung der Stadt, in diesem Falle des Hafens, die jüdische Immigration beförderte und damit auch das zionistische Projekt.[40] Ab einem frühen Stadium wurde das imperialistische Interesse, das die Briten an der Region zeigten, mit dem nationalen Kampf verknüpft, da es wichtig war sicherzustellen, wer von den beteiligten Seiten Vorteile aus dem wirtschaftlichen Aufschwungs ziehen würde. Die Zionisten hatten allen Grund anzunehmen, dass eine Stärkung der Wirtschaft der jüdischen Sache zugute käme, doch dies durfte keinesfalls dem Schicksal überlassen werden. Lord Melchett, der englische Zionist, der auf einer Besichtigungsreise, die er 1927 in der Region unternahm, vom Haifaer Hafen tief beeindruckt war, formulierte es überspitzt: In 20 bis 25 Jahren, so erwartete er, würde der Haifaer Hafen das Niveau der Häfen von Genua oder Alexandria erreichen. Nichtsdestotrotz sah er keinen Grund zu Sorglosigkeit:

> »Und dennoch, das hier ist keine jüdische Sache. Es ist die geographische Lage, die Haifa zur Ausgangsstelle des Landes macht [...], andere haben dies bereits erkannt. Sie beginnen, Land zu erwerben, Positionen zu besetzen. Wenn es uns nicht gelingt, im Laufe der nächsten fünf Jahre gemeinsam etwas zu unternehmen, kann es geschehen, dass das Ideal, das wir uns in Palästina gesetzt haben, niemals zur Verwirklichung gelangt. Ich bin nicht um die zukünftige wirtschaftliche Entwicklung Palästinas besorgt. Sie ist gesichert. Die Frage ist nur, wer sie in die Hände nehmen wird.«[41]

Während Melchett versuchte, übermäßige Unbekümmertheit im Kreise der Zionisten zu dämpfen, waren andere der Meinung, dass die Entwicklung des Haifaer Hafens ausschließlich Vorteile mit sich bringe. Die jüdischen Migranten würden, ungleich den arabischen, nun vom Meer her in Erez-Israel eintreffen und über den Hafen seine Tore durchschreiten. Das Ausmaß der britischen Initiative zeugte davon, dass nicht zu befürchten stand, dass die Briten ihre Einmischung in der Region aufgeben oder ihre Verpflichtung, das jüdische nationale Heim zu errichten, einschränken würden.[42] Wenn

---

40 In seinem Buch »Israel in Palästina« geht Dan Diner der Transformation von Land als »Terra«, Erde, zu »Territorium« im Sinne von Herrschaftskontrolle nach, innerhalb eines als private Markwirtschaft getarnten Rahmens, in dem der zionistische Landerwerb stattfand. Siehe Diner, Israel in Palästina, S. 22–25.

41 Granovsky, Die bodenpolitische Bedeutung der Haifa-Bay.

42 Kenworthy, Haifa Harbour and the British Empire.

der Haifaer Hafen erweitert würde, so schien es, könnte er Europa mit ganz Vorderasien verbinden: Syrien und die Hauranregion, Ostjordanien, Ägypten, Irak und die Hedschasregion. Nachdem dies noch Entwicklungsgegenden waren, war es in diesem frühen Stadium schwer abschätzbar, wie die zukünftigen Bedürfnisse der Wirtschaft der an das Mandatsgebiet Palästina angrenzenden Länder aussehen würden. Auch der Umfang des zukünftigen Exports und Imports lag noch im Nebel. Doch angesichts der neuen Bedingungen war es nicht übertrieben, dass die zionistischen Institutionen zu der Annahme tendierten, dass Haifa »das westliche Tor des Orients«[43] werden würde. »Wenn in Zukunft ein Hafen in Haifa gebaut wird«, so vermuteten die Zionisten im Jahre 1929, »wird sich Haifa in schwindelerregendem Tempo entwickeln; alle Bahnlinien werden durch Haifa führen; aller Import und Export, nicht nur der lokale, sondern auch der des ganzen Hinterlands, wie zum Beispiel Jordaniens und Mesopotamiens, wird durch Haifa laufen.« Vernetzt mit Jordanien, Mesopotamien, Indien und dem Iran, verknüpft mit Damaskus, Kairo und Beirut, verband Haifa in dieser Vision drei Kontinente. Haifa, so schien es zu jener Zeit, war zweifellos dazu ausersehen, die größte Stadt im Land zu werden.[44]

»Haifa hat keinen besonderen historischen oder architektonischen Charakter«[45]

Aber die Dinge lagen anders. »Die rapide, erkennbare Entfaltung des Großraums Tel Aviv in den letzten Jahren im Vergleich zum langsamen Anwachsen des Großraums Haifa scheint im Widerspruch zu den geographischen Faktoren und der Regionalentwicklung zu stehen«, schrieben 1961 die Geographen Amiran und Shahar.[46] »Vor einer Generation«, erinnerten sie, »waren die meisten Planer, die sich mit der Stadtentwicklung in Palästina befassten, der Ansicht, dass Haifa zur führenden Industriestadt Israels und zum

---

43 Bonne, Haifa, S. 276.
44 Granovsky, Die bodenpolitische Bedeutung der Haifa-Bay, S. 35.
45 Zitat von Jehuda Baharav, ranghoher Bauingenieur der Haifaer Stadtverwaltung und Leiter der Gesellschaft für Sozialviertelsanierung in Haifa, in einem Interview mit Gila Kolka, siehe Kolka, Wadi Salib.
46 Amiran/Shahar, The Towns of Israel.

Zentrum des internationalen Handels erwachsen würde.«[47] Diese Erwartungen, so resümierten die beiden, wurden enttäuscht, obwohl Haifa gute Ausgangsbedingungen hatte: Als die größte Hafenstadt im Land, mit natürlicher Anbindung zum Landesinneren und von dort nach Damaskus, Jordanien und bis nach Medina, als der auserwählte Mittelmeerhafen für die Ölbeförderung von Kirkuk im Irak, mit den größten Erdölraffinerien im Mittelmeerbecken ab 1939, nahm sie einen höchst verheißungsvollen Anfang. Tel Aviv, so betonten die beiden Verfasser, hatte diese Vorteile nicht. Haifas Öl konnte Tel Aviv nur Orangenhaine entgegensetzen, und welchen Wert hatten rollende Orangen gegenüber einem Erdölstrom? Auch Tel Avivs Anbindung mit dem Landesinneren war vergleichsweise lose. Und trotzdem, es war Tel Aviv und nicht Haifa, das seine Bevölkerung in den Jahren 1945 bis 1957 verdoppelte.

Tel Aviv, wie sich herausstellte, besaß andere, verborgene Vorzüge.[48] Da es als eine hebräische Stadt erbaut worden war, in der Tat die einzige große hebräische Stadt vor 1947, wurde sie zum Anziehungspunkt für jüdische Immigranten, die sie den gemischten Städten wie Haifa und Jerusalem vorzogen. Mit den Migranten kamen auch das Kapital und die Investitionen, die die industrielle Entwicklung aufblühen ließen, obgleich die Grundbedingungen nicht unbedingt optimal waren. Merkwürdigerweise kehrte Tel Aviv seiner Hauptressource, dem Meer, den Rücken,[49] doch sogar dieser Fehler vermochte die Entwicklung der Stadt nicht zu behindern. Die Konzentration von jüdischer Bevölkerung und Kapital ermutigte zahlreiche Organisationen, ihre Hauptgeschäftsstellen in Tel Aviv zu etablieren, wodurch seine Zentralität unterstrichen wurde. Ab der Gründung des Staates Israel und nachdem seine Grenzen feste Formen angenommen hatten, addierte sich Tel Avivs zentrale Lage zu seiner generellen Zentralität. Beim Übergang vom Mandatsgebiet zum Nationalstaat, das heißt vom Gebiet britisch imperialer Einflusssphäre zum Staat Israel, erwiesen sich Tel Avivs Vorteile als ausschlaggebend.

---

47 Ebenda, S. 362–363. Siehe auch Troen, Imagining Zion, S. 127.

48 Ilan Troen drückt es klar aus, wenn er schreibt: »Trotz aller Vorteile, die Haifa genoss, profitierte Tel Aviv mehr von den Energien und Chancen, die die zionistische Bewegung hervorbrachte.« Ebenda, S. 127.

49 Amiran/Shahar, The Towns of Israel, S. 356.

Haifa gelang es nicht, seine Bedeutung zu verteidigen. Wenn es den Mitgliedern des Haifa-Komitees 1937 klar war, dass die Bewahrung von Haifas Status als jüdische – und nicht als internationale – Stadt lebenswichtig, um nicht zu sagen, existenziell im Rahmen des zukünftigen jüdischen Staates war, so verlor die Stadt in den Jahren nach der Staatsgründung rasch ihre Vorherrschaft. Die Positionierung Haifas hatte sich in der Vergangenheit aus seiner Lage an der zentralen Kreuzung eines Imperiums gespeist, dies war die Quelle seiner ökonomischen und politischen Macht in der Mandatszeit gewesen. Die Einzigartigkeit der Stadt entstammte, trotz aller damit verbundenen Schwierigkeiten, ihrem multinationalen Charakter und ihrem, wenngleich bedrohten, dualistischen Miteinander der Zivilgesellschaft. Mit dem Ende des Mandats und angesichts der neuen geopolitischen Gegebenheiten verlor die Stadt diese prominenten Vorteile. Der regionale Konflikt und die daraus resultierenden undurchlässigen Grenzen des Staates Israel reduzierten Haifas Bedeutung auf der Karte der Weltwirtschaft schlagartig und verschlossen Horizonte und Märkte, die in den Jahren seiner Hochblüte zentral gewesen waren. Der Exodus und die Flucht des größten Teils der arabischen Einwohner machten den multinationalen Charakter der Stadt abrupt zunichte. Haifa wurde innerhalb weniger Wochen zur hebräischen Stadt. Gerade wegen ihrer multinationalen Vergangenheit verlor sie plötzlich ihren Vorzug gegenüber Tel Aviv, das von Beginn an eine hebräische Stadt gewesen war. Sehr rasch fand sich Haifa in Auseinandersetzungen mit den internen Integrationsprozessen der jüdischen Immigranten befangen, von denen ein Teil aus arabischen Staaten stammte. Wadi Salib war einer der Ereignisschauplätze dieses Prozesses. Es ist ein lebender Beweis für das Scheitern der gesellschaftlichen und räumlichen Vorstellung und illustriert das Unvermögen der städtischen Planung, den modernistisch-sozialistischen Ethos in eine übergreifende urbane Vision zu übersetzen. Die Liquidierung Wadi Salibs, seine Zerstörung und seine Konservierung als Ruinenfeld über Jahrzehnte hinweg kennzeichnete mehr als alles andere die Verleugnung der arabischen Vergangenheit der Stadt, während die partielle und schwierige Rehabilitierung seiner Bewohner das Unbehagen angesichts der arabischen Geburtsorte seiner orientalischen Bewohner symbolisierte.

Das Schicksal Wadi Salibs wurde bereits mit dem Bericht der Untersuchungskommission zur Aufklärung der Unruhen besiegelt, doch es war vor allem die städtische Planung, die sein Ende herbeiführte. Der Sache lagen ziemlich simple Kalkulationen zugrunde. Die Wadi-Salib-Studie, die die industrielle Entwicklungsgesellschaft für die physikalische Planungsabteilung des Wohnraumbeschaffungsministeriums Anfang 1968 zur Vorlage bei der Bau- und Evakuierungsbehörde von Sanierungsgebieten erstellte, erlaubt einen kurzen Blick auf die wahren Motive der Zerstörung und offenbart die unmittelbaren Überlegungen, die Wadi Salib bei den Stadtplanern in Ungnade fallen ließ. Auf der Basis gesammelter Erfahrungen in der Liquidierung von Armenvierteln in den Vereinigten Staaten, England und Schweden wiesen die Verfasser der Studie auf die Beziehung zwischen zwei Hauptvariablen in der Stadtplanung hin: Grundstücke und Gebäude. Das schnelle Wachstum der urbanen Bevölkerung weltweit, so konstatierten sie, steigert die Nachfrage nach diesen zwei Hauptressourcen. Diese Situation erzeugt zwei widersprüchliche Phänomene: »Eine Wertminderung der alten Gebäude infolge starker Abnutzung und eine Wertzunahme des Bodens, der von diesen Gebäuden besetzt ist, als Konsequenz der steigenden Nachfrage nach städtischen Grundstücken ohne ein paralleles Ansteigen des Angebots eines solchen Bodens«.[50] Der Wert des Grund und Bodens wird durch seine Verwertungsmöglichkeit höher als der des Gebäudebestands und produziert einen Anreiz, den Bestand zu zerstören. Aus diesem Grund wurde in der Tat ein Negativimpetus für die reguläre Instandhaltung und Renovierung der vorhandenen Bausubstanz erzeugt. »Je mehr der Wert des Gebäudes sinkt, desto besser sind die Chancen, das Grundstück mit dem billigen Gebäude zu verkaufen, zum Zweck des Abrisses und Neubaus«, so erklärte man in der Studie und konstatierte, dass »das vorhandene ökonomisch-rechtliche System nicht in ausreichendem Maße zu einer regulären Instandhaltung städtischer Bausubstanz ermutigt. Eine Änderung in der bestehenden Besteuerungspraxis würde einen Anreiz geben, private Gelder zum Zweck der Instandhaltung und Renovierung der Gebäude zu investieren, ein wünschenswertes Phänomen in privater wie öffentlicher Hinsicht.«

Instandhaltung? Die diesbezüglichen Daten der Studie sprechen für sich. Die Grundlagen für das Elektrizitätsnetz und die öffent-

50 Wadi-Salib-Studie, erstellt für die physikalische Planungsabteilung des Wohnraumbeschaffungsministeriums, zur Vorlage bei der Bau- und Evakuierungsbehörde für Sanierungsgebiete, Industrielle Entwicklungsgesellschaft (GmbH), Haifa 1968, S. 9.

liche Beleuchtung wurden 1927 in Wadi Salib gelegt, und der Großteil des existierenden Netzes in den Jahren 1933 bis 1936 installiert. Sämtliche Stromleitungen in Wadi Salib, außer an seiner Grenze, verliefen oberirdisch. Häusern, die in den 1960er Jahren evakuiert wurden, wurde auch der Strom abgestellt, und ihre Okkupanten blieben in dauerhafter Finsternis zurück. Der Zustand der Kanalisation und der Abflusssysteme war noch schlimmer. Für einen Teil des Viertels diente ein Kanalisationsabschnitt, der in den Tagen der Osmanen gebaut worden war. 1924 wurde in der Wadi-Salib-Straße ein Hauptsammler installiert, während der Bau des städtischen Kanalisationssystems, mit dem man 1929 angefangen hatte, erst 1943 fertiggestellt wurde. Das Drainagesystem umfasste nur den Süden und das Zentrum Wadi Salibs, der Norden war nicht angeschlossen. Ein Telefonnetz existierte übrigens so gut wie nicht im gesamten Gebiet der Studie, es gab kaum private Anschlüsse und kein einziges öffentliches Telefon im ganzen Viertel.[51]

Kraft des gesetzlichen Status des Areals als »Absentees' Property« gab es in Wadi Salib kaum privates Grundeigentum.[52] 63,8 Prozent der 145 Dunam, die Wadi Salib umschloss, befanden sich in Staatsbesitz, 25,5 Prozent der verbleibenden Gesamtfläche waren Straßen, Gassen, Treppen und Pfade. Zwei Prozent gehörten religiösen Einrichtungen und nur 7,2 Prozent Privatbesitzern, der Großteil davon arabische Einwohner, die das Viertel im Zuge der Staatsgründung nicht verlassen hatten. Das Areal befand sich also im Besitz der Entwicklungsbehörde und die Gebäude im Besitz der Amidar-Gesellschaft, die die monatlichen Mieten einzog. Die öffentliche Verwaltung zeigte kein großes Interesse an der Instandhaltung ihres Besitzes.

Die innere Logik des Zerstörungsprozesses scheint sich bisweilen in geschlossenen Kreisen bewegt zu haben.[53] Wadi Salib, so empfahl es sich angesichts der Studie aus dem Jahre 1968, sollte zerstört werden, da es ja ohnehin in Schutt und Asche lag, war es doch bereits zerstört worden und zwar durch jene, die es gerade zerstört hatten. Ab 1962 bis zu dem Zeitpunkt, zu dem die Studie 1968 erstellt wurde, evakuierte die staatlich-städtische Gesellschaft für Sozialviertelsanierung in Haifa an die 740 Familien, das heißt, 44 Prozent

---

51 Ebenda, S. 20–21.
52 Ebenda, S. 23.
53 Jacobs, The Death and Life of Great American Cities, S. 27.

der Einwohner.[54] Ein Teil der geräumten Wohnungen wurde vollständig weggerissen, ein anderer beschädigt oder versiegelt. Die Bestrebung der Gesellschaft, Häuser im Ganzen zu räumen, stieß in vielen Fällen auf Schwierigkeiten, wenn sich einzelne letzte Wohnungsinhaber weigerten umzuziehen oder, wie es in der Studie betitelt wird, wegen »ihrer übertriebenen Ansprüche«.[55] Die finanziellen Forderungen, »die hohen Erwartungen« und die relative Verlangsamung der Evakuierung schrieben die damit befassten Stellen »dem Wahljahr« zu.[56] Die Schwierigkeit, ganze Areale zusammenhängend zu räumen und abzureißen, verhinderte die Freimachung eines Flächenumfangs, mit dem eine praktische Nutzung hätte begonnen werden können. Die Evakuierung der widerständigen Wohnungsinhaber mit gesetzlichen Mitteln war nicht praktikabel, und die einzige Hoffnung bestand darin, dass sich nach einer Statikprüfung der Häuser durch das Stadtbauingenieursbüro ein Teil von ihnen als gefährdet herausstellen würde und per Erlass des Bezirkszuständigen geräumt werden müsste.[57] »Es zeichnet sich hiermit also«, wird in dem Bericht weiter festgestellt, »das Bild eines größtenteils zerstörten Viertels ab, in dessen verbleibendem bebauten Areal verstreut vielköpfige Familien in erheblicher Raumnot wohnen.«[58] In einem anderen Bericht wurden die Resultate dieses partiellen Prozesses als »Kahlschläge« beschrieben.[59] Die Teilzerstörung – so ist der inneren Logik der Studie zu entnehmen – rechtfertigt oder diktiert sogar die Fortsetzung der Zerstörung. »Es wird empfohlen, alle Gebäude, die sich in dem untersuchten Gebiet befinden, zu eva-

---

54 Ebenda, S. 30.

55 Staatlich-städtische Gesellschaft (GmbH) für Sozialviertelsanierung in Haifa, Generalbericht 1963/64, Staatsarchiv, Dok. 3711/19.

56 Meir Hare'uveni, »Beschleunigte Sanierung der Sozialviertel«, Gespräch mit dem Haifaer Vizebürgermeister Avraham Sachnin (hebräisch), *Lamerchav* [In die Weite], 24.6.1965.

57 Protokoll der Vorstandssitzung der staatlich-städtischen Gesellschaft für Sozialviertelsanierung in Haifa, stattgefunden am 20.1.1964 im Haifaer Rathaus, Staatsarchiv, Dok. 3711/19. Siehe auch Protokoll der 20. Vorstandssitzung der staatlich-städtischen Gesellschaft für Sozialviertelsanierung in Haifa, stattgefunden am 1.9.1965 im Haifaer Rathaus, ebenda.

58 Protokoll der 16. Vorstandssitzung der staatlich-städtischen Gesellschaft für Sozialviertelsanierung in Haifa, stattgefunden am 1.6.1964 im Haifaer Rathaus, ebenda.

59 Protokoll der 15. Vorstandssitzung der staatlich-städtischen Gesellschaft für Sozialviertelsanierung in Haifa, stattgefunden am 20.1.1964 im Haifaer Rathaus, ebenda.

kuieren«, das heißt nicht nur die 87 Prozent der Häuser, die sich in baufälligem Zustand befanden und keine angemessenen sanitären Anlagen hatten, sondern auch den Rest.[60] Etwa die Hälfte der Gebäude mit stabiler Bausubstanz standen auf der im Haifaer Erschließungsplan vorgeschlagenen Straßentrasse, doch auch die Renovierung der verbleibenden 20 wurde aufgeschoben, aus Kostengründen und da man dazu das bestehende Leistungsnetz hätte aufgeben müssen und weil »die stabilen Gebäude über das gesamte Areal der Studie verstreut sind und eine planmäßige Bebauung Wadi Salibs behindern«.

Die Realisierung des Besitzanrechts war auch Anfang der 1970er Jahre alles andere als zufriedenstellend. Der Schikmona-Streifen, der für die stufenweise Errichtung eines Kernbezirks von Regierungsministerien vorgesehen war, lag brach, da die sich hinziehenden Verhandlungen mit dem »obersten Regierungsausschuss für Wohnraumbeschaffung« zu keinen positiven Ergebnissen führten. Es mangelte am Budget, und der Bau von Bürogebäuden generell und Ministeriumsbüros insbesondere war von der Regierung eingefroren worden.[61] Auch die Bebauung des Areals von Wadi Salib machte keinerlei Fortschritte. Durch die restlichen Teile dieses Gebiets, schloss die Schikmona-Studie, würden »die Schnellstraße« und weitere Verkehrsadern laufen und es gebe noch keine zusammenhängenden freien Flächen zwischen ihnen, die für eine Planung und praktische Nutzung momentan zur Verfügung stünden.[62]

Das einst jüdisch-arabische Wesen der Stadt war nun, Ende der 1960er Jahre, nur noch ein schwacher Schatten über den Nahtlinien, die mit dem Verstreichen der Zeit zu einer Grauzone sozialer Marginalität wurden. Im oberen Teil Hallisas startete die Haifaer Stadtverwaltung eine Aktion zur Evakuierung des Viertels, das zur Mandatszeit »nach Partisanenart errichtet wurde«. In den Jahren der »großen Alija« war es von bulgarischen Familien bevölkert worden, die sich »nach eigenem Gutdünken« in die Häuser setzten, welche, nachdem »die Bulgaren« gegangen waren, anfingen, von Hand zu Hand zu gehen, ohne Genehmigung, ohne Mietvertrag, »ohne jede Ordnung« und ohne Anerkennung der Grundstücksverwaltung Israels. Die Stadtverwaltung war an der Evakuierung dieses Viertels interessiert, dessen arabische Bewohner »ständig wechseln, kommen

60 Wadi-Salib-Studie, S. 12.
61 Baharav, Überblick und Generalbericht, S. 22.
62 Ebenda.

und gehen, je nach der Arbeitskonjunktur in Haifa, und die meisten kommen aus den Dörfern Galiläas und Umgebung.«[63] In Wadi Ruschmia bat Mathilda Garti aus Bulgarien, eine alleinstehende Klavierlehrerin, die in einer illegalen Zwei-Zimmer-Wohnung lebte, darum, evakuiert zu werden, da ihre sämtlichen Klavierschüler weggezogen waren. »Nur ich bin noch übrig. Jetzt wohnen hier lauter Araber. Jede Familie hat 8 bis 9 Kinder. Sie werfen Steine, zerbrechen alles, machen mir Probleme, ich kann nicht aus dem Haus gehen. Lebensunterhalt [ist] gar keiner. Ich habe ein bisschen Geld gehabt, das ist aus.«[64] Das obere Hallisa-Viertel und Wadi Ruschmia A, bewohnt von »Minderheiten«, wie sie in der Schikmona-Studie bezeichnet wurden, wurden ebenfalls zum Evakuierungsgebiet erklärt.[65]

Auch Wadi Salib blieb wie Hallisa und Wadi Ruschmia eine städtische Grauzone. 1971 war es noch immer zum Teil bevölkert. Die letzten Bewohner dort taten sich schwer damit, die Aufmerksamkeit der Behörden auf ihre traurige Lage zu lenken. Ein paar von den jungen Leuten nutzten eine Studentendemonstration zugunsten der Juden in der Sowjetunion und den arabischen Ländern und »schrieen und versuchten am Rand Krawall zu machen«.[66] Nachdem die Polizei sie zerstreut hatte, erklärte sich der Bürgermeister, auf die Bitte des Unterstadtklubs der Histadrut hin, dazu bereit, sie zu empfangen. Vom Militärdienst befreit, aus kinderreichen Familien, die in extrem beengten Verhältnissen wohnten, beklagten sie sich, »man lässt uns nicht arbeiten wegen unserer Vergangenheit, und deshalb sind wir gezwungen zu stehlen, um zu essen.« Die Namensliste der Familien mit Wohnungsbeschaffungsproblemen in Wadi Salib in jenem Jahr zeigt, dass in dem Viertel nur diejenigen, die aus Marokko stammten, zurückgeblieben waren.[67] Die, die aus Europa kamen, hatten die Gegend längst verlassen. Die Befassung mit den verbliebenen Familien wurde nun intensiver und individueller angegangen, und man schlug ihnen Alternativen in der Um-

63 M. Rofe, Stadtsekretär, an Dani Agnon, Assistent des Vizepremierministers, Büro des Vizepremierministers, 6.8.1970, Stadtarchiv Haifa, Akte 032550.

64 Garti Mathilda an Felman, 13.5.1971, ebenda.

65 Baharav, Überblick und Generalbericht, S. 1.

66 Der Stadtsekretär an den Bürgermeister, 4.5.1971, Stadtarchiv Haifa, Akte 032550.

67 Liste kinderreicher Familien, Wohnraumbeschaffungsprobleme in Wadi Salib, erste Liste, ebenda.

gebung vor.[68] »Es kommen interessante Dinge zum Vorschein«, erzählte Abba Khoushi, »dass sich große Familien, die zusammengepfercht wohnen, weigern, in geräumige Wohnungen zu ziehen, aber nach bestimmten Orten verlangen, wie zum Beispiel neben dem Armon-Kino.«[69] Einen Teil der Häuser konnte man nicht abreißen, da sie Privateigentümern gehörten und nicht der staatlich-israelischen Grundstücksverwaltung. Es handelte sich um arabische Besitzer. Die staatlich-städtische Gesellschaft für Sozialviertelsanierung wandte sich an die Grundstücksverwaltung mit der Bitte, diesen Besitz zu enteignen, und so geschah es.[70] Wenn es sich um arabischen Besitz handelte, war Enteignung die selbstverständliche Lösung.[71]

Die Stadtverwaltung widmete sich nun konzentriert der Behandlung dieser »schwer regelbaren Fälle«, jenem »sozialen Bodensatz«, dem mit den herkömmlichen Evakuierungslösungen nicht geholfen werden konnte, da die angebotenen Wohnungen zu klein waren oder die Betroffenen keinen Kredit aufnehmen und keine Hypothek unterschreiben wollten, oder weil sich keine Bürgen für sie fanden.[72] Unter dem Eindruck der Forderungen der »Schwarzen Panther« – einer Protestbewegung der zweiten Generation der Immigranten aus arabischen Ländern in den 1970er Jahren – begann die Stadtverwaltung, über den Sektor der Wohnraumbeschaffung hinaus aktiv zu werden. Man versuchte jetzt, die jungen Leute in den Arbeitsmarkt zu integrieren, und beteiligte sich an der Arbeitssuche durch Verhandlungen mit der Armee, der Polizei, dem Handwerker- und Kleinindustrieverband und dem Arbeitsamt. 20 Jugendliche, so sagte man den Journalisten, hatte die Stadtverwaltung erfolgreich in Arbeitstellen am Haifaer Hafen untergebracht.[73] Doch die Integra-

68 Notizen von einem Treffen im Büro des Stadtsekretärs, am 17.6.1971 um 8.00 Uhr a.m., mit kinderreichen Familien aus Sozialvierteln, ebenda.

69 Der Stadtsekretär an den Bürgermeister betreffs eines Lösungsplans für das Unterbringungsproblem kinderreicher Familien, 5.7.1971, ebenda.

70 Jehuda Baharav an D. Hoffman, Grundstücksverwaltung Israels, 10.10.1969, ebenda; J. Baharav an Mosche Sitbon, 31.1.1971, ebenda; der Stadtsekretär an den Stadtbauingenieur, den Stadtkämmerer und den Stadtverwaltungssekretär betreffs Enteignung privater Häuser und Grundstücke im Sozialviertelevakuierungsgebiet Wadi Salib, ebenda.

71 Büromemorandum des Stadtsekretärs an den Bürgermeister betreffs Handhabung von Problemen von Armut und Not, 24.5.1971, ebenda.

72 Hintergrundinformationsmaterial zu einer Pressekonferenz mit dem Bürgermeister, 28.12.1971, ebenda.

73 Ebenda.

tionsmaßnahme am Hafen entwickelte sich nicht zur Zufriedenheit der letzten Einwohner Wadi Salibs und ihrem Sprachrohr, dem Stadtviertelbeirat. »Liebe Hafenarbeiter! Liebe Juden!«, lautete ein Aufruf des Beirats, in dem verkündet wurde, dass die Hafendirektion die Einstellung der jungen Leute aus Wadi Salib verzögere, »mit falschen Behauptungen wie: sie hätten eine reiche kriminelle Vergangenheit und seien vom Militärdienst in der israelischen Armee aus medizinischen Gründen ausgemustert worden und Ähnlichem«.[74] Als man die Beschäftigungspolitik am Hafen näher unter die Lupe nahm, entdeckte der Stadtviertelbeirat die »betrübliche Tatsache, dass statt dieser Jugendlichen aus den Armenvierteln andere Leute von Minderheiten eingestellt worden sind, ungefähr 32 an der Zahl – 27 Drusen und Araber und nur 5 Juden von den 32 Leuten«. Eine Namensliste aller neu Beschäftigten war dem Manifest beigefügt. »Wir haben absolut nichts gegen die drusische und die muslimische Gemeinde in Israel«, hieß es darin, »wir suchen nur das Wohl unserer Söhne und unserer Jugend!«

Zukunft

> »Mit welcher Vergangenheit haben sie dir gedroht? Was wollten sie aufdecken? Etwa das, was sie irrigerweise Liebe nennen? Kennen sie die denn?
>
> Würden sie sie kennen, so hätten sie doch ein Stückchen Wald unberührt gelassen, wo wir Verstecken spielen könnten, oder ein Stück Pinienhain, in dem wir im Verborgenen tändeln könnten, oder eine Dachterrasse ohne Antennen oder Wasserbehälter, wo wir abwechslungsweise die Namen unserer Auserwählten einritzen könnten, Pärchen um Pärchen, ›ein Mann und eine Frau‹, so wie der Schöpfergott sie geschaffen hat.«[75]

Die Geschichte Wadi Salibs bewegt sich zwischen zwei Verkehrsrouten: Am Anfang des Wadis stand die Hedschasbahnlinie, zu seinem Ende, wie sich herausstellte, würde eine Straße führen. Wenn Wadi Salib einen Widersacher hatte, so war das der städtische Erschließungsplan. Im Kern des Viertels sah der Plan »eine Kreuzung

---

74 Zohar Gedaljahu, Stadtviertelbeirat, 12.1.1972, ebenda.
75 Habibi, Das Tal der Dschinnen, S. 126–127.

von wichtigen Durchgangsstraßen« vor, »an der laut Auskunft der Planer nichts geändert werden kann«.[76] Die unpersönliche Obermacht der Planer hatte entschieden: »Von Nordwesten nach Südosten wird eine Verkehrsader das Areal teilen, die den westlichen Teil der Stadt mittels der geplanten Schnellstraße entlang des Randes Wadi Ruschmias mit dem Karmel verbindet. Diese Straßenführung wird auch weitere Verknüpfungen zwischen den Zentren des Hadar hakarmel und der Unterstadt ermöglichen.« Höchst bedauerlich, jedoch »wegen der Kreuzung und den Straßen, aus denen sie sich zusammensetzt, vereinnahmen die Straßen in dem Plan eine sehr große Fläche: circa 38 Prozent des Gesamtareals der Studie«. Der Erschließungsplan Haifas, stellte sich heraus, »schlägt eine erhebliche Reduzierung der Einwohnerzahl vor, die in Zukunft in Wadi Salib und Umgebung wohnen soll, hauptsächlich wegen der beträchtlichen Grundstücksflächen, die für den Bau der Schnellstraßenader und der Kreuzungen erforderlich sein werden«.

In Wadi Salib wurden 1968 im Verlauf des Studienzeitraums 16 einheimische Fahrzeuge gezählt, die meisten Geschäftsautos. Zwischen 1000 und 3000 Fahrzeuge, so schätzte man in der Studie, passierten jeden Tag die Hauptverkehrsadern am Rande Wadi Salibs. Doch die Vision der Planer sah anders aus. Die geplante Hauptverkehrsader mitten durch Wadi Salib sollte 20000 Fahrzeugen am Tag dienen. Nach der topographischen Konzeption der Planer stellte Wadi Salib in seiner gegenwärtigen Form »ein Hindernis für einen glatten Fahrzeugfluss von der Stadt nach Hadar hakarmel und vom Westen Haifas nach Osten auf dem unteren Niveau« dar. Von da war es nur ein kurzer Schritt, Wadi Salib insgesamt als Verkehrshindernis zu betrachten. »Man sollte aus den ökonomischen Daten der Jetztsituation keine Rückschlüsse auf die Bedeutung des Areals ziehen«, stand in der Studie, »im Gegenteil, der ökonomische Niedrigstandard der Einwohner und des dortigen Gewerbes heute unterstreicht nur das Potenzial, das in der Entwicklung des Gebiets steckt, gemäß moderner Planung, die auf der strategischen Situierung Wadi Salibs im städtischen Zentrum der Stadt Haifa basiert.«

Man fragt sich, weshalb die Studie vier Varianten ausbreitete, obwohl sie von vornherein nur eine einzige davon anstrebte.[77] Variante C, der Vorschlag, das ganze Areal als reines Wohngebiet

---

76 Wadi-Salib-Studie, S. 28.
77 Ebenda, S. 14, 105.

auszuweisen, wurde verworfen, da sie in Bezug auf die Finanzierung der Evakuierungskosten am teuersten war. Variante D, die Flexibilität zwischen Wohn- und Gewerbekomponenten und eine gewisse Bestandskonservierung kombinierte, ohne das Gewicht der einzelnen Komponenten verbindlich festzulegen, wurde für die preisgünstigste befunden. Variante A, nämlich die ganze Gegend südwestlich der Schnellstraße in ein Wohngebiet zu verwandeln, das an das Wohngebiet am Hang darüber angeschlossen würde, wurde aus irgendeinem Grund präferiert, während Variante B nicht einmal eigens diskutiert wurde. Letztere bestand in dem Vorschlag, einen Teil des Areals im Umfang von etwa 16 Dunam zu sanieren, »die Gebäude zu renovieren und dort die Atmosphäre und den Charakter des alten Haifas mit seinen Gassen, Treppen und kleinen Steinhäusern zu bewahren«. Laut dieser Variante sollte dieses Gebiet »zu einer Heimat für Künstler, Handwerker, kleine Cafés und Läden für den Verkauf von Ziergegenständen und Kunstgewerbe, Galerien und Restaurants werden«. So wäre es vielleicht möglich, Wadi Salib mit Hadar zu verbinden. »Aus geographischer Sicht«, stand geschrieben, »liegt der Ort nahe dem Vergnügungszentrum der Hanevi'imstraße und könnte eine Art Verlängerung davon werden.«

Die Vorzüge der Variante A waren in keinster Weise auf Wadi Salib selbst bezogen und entsprangen generellen urbanen Erwägungen. Die vollkommene Übereinstimmung mit dem Erschließungsplan, die Möglichkeit, städtische Verkehrsprobleme zu lösen und auf diesem Weg die Anbindung des Kleingewerbe- und Industriegebiets im Osten der Stadt an die Wohngegend im Westen zu verbessern, machte sie wohl zur bevorzugten Option. Obwohl in der Studie erwähnt, wurden alternative Lösungen für die städtischen Verkehrsprobleme, wie eine partielle Untertunnelung des Gebiets für eine Hauptstraße oder eine weitgehende Verlagerung des Verkehrs auf eine Hochtrasse auf Stelzen, nicht diskutiert. Die Vorschläge der 1968 erstellten Studie bezeugen, dass es keine Naturgewalten waren, die zu den Trümmerinseln führten, sondern eine bewusste Wahl, Wadi Salibs urbanes Potenzial nicht zu realisieren.[78] Die Verfasser der Studie allerdings warnten davor, die Fehler zu wiederholen, die im Rahmen der Erneuerungsmaßnahmen in diversen Städten in den

78 Wadi Salib Haifa, von S. Schaked, stellvertretender Planungsdirektor, Wohnraumbeschaffungsministerium, an den Wohnraumbeschaffungsminister, M. Bentov, geschickt am 3.3.1968, Staatsarchiv, Dok. 3432/3.

USA, wie Chicago und New York, gemacht wurden, als man »versuchte, in der Hauptsache urbane Verkehrsprobleme zu lösen und dadurch die Sanierungsareale in von Verkehrsadern zerschnittene Gebiete voller Rauch und Ruß verwandelte«. Die Autoren wiesen auch darauf hin, dass »der Stadt Haifa ein zusammenhängendes Vergnügungs- und Geschäftszentrum fehlt«, und erachteten die Möglichkeit, einen Teil des evakuierten Gebiets diesem Zweck zu widmen, einer Untersuchung wert. Sie waren der Ansicht, dass die Renovierung eines Bereichs von Wadi Salib als Künstlerviertel Touristen anziehen könnte. Neben dem Vorteil, die ursprüngliche architektonische Schönheit des Viertels zu bewahren – »ein ästhetisch architektonisch äußerst wertvolles Gut« –, glaubten sie, dass dieser Schritt »einer der Faktoren wäre, der das negative Image des Gebiets, das es jetzt bei der Haifaer Bevölkerung hat, verändern wird«. Sie hatten eine Vergleichsperspektive, da sie andere Städte im Lande kannten und sahen, dass die Verkehrsprobleme in Großstädten dazu angetan waren, die Mittelschicht Wohnlösungen bevorzugen zu lassen, die nicht weit vom Arbeitsplatz entfernt lagen. In Tel Aviv, so bemerkten sie, steige die Nachfrage nach neuen Wohnungen in der Stadtmitte, und auch die Renovierung von Wohnungen im alten Teil Jaffas sahen sie im gleichen Zusammenhang. Sie waren daher der Meinung, dass gewisse Schichten des Mittelstands es vorzogen, Wohnungen in Gegenden wie Wadi Salib zu erwerben, »unter der Bedingung, dass sich der Charakter und das Image des Orts verändert«.[79] Nur sollte all das in Haifa nie geschehen.

Die Gedankenspiele über die Entwicklung eines Künstlerviertels auf den 580 Dunam Restfläche von Wadi Salib beschäftigten die diversen Beteiligten auch im Laufe der 1980er Jahre weiter. Nachdem der größte Bestand an wertvollen Häusern zwischen der Ma'alehhaschichrur- und der Schivat-Zion-Straße eruiert wurde, gelang es der Haifaer Stadtverwaltung, den »Künstlerviertelplan« durch die verschiedenen Ausschüsse zu bringen, um dieses Areal zum Denkmalgebiet zu erklären und seine Bauten als »zum Erhalt vorgesehene Gebäude« ausweisen zu lassen, und das einige Jahre, bevor die Knesset 1991 ein Denkmalschutzgesetz verabschiedete. Zur Realisierung des Vorhabens taten sich drei Träger zusammen: die staatliche Grundstücksverwaltung Israels, die Industriebaugesellschaft und die Haifaer Stadtverwaltung. Man beabsichtigte eine gemeinsame

---

79 Ebenda.

Ausschreibung für »die Errichtung eines Künstlerviertels an den Rändern Wadi Salibs«.[80] Der Vorgang der Ausschreibung offenbarte tiefe Differenzen zwischen der Behörde der Bodenverwaltung und der Haifaer Stadtverwaltung, bzw. zwischen der auf unmittelbaren Profit ausgerichteten Grundstücksverwaltung und dem etwas verspätet vorgetragenen Anliegen zur Entwicklung und Konservierung von Wadi Salib seitens der Stadtverwaltung. Die Stadtverwaltung verlangte, dass in der Verkaufsausschreibung der Grundstücke deutlich verzeichnet stehe, dass sie für »den Einzelhandel mit Kunstgegenständen [...], Kunstgalerien, Künstlerwerkstätten und Wohnungen nur für Künstler, deren künstlerische Beschäftigung es erfordert, am Ort zu wohnen, und Cafés« bestimmt seien.[81] Sie bestand darauf, dass der allgemeine Begriff »Büros« aus der Ausschreibung gestrichen würde und dass ihr Titel völlig eindeutig »Ausschreibung für ein Künstler- und Kunstquartier« lautete, ohne jede Interpretationsmöglichkeit. Die Grundstücksverwaltung hatte jedoch nicht die mindeste Absicht, die Nutzungen strikt dahingehend einzugrenzen, sondern strebte nach einer offenen Formulierung, die Einzelhandel in der Form erlaubte, die in einem Wohngebiet zulässig war. Unter diesen Bedingungen, warnte der Rechtsberater der Stadtverwaltung, könne sich jeder Unternehmer, der an der Ausschreibung teilnehme, die Nutzungen nach seinem Gutdünken aussuchen, »zum Beispiel: Lebensmittelgeschäfte«. Das einzige Kriterium, das die Ausschreibung zur Auflage machte, war finanzieller Art und lieferte daher keinerlei rechtliche Handhabe für eine Ablehnung von Investoren, deren Projekte keine künstlerischen Orientierungen hatten, ebenso wenig wie irgendeine Kontrolle bei einer Nutzungsänderung durch Besitzerwechsel im Verkaufsfall.[82] Aus diesem Grund verlangte die Stadtverwaltung, die Formulierung in der Ausschreibungsbroschüre, die die Grundstücksverwaltung herausgegeben hatte, eindeutig so abzuändern, dass ausschließlich Unternehmer berücksichtigt würden, deren Bewerbungen auf Kunst und Handwerk abzielten – ein Ansinnen, das von der Grundstücksverwaltung kommentarlos um-

---

80 Akte »Entwicklung eines Künstlerviertels in Wadi Salib Haifa«, Stadtarchiv Haifa, Akte 40474.

81 Ze'ev Rivlin, Rechtsberater, an A. Janovitz, Stadtbauingenieur, 1.7.1986, ebenda.

82 Ebenda.

gehend abgelehnt wurde.[83] In seiner Not wandte sich der Haifaer Bürgermeister an den Landwirtschaftsminister, dem die Grundstücksverwaltung unterstand, und bat um seine Intervention. »Die Verwaltung«, schrieb er, »torpediert auf eindeutige Weise Wadi Salibs Entwicklung [...], sie verhindert die Etablierung des Künstler- und Handwerksquartiers, ermöglicht jedoch, dass der Ort von Spekulanten und Spekulantentum beherrscht wird [...], auf einen solchen Gipfel der Unanständigkeit bin ich noch nie gestoßen.«[84] Zu guter Letzt kam die Sache aus gänzlich prosaischen Gründen zu Fall: Die Ausschreibung, die die Grundstücksverwaltung Israels herausgegeben hatte, hatte die zerstörte Infrastruktur des Gebiets nicht berücksichtigt, die jeden Käufer zu großen Investitionen zwang. Angesichts des übertriebenen Preises fand sich kein Interessent für das Künstlerviertel in Wadi Salib.

Parallel dazu unternahmen die »Naturschutzgesellschaft« und der »Rat für den Erhalt von Gebäuden und Siedlungsstätten« eine Sisyphusanstrengung, um das Wenige, das von der osmanischen Vergangenheit der Stadt noch übrig war, zu schützen,[85] so zum Beispiel die Hedschasbahnstation. Das Hauptgebäude des ursprünglichen Bahnhofs, ein großer Steinbau, in dessen Mitte ein Uhrturm aufragte, wie es an den Bahnhöfen Europas üblich war, war von der jüdischen Untergrundorganisation Ezel 1946 in die Luft gesprengt worden, und nur noch der Westflügel war stehen geblieben. Die benachbarten Gebäude des Bahnhofs befanden sich Anfang der 1950er Jahre in einem bedauernswerten Zustand, und die Amidar-Gesellschaft, der sie übertragen worden waren, hatte die oberen Stockwerke versiegelt und die unteren mit Mietpreisbindung vermietet. Ende der 1980er Jahre wurde ein Kampf zum Erhalt der Ostbahnhofanlage gegen die Stadtverwaltung geführt, die die Absicht hatte, eines der schönsten Gebäude der Station, »das Gebäude des Bahnbuchhalters«, wegen eines Ausbaus der Verkehrsachsen in Haifas Unterstadt abzureißen. Neben dem Stationsgebäude, so vermerkten

---

83 Der Rechtsberater an Mosche Gat, stellvertretender Direktor der Grundstücksverwaltung Israels, 4.11.1986, ebenda; Mosche Gat, stellvertretender Direktor der Grundstücksverwaltung Israels und Leiter der urbanen Abteilung, an Ze'ev Rivlin, Rechtsberater – Haifaer Stadtverwaltung, 10.11.1986, ebenda; Ze'ev Rivlin an Mosche Gat, 13.11.1986, ebenda.

84 Arie Gurel, Haifaer Bürgermeister, an A. Nechemkin, Landwirtschaftsminister, 14.11.1986, ebenda.

85 Keschet, Haifa Ostbahnhof.

die Organisationen, existierte ein kleiner muslimischer Friedhof, auf dem unter anderem zwei Bürgermeister vom Anfang des 20. Jahrhundert begraben lagen, Mustafa Pascha al-Chalil und sein Sohn Ibrahim. Sie hegten große Pläne und die Hoffnung, dass im Rahmen einer Konservierung der historischen Anlage »neue Inhalte eingebracht werden, die ihr Leben einhauchen«, wie zum Beispiel ein Künstlerzentrum, Galerien, Restaurants und Kleingewerbe neben der Einrichtung eines Eisenbahnmuseums. Die Nähe zum Künstlerquartier, so hofften sie, »wird zur Schaffung eines vollständig neuen und erneuerten Areals, zentral im Leben der Stadt, führen«.

Eine gewisse Genugtuung stellte sich ein, als Mitte der 1990er Jahre beschlossen wurde, gleichzeitig mit der Förderung des »Schikmona-Plans« zur Errichtung der Regierungsgebäude im Schikmona-Streifen den Konservierungsplan neu aufzulegen. Um die Fehler der Vergangenheit zu vermeiden, fassten die staatliche Grundstücksverwaltung Israels und die Stadtverwaltung Haifas den Beschluss, einen gemeinsamen Fonds einzurichten, um damit die Infrastruktur des Gebiets zu erneuern, bevor die Gebäude und Grundstücke auf den Markt kämen. Man war sich nun dessen bewusst, dass der gesamte Besitz stark heruntergekommen war und es einer immensen Investition für die Renovierung bedurfte. Der Besitz sollte daher zu einem speziell niedrigen Preis verkauft werden, der nur die Kosten der Infrastrukturarbeiten decken würde – das heißt Verlegung der Infrastruktur, Abbau und Wiederaufbau der Treppen und Beleuchtung. 65 Prozent des Besitzes wurden tatsächlich vermarktet, bisweilen als Pauschalpakete, die ein Baugrundstück mit der Zugabe eines zum Erhalt bestimmten Gebäudes enthielten. Die weltweite und die israelische Wirtschaftskrise Ende der 1990er Jahre und der Verfall des lokalen Immobilienmarkts in der Stadt führten zu einer Sättigung des Büro- und Gewerbeflächenangebots, für die keine Nachfrage in der Stadt bestand. Unter diesen Bedingungen drängte es Investoren nicht mehr dazu, weitere Gebäude in Wadi Salib und Umgebung zu erwerben und noch viel weniger, Altbauten zu erhalten.

In den letzten Jahren, nach der Errichtung des Gerichtsgebäudekomplexes für Haifa und den Norden des Landes auf dem Gelände der zerstörten Altstadt, erwerben Rechtsanwaltskanzleien und Buchhaltungsbüros in Wadi Salib Grundstücke, einschließlich geschützter Gebäude, zum Gelegenheitspreis. Der Status der denkmalgeschützten Bauten ist in letzter Zeit gestiegen und so auch das allgemeine Prestige der Gegend aufgrund ihrer Nähe zum Regierungsviertel.

Die Käufer pflegen sich des Erhalts der alten Gebäude anzunehmen und die Möglichkeit zu nutzen, entsprechend der Genehmigung Bebauung hinzuzufügen. Bauinitiativen für Wohnzwecke, die der ursprüngliche Plan ermöglichte, wurden bisher keine umgesetzt, und es ist zu bezweifeln, ob sie jemals zum Tragen kommen.

Epilog: Efrat Goschen und seine Frau Mirjam ziehen in Saids Haus in Hallisa

In seinem Exil in Beirut verfasste der palästinensische Schriftsteller Ghassan Kanafani die fiktive Geschichte einer Rückkehr. Er setzte seine Protagonisten Said und Safija in einen grauen Fiat mit weißem jordanischem Nummerschild und schickte sie auf den Weg von Ramallah, der Stadt, in der sie wohnten, nach Haifa, der Stadt ihrer Jugend. Es ist Ende Juni 1967, und Said und Safija ist die Möglichkeit gegeben worden, ihre Stadt zu besuchen. Das Ziel der Reise ist klar, und sie reden nicht viel darüber.

In der Panik der Flucht im April 1948 verlor Safija ihren Sohn, einen fünf Monate alten Säugling. Lange Jahre hindurch hat das Paar mit Sicherheit angenommen, dass Chaldun, das Baby, während der Kämpfe ums Leben gekommen sei. Die Reise nach Hause, zu dem Haus im muslimischen Hallisa-Viertel in Haifa, soll die schreckliche Ungewissheit beenden, die seit jenem Tag an ihnen zehrt. Sie kommen in die Stadt, um einen Kreis zu schließen.

Während der Fahrt spürte Said das Lenkrad schwer in seinen schwitzenden Händen. Er dachte daran, zu seiner Frau zu sagen: »Ich kenne es, dieses Haifa, aber es will mich nicht kennen.«[1] Doch er besann sich. Das Auto brauchte keinen Fahrer. Said entdeckte, »dass er sein Auto durch ein Haifa lenkte, in dessen Straßen er keine Veränderung wahrnahm«. Er kannte sie gut, und nun »hatte er nicht das Gefühl, zwanzig Jahre von ihnen entfernt gewesen zu sein, jetzt, da er wie ehemals sein Auto lenkte, als wäre er nicht diese zwanzig bitteren Jahre weg gewesen! Die Namen begannen sich in seinem Kopf aufzutürmen; es war, als würde von ihnen eine dicke Staubschicht abgeklopft: Wadi Nisnas, König-Faisal-Straße, Droschkenplatz, Hallisa, Hadar.«[2]

Und in der Tat, als sie sich ihrem ehemaligen Haus in Hallisa in Haifa nähern, scheint es, als sei die Zeit stehen geblieben. Das Haus ist noch dasselbe, neue Wäscheleinen sind auf dem Balkon gespannt, auf denen rote und weiße Wäscheteile im Wind flattern. Die Klingel, der

---

1 Kanafani, Rückkehr nach Haifa, S. 75.

2 Ebenda, S. 77.

Messingtürgriff, die Bleistiftkritzeleien an der Wand, der Stromzähler, die in der Mitte gebrochene vierte Stufe, das glatte gewölbte Treppengeländer, auf dem die Hand dahinglitt, die Fenster mit dem eisernen Fensterkreuz auf den Treppenabsätzen. Die Holztür. Die Wohnungsinhaberin Mirjam Goschen öffnet die Tür der Wohnung von Said und Safija. »Ich habe Sie schon seit langer Zeit erwartet«,[3] sagt sie. Said wirft einen flüchtigen Blick durch das Zimmer, der ihm Gegenstände offenbart, die er einst »für seine allereigensten hielt, die [...] sein geheiligter, persönlichster Besitz seien, die nie jemand, wer immer es auch sei, kennenlernen oder berühren oder auch nur sehen dürfe«.[4]

Doch Mirjam Goschen wohnt zwischen und in den Dingen von Said und Safija. Sie hat das Bild von Jerusalem und den kleinen Damaszener Teppich an Ort und Stelle hängen lassen, drei von fünf Stühlen durch neue ersetzt, »sie schienen fehl am Platz und passten nicht zu den übrigen Möbeln.«[5] Der mit Perlmutt eingelegte Tisch war auch noch da, die gläserne Vase, die früher darauf stand, war durch eine andere aus Holz ersetzt worden, aus der Pfauenfedern herausragten, fünf von ehemals sieben. Said war von diesem nebensächlichen Detail gefesselt, er wollte wissen, was aus den beiden fehlenden Federn geworden war. Mirjam erinnerte sich nicht. »Vielleicht hat Dov, als er noch klein war, einmal damit gespielt und sie dann verloren«, sagte sie.[6] Hier nimmt die Handlung der Geschichte eine dramatische Wendung an.

Kanafani dehnt das menschliche Drama bis zur Grenze des Denkbaren. Er lässt Chaldun, den Säugling von Said und Safija, überleben und in Gestalt des Jungen Dov wiedergeboren werden. Chaldun, der in der Wohnung in Hallisa verlassene Säugling, wurde, wie sich herausstellt, während der Kämpfe in der Stadt 1948 Mirjam übergeben, einer Holocaustüberlebenden aus Polen, und ihrem Mann Efrat, im Rahmen einer pauschalen Transaktion, bei der sie die Wohnung von Said und Safija erhielten. Das zeitliche Zusammentreffen intensiviert das Drama. »Es war am Donnerstag, dem 29. April 1948«, schreibt Kanafani, »als Efrat Goschen und seine Frau Mirjam in Begleitung eines Angestellten der Jewish Agency mit einem Hühnergesicht, der ein fünf Monate altes Kind trug, die Wohnung von

3 Ebenda, S. 97.
4 Ebenda, S. 96.
5 Ebenda.
6 Ebenda, S. 100.

Said S. in Hallisa betraten. Said S. und Safija ihrerseits saßen am selben Tag weinend zusammen, nachdem Said zum hundertsten Mal enttäuscht zurückgekehrt war; er war nicht in der Lage gewesen, nach Haifa durchzukommen.«[7]

Die *Rückkehr nach Haifa* schrieb Ghassan Kanafani 1969 in Beirut.[8] Als die Geschichte veröffentlicht wurde, war das Motiv der »Rückkehr« an sich keine Neuheit im Kontext der palästinensischen Literatur seit 1948.[9] Jedoch verknüpft die Geschichte Kanafanis, des palästinensischen Flüchtlings aus Akko, das Schicksal der palästinensischen Flüchtlinge mit dem der jüdischen.[10] Die Diskussion, die

---

7 Ebenda, S. 110.

8 Kanafani wurde als drittes der sechs Kinder eines Rechtsanwalts 1936 in Akko geboren und wuchs in wohlhabenden Verhältnissen auf. Wie es damals in den Kreisen des oberen Mittelstands üblich war, wurde er in die Schule der französischen Mission in Jaffa geschickt. 1948, nach der Eroberung Akkos, flüchtete seine Familie in ein kleines Dorf im Südlibanon, von dort in das Hügelland außerhalb von Damaskus und schließlich in ein Flüchtlingsviertel am Rande von Damaskus. In diesen Jahren fing er an, ernsthaft Arabisch zu lernen, da sein gesprochenes Arabisch nicht für die Literatursprache ausreichte. Mit sechzehn begann er, zum Lebensunterhalt einer Familie beizutragen, als Lehrer im Flüchtlingslager in der Stadt. Gleichzeitig nahm er das Studium der arabischen Literatur an der Universität Damaskus auf und knüpfte die ersten Kontakte mit George Habasch und dessen Organisation. Mit zwanzig schloss er sich seiner Familie in Kuwait an, wo er als Lehrer an einer staatlichen Schule arbeitete. Im Sommer 1960 wurde er von Habasch aufgefordert, sich der Redaktion der Zeitung *al-Hurrijja* (die Freiheit) anzuschließen, weshalb er nach Beirut zog. Ein Jahr darauf heiratete er eine Dänin, ging in den Untergrund, da er staatenlos war, und 1962 veröffentlichte er seine erste Geschichte, »Männer in der Sonne«, die ihn bekannt machte und Anerkennung in den literarischen Kreisen eintrug. 1963 wurde er zum Herausgeber der Nasser-Tageszeitung *al-Muharrir* (der Befreier) und der zweiwöchigen Zeitschrift *Filastin* (Palästina), die als Beilage der Tageszeitung erschien. 1967 wurde er Redakteur der Tageszeitung *al-Anwar* (die Lichter). Er schloss sich 1969 der Volksfront zur Befreiung Palästinas an, begann ihr Organ herauszugeben und wurde ihr offizieller Sprecher. Im Juli 1972 endete sein kurzes Leben, nachdem sein Auto mit Sprengstoff präpariert vor seinem Haus explodierte, während er mit seiner Nichte darin saß. Siehe Karen E. Riley und Barbara Harlow, »Introduction«, in: Kanafani, Palestine's Children, S. 1–12; Flores, Gassan Kanafanis politisches Engagement.

9 Tibawi, Visions of Return.

10 Manche verweisen darauf, dass dies der erste Versuch in der arabischen Literatur sei, einen Juden als menschliche Gestalt und nicht als Karikatur des Feindes zu porträtieren. Siehe Riley/Harlow, Introduction. Schimon Balas behauptet: »In all den Geschichten, die den israelisch-arabischen Konflikt berühren, ist es schwierig, vielleicht unmöglich, eine einzige objektive Beschreibung eines Israelis zu finden.« Siehe Balas, Palästinensische Geschichten, S. 17.

sich in der Wohnung in Hallisa zwischen den früheren Inhabern, Said und Safija, und den neuen Bewohnern, Mirjam Goschen und ihrem Sohn Dov, entwickelt, ist »das erste Mal, dass Palästinenser und Juden einander nicht auf dem Schlachtfeld treffen, sondern in einem normalen Zimmer, bei dem jeder seinen Blickwinkel darlegt und ihn dem anderen gegenüberstellt«.[11] Zu dem Zeitpunkt, als die Geschichte publiziert wurde, galt sie in den Augen der Leser als provokativ. Es ist zu bezweifeln, dass sie heute im gleichen Ausmaß so interpretiert würde.

Zwei Familien stellt Kanafani im Vordergrund der Bühne auf: Auf der einen Seite Said und Safija und auf der anderen Mirjam und die Erinnerung an ihren toten Ehemann Efrat. Dazwischen steht das verbindende Glied, der Sohn, Chaldun-Dov, der im Laufe der Geschichte in israelischer Militäruniform die Wohnung betritt. Chaldun-Dov ist aufgerufen, zwischen der Stimme des Blutes und der Loyalität gegenüber seinen Adoptiveltern zu entscheiden. Doch das Los ist schon gefallen. Chaldun ist Dov und wird es bleiben. An den Rändern der Bühne sind Chaled und Chalida zu erkennen, Dovs Geschwister, die Kinder von Said und Safija, die nach 1948, nach ihrem Bruder, geboren wurden. Ihre Namen sind nichts anderes als eine Ableitung des Namens ihres toten/lebenden Bruders. Wenn seine Stunde gekommen sein wird, wird auch Chaled auf dem Altar des palästinensischen Kampfes geopfert werden, doch diesmal freiwillig, als kämpfender Held, ungleich Chaldun, der in Hallisa in der Panik des Krieges, der Flucht und der Vertreibung verloren ging. Mirjam Goschen hat im Unterschied zu Said und Safija außer Dov nur noch tote Kinder, diejenigen des Holocausts, diejenigen, die sie nicht gebären konnte. Und es gibt den toten palästinensischen Säugling, auch er eine Gestaltvariante Chalduns, den Mirjam, ihrer Erzählung nach, sah, wie er von den Männern der Hagana 1948 während der Kämpfe in Haifa – wie ein Stück Holz – auf einen Lastwagen geworfen wurde. Diese dichte Konfiguration zieht die Hauptpersonen in unmögliche Dialoge. Ohnehin hat ihnen der Autor, nachdem sie keine gemeinsame Sprache haben – auf der einen Seite Hebräisch und auf der anderen Arabisch –, mit grober Hand Englisch in den Mund gelegt.[12] Ein Echo der Selbstkritik des Schriftstellers Kanafani klingt in den Gedankengängen seines Helden Said an, den plötzlich

11 Riley/Harlow, Introduction, S. 25.
12 Balas, Die arabische Literatur im Schatten des Krieges, S. 130.

das Gefühl überkommt, »dass er ein zuvor wohleinstudiertes Schauspiel betrachte. Er erinnerte sich an mörderische, gestellte Szenen in billigen Filmen, die eine fade Spannung bewirken«.[13]

Der überraschende Besuch in dem Haus, das seines war und es nicht mehr ist, lässt eine Flut von Schlaglichtern aus der Vergangenheit über ihn hereinbrechen und verwirrt seinen Zeitsinn. Es ist nicht das Zuhause von Mirjam Goschen, sondern seines und das seiner jungen Frau Safija, die auf dem Balkon steht und hinausschaut, das vor seinen Augen aufsteigt. Die Aufhebung der Zeitebenen in Hallisa in Haifa ist jedoch keine Verweigerung einer Verpflichtung gegenüber der historischen Chronologie. Die Rückblenden und die Bewusstseinsströme dienen dazu, die historische Chronologie, die der Geschichte zugrunde liegt, gleichzeitig zu erschüttern, zu unterminieren und herauszukristallisieren. Kanafanis episches Werk ist Teil eines historiographischen Projekts, das den Ereignissen einen Namen und eine Zeitbestimmung verleihen will. »Die Geschichten Kanafanis«, schreiben Riley und Harlow, »sind in einem bestimmten historischen Kontext angesiedelt. Es ist der Kontext, dessen Determinismus die Geschichten infrage stellt durch den Prozess der narrativen Prüfung und mittels der Parameter des Geschichtenerzählens.«[14]

Der Besuch in der verlassenen Stadt, wie er in *Rückkehr nach Haifa* auftaucht, ist ein bekanntes literarisches Motiv. Das 20. Jahrhundert als das Jahrhundert der Entwurzelung hat ihm klassischen Status verliehen. In einem autobiographischen Essay mit dem Titel *Besuch im Hades* schildert der Schriftsteller Günther Anders einen Besuch im Jahre 1966 in seiner Geburtsstadt Breslau. Geboren in Breslau, besucht Anders nun Wroclaw und bewegt sich zwischen dem, was ist und was nicht mehr ist, hin und her. »Aber dass diese Häuser noch stehen«, schreibt er, »dass sogar so etwas wie ein in sich

---

13 Kanafani, Rückkehr nach Haifa, S. 126.

14 Riley/Harlow, Introduction, S. 17–18. Diese Lesart Kanafanis von Riley und Harlow gleicht in dem Punkt Cleary, wenn er auf das Paradox hinweist, »das Gefühl des Bedürfnisses nach einer großen realistischen Novelle ist manchmal besonders stark in jenen peripheren Gegenden, die sich unter Kolonialherrschaft befinden, in denen die sozialen Bedingungen die Verwirklichung sehr erschweren. Anders ausgedrückt, dieselben sozialen Bedingungen, die den Drang nach gesellschaftlichem Realismus erzeugen, können ebenso seine Realisierung erschweren.« Siehe Cleary, Literature, Partition, and the Nation-State, S. 194.

zusammenhängendes Straßenstück dasteht, sogar fast eine ganze Straße, ist unbegreiflich. Nicht was nicht mehr da ist, erschreckt, nicht die Lücke, sondern umgekehrt das, was im eigentlich erwarteten Nichts zufällig doch noch da ist.«[15] Aus den Seiten der *Rückkehr nach Haifa* jedoch steigt die tiefe Erwartung auf, dass alles so bleibt, wie es war, dass die Zeit stillsteht. Inmitten der schrecklichen Frustration, die Said überflutet, als er in der Wohnung Mirjam Goschens auf ihren Sohn Dov – seinen Sohn Chaldun – wartet, erzählt er seiner Frau Safija die wundersame Geschichte von Faris al-Libda, dem Nachbarn aus Ramallah.

Wie Said und Safija war der Nachbar Faris al-Libda losgefahren, um seinem ehemaligen Haus in Adschami in Jaffa einen Besuch abzustatten. Die Tür öffnete ein hochgewachsener, braun gebrannter Mann, der ein weißes, aufgeknöpftes Hemd trug. Al-Libda wollte seinen Zorn an dem eingedrungenen Wohnungsinhaber auslassen, doch es stellte sich heraus, dass dieser Araber war, ein Bewohner von Manschija, Flüchtling in seiner eigenen Stadt.[16] Beim Anblick der Wohnung konnte al-Libda seine Aufregung nicht zurückhalten. »Das Haus war, wie es gewesen war – die Möbel, die Einrichtung, die Farben der Wände, all die Dinge, an die er sich genau erinnerte.«[17] Die Tränen strömten ihm aus den Augen, als er sah, »das Wohnzimmer war wie früher, als ob er es erst am Morgen verlassen hätte. Derselbe Geruch wie immer lag darin, der Geruch des Meeres, der in seinem Kopf immer schwindelerregende Phantasien von unbekannten Welten hatte entstehen lassen, die es zu erstürmen und denen es zu trotzen galt ...«[18] Die neuen Bewohner hatten eine Erinnerungsstätte aus dem Zimmer gemacht. An der weißen Wand gegenüber der Tür hing, genau wie an jenem Tag, an dem al-Libda und seine Familie aus Jaffa vertrieben worden waren, das Bild seines Bruders Badr, und in der rechten Ecke, wie früher, das breite schwarze Band. An den anderen Wänden schauten die verwaisten Nägelköpfe heraus, die zurückgeblieben waren, als seine Mutter zum Zeichen der Trauer alle anderen Bilder abgenommen hatte. Badr, sein Bruder, der Held, war im bewaffneten Kampf in Adschami im April 1948 gefal-

---

15 Anders, Besuch im Hades, S. 53.

16 Zu Manschija siehe Rothbard, Weiße Stadt, Schwarze Stadt; Golan, Politics of Wartime Demolition, S. 438–443.

17 Kanafani, Rückkehr nach Haifa, S. 117.

18 Ebenda.

len, und jetzt stellte sich heraus, dass er von der palästinensischen Familie, die die Wohnung besetzt hatte, sozusagen adoptiert wurde, dass sie eines ihrer Kinder nach ihm benannt hatten. Es ist interessant, dass, im Gegensatz zu der Dualität zwischen Chaldun und Chalid und der zwischen dem toten Badr und dem lebendigen, Kanafani die Szene in Jaffa eher phantastisch als realistisch zu schildern beschloss. Er gibt dem neuen palästinensischen Wohnungsinhaber zum Beispiel keinen Namen.

Die Beschreibung, die Kanafani von dem Haus in Hallisa sowie dem in Adschami liefert, ist ein Akt der Konservierung. Sie beharrt auf dem statischen und unveränderlichen Charakter des Landes, stemmt sich eigensinnig gegen den Strom der Zeit. Die Grenzen der Macht dieses poetischen Konservierungsakts sprach Hanan Ashrawi an, als sie der palästinensischen Poesie einen »gefrorenen Symbolismus« zuschrieb, der sich in der unauflösbaren Spannung zwischen der palästinensischen Sehnsucht nach dem Statischen und dem schnellen Transformationsprozess des Erscheinungsbilds des Landes ausdrückt.[19] Es scheint, dass Kanafani selbst sich der Sinnlosigkeit bewusst ist, die in dem eigensinnigen Widerstand gegen die Macht der Zeit liegt. Der Sieg der Erinnerung stellt sich in seiner Geschichte als Pyrrhussieg heraus. Schließlich blieben außer dem Bild des toten Badr nur die verwaisten Nägel und die nackten Wände übrig. Im Erinnerungsprozess verstärken sich die Dinge nicht, sondern sie verlieren. »Für uns, für dich und für mich«, sagt Said, der sich seiner Frau am Ende der Geschichte beugt, »ist es bloß eine Suche nach etwas unter dem Staub der Erinnerung. Und nun schau, was wir unter jenem Staub gefunden haben … nur noch mehr Staub!«[20] Die Schwäche der Ästhetik von Konservierung und Verewigung offenbart sich in ihrer Statik; die Verteidigung der verlorenen Landschaft durch die Erinnerung versteinert sie.[21] An diesem Punkt setzt Kanafani zu einer ruckartigen, wenn auch notwendigen Wende an, um aus der Sackgasse herauszutreten, in die er die Geschichte ge-

---

19 Slyomovics, The Object of Memory, S. 179. Eine ähnliche Metapher liefert Salim Tamari, wenn er schreibt: »Unter der früheren Generation von Exilanten herrscht eine dominante Tendenz, die Heimat im Rahmen eines pastoralen, idyllischen, verlorenen Paradieses ›einzufrieren‹.« Siehe Tamari, Bourgeois Nostalgia and the Abandoned City, S. 179.

20 Kanafani, Rückkehr nach Haifa, S. 139.

21 Cleary, Literature, Partition, and the Nation-State, S. 204.

führt hat. An der Schwelle des Hauses von Dov und Mirjam wendet sich Said an sie und sagt: »Ihr könnt vorläufig in unserem Haus bleiben. Das ist etwas, zu dessen Bereinigung es einen Krieg braucht.«[22]

Rückkehr nach Haifa, so scheint es nun, ist nicht nur eine realistische Erzählung, sondern auch ein politisches Programm. Said war über die Türschwelle getreten, um einen Kreis zu schließen, und tritt über die Schwelle wieder hinaus wie jemand, der eine offene Rechnung hat.[23]

Kanafani war seiner Zeit voraus, als er Schicksal gegenüber Schicksal stellte, Opfer gegenüber Opfer. Gleichzeitig fällt es der Geschichte schwer, die Spannung zwischen dem palästinensischen und dem Flüchtlingsschicksal in Gestalt der Holocaustüberlebenden Mirjam Goschen zu bewahren, eine Spannung, die mit viel Mut in der Konfiguration der Geschichte erzeugt wird. Der Flüchtling, der im Haus des Flüchtlings lebt, stellt eine komplexe, um nicht zu sagen unmögliche moralische Herausforderung dar. Eine ähnliche Spannung steigt auch in dem Gedicht »... wenn er fortgeht« von Mahmud Darwish auf,[24] das viele Jahre nach der Veröffentlichung von Kanafanis Geschichte geschrieben wurde. Darwish präsentiert in der Tat eine Konfiguration, die der in Kanafanis Geschichte entgegengesetzt ist. Diesmal ist es nicht der palästinensische Flüchtling, der sein einstiges Haus besucht, sondern der israelische Bewohner, »der Fremdling« oder »der Feind«, wie er abwechselnd in dem Gedicht genannt wird, kommt die Hütte des Flüchtlings besuchen. Wie Kanafani steht Darwish vor der Schwierigkeit, dass der Feind tatsächlich ein vormaliges Opfer ist. Allerdings scheint es, als ob die zeitliche Distanz – Darwishs Gedicht wurde Mitte der 1990er Jahre geschrieben, das heißt, ungefähr ein Vierteljahrhundert später als Kanafanis Geschichte – und mehr noch die intime Kenntnis des ehemaligen Israelis Darwish vom Feind ihn dazu veranlasst, die Tendenz, die er dem »Fremdling« zuschreibt – Vorteile aus seinem historischen Status als

---

22 Kanafani, Rückkehr nach Haifa, S. 141.

23 Eine andere Leseart siehe bei Yahav, Sehnsucht nach der Heimat. Genauer ist Yitzchak Laors Interpretation, der feststellt: »Said sagt wiederholt, dass die Lösung nur im Kriege liegt. Wenn ihr wollt, ist dies das politische Credo des Romans. Etwas im Aufbau der Handlung führt zu dem, woran Kanafani von Anfang an geglaubt hat. Und dennoch, was Said, oder Kanafani, zu sagen hat, mag erklären, weshalb sich seine Vorhersage des Kriegs verwirklicht hat.« Siehe Laor, Wir sind nicht gekommen, um zu sagen.

24 Darwish, ... wenn er fortgeht, S. 207–211.

Opfer zu ziehen – anzufechten, sogar konfrontativ zuzuspitzen.[25] Dass »der Feind« ehemals ein Opfer war, wird nicht direkt in Zweifel gezogen, doch die moralische Macht des Opferstatus als Argument in der Diskussion ist geschwächt. In Darwishs Gedicht wird sie von der Totalität der generell frömmelnden Position des Feinds verschlungen und besonders von der vehementen Fähigkeit des »Feinds«, die Position des anderen zu unterdrücken. »Der Feind«, so das Gedicht, hat die wunderbare Gabe, mit »eiligem Husten« zu verstecken und beiseitezuschieben, was er nicht hören will. Um ihn dazu zu bringen, das zu hören, was er sich zu hören weigert, stellt Darwish dem wirklichen Besuch des »Feinds« in der Hütte des Flüchtlings die Sehnsucht des Flüchtlings gegenüber, sein einstiges Zuhause zu besuchen.

> »Grüß unser Haus, Fremdling.
> Unsere Kaffeetassen
> sind noch, wie sie waren. Witterst du
> den Geruch unserer Finger darauf? Sagst du
> deiner Tochter
> mit dem Zopf und den dichten Brauen, sie hat
> einen Freund in der Ferne,
> der sie gern mal besuchte, einfach so …
> Nur um in ihr Spiegelbild zu treten und dort
> sein Geheimnis zu schauen:
> Warum lebte sie sein Leben fort
> statt seiner? Grüße sie,
> wenn Zeit ist …«[26]

Einen Spiegel, keine Bilder, hält Darwish beiden Seiten vor, und der Spiegel hat naturgemäß eine klare Eigenschaft – die der Reflexivität. Der abwesende Bewohner bittet darum, in »ihr Spiegelbild« einzutreten. Wahrscheinlich wird sie gezwungen sein, sollte sie hineinschauen, ihn und die Kaffeetassen zu sehen, die er zurückgelassen

---

25 In diesem Zusammenhang ist der Wandel in Darwishs eigener Position sichtbar, der Mitte der 1980er Jahre schrieb: »Wir sind die Opfer dessen, der das Monopol auf die Opferrolle für sich gepachtet hat, und ein Geschehnis, in dem er das Opfer war, verleiht ihm das Recht, zu unserem Mörder zu werden, der nicht vor Gericht gestellt wird.« Siehe Darwish/al-Qasim, Zwischen zwei Hälften der Orange, S. 104.

26 Darwish, … wenn er fortgeht, S. 211.

hat und die zu »wittern« sie sich verweigerte. Wenn das Mädchen mit dem Zopf und den dicken Brauen ihm erlaubt, aus dem Spiegel zu schauen, wird sie ihn für den Bruchteil einer Sekunde in seiner zivilen Existenz wahrnehmen, nämlich in der, die seinem Flüchtlingsdasein vorausging. Für einen winzigen Augenblick verwandelt Darwish die diachronen Nachbarn in synchrone und unterläuft so die Tendenz, den Flüchtling als jemanden zu betrachten, der von Natur aus außerhalb der kosmologischen Ordnung steht.[27] Für einen Moment könnte das Mädchen mit dem Zopf und den dicken Brauen ihn als Ebenbild sehen. Doch auch der Fremde wird gezwungen sein, sich mit ihrem Spiegelbild zu konfrontieren, wenn er in den Spiegel schaut. Er würde sich mit seinem Geheimnis konfrontieren müssen und sehen, wie sie sein Leben an seiner statt fortlebt. Der Spiegel wird die Flucht in Amnesie oder Nostalgie blockieren.[28] Wenn er sie im Spiegel sieht, wird er gezwungen sein, sich von der Nostalgie zu befreien, da sie »sein Leben weiter für ihn lebt«. Sie wiederum – angesichts seines Bildes im Spiegel, in Anwesenheit der Kaffeetassen, die er zurückgelassen hat – wird sich von der Amnesie befreien.

27 Malkki, Purity and Exile, S. 9.
28 Sennet, The Foreigner, S. 224.

Bibliographie

Abitbol, Michel, »Modernisierungs- und Entwicklungsprozesse in der Neuzeit« (hebräisch), in: Die Geschichte der Juden in den islamischen Ländern, Teil 2, Mitte des 19. Jahrhunderts bis Mitte des 20. Jahrhunderts, S. 363–468, Jerusalem 1986.

Abu-Lughod, Janet L., Rabat: Urban Apartheid in Morocco, Princeton 1980.

Aharonowitz, Chaim, Hadar hakarmel, Ein Traktat von Arbeit und Schöpfung der Gründer- und Erbauergeneration (hebräisch), Haifa 1958.

Akzin, Benjamin/Dror, Yehezkel, Israel: High-Pressure Planning, New York 1966.

Aleph, Jael (Hg.), Stadtverwaltung Haifa, Abteilung Langzeitplanung, Das Bogenhaus, Wadi Salib, Haifa (hebräisch). Physikalische Studie von Edward Kollick, Amt für Altertümer, Jerusalem 1995.

Amiran, David H.K./Shahar, Arie, »The Towns of Israel: The Principles of Their Urban Geography«, in: *Geographical Review* 51 (1961), S. 348–369.

Anders, Günther, Besuch im Hades: Auschwitz und Breslau 1966; Nach »Holocaust« 1979, München 1979.

Azaryahu, Maoz, »Zwischen zwei Städten: Die Verewigung des Unabhängigkeitskrieges in Haifa und Tel Aviv, eine Untersuchung in israelischer Erinnerungsgestaltung« (hebräisch), in: *Kathedra* 68 (1993), S. 98–125.

Ders., »The Purge of Bismarck and Saladin: The Renaming of Streets in East Berlin and Haifa, a Comparative Study in Culture Planning«, in: *Poetics Today* 13 (1992), Nr. 2, S. 351–367.

Azaryahu, Maoz/Kook, Rebekka, »Mapping the Nation. Street Names and Arab-Palestinian Identity: Three Case Studies«, in: *Nations and Nationalism* 8 (2002), Nr. 2, S. 195–213.

Baedeker, Karl, Palestine and Syria: With Routes Through Mesopotamia and Babylonia and the Island of Cyprus – Handbook for Travelers, Leipzig 1912.

Ders., Palästina und Syrien, Handbuch für Reisende, Leipzig 1897.

Baharav, Jehuda, Überblick und Generalbericht für die Jahre 1962–1972 (hebräisch), Haifa 1972.

Balas, Schimon, Die arabische Literatur im Schatten des Krieges (hebräisch), Tel Aviv 1978.

Ders., Palästinensische Geschichten (hebräisch), Tel Aviv 1970.

Balfour-Paul, Glen, »Britain's Informal Empire in the Middle East«, in: Judith M. Brown/William Roger Louis (Hg.), The Oxford History of the British Empire, Band 4, Oxford 1999, S. 490–514.

Bambus, Willy, Palästina: Land und Leute, Berlin 1898.

Barkan, Elazar, »Restitution and Amending Historical Injustices in International Morality: The Eastern European and Swiss Cases«, in: Dan Diner/

Gotthard Wunberg (Hg.), Restitution and Memory: Material Restoration in Europe, New York 2007, S. 255–272.
Ders., The Guilt of Nations: Restitution and Negotiating Historical Injustices, New York 2000.
Ben-Arzi, Jossi, »Wadi Salib und sein Platz in der Entwicklung Haifas« (hebräisch), in: *Mivnim* [Strukturen] 76 (Januar 1989), S. 36–37.
Ders., »Straßennamen und Stadtgeschichte: Eine Detaillektüre Haifas« (hebräisch), in: *Jewish Language Review* 7 (1987), S. 16–28.
Ben-Arzi, Jossi/Goren, Tamir, »Wie ›Ton in des Töpfers Hand‹: Die Gestaltung des urbanen Raums der Araber Haifas 1948« (hebräisch), in: *Mechkarim bageografja schel erez jisrael* [Studien zur Geographie des Landes Israel] 15 (1998), S. 19–23.
Benjamin, Walter/Lacis, Asia, »Neapel«, in: Walter Benjamin, Gesammelte Schriften, Bd. IV, Frankfurt am Main 1991.
Berger, Tamar, Dionysos im Center (hebräisch), Tel Aviv 1998.
Bernstein, Deborah, Constructing Boundaries: Jewish and Arab Workers in Mandatory Palestine, Albany 2000.
Dies., »Immigrant Transit Camps: The Formation of Dependent Relations in Israeli Society«, in: *Ethnic and Racial Studies* 4 (Januar 1981), Nr. 1, S. 26–43.
Dies., »Immigrants and Society: A Critical View of the Dominant School of Israeli Sociology«, in: *British Journal of Sociology* 31 (Juni 1980), Nr. 2, S. 246–264.
Bickford, Susan, »Constructing Inequality: City Spaces and the Architecture of Citizenship«, in: *Political Theory* 28 (2000), Nr. 3, S. 355–376.
Biger, Gideon, »Ein geographischer Aspekt zur Imperialherrschaft: Die britische Herrschaft und Erez-Israel in den Jahren 1917–1929« (hebräisch), in: *Erez-jisrael, mechkarim bidi'at ha'arez ve atikoteiha* [Erez-Israel, Studien in Landes- und Altertumskunde] 22 (1991), S. 27–35.
Blau, Eva, The Architecture of Red Vienna, 1919–1934, hrsg. von der Stadtverwaltung Haifa, Cambridge 1999.
Boneh, Eliezer, Haifaer Straßenlexikon (hebräisch), hrsg. von Stadtverwaltung Haifa, Haifa 1974.
Bonne, H., »Haifa: Seine Gegenwart und Zukunft«, in: *Palästina. Touristen-Nummer 1927–1928, Mischar W'taasia. Handel und Industrie. Halbmonatsschrift für Palästinawirtschaft* 5 (1927), Nr. 15–16, S. 275.
Brinbaum, Lea, Die Kinder von Wadi Salib (hebräisch), Tel Aviv 1975.
Brown, Kenneth, »Mellah und Medina. Die Stadt in Marokko und ihr jüdisches Viertel (Sala, ca. 1880–1930)« (hebräisch), in: *Pe'amim* [Schritte] 4 (1980), S. 39–59.
Calvino, Italo, Die unsichtbaren Städte, München/Wien 1984.
Canetti, Elias, Die Stimmen von Marrakesch, München 2004.
Carmel, Alex, Geschichte Haifas in der türkischen Zeit 1516–1918, Wiesbaden 1975.
Carmi, Ram, »Human Values in Urban Architecture«, in: Dan Soen (Hg.),

New Trends in Urban Planning: Studies in Housing, Urban Design, and Planning, Oxford 1979, S. 159–175.

Chazani, Mosche/Ilan, Jeschajahu, Gesellschaftliche Auswirkungen städtischer Sanierung: Die ethnischen Synagogen in Wadi Salib und ihre soziale Rolle (hebräisch), Ramat Gan 1970.

Cleary, Josef, Literature, Partition, and the Nation State, Cambridge 2002.

Cohen, Eric, The City in Zionist Ideology, Jerusalem 1970.

Conrad, Sebastian, »Doppelte Marginalisierung: Plädoyer für eine transnationale Perspektive auf die deutsche Geschichte«, in: *Geschichte und Gesellschaft* 28 (2002), Nr. 1, S. 143–169.

Dahan-Kalev, Henriette, »Die Unruhen von Wadi Salib« (hebräisch), in: Adi Ofir (Hg.), 48 bis 50, Kritische Momente in der Geschichte des Staates Israel, Jerusalem/Tel Aviv 1999, S. 149–157.

Dies., »Systeme der Selbstorganisation«, Wadi Salib und die »Schwarzen Panther«-Auswirkungen auf die israelische Gesellschaft, (hebräisch), Jerusalem (Dissertation) 1991.

Darwish, Mahmoud, »... wenn er fortgeht«, in: Mahmoud Darwish, Warum hast du das Pferd allein gelassen, Berlin 2004.

Darwish, Mahmoud/al-Qasim, Samih, Zwischen zwei Hälften der Orange (hebräisch), Tel Aviv 1991.

De Vries, David, »Abba Khoushi in Haifa und die Hegemonie der Arbeiterbewegung im städtischen Sektor an der Wende der 20er Jahre« (hebräisch), in: *Jahadut zmanenu* [Judentum unserer Zeit] 14 (2001), S. 225–261.

Diner, Dan, »Restitution and Memory: The Holocaust in European Political Cultures«, in: *New German Critique* 90 (2003), S. 36–44.

Ders., Israel in Palästina: Über Tausch und Gewalt im Vorderen Orient, Königstein im Taunus 1980.

Dominitz, Yehuda, »Immigration and Absorption of Jews from Arab Countries«, in: Malka Hillel Shulewitz (Hg.), The Forgotten Million: The Modern Jewish Exodus from Arab Lands, New York 1999, S. 155–184.

Dumper, Michael, Islam and Israel: Muslim Religious Endowments and the Jewish State, Washington 1994.

Efrat, Elisha, Urbanization in Israel, New York 1984.

Efrat, Zvi, Das israelische Projekt. Bauen und Architektur, 1948–1973 (hebräisch), Band 2, Tel Aviv 2005.

Ders., »Mold«, in: Haim Yacobi (Hg.), Constructing a Sense of Place: Architecture and the Zionist Discourse, Aldershot 2004, S. 76–88.

Ehrlich, Avischai, »Eine Gesellschaft im Krieg: Der nationale Konflikt und die gesellschaftliche Struktur« (hebräisch), in: Uri Ram (Hg.), Die israelische Gesellschaft: Kritische Aspekte, Tel Aviv 1993, S. 253–274.

El-Assad, Muhammad, Kinder des Taus: Eine Novelle (hebräisch), Tel Aviv 2005.

Elmelech, Juval/Levin-Epstein, Noah, »Migration und Wohnraumbeschaffung in Israel: Ein weiterer Blick auf ethnische Ungleichheit« (hebräisch), in: *Megamot* [Tendenzen] 39 (1999), Nr. 3, S. 243–269.

Elnekaveh, Josef, Das Buch unseres Rabbiners Ja'akov Avichazira (hebräisch), Jerusalem 1990.

Eschel, Zadok, Die Fronten der Hagana in Haifa (hebräisch), Tel Aviv 1998.

Feige, Michael, »›Das ist eine Geschichte über einen Ort, und das ist der Ort‹: Dionysos im Center und ein weiterer Blick auf die israelische Historiographie« (hebräisch), in: *Teoria ve bikoret* [Theorie und Kritik] 26 (Frühling 2005), S. 201–234.

Fein, Jonathan, »Die Entwicklung des Haifaer Hafens in der britischen Politik 1906–1924: Strategische Erwägungen« (hebräisch), *Kathedra* 89 (1998), S. 127–154.

Feuerstein, Reuven/Rischel, Mark, Die Kinder der Mellah: Die kulturelle Retardation bei marokkanischen Kindern und ihre pädagogische Bedeutung (hebräisch), Jerusalem 1963.

Fischbach, Michael R., Jewish Property Claims Against Arab Countries, New York 2008.

Ders., Records of Dispossession. Palestinian Refugee Property and the Arab-Israeli Conflict, New York 2003.

Flores, Alexander, »Gassan Kanafanis politisches Engagement«, in: Wolfdietrich Fischer (Hg.), Männer unter tödlicher Sonne, Würzburg 1995, S. 11–19.

Ford, Richard T., »The Boundaries of Race: Political Geography in Legal Analysis«, in: Nicholas Blomley/David Delaney/Richard T. Ford (Hg.), The Legal Geographies Reader: Law, Power and Space, Oxford 2001, S. 87–104.

Ders., »The Boundaries of Race: Political Geography in Legal Analysis«, in: *Harvard Law Review* 107 (1994), Nr. 8, S. 1843–1921.

Forman, Geremy, »Law and the Historical Geography of the Galilee: Israel's Litigatory Advantages During the Special Operation of Land Settlement«, in: *Journal of Historical Geography* 32 (2006), S. 796–817.

Forman, Geremy/Kedar, Alexandre (Sandy), »From Arab Land to ›Israel Land‹: The Legal Dispossession of the Palestinians Displaced by Israel in the Wake of 1948«, in: *Society and Space* 22 (2004), Nr. 6, S. 809–830.

Frei, Norbert/Brunner, José/Goschler, Konstantin, Die Praxis der Wiedergutmachung. Geschichte, Erfahrung und Wirkung in Deutschland und Israel, Göttingen 2009.

Fuchs, Ron, »Das arabische Wohnhaus im osmanischen Haifa: Eine Architekturdokumentation« (hebräisch), in: Jossi Ben-Arzi (Hg.), Haifa: Ortsgeschichte, Haifa 1998, S. 63–104.

Geerzt, Clifford, Dichte Beschreibung. Beiträge zum Verstehen kultureller Systeme, Frankfurt am Main 1987.

Gilbar, Gad, »Trends in der demographischen Entwicklung der palästinensischen Araber 1870–1948« (hebräisch), in: *Kathedra* 45 (1988), S. 43–56.

Golan, Arnon, »Jewish Settlement of Former Arab Towns and Their Incorporation into the Israeli Urban System (1948–50)«, in: Alexander Bligh (Hg.), the Israeli Palestinians, an Arab Minority in the Jewish State, London 2003, S. 149–164.

Ders., »Politics of Wartime Demolition and Human Landscape Transformation«, in: *War in History* 9 (2002), Nr. 4, S. 431–445.
Ders., »Redistribution and Resistance: Urban Conflicts During and Following the 1948 War«, in: *Journal of Modern Jewish Studies* 1 (2002), Nr. 2, S. 117–130.
Ders., Räumliche Veränderung als Kriegsfolge: Die ehemaligen arabischen Gebiete im Staat Israel 1948–1950 (hebräisch), Be'er Scheva 2001.
Ders., »Von arabischen Kleinstädten zu israelischen Städten: Lod und Ramle im Unabhängigkeitskrieg und danach« (hebräisch), in: *Jahadut zmanenu* [Judentum unserer Zeit] 14 (2001), S. 263–289.
Ders., »Jewish Nationalism, European Colonialism, and Modernity: The Origins of the Israeli Public Housing System«, in: *Housing Studies* 13 (1998), Nr. 4, S. 487–505.
Ders., »The Transfer to Jewish Control of Abandoned Arab Lands During the War of Independence«, in: Ilan S. Troen/Noah Lucas (Hg.), Israel: The First Decade of Independence, Albany 1995, S. 403–440.
Ders., »Jüdische Flüchtlinge im Unabhängigkeitskrieg« (hebräisch), in: *Jahadut zmanenu* [Judentum unserer Zeit] 8 (1993), S. 217–242.
Golani, Motti, »›Wendepunkt Haifa‹: Britannien und der Bürgerkrieg in Palästina, Dezember 1947–Mai 1948« (hebräisch), in: Anita Schapira (Hg.), Die israelische Gesellschaft in den ersten Jahrzehnten, Jerusalem 2001, S. 13–59.
Gold, John Robert, The Experience of Modernism: Modern Architects and the Future City, 1928–1953, London 1997.
Gonen, Amiram, Between City and Suburb: Urban Residential Patterns and Processes in Israel, Avebury 1995.
Goren, Tamir, Kooperation im Schatten der Konfrontation: Araber und Juden in der lokalen Regierung in Haifa während des britischen Mandats (hebräisch), Ramat Gan 2008.
Ders., Der Fall des arabischen Haifas 1948 (hebräisch), Be'er Scheva 2006.
Ders., »Gab es wirklich zweierlei Maß? Munizipale Politik und Ressourcenverteilung unter Juden und Arabern in Haifa, 1940–1947« (hebräisch), in: *Kathedra* 113 (2004), S. 113–142.
Ders., »Vorschläge und Pläne zur Verdichtung der jüdischen Ansiedlung in Haifa in der Mandatperiode« (hebräisch), in: *Afakim bageografja* [Horizonte in Geographie] 54 (2002), S. 5–27.
Ders., »›Die Vision des großjüdischen Haifas‹: Die Annexion von Stadtvierteln als demographische Vorteilsnahme in der Mandatsperiode« (hebräisch), in: *Ijunim batkumat jisrael* [Studien in der Wiedererrichtung Israels] 11 (2001), S. 230–260.
Ders., Von Abhängigkeit zu Integration: Die israelische Herrschaft und die Araber Haifas, 1948–1950, Eine historische und geographische Analyse (hebräisch), Haifa 1996.
Ders., »Warum die arabische Bevölkerung Haifa verließ« (hebräisch), in: *Kathedra* 80 (1996), S. 175–208.
Ders., »Zur Geschichte des Verschwindens der ›Altstadt‹ aus Haifas Stadt-

landschaft, 1948–1951« (hebräisch), in: *Afakim bageografja* [Horizonte in Geographie] 40–41 (1994), S. 57–81.

Goschler, Konstantin, »Besitzrückgabe und Erinnerungswettstreit« (hebräisch), in: Yfaat Weiss/Gilad Margalit (Hg.), Erinnerung und Vergessen, Deutschland und der Holocaust, Tel Aviv 2005, S. 440–443.

Graicer, Iris, »Ideologische Konflikte als Gestaltungsfaktoren der lokalen Herrschaftskarte in Erez-Israel in der Mandatsperiode« (hebräisch), in: *Mechkarim bageografja schel erez jisrael* [Studien zur Geographie des Landes Israel] 14 (1993), S. 186–224.

Dies., »Die ideologische Basis der Einstellung der Arbeiterbewegung gegenüber der städtischen Besiedlung, 1905–1928« (hebräisch), in: *Mechkarim bageografja schel erez jisrael* [Studien zur Geographie des Landes Israel] 12 (1985), S. 186–224.

Dies., Schchunat ha'ovdim. Experimente in der Gestaltung urbaner Landschaft durch gesellschaftliche Ideologie im Land Israel in der Mandatsperiode (hebräisch), Jerusalem (Dissertation) 1982.

Granovsky, Abraham, »Die bodenpolitische Bedeutung der Haifa-Bay«, in: Haifa Vergangenheit Gegenwart Zukunft. Anlässlich des Erwerbs der Böden der Haifa-Bay, hrsg. von Keren Kajemet leIsrael, Jerusalem 1929, S. 34–35.

Habibi, Emil, Das Tal der Dschinnen, Basel 1993.

Ders., Der Peptimist, Basel 1992.

Hacohen, Devora, Immigranten im Sturm: Die große Alija und ihre Absorption in Israel – 1948–1953 (hebräisch), Jerusalem 1994.

Hague, Cliff, »Renegotiating Places: The Experience of Low-Demanding Housing in Salford, England«, in: M. Carley/P. Jenkins/H. Smith (Hg.), Urban Development and Civil Society: The Role of Communities in Sustainable Cities, London 2001, S. 154–172.

Harlow, Barbara/Riley, Karen E., »Introduction«, in: Ghassan Kanafani, Palestine's Children: Returning to Haifa and Other Stories, London 2000, S. 1–12.

Harvey, David, Social Justice and the City, Baltimore 1973.

Herbert, Gilbert/Sosnovsky, Silvina, The Garden City as Paradigm: Planning on the Carmel, 1919–1923, Haifa 1986.

Herbert, Zbigniew, »Der Verlassene«; in: Zbigniew Herbert, Das Land, nach dem ich mich sehne, Frankfurt am Main 1987.

Herzl, Theodor, Altneuland, Wien/Basel/Stuttgart 1962.

Herzog, Hanna, Politische Ethnie: Bild und Wirklichkeit (hebräisch), Tel Aviv 1986.

Hoffnung, Menachem, Israel: Staatssicherheit versus Rechtsstaatlichkeit (hebräisch), Jerusalem 1991.

Home, Robert K., Of Planting and Planning: The Making of British Colonial Cities, London 1996.

Ders., »Town Planning and Garden Cities in the British Colonial Empire, 1910–1940«, in: *Planning Perspectives* 5 (1990), S. 23–37.

Isin, Engin F., »Historical Sociology of the City«, in: Gerard Delanty/Engin F. Isin (Hg.), Handbook of Historical Sociology, London 2003, S. 312–325.

Jacobs, Jane, The Death and Life of Great American Cities, New York 1961.

Jad Tabenkin, Zentrum für die Geschichte der Verteidigungsstreitkraft – die Hagana (Hg.), Die Eroberung der arabischen und der gemischten Städte im Unabhängigkeitskrieg (hebräisch), Symposium Broschüre 8, Ramat Efal 1989.

Jahav, Dan, »Sehnsucht nach der Heimat« (hebräisch), in: *Iton 77* [Zeitung 77] 257 (2001), Nr. 25, S. 13.

Jakobsen, Chanoch, Nach der Evakuierung: Die Einwohner von Wadi Salib in ihrer neuen Umgebung – Abschlussbericht der Folgestudie zu den Evakuierten von Wadi Salib (hebräisch), hrsg. von Haifa Technion, Haifa 1975.

Kanafani, Abd el-Latif, Scha'ara el-Burdsch 15: Haifa (arabisch), Beirut 1996

Kanafani, Ghassan, »Rückkehr nach Haifa«, in: Umm Saad/Rückkehr nach Haifa, Zwei palästinensische Kurzromane, Kurzroman II, Basel 1986, S. 71–141.

Ders., Das Land der traurigen Orangen, Basel 1983

Kark, Ruth, »Planning, Housing, and Land Policy, 1948–1952: The Formation of Concepts and Governmental Frameworks«, in: Ilan S. Troen/Noah Lucas (Hg.), Israel: The First Decade of Independence, Albany 1995, S. 461–494.

Karkar, Yaqub N., Railway Development in the Ottoman Empire 1856–1914, New York 1972.

Karmel, Alex, Die Geschichte Haifas zur Zeit der Türken (hebräisch), Haifa 1969.

Karsh, Efraim, »Nakbat Haifa: Collapse and Dispersion of a Major Palestinian Community«, in: *Middle Eastern Studies* 37 (2001), Nr. 4, S. 25–70.

Kartographische Abteilung der Kgl. Preußischen Landaufnahme, Kurze militärgeographische Beschreibung von Palästina, Berlin 1917.

Kedar, Alexandre (Sandy), »On the Legal Geography of Ethnocratic Settler States: Notes Towards a Research Agenda«, in: *Current Legal Issues* (2003), Nr. 5, S. 401–441.

Kemp, Adriana, »›Völkerwanderung‹ oder ›Der große Brand‹ Staatliche Herrschaft und Widerstand im israelischen Grenzland«(hebräisch), in: Chanan Chever/Jehuda Schenhav/Pnina Mozafi-Haller (Hg.), Mizrachim in Israel: Eine erneute kritische Betrachtung, Tel Aviv 2002, S. 36–67.

Kenworthy, M.P., »Haifa Harbour and the British Empire«, in: *Palestine and Near East Economic Magazine* 4 (1929), Nr. 4–5, S. 64–65.

Keschet, B., Haifa Ostbahnhof, Forum Eisenbahnmuseum, Konservierungsstudie (hebräisch), hrsg. von Stadtverwaltung, Abteilung Langzeitplanung, Haifa (Juni) 1998.

Khalidi, Walid, »The Fall of Haifa«, in: *Middle East Forum* 35 (Dezember 1959), S. 22–32.

Khazzoom, Aziza, »Did the Israeli State Engineer Segregation? On the Placement of Jewish Immigrants in Development Towns in the 1950s«, in: *Social Forces* 84 (2005), Nr. 1, S. 115–134.

Kimmerling, Baruch, Immigranten, Siedler, Einheimische: Der Staat und die Gesellschaft in Israel, zwischen kultureller Vielfalt und Kulturkampf (hebräisch), Tel Aviv 2004.

Kiš, Danilo, Ein Grabmal für Boris Dawidowitsch, München 1983.

Kohn, Hans, Die Europäisierung des Orients, Berlin 1934.

Kolka, Gila, »Wadi Salib: Die Geschichte einer Evakuierung« (hebräisch), in: *Mivnim* [Strukturen] 76 (Januar 1989), S. 29–32.

Kolodney, Ziva, The Politics of the Landscape: Landscape Production in Transition Between Mandate and Sovereign Haifa, Haifa (Dissertation) 2010.

Knesset Israel, Biographien der Knessetmitglieder Israels von der ersten Knesset, 1948, bis zur zwölften Knesset, 1992 (hebräisch), hrsg. von Die Knesset, Jerusalem 1993.

Kretzmer, David, The Legal Status of the Arabs in Israel, Boulder 1990.

Kunda, Sigal Davidi/Oxman, Robert, »The Flight of the Camel: The Levant Fair of 1934 and the Creation of a Situated Modernism«, in: Haim Yacobi (Hg.), Constructing a Sense of Place: Architecture and the Zionist Discourse, Aldershot 2004, S. 52–75.

Kymlicka, Will, »Multicultural Citizenship«, in: Gershon Shafir (Hg.), The Citizenship Debates. A Reader, Minneapolis 1998, S. 167–188.

Landesberger, Michael, Der Einfluss der individuellen Reparationszahlungen auf Konsum und Ersparnisse in Israel und einige Abhandlungen über die Funktion von Konsum (hebräisch), hrsg. von Israel-Bank, Jerusalem 1969.

Laor, Jitchak, »Wir sind nicht gekommen, um zu sagen: Geh fort von hier; dazu braucht es einen Krieg« (hebräisch), in: *Ha'arez, Kultur- und Literaturbeilage*, 18.5.2001, S. 13.

Laskier, Michael, Israel and the Maghreb: From Statehood to Oslo, Gainesville 2004.

Ders., North African Jewry in the Twentieth Century: The Jews of Morocco, Tunisia, and Algeria, New York 1994.

Ders., Die Juden des Maghrebs im Schatten von Vichy und Hakenkreuz (hebräisch), Tel Aviv 1992.

LeVine, Mark, Overthrowing Geography: Jaffa, Tel Aviv, and the Struggle for Palestine, 1880–1948, Berkley 2005.

Ders., »Locating Home: Overthrowing Geography, Misreading Modernity, and Other Adventures in Search for the Routes That Divide Us«, in: Ron Robin/Bo Strath (Hg.), Homelands: Poetic Power and the Politics of Space, Brüssel 2003, S. 165–188.

Liskovsky, Aharon, »Die ›anwesenden Abwesenden‹ in Israel« (hebräisch), in: *Hamizrach hachadasch* [Der neue Osten] 3 (1960), S. 186–192.

Luke, Harry Charles, Cook's Traveler's Handbook to Palestine and Syria, London 1929.

Ders., The Traveler's Handbook for Palestine and Syria, London 1924.

Lumby, Christopher, Cook's Traveler's Handbook to Palestine, Syria & Iraq, London 1934.

Lu-Yon, Yubert/Kalusch, Rachel, Wohnraumbeschaffung in Israel: Politik und Ungleichheit (hebräisch), Tel Aviv 1994.
Maier, Charles S., »Overcoming the Past? Narrative and Negotiation, Remembering, and Reparation: Issues at the Interface of History and the Law«, in: John Torpey (Hg.), Politics and the Past: On Repairing Historical Injustices, Maryland 2003, S. 295–304.
Malka, Chaim, Die Selektion: Selektion und Diskriminierung bei der Alija und Absorption der Juden Marokkos und Nordafrikas, 1948–1956 (hebräisch), (Selbstverlag) 1998.
Malkki, Lisa H., Purity and Exile: Violence, Memory, and National Cosmology Among Hutu Refugees in Tanzania, Chicago 1995.
Mansur, Johnny, Haifa Araberstraße (arabisch), Haifa 1999.
Marinsky, Arie/Lichtman, Mosche, Im Licht und im Verborgenen (hebräisch), Jerusalem 1992.
Masalha, Nur, »A Critique on Benny Morris«, in: Ilan Pappe (Hg.), The Israel-Palestine Question, London 1999, S. 211–220.
Dies., Expulsion of the Palestinians: The Concept of »Transfer« in Zionist Political Thought, 1882–1948, Washington 1992.
Mazower, Mark, No Enchanted Place: The End of the Empire and the Ideological Origins of the United Nations, Princeton 2009.
Mejcher, Helmut, Imperial Quest for Oil: Iraq 1910–1928, London 1976.
Moneta, J., 25 Years Port of Haifa, 1933–1958 (Mit Hafenplan und Statistiken), hrsg. von Port of Haifa Authority, Research Section, Haifa 1958.
Morris, Benny, 1948: The First Arab-Israeli War, New Haven 2008.
Ders., The Birth of the Palestinian Refugee Problem Revisited, Cambridge 2004.
Ders., »Notizen zur zionistischen Historiographie und dem Transfergedanken 1937–1944« (hebräisch), in: Fehlerkorrektur: Juden und Araber in Erez-Israel 1936–1956, Tel Aviv 2000, S. 42–57.
Ders., »Haifa's Arabs: Displacement and Concentration, July 1948«, in: Benny Morris, 1948 and After: Israel and the Palestinians, Oxford 1990, S. 149–171.
Ders., »Haifa's Arabs: Displacement and Concentration, July 1948«, in: *Middle East Journal* 42 (1988), Nr. 2, S. 241–259.
Ders., 1948: The First Arab-Israeli War, New Haven 2008.
Ders., »Yosef Weitz and the Transfer Committees 1948–1949«, in: *Middle Eastern Studies* 22 (1986), Nr. 4, S. 522–561.
Musil, Jirzi, »Housing Policy and the Sociospatial Structure of Cities in a Socialist Country: The Example of Prague«, in: *International Journal of Urban and Regional Research* 11 (1987), Nr. 1, S. 27–36.
Naimark, Norman M., Fires of Hatred: Ethnic Cleansing in Twentieth-Century Europe, Cambridge 2001.
Nitzan-Shiftan, Alona, »Contested Zionism: Alternative Modernism – Erich Mendelssohn and the Tel Aviv Chug in Mandate Palestine«, in: Haim Yacobi (Hg.), Constructing a Sense of Place: Architecture and the Zionist Discourse, Aldershot 2004, S. 17–51.

Palestine Government, Opening of Haifa Harbour, 31. Oktober 1933.
Peled, Yoav/Shafir, Gershon, Being Israeli: The Dynamics of Multiple Citizenship, Cambridge 2002.
Peleg, D., Gutachten zur Konservierung eines Gebäudes in der Chatam-Sofer-Straße, Buch 2 (hebräisch), hrsg. von Stadtverwaltung Haifa Abteilung Langzeitplanung, Haifa 1999.
Perényi, Imre, Die Moderne Stadt: Gedanken über die Vergangenheit und Zukunft der Städteplanung, Budapest 1970.
Picard, Avi, »Die Anfänge der selektiven Alija in den Fünfzigerjahren« (hebräisch), in: *Ijunim batkumat jisrael* [Studien in der Wiedererrichtung Israels] 9 (1999), S. 338–394.
Pik, Pinchas, »Meissner Pascha: Der Pionier der Züge in Erez-Israel und seiner Nachbarschaft – der Mann, seine Eisenbahnen und ihre Geschicke« (hebräisch), in: *Kathedra* 10 (1979), S. 102–128.
Preece, Jennifer J., »Ethnic Cleansing and the Normative Transformation of International Society«, (Konferenzbeitrag) in: Failed States III: Globalization and the Failed State, Florenz. [http://www.comm.ucsb.edu/faculty/mstohl/failed_states/2000/papers/jacksonpreece.html – 22.1.2012]
Dies., »Ethnic Cleansing as an Instrument of Nation-State Creation: Changing State Practices and Evolving Norms«, in: *Human Rights Quarterly* 20 (1998), S. 817–842.
Press, Jesaia, Palästina und Südsyrien: Reisehandbuch (Im Auftrage der Palestine Expreß Comp.), Jerusalem/Berlin/Wien 1921.
Rabinow, Paul, »Colonialism, Modernity: The French in Morocco«, in: Nezar al-Sayyad (Hg.), Forms of Dominance: On the Architecture and Urbanism of the Colonial Enterprise, Avebury 1992, S. 167–182.
Reichman, Schalom, »Partition and Transfer: Crystallization of the Settlement Map of Israel Following the War of Independence, 1948–1949«, in: Ruth Kark (Hg.), The Land That Became Israel. Studies in Historical Geography, Jerusalem 1989, S. 320–330.
Ders., Vom Stützpunkt zum Siedlungsland: Die Schaffung der jüdischen Siedlungslandkarte in Erez-Israel 1918–1948 – Quellenstudie (hebräisch), Jerusalem 1979.
Rekhess, Eli, »Initial Israeli Policy Guidelines Towards the Arab Minority, 1948–1949«, in: Laurence J. Silberstein (Hg.), New Perspectives on Israeli History, New York 1991, S. 103–123.
Rothbard, Scharon, Weiße Stadt, Schwarze Stadt (hebräisch), Tel Aviv 2005.
Rothschild, Walter, »Meissner Pasha: German Railway Construction in the Ottoman Empire«, in: Haim Goren (Hg.), Germany and the Middle East: Past, Present, and Future, Jerusalem 2003, S. 225–242.
Rubinstein, Eljakim, »Zum Gedenken an Richter Mosche Etzioni: Recht, Vernunft und Liebe zu Mensch und Volk« (hebräisch), in: *Mischpat vemimschal* [Recht und Herrschaft] 5 (1999/2000), S. 401–407.
Ruete, Said, Reisen in Syrien und Palästina mit besonderer Berücksichtigung der dortigen Templergemeinden, Berlin 1898.

Ruppin, Arthur, Der jüdische Existenzkampf (hebräisch), Tel Aviv 1940.
Ders., »Die Landarbeiterfrage in Palästina«, in: *Palästina* 3–4 (1912), S. 64–75.
Sa'adon, Chaim, »›Die palästinensische Komponente‹ in Gewaltausbrüchen zwischen Juden und Muslimen in den islamischen Ländern« (hebräisch), in: *Pe'amim* [Schritte] 63 (1995), S. 86–131.
Sawicki, Stanislaw, Soviet Land and Housing Law: A Historical and Comparative Study, New York 1977.
Scharon, Arie, Physikalische Planung in Israel (hebräisch), Jerusalem 1952.
Scharon, Smadar, »Bauen und Erbaut werden«: Die Planung des nationalen Raums in den ersten Jahren des Staates Israel, Tel Aviv (Magisterarbeit) 2004.
Schechtman, Josef B., On the Wings of Eagles: The Plight, Exodus and Homecoming of Oriental Jews, New York 1961.
Ders., The Arab Refugee Problem, New York 1952
Ders., »The Case for Arab-Jewish Exchange of Population«, in: Joseph B. Schechtman (Hg.), Population Transfers in Asia, New York 1949, S. 84–141.
Ders., European Population Transfers, 1939–1945, New York 1946.
Schiller, Eli (Hg.), »Haifa im 19. Jahrhundert« (hebräisch), in: Haifa und seine Stätten, Jerusalem 1985, S. 73–74.
Schitrit, Sami Schalom, Intra-Jewish Conflict in Israel: White Jews, Black Jews, London 2010.
Ders., Der Mizrachi-Kampf in Israel: Zwischen Unterdrückung und Befreiung, zwischen Identifikation und Alternative, 1948–2003 (hebräisch), Tel Aviv 2004.
Schlögel, Karl, »Tragödie der Vertreibungen: Über das Erfordernis, ein europäisches Ereignis neu zu erzählen«, in: *Lettre* 79 (2003), S. 78–83.
Schwartz, Julius, Glimpses of Palestine, New York 1927.
Segev, Tom, 1949: The First Israelis, New York 1986.
Seikaly, May, Haifa: Transformation of a Palestinian Arab Society, 1918–1939, London 1995.
Sennet, Richard, »The Foreigner«, in: Angelika Poferl/Natan Sznaider (Hg.), Ulrich Becks kosmopolitisches Projekt: Auf dem Weg in eine andere Soziologie, Baden-Baden 2004, S. 218–227.
Shenhav, Yehouda, The Arab Jews: A Postcolonial Reading of Nationalism, Religion, and Ethnicity, Palo Alto 2006.
Ders., »The Jews of Iraq, Zionist Ideology, and the Property of the Palestinian Refugees of 1948: An Anomaly of National Accounting«, in: *International Journal of Middle East Studies* 31 (1999), S. 605–630.
Shils, Edward, »S.N. Eisenstadt: Some Personal Observations«, in: Erik Cohen/Moshe Lissak/Uri Almagor (Hg.), Comparative Social Dynamics: Essays in Honor of S. N. Eisenstadt, Boulder 1985, S. 1–8.
Shulewitz, Malka Hillel/Israeli, Raphael, »Exchanges of Populations Worldwide: The First World War to the 1990s«, in: Malka Hillel Shulewitz (Hg.),

The Forgotten Million: The Modern Jewish Exodus From Arab Lands, New York 1999, S. 126–141.
Slugett, Peter, »Formal and Informal Empire in the Middle East«, in: Robin W. Winks/William R. Louis (Hg.), The Oxford History of the British Empire 5, Oxford 1999, S. 416–436.
Slutsky, Jehuda, Die Geschichte der Hagana: Vom Widerstand zum Krieg (hebräisch), hrsg. von Ben-Zion Dinur, Band 3, Teil 2, Tel Aviv 1972.
Slyomovics, Susan, The Object of Memory: Arab and Jew Narrate the Palestinian Village, Philadelphia 1998.
Smith, Barbara Jean, The Roots of Separatism in Palestine: British Economic Policy, 1920–1929, London 1993.
Stern, Schimon, »Der Kampf um den Bau des Haifaer Hafens in der britischen Mandatsperiode« (hebräisch), in: *Kathedra* 21 (1981), 171–186.
Szelenyi, Ivan, »Housing Inequalities and Occupational Segregation in State Socialist Cities: Commentary to the Special Issue of IJURR on East European Cities«, in: *International Journal of Urban and Regional Research* 11 (1987), Nr. 1, S. 1–8.
Szymborska, Wislawa, »Volkszählung«, in: Hundert Gedichte – Hundert Freuden, Krakau 1998.
Tätigkeitsbericht von April 1947 bis März 1948, ein faktischer und finanzieller Rechenschaftsbericht (hebräisch), hrsg. von Der jüdische Gemeinderat in Haifa, Haifa 1948.
Tamari, Salim, »Bourgeois Nostalgia and the Abandoned City«, in: *Comparative Studies of South Asia, Africa and the Middle East* 23 (2003), Nr. 1 und 2, S. 173–180.
Teitelbaum, Raul, »Die individuellen Entschädigungen für die Holocaustüberlebenden und die gesellschaftliche Schichtung in Israel« (hebräisch), in: *Teoria vebikoret* [Theorie und Kritik] 27 (Herbst 2005), S. 71–101.
Thom, Martin, »City, Region, and Nation: Carlo Cattaneo and the Making of Italy«, in: *Citizenship Studies* 3 (1999), Nr. 2, S. 187–201.
Tibawi, Abd al-Latif, »Visions of Return: The Palestine Arab Refugees in Arabic Poetry and Art«, in: *Middle East Journal* 17 (1963), S. 507–526.
Topalov, Christian, »Social Politics from Below: A Call for Comparative Historical Studies«, in: *International Journal of Urban and Regional Research* 9 (1985), Nr. 2, S. 254–271.
Torpey, John, »Making Whole What Has Been Smashed: Reflections on Reparations«, in: *Journal of Modern History* 73 (2001), S. 333–358.
Trietsch, Davis, Palästina-Handbuch, Berlin 1912.
Troen, Ilan S., Imagining Zion: Dreams, Designs, and Realities in a Century of Jewish Settlement, New Haven 2003.
Vaschitz, Josef, Sozialer Wandel in der arabischen Gesellschaft Haifas in der britischen Mandatsperiode, Jerusalem (Dissertation) 1993.
Ders., »Jüdisch-arabische Beziehungen in Haifa 1940–1948« (hebräisch), in: Josef Nevo/Joram Nimrod (Hg.), Die Araber gegenüber der zionistischen

Bewegung und der jüdischen Gesellschaft, 1946–1950, Kiriat Tivon 1987, S. 21–37.

Ders., »Die Migration der Landbevölkerung nach Haifa: ein Urbanisierungsprozess?« (hebräisch), in: *Kathedra* 45 (1987), S. 113–130.

Weber, Max, Die Stadt, in: Max Weber, Wirtschaft und Gesellschaft. Die Wirtschaft und die gesellschaftlichen Ordnungen und Mächte. Nachlass, MWG I/22–5, Tübingen 1999.

Weiss, Yfaat, »Ethnic Cleansing, Memory, and Property – Europe, Israel/Palestine, 1944–1948«, in: Raphael Gross/Yfaat Weiss (Hg.), Jüdische Geschichte als allgemeine Geschichte. Dan Diner zum 60. Geburtstag, Göttingen 2006, S. 158–188.

Weitz, Jechiam, Der erste Schritt zur Macht: Die Cherutbewegung 1949–1955 (hebräisch), Jerusalem 2007.

Ders., »Die alternative Flagge: Israels Beziehungen mit Deutschland in der Cherutbewegung« (hebräisch), in: *Zion* 67 (2002), S. 435–464.

Ders., »Die Cherutbewegung gegen die Reparationszahlungen Deutschlands« (hebräisch), in: Adi Ofir (Hg.), 48 bis 50: Kritische Momente in der Geschichte des Staates Israel, Jerusalem/Tel Aviv 1999, S. 99–112.

Wilson, Sir Charles William, »Haifa«, in: Encyclopaedia Britannica, Band 29, hrsg. von Donald Mackenzie Wallace/Hugh Chisholm, Edinburgh 1902, S. 206.

Yablonka, Hannah, Survivors of the Holocaust: Israel After the War, New York 1999.

Yazbak, Mahmud, Haifa im neunzehnten Jahrhundert: Eine Geschichte der Stadt und der Gesellschaft (hebräisch), Haifa 1998.

Ders., »Die arabische Migration nach Haifa: Eine quantitative Analyse nach arabischen Quellen« (hebräisch), in: *Kathedra* 45 (1987), S. 131–146.

Ders., Die arabische Migration nach Haifa 1933–1948 (hebräisch), Haifa (Magisterarbeit) 1986.

Young, Iris Marion, »Residential Segregation and Differentiated Citizenship«, in: *Citizenship Studies* 3 (1999), Nr. 2, S. 237–252.

Zur, Jaron, Eine zerrissene Gemeinde: Die Juden Marokkos und der Nationalismus 1943–1954 (hebräisch), Tel Aviv 2001.

Zweig, Ronald W., »Restitution of Property and Refugee Rehabilitation: Two Case Studies«, in: *Journal of Refugee Studies* 6 (1993), Nr. 1/4, S. 56–64.

Danksagung

Die Idee, dieses Buch zu verfassen, bekam den Anstoß von einem Vortrag, den Dan Diner Anfang des Jahres 2000 an der Universität Haifa zum Verhältnis von Zeit, Gedächtnis und Eigentum im postkommunistischen Europa gehalten hat. Seinen Ausführungen, nunmehr übertragen auf die Konstellation zwischen Israelis und Palästinensern, verdanke ich die Inspiration für dieses Buch.

Eine erste Gelegenheit, Wadi Salib mit Fragen von Erinnerung und Eigentum in ein Verhältnis zueinander zu setzen, bot sich im Rahmen eines Vortrags auf der Konferenz »Gedächtnis und Restitution. Über historische Erinnerung und materielle Wiederherstellung in Europa«, die 2001das Simon-Dubnow-Institut, Leipzig und das Internationale Forschungszentrum Kulturwissenschaften (IFK), Wien, ebenda gemeinsam durchgeführt haben. Mit einem Forschungsstipendium des IFK konnte ich mich 2003 einige Monate lang in Wien aufhalten, wofür ich seinem damaligen Direktor Gotthard Wunberg wie auch Lutz Musner Dank schulde. Des Weiteren brachte ein israelischer Kollege, Yehouda Shenhav, Herausgeber der Reihe »Theory and Criticism in Context« am Van Leer Jerusalem Institute, dem Gegenstand großes Interesse entgegen. Er lud mich ein, das Buch in seiner Reihe auf Hebräisch zu publizieren. Für seine Neugierde, seine Freundschaft und für die gemeinsamen, mich ermutigenden Diskussionen danke ich ihm sehr. Das Hamburger Institut für Sozialforschung ermöglichte es mir mehrfach, seine exzellenten akademischen Möglichkeiten zu nutzen. Dafür danke ich meinem Kollegen Ulrich Bielefeld und dem Vorstand des Instituts, Jan Philipp Reemtsma. In zwei von der German-Israeli Foundation (GIF) unterstützten Forschungsgruppen – »Out of Place: Ethnic Migration, Nation-State Formation, and Property Regimes in Poland, Czechoslovakia, and Israel« (2006-2009) und »Property Reallocation and Symbolic Appropriation: Ownership, Ethnicity, and Memory in Twentieth Century Czechoslovakia, Poland, and Israel« (2009–2011) – nahm ich die Gelegenheit wahr, meine Thesen in einem vergleichenden und multidisziplinären Rahmen zu diskutieren. Hierfür schulde ich der GIF und den an den Projekten beteiligten Kolleginnen und Kollegen Dank. Elazar Barkan verdanke ich erhellende Gespräche hinsichtlich der Geschichtsschreibung über

Gerechtigkeit und Versöhnung. Dem Buch ist sein Einfluss anzusehen.

Studierende, Kolleginnen und Kollegen und viele Freundinnen und Freunde haben dazu beigetragen, mir bei der Literaturrecherche zu helfen sowie Teile des Manuskripts kritisch zu lesen. Einige von ihnen möchte ich namentlich erwähnen: Deborah Bernstein, Motti Golani, Yali Hashash, Sharon Livneh, Tamar Menashe, Alona Nitzan-Shaftan, Sandy Kedar, Gil Rubin, Dimitry Shumsky und Natan Sznaider.

In ihrer Bedeutung kaum schätzbare Unterstützung wurde mir vom Van Leer Jerusalem Institute zuteil. Dafür danke ich dem vormaligen Institutsdirektor Shimshon Zelniker. Mein besonderer Dank geht an Gabriel Motzkin, den gegenwärtigen Direktor.

Dieses Buch ist von sehr persönlichem Charakter. Nur dank der Menschen, die mir nahe stehen – Shira, Nussi wie auch mein Vater und meine Mutter –, war es mir möglich, dieses Thema zu bearbeiten. Traurig ist, dass meine Mutter die Veröffentlichung dieses Buches nicht hat erleben können. Es sei ihr gewidmet.